会计学

刘 峰◎主 编

清华大学出版社

北 京

内 容 简 介

作为会计学的第一门课,本书期望能够帮助学生形成一个开放的"会计观",而不仅仅是学会并掌握会计循环的技术方法。为此,本书在内容的编排上,除了遵循现有会计学入门教材的基本框架外,还做了如下一些调整。

——将现有会计知识的存量,放在一个动态、发展的经济环境下,从经济发展推动会计发展的视角来理解会计方法以及方法背后所包含的思想;

——试图重新理解会计在现代社会中的作用,提出从人类社会信任工具的角度来重构会计的基础理论,并力图以此来解释会计方法及其变迁;

——尽可能多地引用古今中外的各种案例、事件,来说明会计方法及其所蕴含的基本思想;

——增加了关于"云会计"基本框架的简要介绍。

图书在版编目(CIP)数据

会计学/刘峰主编. —北京:清华大学出版社,2019

ISBN 978-7-302-48747-0

Ⅰ. ①会…　Ⅱ. ①刘…　Ⅲ. ①会计学－高等学校－教材　Ⅳ. ①F230

中国版本图书馆 CIP 数据核字(2017)第 272158 号

责任编辑:杜　星
封面设计:李伯骥
责任校对:宋玉莲
责任印制:杨　艳

出版发行:清华大学出版社
　　　　网　　　址:http://www.tup.com.cn,http://www.wqbook.com
　　　　地　　　址:北京清华大学学研大厦 A 座　　　　　　邮　　编:100084
　　　　社 总 机:010-62770175　　　　　　　　　　　　　邮　　购:010-62786544
　　　　投稿与读者服务:010-62776969,c-service@tup.tsinghua.edu.cn
　　　　质量反馈:010-62772015,zhiliang@tup.tsinghua.edu.cn
印 装 者:三河市龙大印装有限公司
经　　销:全国新华书店
开　　本:185mm×260mm　　　印　　张:17.75　　　字　　数:407 千字
版　　次:2019 年 7 月第 1 版　　　　　　　　　　　印　　次:2019 年 7 月第 1 次印刷
定　　价:49.80 元

产品编号:055512-01

前言

　　会计是人类社会最基础的活动之一。尽管尚缺乏严谨的考证与理论分析，但零星的证据表明，最初的原始人在山洞的墙壁上所留下的各种记事符号——人类文字的最初形态——就是原始人类最初的会计活动。或者说，人类发明文字，就是为了会计。而从大学教育来看，会计也是目前大学开设面最广的学科之一，同时，会计专业的毕业生可以拿着简历，叩开任何一间公司、机构、组织，乃至教堂、寺庙的门，询问是否有合适的工作机会。大学里，能够有此地位的学科，目前没有第二个。

　　既然会计是一门深入社会每一个环节、贯穿人类社会发展始终的基础学科，那么会计在人类社会生存与发展中发挥了什么样的作用？是否存在一些与人类生存与发展关系紧密的话题？作为会计学科的入门教材，《会计学》应该如何定位？等等。这些是我近年来一直在思考、尝试，但尚未解决的问题。通常，教材，特别是面向一个学科入门环节的教材，会选择比较成熟、争议较小的观点来介绍。但是，在本教材中，按照近年来我对上述问题的思考和尝试来对会计学给出新的解释，同时，也在具体涉及会计的技术问题时，给出一些讨论，而不仅仅是介绍如何进行账务处理。我希望，通过这本薄薄的教材，能够让初学者理解会计的基础思想，同时，也能够理解会计学科的"前世今生"或"三生三世"，从而为未来的学习，特别是知识体系的构建，确立一个更广的"会计观"。

　　正是基于这一考虑，本教材对会计学的讨论，首先从会计的价值这一基础问题入手，通过对会计的价值这一基础问题的尝试性讨论与回答，引导学生思考，并在这一过程中尝试学习思考的方法。

　　作为会计学的入门教材，掌握基本的会计方法是学习的主体内容。因此，本教材从第2章起，围绕会计循环，层层递进，由简到繁，介绍会计学的基本方法和这些方法背后的原理。会计既是一门基础的学科，也是一门应用性极强的学科，其应用贯穿我们日常生活的方方面面，并随着经济的发展、社会的进步、环境的变化而相应地发展与变化。因此，本教材在行文中，尽可能多地穿插现实生活的各种具体事例，同时，也尽力引导读者从发展的角度来理解会计的变化。

当然，任何创新的尝试，都有这样那样的缺点。我衷心希望能够得到读者的反馈意见，包括可能的疏漏与舛误，也包括任何读者的评论。与以往一样，我在收到评论意见后，会给予书面回复，同时，寄赠一本本人新近出版的教材或著作。

刘　峰

2018 年 7 月于厦门天泉

会计的价值

  "腓尼基人创造字母,就是为了会计。"[①]按照这一逻辑,早期原始人类的刻木记事、结绳记事,就是会计的滥觞,会计已经存在数千年;"物竞天择,适者生存"不仅适用于自然界的物种选择,它也同样适用于人类社会的选择与发展。"适者生存"的一个逻辑推论是:凡是已经存活下来的物种或者承袭已久的社会制度,一定有其独特的价值。我们不禁要问:已经存在数千年的会计,究竟有什么独到、不可替代的价值?

  从社会与职业发展的角度看,会计是这个社会应用最为普遍的职业之一。任何组织,只要存在经济活动,就一定会设置相应的会计岗位,大到国家,甚至超国家的组织如联合国,小到家庭,概莫能外。在大学里,不仅管理机构设立了相应的会计部门或岗位,而且会计学也是大学普遍设立的专业。如果会计没有不可替代的价值,就不会出现在每个组织中。

  会计究竟是什么?为什么会计对社会如此重要?它能够给社会带来什么不可或缺的价值?对这些问题的回答,就构成了本章的内容。我们也希望通过对这些问题的讨论与回答,为后续的学习提供一个比较宽的视野。

1.1 会计的作用:从一个社会事件谈起

 资料与讨论 1-1

  2008 年 5 月 12 日,四川省汶川地区发生了超过里氏 8.0 级强地震,地震破坏特别严重的地区超过 10 万平方公里。地震发生后,社会各界发起各种形式的捐助、支援,捐款、捐物总额达 762 亿元。[②] 但是,到 2009 年,社会各界对这 762 亿元捐款去向争议不断。据一份调研报告数据显示,"80％左右的地震捐资进入了政府财政专户,作为政府的'额外税收'"[③]。

  很显然,社会各界对巨额捐款的质疑,以及随后爆出的红十字会的负面新闻,导致社会各界对红十字会的不信任感加强,这直接影响后续的社会捐款热情。按照红十字会的官方消息,2011 年,红十字会所接收的捐赠额比前一年度减少了六成。

  社会各界为什么会对汶川地震中的巨额捐赠产生争议?为什么会对红十字会产生不信任感,进而影响捐赠的热情?你认为最佳的解决方法是什么?

---

  ① Woolf A H. A short history of accountants and accountancy[M]. 1912.

  ② 转引自维基百科"汶川大地震"词条,该词条关于捐赠的资料来自"公益时报"公开消息(http://www. gongyishibao. com/zhuan/csdh/juanzeng/news1. html)。

  ③ 汶川地震捐款去向再惹争议[OL]. 新华网,2009-08-20. (http://news. 163. com/09/0820/15/5H613GPE00 0120GR. html)。

　　当鲁滨孙独自漂落到荒岛上时,他所担心的是自己会不会生病倒下,野人会不会偷袭;但当鲁滨孙收留了星期五而得到一个强劲助手的同时,也担心星期五是否值得信任,会不会偷袭他。这就是人们在享受集体生活所带来的收益时,必须面对的一个矛盾冲突的问题。

　　经济学假定人都是追求自我利益最大化的经济人。在任何一个由经济人所构成的组织——家庭、企业、政府等都是组织的不同形式——中,每个经济人都在追求自我利益最大化;当这种自利行为达到一定程度时,就会导致组织内各成员之间的相互不信任,从而降低该组织的运行效率,进而可能会导致相应组织在竞争中被淘汰或自行解体。从人类社会的生存与发展历程来看,在人类社会初期,人的生产能力低下,面对恶劣的自然环境,人们需要结伴而居,就如同荒岛上的鲁滨孙需要星期五的帮助与陪伴一样;随着人类生产能力的提高、文明程度的提升,自然环境对人的约束与限制越来越低,但社会竞争与生存压力同样要求人能够合作、结伴,很多日常活动并不是单个人所能完成的,例如建造房屋、修筑道路、桥梁,甚至早期的原始人打猎等。可以说,"采菊东篱下"的陶渊明、瓦尔登湖畔的梭罗,这种隐士、独居的生活状态,只是极少数人的奢侈品,绝大部分人都是社会人,需要结伴而居,形成这样或那样的组织,不如此就无法生存。

　　每个人终其一生,往往隶属多个组织,特别是从求职之日起,就必须在这样或那样的组织内工作,即便是创业热潮下的"创客"们,单枪匹马也不能成事,需要团队协作。这就带来一个最基本的问题:组织内成员间如何信任彼此? 如果不能够解决组织内成员间的信任问题,不仅组织自身很难发展,该组织在竞争激烈的社会环境中还会因为不具竞争优势而被淘汰。可以说,能否有效解决组织内人与人之间的信任问题,在一定程度上就成为组织之间竞争与胜负的决定性因素之一[①]。

　　从经济学角度来看,判断一个方法是否有效,主要评判标准就是该方法的成本效益比。付诸组织内的信任关系,人类社会在历史发展进程中,不断尝试并寻找更有效的信任机制。这里的有效,是多维的,包括方法本身有效,能够提升组织内成员之间的相互信任;方法具有可扩展性,能满足组织不断发展、扩大的需求。例如,婚姻、血缘关系就是一个效果非常好的信任机制,但难以复制、扩展。有效的信任机制,还体现在成本有效方面,即信任机制自身的运行成本。如果一项机制的运行成本高昂,即便该方法效果非常好,也逃脱不了被淘汰的命运。

　　在人类历史发展的长河中,人们究竟尝试了多少种方法,来实现有效信任,我们不得而知。以我们的有限知识所及,包括联姻、财产抵押、宗教、法律制度等,都曾经是或仍然被用作人类社会的信任工具。

　　可以肯定的是,会计一定是其中最有效的方法之一,理由是:按照经济学达尔文主义思想[②],市场环境与企业竞争,就如同自然界的物种选择,"物竞天择,适者生存",只有具有竞争优势的物种才能存活下来;反过来,那些能够在市场竞争环境下存活的企业,必定

---

　　① 经济学过去几十年重要发展之一就是交易费用理论以及在此之上衍生的如代理成本等。这些将在后续课程如经济学、管理学等中陆续涉及。

　　② 经济学达尔文主义就是用"适者生存"的自然选择理论,来解释市场、企业竞争等一系列经济现象。

有其过人之处；企业为了能够在市场竞争中存活下来，必须选择相对有效的方法。经过一段时期的选择与淘汰，仍然得到广泛应用的方法，一定是符合生存选择的有效方法。这种有效性可以是成本有效、适用性更强、更加可控等。

比照这种逻辑，我们可以推定：能够被更多的组织所采用的方法，其有效性也相对更高。我们也可以观察到的一个现象是：任何组织，大到政府（也包括联合国这种国际性机构），小到初创企业，都离不开会计，甚至连家庭都需要会计。为什么会计具有如此强大的生命力，能够几乎被所有的组织都采用？我们认为，其独特价值就在于它能够充当一个有效且低成本的信任工具。

回到之前所讨论的汶川地震所引发的红十字会与社会信任事件上来。社会各界人士希望能够帮助其他需要帮助的人，但在通常情况下[①]，个体的能力有限，他/她也没有时间、精力来确定受助对象。诸如红十字会一类的公益机构的出现，可以汇集社会各界的力量，有效甄别、确定受助对象，从而实施有效的帮助。当社会各界将善款交付到红十字会手中，红十字会就承担了相应的义务，这一义务不仅包括及时、合理地将善款发放给受助人，同时，还要如实记录善款的收取、发放、结余情况，并及时地向捐助人士提供报告，以取得捐助人的信任。如果捐助人认为红十字会等一类的社会公益机构能够很好地完成相应的善款发放，他们未来就会继续支持他们所信任的公益机构；反之，那些无法取得捐助人信任的公益机构，就会慢慢萎缩，乃至关闭。

换言之，要维系社会对红十字会等类似机构的信任，最直接有效的方法莫过于定期、及时地向社会详细公布红十字会等类似机构所接收的捐赠额以及善款的使用情况。[②] 也即：一个有效的会计系统，是包括红十字会在内的类似社会公益性机构取得公众信任的基础。

推而广之，会计不仅是公益性机构的社会信任基础，还是所有组织——包括企业乃至家庭——有序运行、维系成员间信任的基础。

1.2　会计的作用：从一个人的财富变化谈起

按照上文的讨论，会计最独特的价值是"低成本的信任工具"，或者说，是维系组织内成员间信任的基础。正如会计史学家查特菲尔德所言，会计的发展是反应性的（reactive），即会计的发展与经济环境的变化密切相关。放眼人类社会的发展历程，从早期的狩猎、采集等方式，到当今互联网、金融一体化的经济环境，会计的作用自然在不断变化。作为会计学入门教材，我们无法详细讨论在不同经济环境下的会计信息系统及其作用变迁。以下我们用一个虚构的事件，来介绍在不同的经济场景下会计作用的变迁路径。

---

①　当然，诸如比尔·盖茨、李嘉诚等一类的超级富豪，他们愿意用自己的财富来帮助社会，就可以自己设立相应的基金，自己派人确定社会上需要受助的对象，独立完成完整的捐助过程，也不需要向社会报告。2012 年 7 月，媒体报道香港演员古天乐，5 年来捐资超过 1 000 万港币，在云南、贵州、甘肃、广西等地捐建学校 49 所，医疗所 20 多所、水窖 50 口。他们也婉拒记者的采访要求。

②　当然，前提是红十字会在使用社会捐赠过程中，需要非常谨慎，不存在疏忽、浪费等现象。这不仅与会计有关，还涉及之后需要学习的审计等。

1.2.1 会计的作用(1):闽弘与大仕英语学校①

闽弘是南方某个大学的英语教师,于1992年辞职,创办了大仕英语学校。闽老师在学校教书期间,就经常在社会上的一些英语培训机构担任讲师,获取一份额外报酬,补贴家用。尽管如此,由于闽老师的工资不高,家庭人口较多,每个月的收入只有在太太的精心计划下,才能勉强够用,家里没有什么剩余财产。

闽老师在担任英语培训机构讲师的过程中,积累了非常丰富的培训经验,也具有了一定的品牌声誉。在家人的支持与鼓励下,他创办了一个专门的英语培训公司,主要帮助学生准备托福、GRE等英文考试,取名"大仕英语学校"。闽老师租借了附近一间工厂闲置的厂房,进行了简单的改建、装修。随后,大仕英语学校正式开业了。闽老师自己身兼校长、主要培训师,夫人负责相关的后勤业务如教室安排、学习资料印刷等杂务;聘请了多名临时讲师;整个教学尽管比较辛苦,但还比较顺利,先后共举办20期的培训。培训班从最初的10来名学员,发展到后来不得不限制名额,以保证教学质量。

在一年结束后,闽老师和家人坐在一起,感叹一番这一年不容易。这时候,闽老师在上中学的儿子好奇地问:"老爸,你辛苦这一年,挣钱了没有?"闽老师兴致勃勃地回答:"当然挣钱了。"儿子问道:"你挣了多少钱?"这句话,把闽老师问倒了。闽老师答不上来,转头问闽夫人:"我们辛苦一年,究竟挣了多少钱?"闽夫人笑着说:"我也不知道究竟挣了多少钱,好在我把每一笔收支都详细记录下来,大家一道看看,我们究竟挣了多少钱。"以下是闽夫人给出的全年收支记录。

——1993年2月,租借印刷厂厂房,改建教室两间,办公室一间,一次性支付三年租金30 000元;保证金5 000元,退租时收回;教室、办公室装修费用共计15 000元;

——1993年2月,为教室、办公室配备课桌椅、办公桌椅等共计30 000元;购买电脑、打印机、传真机等办公用设备共计20 000元;

——1993年3月,为第一期招生支付广告宣传印刷费用共计1 000元;之后各期招生海报支出共计19 000元;

——1993年4月,第一期培训班开始,只招收到13名学员,学费减半,每人收取100元;之后的19期培训班,共招收学员820名,每人200元,合计164 000元;

——全年共外聘6位兼职培训师,合计支付了兼职培训师课酬60 000元;

面对一堆记录所整理出的资料,闽老师全家都非常兴奋。闽老师的儿子做了一个最简单的计算,培训收入合计165 300元;所有支出180 000元;收支相抵,支出比收入多14 700元。闽老师的儿子沮丧地说:"老爸,你和妈妈辛辛苦苦一年,爷爷还帮助张贴广告、值班,一家人辛辛苦苦,还倒贴了14 700元。"闽老师一看,也沮丧地说:"怎么还亏了呢?我自己出去讲课,以我现在的市场知名度,一年可以挣好几万元;办个公司,原本想

---

① 以下是一个完全虚构的例子,加上具体的年代,主要是让学生更好地理解相应年代的经济环境与经济发展,更方便地讨论在不同经济环境下会计的作用。该虚构案例与现实生活中的公司无关。选择1992年,是因为在这之前高校教师工资低,同时,出国热也在这个时候达到高潮。另外,出于行文方便,我们对公司设立、运行过程也没有完全遵照当时环境下公司法的要求,同时,也不考虑税收等问题。

多赚一点,结果不但自己的讲课没有收报酬,还倒赔了。"闽老师的夫人很不解地说:"怎么会亏损呢? 我们的教室桌椅、办公用品明年还可以接着用;为了避免未来年度租金上涨,我们也一次性支付了三年的租金,未来两年大仕英语学校不用再支付课室与办公室的租金;大仕英语学校经过一年的运行,积累了比较好的市场声誉与口碑,明年的招生会比较顺利,我们也准备提价到每人 300 元,同时,还要开发新的培训项目如企业定制课程。按道理,我们应该是盈利的,至少,不应该是亏损。"

在继续学习之前,你尝试着来解决一下他们三人的困惑:大仕英语学校这一年究竟是赚钱,还是亏损? 为什么?

蒋敬是大学四年级的学生,主修会计专业,正在寻找一个实习单位,他也参加了大仕英语学校的 GRE 英语培训,因此和闽老师熟悉。闽老师给蒋敬打了电话,约他星期天来大仕英语学校,帮助回答这个问题。

1.2.2　会计的作用(2):闽弘与大仕英语学校

星期天,蒋敬如约来到大仕英语学校的办公室。翻看了闽夫人所记录、整理的相关资料,向闽老师、闽夫人询问了大仕英语学校开办与运行情况,蒋敬将相关资料抄录一份,告诉闽老师和闽夫人,下个星期天,他将会给他们一份相应的会计资料,并进行必要的解释和说明。

以下就是蒋敬给闽老师一家准备的书面解释提纲。蒋敬希望能够给闽老师一个比较系统的帮助,不仅让他们对大仕英语学校经营一年是否盈利有个基本判断,同时,还希望他们养成一个好习惯,新的年度里在大仕英语学校设立会计系统,将一切活动纳入会计系统的反映之中。

第一,为什么需要会计。会计系统能够帮助人们更好、更有效地记录并管理自己的财产。例如,当闽老师在担任大学教师期间,收入不高,每年量入为出,家里没有太多的财产,简单的头脑记忆就能满足要求,会计不是一个必需品。但当闽老师开设大仕英语学校,财产的往来比较多,再仅仅凭借心口相算、头脑记忆,很难做到不错不漏。这时候,借助会计系统成熟的方法,详细地记录每一项财产(如现金、办公桌椅、办公设备等)及其变化、每一笔业务(如租借教室、收取培训费等)及其后果,代替人脑记忆,可以帮助我们更准确、可靠地了解自己的财产状态与财富变化。

大仕英语学校过去这一年,总体上已经保持了一个有效的记录。借助这些记录,我们大致可以知道大仕英语学校现在的财产状况,也可以推算出大仕英语学校过去这一年经营的情况,以及这些活动对闽老师个人财富的影响。

简言之,对单个人或单个家庭来说,如果他/她的财产项目不多、收支等不是特别频繁,设置会计系统的意义不大,且经济上是无效率的;当他/她的财产项目多、变化频繁时,通过会计系统,就可以更好地了解自身的财富变化情况。这时会计系统就是一个有效的工具[①]。

---

① 当然,如果他/她记忆超群,或者对财富极度淡漠,也可以不设立会计系统。即:对这种仅仅涉及单个人或单个家庭的财产与财富来说,会计系统还不是一个必需品。当财产是共有的,会计才会变成一个必需品。下文会涉及。

第二，会计上的盈利概念。会计上的盈利概念，并不等于现实生活中现金收支相抵的差额，因为，一部分赚钱的活动可能不会立即收到现金（大仕英语学校目前还没有这种现象，但下一年度的企业内训课程就不会是现金交易），也有部分活动出现预收未来期间的现金（如1993年12月30日预收1994年1月份培训班学员的培训费收入）；同样，现金支出有一些是为了以后期间而预支的，如课室与办公室的租金、办公室设备等；也有费用已经发生了，但现金还没有支付的（如1993年12月30日结束的培训班上，代课教师的费用已经发生了，但课酬要延后半个月结算，现金支出行为要在1994年1月中旬发生）。那些经营活动特殊、运行多年的企业，实际情况要复杂得多。

会计上，分别用现金收付制（Cash basis）和权责发生制（Accrual basis）两个术语来概括上述现象。其中，在现金收付制下，收到现金就是收入，付出现金就是费用，现金余额就是利润。按照现金制，大仕英语学校1993年度没有实现利润，而是亏损14 700元；应计制则不同，它对收入和费用的确认，按照一定的标准进行，是否构成会计上的收入，关键是与收入赚取过程有关的活动是否完成，即会计上所说的已赚取。例如上面提到的预收学员培训费，就是没有赚取：假定1994年1月出现突发事件、培训班不能正常开班，大仕英语学校就有义务退还学员的学费。同样，是否构成大仕英语学校的费用，关键看费用是否发生，或者，大仕英语学校是否已经具备了未来付款的法定义务。例如，1993年12月30日结束的培训班，培训讲师当月的培训费，就是已发生，即便大仕英语学校决定歇业，它也有义务尽快支付培训讲师的培训费，否则，就有可能会被告上法庭。

当蒋敬介绍到这儿，闽老师很开心地说："是啊，我就觉得那么多课桌椅、办公用品以后还可以用，它应该不需要计入费用才对。光这部分就是5万元，把它加回去，我们的盈利就是35 300元。"

蒋敬听了微微一笑说："老师，这还不完全对。"

第三，大仕英语学校的盈亏情况。按照以上对权责发生制的讨论，蒋敬告诉闽老师，由于大仕英语学校1993年度的所有收入业务都直接收取现金，且所有培训项目都已经完成，不存在预收培训费、尚未开班培训的情况，因此，所收取的全部培训收入165 300元，都是1993年度大仕英语学校的收入；从蒋敬所了解的情况看，不存在其他收入。

费用相对复杂些。明确可以直接记作1993年度费用的项目主要有招生宣传广告印刷费用，合计20 000元；支付的兼职培训老师的讲课费60 000元；其余项目中，租金预付3年，已经使用一年，当年应分摊的租金10 000元，其余20 000元预付租金不能计入当年费用；租房保证金5 000元同样也不是费用。装修费用和教室课桌椅与办公室的办公设备的支出，需要考虑的因素多一些。

装修费用如果金额比较小，发生时可以直接记作当期费用；如果金额相对比较大，所装修的场地可供未来多年使用，理论上，应该将装修支出在未来可受益的各年平均摊销。目前，大仕英语学校的场地租期约为三年，三年以后是否能够续租存在不确定性，蒋敬建议把这部分装修支出按照三年平均分摊，计入1993年的费用为5 000元。还有一块比较大的支出是教室桌椅和办公设备。相比而言，即便在租约到期后，教室课桌椅和办公设备也可以搬到新的地点使用，因而，应该按照课桌椅和办公设备的有效使用寿命进行摊销。由于有效使用寿命难以准确估计，同时，为了简化，蒋敬提议按照租约三年的期间摊销，这样,未来如果更换教学地点,课桌椅不适用,就可以报废,不会产生新的损失。闽老师赞同这种处理。课桌椅和办公设备于 1993 年分摊 16 667 元①。

根据会计上的权责发生制重新考虑之后,蒋敬给闽老师提供了一份简易的盈亏报告书(见表 1-1)。

表 1-1　大仕英语学校 1993 年盈亏报告书

单位:元

培训收入			165 300
减:	场地租金	10 000	
	装修费摊销	5 000	
	招生宣传费	20 000	
	培训讲师课酬	60 000	
	办公设备摊销	16 667	
费用合计			111 667
利润			53 633

闽老师看到这份盈亏报告书,很高兴,说这还差不多。我说一家人忙活一年,怎么还倒赔钱了。蒋敬继续解释说,在这份盈亏报告书中,也包含了闽老师和闽夫人应该领取的工资。严格意义上的会计,应当区分大仕英语学校与闽老师个人的财产。对这个问题,我们之后会继续讨论。

第四,大仕英语学校的财产状况。在进一步讨论大仕英语学校的财产状况前,必须明确一个会计上的概念:会计主体(Accounting entity)。

所谓会计主体,通俗地说,就是会计记账时所保持的立场。以大仕英语学校为例,大仕英语学校本期招收 50 名学员,收到 10 000 元的培训费收入,这对大仕英语学校是收入,对学员来说就是费用。会计主体告诉我们记账时的基本立场:凡是与"我"有关的事项,"我"才记录与报告;"我"在报告时,还要以该经济业务或事项对"我"的利益产生具体影响的方向来记录。例如,大仕英语学校租借印刷厂厂房时预付的 5 000 元保证金,对大仕英语学校而言,是一项应收款——未来应该收回来的款项,而印刷厂就是一个应付款——未来应该付还给大仕英语学校的款项。这种应收、应付,也是基于特定主体而言的。

为了明确会计记账时的立场,会计主体的一个基本要求就是确定会计记账的空间范围。例如,闽老师尽管是大仕英语学校的创办人和唯一的所有者,但是,会计主体要求我们在闽老师家庭和大仕英语学校之间划出一个界限,明确区分闽老师个人的财产与大仕英语学校的财产。否则,对大仕英语学校、对闽老师个人家庭财产状况的报告,都会有偏差。

蒋敬在检查了闽夫人记录的相关业务汇总后,发现大仕英语学校的现金与闽老师家庭的现金就没有严格区分开来。早期注册大仕英语学校,按照工商要求,闽老师投入10 万元银行存款,作为大仕英语学校的资本,但从账面记录来看,仅仅 2 月份租借教室、

---

① 同样,这里出于简化,没有使用会计上的折旧等概念,下面对资产等的处理也是这样,不使用原值、累计折旧等概念,直接采用净值数据。具体这些内容要等到复试簿记部分再具体介绍。

办公室、装修、购买课桌椅和办公设备等,就已经将 100 000 元全部花完;3月份开始的广告宣传印刷开支,应当是闽老师个人垫付的。从会计主体角度看,即便是闽老师个人垫付的,也需要明确区别开来,否则,最后可能会造成大仕英语学校财产不清、账目不明。例如,现在大仕英语学校究竟还剩下多少银行存款,从现有的资料来看,是无法知道的。

蒋敬的这番分析,提醒了闽夫人。闽夫人说,我一直觉得这个公司是我们家开办的,所有的钱最后都是我们的,平时就没有严格区分了。在蒋敬的帮助下,闽夫人重新整理了大仕英语学校的所有收支,发现大仕英语学校 1993 年度现金收支相抵后,净现金支出14 700 元;在偿还了闽老师垫付的款项后,实际属于大仕英语学校的现金余额 85 300 元。

在整理清楚相应的情况后,蒋敬编制出大仕英语学校 1993 年年末财产状况,如表 1-2所示。

表 1-2　大仕英语学校 1993 年年末财产状况

单位:元

项　　　目	金　　额	项　　　目	金　　额
银行存款	85 300		
预付租金	20 000		
预付租房保证金	5 000		
未摊销装修费	10 000		
课室桌椅净值	20 000	投资款	100 000
办公设备净值	13 333	利润	53 633
合计	153 633	合计	153 633

闽老师很好奇地问蒋敬,为什么这个财产状况表要分左右两边,并且两边还相等?蒋敬解释说:这是根据会计上的资产负债表所改编的财产状况表,它还不是严格意义上的资产负债表,但它可以大致给出某一个具体时点特定会计主体的所有财产状况以及对这些财产的要求权。正如同一枚硬币有正反两面一样,所有财产都一定有相应的来源,即谁拥有了对该财产的要求权。例如,当闽老师最初投入 100 000 元注册成立大仕英语学校时,大仕英语学校财产状况表的左边只有一项资产:100 000 元银行存款;这些财产来自闽老师,闽老师拥有了对这些财产的要求权,在右边列示为投资款(或业主投资);经过一年的经营,大仕英语学校 1993 年年末所有财产共计 153 633 元,其中,银行存款 85 300元,其余各项财产总计 68 333 元。这些财产都属于闽老师个人的,包括最初设立大仕英语学校时投入的 100 000 元和当年的盈利 53 633 元。

闽老师看了蒋敬所编制的两张表,加上蒋敬的一番解释,对大仕英语学校 1993 年的运行情况有了更好的理解,当然,也对下一年度大仕英语学校的发展,更有信心。

1.3　会计的作用:两权分离之后

看到蒋敬提供的两张表,闽老师非常高兴,当即提出要聘请蒋敬担任大仕英语学校的兼职会计,蒋敬对闽老师的信任表示感谢,同时,他也向闽老师解释说,以大仕英语学校现在的规模与状态,并不必然要设立专职会计,因为无论是否记账,只要闽夫人日常管理得当,钱财都不会流失,且无论盈亏,都不会影响闽老师一家之外人的利益。① 当然,会计也有一定的存在意义,例如以上那种帮助更准确地报告大仕英语学校的运营情况等。只有当大仕英语学校未来发展了,涉及多个利益主体,特别是闽老师家族以外的利益主体时,会计才是必需品。尽管闽老师并不完全理解蒋敬的解释,但他还是坚持让蒋敬担任业余兼职会计,并提出另外给蒋敬免费旁听他感兴趣课程的优惠。在闽老师的极力邀请下,蒋敬同意担任大仕英语学校兼职会计,每季度做一次会计报表编制工作,日常管理还是由闽夫人负责。

 资料与讨论1-2

这次委托手续真是办得再公正也没有了。不到 7 个月,我收到那两位代理人的财产继承人寄给我的一个大包裹。包里有下述信件和文件。

第一,我种植园收入的流水账,时间是从他们父亲和这位葡萄牙老船长结算的那一年算起,一共是 6 年,应该给我 1 174 块葡萄牙金币。

第二,在政府接管之前的账目,一共 4 年,这是他们把我作为失踪者(他们称之为"法律上的死亡")保管的产业。由于种植园的收入逐年增加,这 4 年共结存 38 892 块葡萄牙银币,合 3 241 块葡萄牙金币。

第三,圣奥古斯丁修道院长的账单。他已经获得 14 年的收益。他十分诚实,告诉我说,除了医院方面用去的钱以外,还存了 872 块葡萄牙金币。他现在把这笔钱记在我的账上。至于国王收去的部分,则不能再偿还了。

(资料来源:鲁滨孙漂流记[M].郭建中,译.北京:中国出版集团公司,2012:211-212.)

1.3.1　两权分离之一:所有权与经营权分离

进入 1995 年,大仕英语学校开局势头良好,各类出国英语培训班项目招生火爆,但由于市场同类学校不断出现,竞争越来越激烈。闽老师希望把更多的时间和精力花在教学上,利用他的市场影响招收更多学员,同时,开发一些新的市场产品,包括企业英文内训课程等,闽老师自己担任总督学,负责课程开发与教学方法改革、教学质量提升,并聘请宋清担任大仕英语学校校长,负责日常运营管理。宋清本人也曾经是大仕英语学校的培训讲师,对英语培训市场非常熟悉,且在日常教育中表现出极强的组织、协调能力。闽老师与宋清签订了聘用合同,合同约定宋清在任内需要完成传统培训项目的招生人数、培训收入、学员满意度、费用控制、利润等多项指标,同时,闽老师也给宋清一份有市场竞争力的报酬。

对宋清来说,接手大仕英语学校校长职位,直接负责大仕英语学校的所有财产,他就对闽老师承担了多重义务:第一,看管好大仕英语学校的各项财产,保证财产安全、完整。这是一个职业经理人最基本的职责,当然,闽老师聘请职业经理人,目的并不只是保证大仕英语学校财产的安全、完整,他还要宋清能够做到更多。第二,通过有效经营管理,最大

---

① 出于简化,这里暂时不考虑税收问题。在实际的经济生活中,企业从设立之日起,就面临税收问题,需要有基本的会计记录。

限度地实现财产的保值、增值。这才是聘请职业经理人的主要目的,或者说,这才是职业经理人的主要市场作用。第三,定期、及时地向闽老师报告大仕英语学校的运行情况,取得闽老师的信任。

由于职业经理人的出现,大仕英语学校的经营状况、盈亏与否,不再仅仅是闽老师一家人的事情,还涉及闽老师和宋清之间的利益分配,例如,年末时是否该给宋清事先约定的奖金,是否继续聘用宋清担任下一期间的管理职务等。

经济学将人视为聪明且自利的经济人,他们总是会尽可能谋取自我利益最大化;市场瞬息万变,一个事前详尽、周到的战略规划,实施后也可能会收效很差。两个因素结合在一起,就形成一个商业社会难以解决的问题:如何有效建立并维护职业经理人与所有者之间的信任关系? 亚当·斯密在《国富论》一书中,就曾经感慨道:"要想股份公司董事们监视钱财的用途像私人合伙公司那样用意周到,那是难以做到的。……疏忽与浪费,常为股份公司业务经营上多少难免的弊端。"

为了解决或者至少缓解上述现象,最大限度地维系职业经理人与所有者之间的信任关系,会计在其中充当了一个至为关键的角色。回到鲁滨孙的例子上来。在荒岛上与世隔绝18年的鲁滨孙回到欧洲大陆后,担心他之前的财产究竟是什么状况。而在收到他的合伙人寄送过来的账目清单后,鲁滨孙释然了,他为自己重新获得巨额财富惊喜不已,同时,也发自内心地感激他的合伙人。试设想一下:如果合伙人没有向鲁滨孙提供完整的账目,而是直接给付鲁滨孙一笔钱(例如6 000块葡萄牙金币,多于上面资料中清楚记载的5 287块葡萄牙金币),他的反应如何? 鲁滨孙会怎样想? 从《鲁滨孙漂流记》这个虚构的小说中,我们也可以看出,在所有权和经营权分离状态下,会计充当了维系经理人和所有者信任关系所不可或缺的工具。

如果说,1993年闽老师聘请蒋敬帮助整理大仕英语学校的账目,只是出于对经营状况好奇的话,正如蒋敬所说,会计系统可以帮助闽老师和大仕英语学校更好地运行,但会计系统尚不是一个必需品。但是,当闽老师将大仕英语学校的经营权委托给宋清后,会计系统就成为一个必需品了:宋清需要向大仕英语学校的所有者——闽老师报告他的工作情况,表明他在过去的会计报告期内(现代社会通常按年报告)工作努力,能力强,效果好。闽老师需要及时了解大仕英语学校的运营情况,对宋清的工作进行恰当的评价;如果宋清工作能力不强、大仕英语学校的发展达不到预期,闽老师需要及时地更换管理层,寻找能力更强的管理者,以保证大仕英语学校能够平稳且快速发展。

宋清在担任校长之后,采取多种方法,包括聘请市场口碑好的讲师,加强对考试试题与应试技巧的研究,加大市场推广,开发企业内训课程等;另外,除英文外,还开发其他小语种的考试培训,包括日语和德语,并建议闽老师将大仕英语学校更名为"大仕学校"或"大仕语言学校",以便能够有效涵盖其他语种。闽老师在征求各方意见后,决定将"大仕英语学校"更名为"大仕学校"。

1995年度结束时,闽老师需要对宋清校长过去一年的努力与业绩进行评价,决定是否足额给付1995年度报酬,是否续聘宋清担任校长并增加他下一年度薪酬等。

管理者职位越高,其努力、敬业程度,能力高低就越难直接评价。在目前通行的对管理者评价的做法中,基于业绩的评价占了较大比重。而从目前已有的商业实践来看,最能够综合评价一个公司业绩的,主要就是来自会计系统的相关数据,即借助会计系统所提供的相关数据,综合报告相应会计主体在某个经营期间(如一个月、半年、一年)经营活动的成果,以及某个时点(如年末)的财务状况。据此,宋清可以向闵老师表明,他没有辜负闵老师的信任;闵老师也据此评价宋清的工作业绩,做出高聘、续聘或解聘的决定。

蒋敬准备了一套大仕学校 1995 年度的利润表和资产负债表,并详细地解释了这两张表的编制过程、对主要事项的判断等。闵老师和宋清都表示认可。闵老师阅读了两份报表,对一些不清楚的事项,现场询问宋清和蒋敬,及时得到了满意的解释。在此基础上,闵老师对宋清这一年的工作非常满意,向宋清足额支付了年初承诺的奖励,同时,继续聘请宋清担任校长。

表 1-3 为大仕学校 1995 年度利润表。

表 1-3　大仕学校 1995 年度利润表

项　　目	本年累计数
一、培训收入	1 055 300
二、费用合计	371 100
其中:工资费用	202 000
房租费用	30 000
装修费	15 000
广告费	60 000
修理费	10 500
保险费	3 600
折旧费	50 000
三、利润	684 200

大仕学校 1995 年度资产负债表如表 1-4 所示①。

表 1-4　大仕学校 1995 年度资产负债表

资　　产		负债和所有者权益	
现金	784 200	应付账款	0.00
应收培训费	0.00	应付工资	0.00
预付房租	0.00	预收收入	0.00
预付押金	0.00	负债合计	0.00
预付装修费	0.00		
预付保险费	0.00		
固定资产	30 000	所有者权益(股本)	100 000
办公设备	20 000	未分配利润	684 200
减:累计折旧	50 000	所有者权益合计	784 200
资产总计	784 200	负债和所有者权益总计	784 200

很显然,如果没有一个包括会计系统在内的、有效的评价机制,而采用一些日常经营

---

① 这是虚构的例子,为了说明问题,没有增加项目! 现实的经济活动要远比这里的例表复杂。

数据如招生数、新班开班数、平均学费高低、全部学费高低等指标,很容易出现为追求数量而降低价格、为增加新开班数而低价竞争、为追求价格而降低数量等现象,相比而言,会计系统能够相对更加综合、全面地评价管理层在资产保管、经营等多方面的努力[①],所有者可以据此对管理层进行监督,也能够借此来确定管理层是否值得信任。

如果没有会计系统的存在,闽老师和宋清这种所有权与经营权相分离的现象就很难维系,更遑论普及了。从现代社会两权分离非常普遍的现状,我们可以推测:没有会计系统的帮助,整个社会经济的运行成本会加大,经济发展速度要缓慢得多。

1.3.2　两权分离之:大股东与小股东的股权分离

随着外部培训市场的竞争日趋激烈,闽老师和大仕学校所在城市(假设是广州)的市场,相对趋于饱和。宋清建议:以大仕学校的品牌为依托,首先在北京、上海、南京、西安、武汉、成都等高校多、潜在需求高的城市,开设分校,并提交了一份开设外地分校的计划书。

按照宋清所进行的市场调研,在保证教学质量的前提下,第一批开设分校的地点应当以北京、上海、武汉、西安、南京五个城市为主体;之后,再推进到其他几个城市如成都、杭州、沈阳等;最后再择机向中型城市推广。为了保证第一批外地分校能够正常运行,需要筹集不低于 500 万元的现金。而目前大仕学校的账上只有不到 100 万元的现金,只能够满足广州学校规模扩大后正常运行的需要。

对闽老师和大仕学校来说,筹集这 500 万元资金的渠道有几种:闽老师自己“掏腰包”投入;朋友或其他愿意进行投资人的入股投入;向银行或其他机构借入;以上方式的结合。

 资料与讨论 1-3

企业融资方式的选择,与相应的制度环境直接相关。例如,历史上,我国曾经不允许企业公开发行股票,银行借贷资本成为企业的唯一选择;在宏观环境总体倾向于国有企业时,私人资本受到歧视,他们往往迫不得已去选择成本较高的民间借贷,由于利率通常较高,也称为“高利贷”;我国过去一段时期,风险资本(venture capital,VC)和私募股权资本(private equity,PE)活跃,包括京东、小米等公司在发展初期都吸引了大量的风险投资。当然,融资方式在不同经济体下也存在较大差异,如包括京东、阿里巴巴等互联网公司选择在美国上市,就是因为它们不能满足高度管制的中国资本市场的门槛要求。

试讨论:不同融资方式对会计系统有什么不同的要求和影响?

闽老师手头没有这么多现金;银行等金融机构对大仕学校这种初创企业的借款,设立了比较严格的门槛要求;回到 20 世纪 90 年代,市场上还没有今天广为人知的风险投资;闽老师最后确定每个城市选择一个合伙人,通过入股方式获取相应的资金。按照约

---

① 当然,会计系统也存在相应的不足。可以说,没有一个系统是完美、无缺陷的。对这个问题,会在以后的学习中陆续涉及。

定,包括孙政一等在内的五位朋友,每人出资 100 万元共 500 万元,合计占大仕学校 30％的股份,闵老师持有剩余 70％股权。[①]

当大仕学校引入小股东后,在原来所有权和经营权分离的基础上,又增加了新的利益相关者:闵老师作为大股东,与孙政一等小股东之间的利益并不完全一致。理论上,股东无论大小,按持股比例相应分享大仕学校的财产和收益,他们的利益应当是一致的;但是,在实际的经济生活中,通常大股东更关注公司的长远发展,小股东更在意当期利益,例如,要求更多地现金分红等。此外,大股东拥有控制权,他可以借助这种控制力,将公司资源转移到自己名下(例如,闵老师可以自己设立印刷厂,负责大仕学校的各种资料印刷业务,并收取高于市场的价格),小股东的利益受到损害。

为了协调大、小股东之间的利益不一致,维系他们之间的相互信任,就需要会计系统能够及时、如实地反映报告主体的财产状况、变动情况、变化的原因,合理且准确地反映报告主体的经营成果,特别是对公司利润的核算,理论上需要真实、准确,这样,对利润的分配就不会影响公司的未来发展。

蒋敬大学毕业后,留在原来的学校读研究生。闵老师邀请他继续负责大仕学校的会计工作。他发现,一些账项的会计处理,闵老师和孙政一等小股东之间的意见不一致,例如,大仕学校已经与昭和公司签约,提供一个职工英语口语培训项目,合同金额 10 万元,昭和公司预付了 6 万元,大仕学校相应的教学准备,包括教案设计、师资准备等,都已经完成。孙政一代表小股东认为,这应当是 1996 年度的成绩,而闵老师认为相应的教学还没有做,建议将这笔收入放到下个年度,等到相应的教学工作完成之后才能够记作收入。又如,1996 年年底,向创意品牌形象公司支付的 5 万元费用,用于大仕学校品牌设计与相应的推广,而创意品牌形象公司为大仕学校提供了一套完整的学校徽标、品牌,以及推广方案。闵老师希望将这笔钱作为 1996 年的费用列支,而孙政一等则认为,这笔开支将会惠及未来多年,他建议这笔开支至少应该在未来两年到三年内平均列支。这些有争议的业务将近 10 笔,让蒋敬夹在中间,左右为难。

蒋敬认真地分析了这些有争议业务的特征,发现按照小股东的意见处理,1996 年的利润会增加 20 万元。他不知道如何处理,回到学校,找他的研究生导师葛老师,寻求建议。

葛老师告诉蒋敬,针对一个经济业务,存在多种不同的处理意见,是常见的现象。不同的利益主体,要求有不同的处理方式,往往潜在隐含了对各自利益的诉求。例如,在大仕学校的事件中,小股东希望利润能够报高一点,这样,分红可能也会多一些;作为大股东,闵老师希望公司能够长期、稳定发展,但利润过高,税收、分红等会导致现金流减少,而公司正处在发展期,需要现金。此外,高利润也会吸引更多的市场参与者进入语言培训这个市场,造成竞争激烈,从而摊薄利润。

葛老师继续说,从企业角度来看,这种利益不一致,并不仅仅局限在大股东、小股东、管理层之间,还有很多利益方如银行等债权人、政府、员工等。如果允许每个利益相关方都根据自己的利益诉求提出一套会计处理的方法,会计系统将会变得非常混乱,会计数据

---

① 这一过程比较复杂,涉及很多方面,包括价格的确定、双方谈判情况、市场情况等,同时,股东变更还需要完成工商注册登记变更等。这里,仅仅为了说明相关原理,对真实世界的各种复杂事项与相关规定予以省略。

也就失去了它的最基本作用——作为成本有效的信任工具。为此，人们经过逐步摸索，最后找到一个可以为所有各方都能够接受的方法：针对企业经营过程中所发生的各种经济事项，特别是那些存在争议的事项，事先征求所有利益相关方的意见，形成一个能够得到最大限度认可与支持的标准，以最大限度地平衡各利益方的利益，会计上称为会计准则。闽老师与小股东所持不同看法的事项，大部分都可以从会计准则中找到相应的答案。

蒋敬找来一套会计准则，针对闽老师和小股东所争议的事项，认真研读，从中找到比较全面的解释。他也在这套准则的帮助下，成功地找到让闽老师、孙政一和宋清等都能够接受的处理方法。

1.3.3　两权分离之：大仕学校与债权人

当大仕学校在北京、上海、成都、武汉、西安五个城市开设分校并获得成功之后，决定继续向其他城市扩张。学校教育与其他服务方式不同，必须开设实体学校，让学生能够方便、就近地选择学校上课，因此，大仕学校不仅要往那些大学生密度比较高的城市扩张，同时，还要在那些已经开设学校的城市增加授课地点，聘请更多高水准的常任教师。此外，还需要有一些专业人士进行市场调研、信息收集，并针对市场需求开发出有针对性的产品。宋清和他的管理团队经过测算，以大仕学校目前的管理控制力，在能够保障大仕学校教学质量的前提下，未来两年发展需要的资金超过 1 200 万元，大仕学校本身的运营每年能够带来大约 300 万元的现金结余，需要额外取得 900 万元的现金。闽老师不希望再通过吸收其他投资者入股方式来取得资金，因为，这会稀释他的持股比例，让他担心在未来的发展过程中失去对大仕学校的控制。经过讨论，闽老师决定这次要向银行申请借款。

如果说，闽老师聘请宋清，将自己的财产委托他人来管理，是一种两权分离的话，那么，银行将钱借给包括大仕学校这种借款人，也是一种两权分离。因为银行将钱借给大仕学校之后，得到的只是一种到期付息、还款的承诺，如果届时借款人破产了，银行会承担实际的损失。银行等债权人为了最大限度地降低这种风险，需要对借款人作全面的了解与评估，包括借款人的真实动机、以往的信誉、企业的财产现状、还款能力、所投资项目的风险等，选择最优质的借款人，同时，在运营过程中进行必要的监督与控制，以尽可能保证银行贷出资本的安全。

宋清和蒋敬带着公司的相关资料，拜访了当地的几家银行，听取了相关银行的意见。回来后，总结了各个银行所问的问题，发现银行关注的问题大部分都是共同的，包括：大仕英语学校的经营历史、目前经营活动的开展情况、盈利能力、行业竞争情况与发展前景、本次申请贷款的用途、大仕学校的利润分配政策等。在讨论过程中，很多银行还要求：如果大仕英语学校申请了贷款，那么，在贷款归还前，所有股东必须承诺利润分配不超过当年利润的 40%，甚至有银行提出股东要承诺不进行利润分配。还有银行提出来，借款期间的会计核算，需要符合银行的一些具体要求，报表必须经过银行所聘请的专业机构的审计等。

大仕学校所在地的城市商业银行，在审核大仕学校所提供的以会计报表为主的相关资料后,经过实地走访、考察,最后决定向大仕学校提供两年期共 900 万元的贷款。[①]

1.4 会计的作用：政府管理部门

 资料与讨论 1-4

2014 年 9 月 24 日,国务院总理李克强主持召开国务院常务会议,部署完善固定资产加速折旧政策、促进企业技术改造、支持中小企业创业创新,决定进一步开放国内快递市场、推动内外资公平有序竞争。

其中,涉及固定资产加速折旧政策的规定包括：其一,对所有行业企业 2014 年 1 月 1 日后新购进用于研发的仪器、设备,单位价值不超过 100 万元的,允许一次性计入当期成本,费用在税前扣除;超过 100 万元的,可按 60% 比例缩短折旧年限,或采取双倍余额递减等方法加速折旧。其二,对所有行业企业持有的单位价值不超过 5 000 元的固定资产,允许一次性计入当期成本费用在税前扣除。其三,对生物药品制造业,专用设备制造业,铁路、船舶、航空航天和其他运输设备制造业,计算机、通信和其他电子设备制造业,仪器仪表制造业,信息传输、软件和信息技术服务业等行业企业 2014 年 1 月 1 日后新购进的固定资产,允许按规定年限的 60% 缩短折旧年限,或采取双倍余额递减等加速折旧方法,促进扩大高技术产品进口。根据实施情况,适时扩大政策适用的行业范围。会议要求加快落实上述政策,努力用先进技术和装备武装"中国制造",推出附加值更高、市场竞争力更强的产品。

试讨论：国务院层面为什么会关注固定资产折旧？这一政策对企业的具体影响是什么？对国家的短期具体影响是什么？对长期的影响又是什么？

任何一个社会,政府作为社会经济活动的组织者和协调者,都在不同程度地发挥着调节市场的作用。在一个纯粹以市场为中心的自由经济社会中,社会经济的运行主要由市场本身来调节,政府只在有限的范围内发挥着有限的宏观调控作用;而对一个政府作用相对较大的社会如中国,政府不仅要通过利率、税收等各种经济杠杆发挥对经济活动的调节作用,还要通过计划(想想我们的五年计划)、政策(从 2010 年开始的多轮严控房价的宏观调控政策)、准入(如银行、保险行业的牌照)等各种宏观手段,直接规范市场的运行。

无论政府管理部门在社会经济生活中的作用有多大,任何有关社会经济决策的制定,都应该科学、合理。而科学、合理的决策,不仅要求有较科学的理论指导,还要求决策制定者充分了解、掌握社会经济活动的运行情况。这其中,会计信息是最为基础的信息源之一。

以上所列举的大仕学校,从事的是外语短期培训等非全日制、非学历教育。这一时期,各种类型的培训班纷纷设立,市场上也不断出现培训班倒闭、学员钱拿不回来等现象。像北京、上海这种人口密集、各种类型培训班特别多的城市,地方政府还要酝酿对这部分

[①] 当然,实际贷款的审核、发放过程会更加复杂,银行还会要求包括闽老师在内的企业主提供其他形式的保证,如抵押、担保等,来规避可能的风险。

市场进行相应的管制。同时,为了鼓励非学历教育的培训系统能健康、良性地开展,需要了解整个行业的经营情况,包括行业整体经营情况、行业盈利水平。为此,政府管理部门也需要了解包括大仕学校在内的相关经营情况信息,而这些信息主要来自该学校的会计系统。

最近几年,我国政府特别关注国有大中型企业的发展问题,并为此采取了一系列措施,包括政策、资金等方面的支持。政府对国有大中型企业财务状况和经营成果的了解,主要是基于这些企业的财务报表,特别是其中的资产负债表和利润表。前者可以反映国有大中型企业财务状况的好坏,后者能提供国有企业经营成果的信息(如是盈利还是亏损等)。

政府管理部门在制定或修改公用事业部门的收费率时,主要依靠的是财务报表信息。例如,对邮电、铁路、水、电、煤气等公共事业服务项目收费标准的确定,要求这些企业在保本的前提下,略有盈余。这样,确定收费率或收费标准,首先要了解其服务的各种成本,包括直接成本(如火力发电过程中所消耗的煤及人工成本、传输成本等)和间接成本(各种发电设备等的折旧)等,并以此为基础,加上一定的利润率,作为税金和利润。这些信息同样来自会计系统。

 资料与讨论 1-5

2014 年 4 月,银监会发布 2013 年年报,2013 年度银行业实现利润 1.42 万亿元,比 2013 年增长 14.5%。

2014 年 6 月,英国《银行家》公布的调查显示,2013 年中国银行业税前利润总额为 2 920 亿美元,占银行业全球利润的 32%。

2014 年 9 月,中国企业联合会发布的 2014 中国企业 500 强报告显示,17 家银行企业净利润总额 1.23 万亿元,占 500 强企业净利润的 51%。这是 500 强企业中银行业利润总额首次超过其余 483 家企业的总和,这也意味着,制造业同其他行业与银行业的"利润鸿沟"越来越大。

试讨论:银行业高利润与银行业的垄断有什么关系?社会对垄断行业关注的主要焦点是什么?它与会计信息有什么关系?

这一问题在生产军工产品的企业较普遍。在西方国家,军队的武器装备,主要来自一些私营公司。为了保证国防的先进性,每个国家都对其领先的武器装备进行严格的保护,那些私营公司不能将最先进的武器拿到市场上出售给其他国家。因此,武器装备通常都没有或很少有较一致的市场价格。为了给生产厂家一定的利润,以确保它们能为军事部门提供各类最先进的装备,就需要确定一个相对合理的价格。通常的做法是先确定成本,在此之上,加上一定比例的利润。当然,成本的确定也依赖于会计信息。①

会计信息在政府管理中的作用,还远不止以上部分。政府的宏观决策,有不少信息来

---

① 按照公开资料,美国 B-2 隐形轰炸机的单价高达 22.5 亿美元。请尝试查找相关资料,讨论背后可能的会计政策,特别是相关的成本政策。

源于会计数据。如果会计信息全面失真，那么，据此做出的决策，很难说是科学、合理的，甚至有非常严重的经济后果。例如，我国20世纪60年代初曾经经历过一场"三年自然灾害"，对我国经济发展产生了严重的负面影响。尽管导致三年自然灾害的原因有很多，但会计信息严重失真，在其中也扮演了非常重要的角色。因为，当时农村普遍存在虚报产量、动辄亩产万斤的现象。既然亩产万斤，就应当向国家缴纳相应比例的粮食，导致农村在缴纳完给国家的粮食（在农村称为"交公粮"）后所剩无几。[①] 在一个比较长的时期，农民没有粮食吃，中国部分农村出现大面积饿死人现象。[②] 试想，如果不虚报粮食产量（虚假会计信息），大面积饿死人的悲剧就可能会避免。同样地，在次贷危机等近几年的国际性经济危机中，各国政府也先后出台不同的干预政策。这些政策的制定，也是基于次贷危机对企业产生大面积的影响、导致企业业绩全面下滑、财务出现困境而做出的。这些数据主要来自企业的会计系统。

可以说，政府部门在管理一个国家（地区）经济运行、制定相应的政策时，微观企业的会计系统是其最主要的数据来源之一。会计系统的数据如果出现系统性偏差，相应的宏观政策和经济后果必然会出现问题。

不仅政府的宏观政策需要依赖真实、可靠的会计信息，还需要会计方法作为执行宏观政策的一个有效手段。例如，上文提到的加速折旧方法，对经济发展的促进作用是重要的，不仅能降低企业的当期税负，激励更多的企业扩大投资，而且能鼓励企业购买更多的固定资产，刺激经济增长。

 资料与讨论1-6

最近十多年，中国企业在走向国际市场的过程中，经常遇到的一个问题就是倾销指控。例如，2012年7月，欧盟展开对中国光伏企业产品出口欧盟的反倾销调查，如果欧盟一旦认定中国的光伏制品企业存在对欧盟有倾销行为，将会对中国光伏企业征收惩罚性税收。按照相关媒体的评论，中国光伏产业的损失可能会超过3 500亿元。

（资料来源：中国国际电子商务网"内忧外患：中国光伏'惨业'命悬45天"[OL]. http://topic. ec. com. cn/topic/zhongguoguangfu/index. shtml.）

请同学查找资料，讨论国际贸易中倾销与反倾销争执的核心问题是什么，与会计有什么关系。

中国自从20世纪80年代开始，逐步成为世界"制造工厂"，中国制造所涵盖的产品种类越来越多，对美国、日本、欧盟等经济发达体的出口，在相当长一段时期里，成为我国经济增长的一个重要因素。但是，由于中国产品的冲击，美国、欧盟等经济体内部相应的企

---

① 举个类似的例子，假定一个企业申报说其销售收入100亿元，那么，它就应当交纳相应的增值税、销售税等流转环节的税收；如果它继续说其利润是20亿元，那么它还应当缴纳相应的所得税。实际上，企业只有不到10亿元的销售收入、不足1亿元的利润。显然，在缴纳完高估的销售税和所得税后（假定实际销售收入全部是现金，也只有10亿元），它没有足够的资金来维持再生产，更遑论投资固定资产和研发等回收周期较长的项目了，企业失败在所难免。

② 这一阶段，最初称为三年自然灾害，后称为三年困难时期。关于饿死人的现象，一直存在争议。最新修订的《中国共产党历史》第二卷(1949—1978)，也正面、直视了这一段历史。

业因为竞争力不足,产能萎缩,甚至出现企业倒闭。这些受到影响的企业往往就会要求所在国政府出面,对中国的企业产品进口设置人为障碍,其中一个常见的手段就是对中国企业提起反倾销指控。一旦被所在国法庭裁定倾销成立,中国企业就不得不退出相应的市场。

尽管对是否存在倾销,有多种不同的标准与认定,但最核心的标准就是是否以低于正常价值的价格出口产品到另一国(地区)。在具体认定是否以低于正常价值的价格销售时,销售价格与产品成本之间的关系,是直接判断的标准。如果一个企业以低于成本的价格销售,显然就有倾销的嫌疑。其中,成本信息,自然来自会计系统了。

由此看来,会计系统所提供的信息,不仅是一个国家(地区)政府部门对本国(地区)经济管理所必需的,还是调节国际社会经济秩序与争执调解的重要依据。

1.5　会计的作用:公司管理部门

会计不仅仅是充当不同利益集团之间低成本的信任工具,还具有其他多种功能。这种功能,在企业内部体现得尤为明显。

还是以虚构的大仕学校为例来说明。

如果说,大仕学校早期创办,带有随机、偶然性的话,那么,当大仕学校前三年获得成功、规模比较大之后,再往外扩张与发展时,就需要一个比较谨慎、科学的决策程序了。例如,大仕学校在做出扩张与开设分校的城市、扩张的规模、方式等决策时,就需要考虑多方面的因素,包括来自市场的分析数据,也一定包括大量来自大仕学校内部运行的数据,特别是扩张所需的资金、大仕学校运行所可能产生的现金流等。在制定这一决策的过程中,非常重要的信息来源之一就是企业的会计系统。这也是会计系统对公司内部管理部门最重要的职能之一:决策辅助功能。

资料与讨论 1-7

乐视公司最近几年一直是媒体关注的热点。在短短四年的时间里,乐视从一个视频网站,发展到一个涉及手机、电视、电影、金融、汽车等多个行业的公司。关于乐视公司资金链危机的消息,每天都会出现。

因为扩张过快,乐视的资金危机爆发。2017年5月,贾跃亭也因此辞去总经理职位。

试讨论:乐视在扩张过程中,需要关注哪些信息?这些信息中有多少是来自会计系统?

作为决策辅助功能的会计系统,在具体应用时,还有不同的表现形式。例如,当大仕学校要为昭和公司开办一个企业内训项目时,需要关注的核心问题是:该项目是否能够盈利?而一个项目盈利情况的确定,又涉及该项目的收入、费用等信息。

对公司管理层来说,会计系统还可以发挥定价功能的作用。我们要知道,给产品定价时需要考虑的因素很多,包括产品定位(如高端产品的标志之一就是高价格)、市场需求(我国住房价格在过去几年里恶性上涨)、竞争性程度(垄断产品价格不断上涨、竞争性产品价格不断下跌),以及价格能否足够弥补公司的成本,等等。从企业的角度来说,会计系统所提供的成本与费用信息，是企业定价的依据之一。例如，大仕学校决定开发昭和公司内训课程，定价应当如何设定，才能在保持市场竞争力的同时，能够取得合理甚至可观的利润，就需要蒋敬能够提供一个相对比较细致的、与该项内训课程相关的成本信息。在相对准确地核算、确定了内训课程项目成本的基础上，综合考虑未来类似项目的市场拓展之后，宋清对这次的内训项目收费的原则是以不亏损为主，项目价格定在 10 万元。

会计系统除了可以为价格决策提供依据外，还可以为公司内部具体方案提供决策帮助。例如，大仕学校在发展过程中就涉及在一个城市（如广州）需要开设几个教学点的问题。为了找到最佳的方案，除了各种市场预测数据外，还需要对开设教学点的成本进行预测，测算出不同数量教学点的成本与收益对比，供管理层决策时选择。

随着企业规模的增大，公司最高管理层与具体执行部门之间的层级越来越多，距离越来越远，管理者特别是高层管理者对中低层管理者的控制越来越困难。从管理学上看，常用的控制手段就是通过诸如预算、业绩评价、激励等手段，而这些手段的基础都需要会计系统的数据。例如，国资委通过《中央企业负责人经营业绩考核暂行办法》等，每年都对所属央企进行考核。这些考核办法中所涉及的经济数据，大部分来自会计系统。

1.6　从簿记到会计：一个不断发展的学科[①]

诚如上述，会计是人类社会的发明，主要用于维护和提升人与人之间的信任度。基于达尔文的自然选择理论，我们可以推测：只要人类出现群居现象，就自然要寻找有效的信任工具。在这一过程中，人类祖先尝试过多种方法，例如，借助血缘关系（从母系社会到父系社会，以及皇权世袭、家族企业等）、财产抵押（这一方法今天还在普遍采用，特别是中国银行业的抵押贷款）、宗教、法律、契约，乃至结拜、歃血为盟等。同时，由自然选择理论可知，各种方法之间相互竞争，最后能够存活下来的，自然是有效的方法。这种方法的有效性应该是多维的，它们至少应该包括：其一，低成本。企业之间的竞争，主要是成本与效益的竞争，将企业组织间的竞争放大至社会组织乃至国家之间的竞争，成本与效益比，也是至为重要的决定性因素。一个有助于提升信任的制度安排，如果成本过于高昂，也会被逐渐淘汰或改进。其二，普适性。只有一种方法能非常容易地跨越地理区域、组织规模、组织类型等的限制时，才有可能被广泛接受。其三，针对性。与普适性相对应，作为人类社会普遍采用的信任工具，会计还具有解决具体企业组织的财产信任冲突的作用。也就是说，在普适性的基础上，会计还能够比较容易地满足具体企业组织的特定需求。其四，可控性。人与人之间的信任，特别是利益冲突与信任，可采用的解决方案应该能够对所涉及财产或经济利益关系进行可靠的反映或描述，因此，包括宗教等方法由于不能清晰、准确地描述相应的财产或经济利益，而不能被广泛应用。

我们无法知道，人类社会在寻求信任的过程中，发明、尝试并淘汰过多少种方法，而目前所广为采用的会计方法，完全符合上述有效性的特征。

[①]　本节是一个关于会计发展史的简述。考虑到行文简洁、可读，没有采用详尽、细致地标注资料来源与观点出处的史学叙事方式，而是将一些主要观点和脉络展示给读者。有兴趣的读者，可以自行查找相关读物。

1.6.1 文字的产生：一个思想实验①

目前我们对人类最初文明的了解，主要还是以早期人类所能够留传下来的文字记录为主。以神话传说为主，没有文字记录支持的人类文明，被称为史前文明。文字发明之后的人类文明，由于具有相应文字记载的支撑，可以被称为"信史"。文字不仅是用来记录历史的，还极大地推动了人类文明的发展和社会的进步。文字在人类发展史中的地位，无论如何高估，都不过分。问题是：早期人类为什么要发明文字？

无论历史学家、人类史学家将早期人类文明界定在何时开始，我们可以推测，早期人类的生产能力极度低下，物资极度匮乏，每个人都要为生存而劳作，包括打猎、捕鱼、采摘等。如果不能获得必要的食物，早期人类就会在饥寒交迫中死去；人相食，在早期人类中，并不是孤例；"易子而食"，在中国历史中有确切的文字记载。

在这种物资极度短缺、人人都要劳作以求存活的环境下，为什么会有人在墙上涂涂画画？或"刻木"、"结绳"？这些不能直接增加猎物等生存物资的行为，究竟是一种艺术、奢侈品，还是有其不可替代的价值？

按照达尔文的生存选择理论，人类为了存活，总是选择能够最大限度地提高存活概率的行为。换言之，如果那些"涂涂画画"、"刻木"、"结绳"的人最先倒下，就不会有后来者去效仿，果如是，则到今天我们也没有文字。在我们这个星球上，早期相互隔绝的人类都先后发明了自己的文字，这表明文字应当具有其不可替代的、有助于提升早期人类存活概率的价值。

文字的发明如何提升早期人类的存活概率？对这一问题的回答，只能是分析和猜测。我们假设早期族群人数较少，部落首领通过自己的记忆，就可以解决物资分配等问题，建立并维系族群内的信任关系。这时，文字并不是必需的。但是，当族群人数增加之后②，仅凭少数人的记忆，难以达成目的，就需要借助相对客观、且事后可核的方式来辅助记忆，这就是早期用实物如贝壳、算筹等作为辅助，并逐渐过渡到"刻木"、"结绳"记事（见图1-1）。在此基础上，早期人类逐步发明了数字，并进而逐步发明文字。正由于人类发明的数字和文字，用来帮助早期人类更好地记录财产物资及其分配，维系族群内的秩序和相应的信任关系，从而衍生了今天得到广泛应用的会计。也正是在这一意义上，会计史学家Woolf曾经断言：腓尼基人发明文字（人类最早的拼音文字），就是为了会计。

"大约公元前3400年前，南美索不达米亚（southern Mesopotamia）（人们）'发明'了书写。它绝不是书记员为了让后世铭记圣迹或赞美圣灵所创设，而是一种会计技术解决方案，用来解决的问题非常简单：在Uruk（今天的南伊拉克）的城邦国家存在供奉Inama女神的Eanna神庙，神庙中的财产记录需要簿记方法（record-keeping）。

故而，已知现存最早的文本——以原始楔形文字（proto-cuneiform）（见图1-2）的方式

---

① 这里对文字产生的讨论，并不是以历史史料为依据，因为笔者不是一个历史或文字史专业研究人员，缺乏熟练驾驭这部分史料的能力；同时，从现有史料来看，我们也缺乏本小节所要讨论的文字产生原因的相关研究文献。也正因为如此，笔者采用思想实验方式，讨论文字产生的原因。

② 族群人数增加，既有来自本族群内部的自然增长，也有战争、结盟等带来成员数量的增加。族群之间的竞争与此消彼长，就是达尔文"生存选择"的绝佳检验场景。

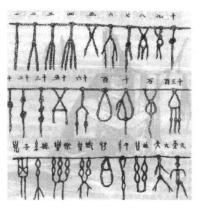

图1-1 结绳记事

（资料来源：牟作武.中国古文字的起源[M].上海：上海人民出版社，2000.）

签在黏土板(clay tablet)上的半象形符号(semi-pictographic)——就是记录货物的收入与发出……"①

图1-2 楔形文字

（资料来源：搜狗图片）

---

① 澳大利亚悉尼大学 Nicholson Museum 对两河流域楔形文字介绍的原文前半部分是：Writing was "invented" in southern Mesopotamia around 3400 BC. It sprang not from the mind of a scribe who sought to record a myth or epic for posterity, or to exalt a deity in a hymn of praise. Rather, it was an account-technical solution to a simple problem：the need for record-keeping on the great temple estates of Eanna, the temple precinct of the goddess Inanna at the city-state of Uruk in what is today southern Iraq. Thus, the earliest texts known in the entire world-clay tablets with semi-pictograhpic signs written in so-called "proto-cuneiform"-record the incomings and outgoings of goods such as beer, oil, barley, fish and milk products which, in a pre-monetary economy, represented the wealth generated on the agricultural estates of a deity, as managed by overseers who were, in fact, priests and who paid rations to the members of the extended temple household. (以下省略)

当然,文字一旦产生,它就渐渐地用于多个领域,最后是全方位的。但是,追本溯源,人们对会计的需求,产生了文字;文字的出现与普及,又大大促进了人类文明的进步。会计与人类发展和文明之间的关系,仍然有待进一步的研究与认识。

1.6.2　商品经济萌芽与复式簿记

早期人类经济活动简单,社会总体财富剩余不多,所要求的会计方法比较简单:能够满足记录财产收支、监督财产存量即可。早期一些城邦制国家如雅典,就将财产收支记录

图 1-3　唐衣物账碑
(资料来源:搜狗百科)

刻在石头上,公开出来,让所有人都能够看见[①];我国西安法门寺地宫出土的"唐衣物账碑"(见图 1-3),详细列明每次皇宫迎奉佛指舍利时所奉献的各项财物的明细清单,且对财物特征的描述详尽、细致,如"香炉一枚,重卅二两,元无盖;香炉一副并臺蓋朵带,共重三百八十两"。正是有了刻在石头上、无法更改的详细记录,管理法门寺地宫财物变得简单。这也就是本书所讨论的会计的价值:低成本的信任工具。

从人类社会的发展来看,抛开宗教/国家/部落之间的战争与冲突,绝大部分人际矛盾与冲突,都与财产有关。会计成为解决人与人之间围绕财产所产生的信任冲突的最佳选择。也正因为如此,会计的发展,在相当程度上取决于人类社会经济发展的状况,同时,它也反作用于社会经济的发展。换言之,即便在一个比较长的历史时期,如果人类经济活动没有发生实质性的变化,相应的会计方法也发展缓慢。

无论我们将人类文明的起源定位在何时,是神话传说中的史前文明,还是公元前4000 年起的美索不达米亚地区,但直到 15 世纪末期的哥伦布大航海之前,人类社会都以农业为主,社会流动程度不高,商业活动不发达,数千年里社会财富总量增长有限,相应地,对会计方法的要求不高,简单地记录、计数,辅以人员和组织上的控制安排,就可以满足要求。

中世纪后期,意大利因为十字军东征与航海业发展等因素[②],逐渐成为东西方商品交换的中心,从而催生了马克思在《资本论》中所说的"稀疏出现资本主义萌芽"。而 1492 年

---

　　①　文硕.西方会计史[M].北京:中国商业出版社,2012:60.
　　②　十字军东征持续近 200 年(公元 1096—1291 年),先后共 8 次。对十字军东征的讨论,有多个不同角度,如宗教、政治等。这里提醒读者关注的是经济角度,即它直接推动了商品经济萌芽于意大利沿海城市国家。事实上,学术界有一种观点认为,十字军东征是一场由商人支持的、假借圣战名义的商业战争。《威尼斯商人》中所描写的安东尼船队,就是当时十字军东征船队的一种场景。

哥伦布发现新大陆,带动了欧洲的航海、探险热,进一步助推了商品经济在欧洲的发展。

商业活动的发展使社会经济活动逐渐复杂,对会计也提出更为复杂的要求,特别是意大利的银行业。由于十字军东征,人员来来往往都需要经过意大利,意大利不仅成为商品集散中心,而且也成为当时欧洲的金融中心,意大利的银行业受益最深。当时意大利的美第奇等家族银行成为教会的"中央银行",代理教会在西欧对教徒征收"什一税"等税款的解付。当时意大利几家最大的家族银行,其分支机构遍布欧洲。

商业活动渐趋复杂,传统的以收支记录为主的简单方法,已经不能满足需要。以美第奇家族银行的某个外地分支机构为例,它的经营活动非常复杂,包括存款、汇票签发与兑付、投资[①]、不同货币兑换等业务。这时,简单的收支记录,不能有效地反映相应组织的经济活动;与之相对应的信任责任履职情况,也难以确当评价。因此,意大利各岛国先后"创造"了复式簿记方法,而1494年,传教士卢卡·帕乔利(Luca Pacioli)总结了流行于威尼斯一带的复式簿记方法,公开出版了《算术·几何·比与比例概要》一书,这成为目前已知的、第一本公开出版的复式簿记教科书,帕乔利也因此被誉为"现代会计之父"。

资料与讨论1-8

卢卡·帕乔利(Luca Pacioli,1445—1517年)(见图1-4)意大利数学家,方济各会修士。他是列奥纳多·达·芬奇的好友,他在意大利各处的教学活动和编写的教材大大影响了后来的数学教学与研究。他在著作中对复式记账法的记载和研究被认为是会计学的开端,故被称为"会计学之父"。

复式簿记最为精妙之处就是"有借必有贷、借贷必相等"。具体而言,将企业/组织的财产物资,都按照同一种货币量度单位进行记录,这样,一个苹果与一幢房屋可以相加,公司规模无论大小,全部财产可以汇总成一个数字;对所有引发企业财产物资或权利义务变化的交易,同时记入两个或两个以上账户[②],且至少有一个借方和一个贷方,借方金额与贷方金额相等;期末时,汇总所有账户,借方余额等于

图1-4　卢卡·帕乔利
(资料来源:维基百科)

贷方余额,如果不等,一定是记账过程发生了某种差错。复式簿记这种"自动平衡"机制,极大地便利了对大规模企业和复杂商业活动的记录与处理,很快就被推广到全球,成为商人们的"必需品"。著名的德国诗人歌德赞颂道:"人类智慧的绝妙创造,以致每一个精明的商人都必须在自己的经营事业中利用它。"[③]

---

① 当时的基督教不允许收取利息,禁止放高利贷,犹太人也因此背上坏名声。为了规避这一限制,当时的银行通常不发放贷款,而是投资;投资可以参与分红,以分红代替利息。

② 账户是会计上常用的术语,从第2章开始,陆续介绍。

③ 转引自葛家澍.会计学导论[M].北京:立信会计图书用品社,1988:6.

1.6.3　工业革命与成本会计

1492年,哥伦布发现新大陆,引发了欧洲的航海、探险热潮,人类社会进入大航海时代。大航海极大地刺激了商品跨区域流动。

以商品买卖为主要活动的企业,其盈利模式相对比较简明、直接:低买高卖,差额就是毛利。所需要的复式簿记方法比较简单、明了,到期末,对所有账户进行汇总,将所有收入类账户与费用类账户余额冲抵,二者的差就是利润。

在大航海和海外贸易的刺激下,加之英国国内出现一些在当时比较先进的制度安排[①],英国于18世纪中后期开始的工业革命,是继大航海之后,对人类社会的又一大促进。在工业革命中,瓦特蒸汽机的发明,为现代化制造业提供了动力准备,由此开始,工厂可以设在任何地方,而不再是傍河而设,同时,工厂规模在理论上可以无限扩大。正是工业革命,带来了人类社会财富的快速增长。

图1-5为400—2000年中国与西欧人均GDP水平的比较。

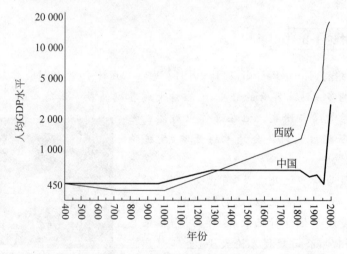

图1-5　400—2000年中国与西欧人均GDP水平的比较

资料来源:安格斯·麦迪森.世界经济千年史[M].伍晓鹰,等,译.北京:北京大学出版社,2003:30.

工业革命带来了人类财富创造模式的转变。在以商品低买高卖为主要模式的经济环境下,简单的商品持有就可以产生盈利,利润的计算也比较简便、明了,企业资产主要就是货币与商品,期末对比期初的变动额就是利润;工业革命之后,社会财富的创造过程不再是简单的持有,而是一个非常复杂的制造过程,包括购买原材料、机器设备、辅助材料等;将材料加工成产成品;再将制成品销售出去;大部分原材料当期使用、消耗完毕,与商品买卖类似,但机器等耐用设备可以使用很多年;在加工过程中,有些制成品与最初的原材料之间形态上已经发生了彻底的改变,例如,将铁矿石炼成钢,你从制成品钢中,很难看到铁矿石的影子。期末时,企业会拥有多种不同性质的物品,包括原材料、未完工产品、已完

---

① 　为什么工业革命率先在英国出现,诺贝尔经济学奖获得者诺斯(Douglas North)从制度与制度变迁角度,给出了解释。有兴趣的读者,可以参阅他的著作《西方世界的兴起》。

工待售商品、机器设备等。这时,你如何给你的最终制成品定价? 给定既定的销售收入,如何合理确定企业的利润?

正是在这种经济活动渐趋复杂的环境下,成本会计方法逐渐产生,用来科学、合理地确定制造业的产品成本,以帮助管理层合理地确定产品销售价格,并进而核算企业报告利润。

成本会计的产生,是会计学科发展过程中的另一个可以比肩复式簿记的贡献,因为,有了成本会计,整个会计系统就不再仅仅是记录并事后报告企业财产变化,它还可以通过对产品成本的核算,为管理层的决策和控制,提供帮助。

工业革命初期,人类社会平均生产能力低下,物资短缺,处于卖方市场阶段,企业所生产的产品,都能够顺利销售出去,成本会计主要用于确定企业所生产的产品成本,以便利管理层确定合适的产品销售价格。随着社会经济的不断发展,市场一体化程度提高,竞争趋于激烈,企业面临从卖方市场到买方市场的转变,这时,核算成本不仅仅是为了帮助企业更好地确定企业产品的销售价格、核算利润,它还可以为管理层的决策提供依据:事先预测企业所生产产品的成本是否具有市场竞争力,并进而决定是否生产某项产品或是否应该上马某个项目,成本会计也因此进一步发展成今天的管理会计。

1.6.4 资本市场与现代会计体系的形成

资本市场是商品经济发展到一定阶段、人们寻求更便利、有效地取得商业资本的必然产物。资本市场上交易的,就是资本。

 资料与讨论 1-9

如何为资本定价?

2010 年 6 月 30 日,全电动车制造商特斯拉(Tesla)成功完成 IPO,公司股票在纳斯达克(NASDAQ)证券交易市场挂牌,发行价为每股 17 美元,募集资本 2.3 亿美元,公司总市值约 20 亿美元;股票上市当天上涨 41%,收于每股 23.89 美元。

Tesla 只是在 2008 年才开始推出全电动汽车,到 2010 年 6 月,名为 Roadster 的电动车销量有限,公司尚未实现盈利。上市前累计亏损 2.3 亿美元。2017 年 6 月,最高涨到每股 386.99 美元,市值超过通用汽车。但是,特斯拉尚未实现盈利,2016 年度全球汽车销量 7.6 万辆,而通用汽车同一期间汽车销量超过 1 000 万辆。

试讨论:为什么特斯拉公司的市值会超过通用汽车? 这其中的因素有哪些? 对会计信息有什么挑战或冲击?

通常,货币是商品交换的媒介,它自身没有价值。人们在买卖商品时,借助货币来定价、支付并达成交易。普通商品定价主要考虑的因素包括商品的功能、质量、外观等特征以及市场供求等,人们是因为商品自身特征去购买这些商品。在资本市场上,一个公司在市场上发售股票,那些购买股票的人——通常称为投资者——支付的是资本,买到的是代表公司权益份额的股票。对投资者而言,他们期望未来公司的价值会上升。例如,特斯拉在 IPO 时的股票价格是每股 17 美元,2017 年 6 月 23 日的收盘价格每股 325 美元。

在股票市场上,交易的标的是股票。除了少数以收购与控制为目的的投资者如巴菲特外,绝大部分投资者的资本额有限,目的也很简单:把资本的使用权暂时让渡出去,以换得更高的回报。或者说,普通投资者购买股票,关注的是各该股票未来可能的溢价能力。投资者在持有股票一段时期之后,会择时卖出股票,实现盈利。

当股票市场高度发达,大量的企业在市场上卖出股票,大量的投资者通过买卖股票的方式实现资本的保值、增值时,相应的问题产生了:如何对股票上所代表的盈利能力进行评估,以合理地确定股票的价格?

股票市场对会计的影响是革命性的。在股票市场之前,与企业利益相关的利益方仅限于少数几方,如上述大仕学校的闵老师所代表的大股东、孙政一所代表的小股东、作为债权人的银行以及经理人宋清等。他们可以通过协商等方式,来达成一致,包括对会计方法的选择。在股票市场上挂牌交易的公司,其股东数量多,且这些股东持有股票的时间不一致、期限不一致、份额不一致,甚至有些股东只持有非常短的时间。例如,京东方(000725)2016 年年底的股东户数 1 140 580 家,深沪两市数量最多;同大股份(300321)股东户数最少,也有 5 941 家。不同性质的股东,投资目的、诉求不同,而股票是企业产权的表征,其价值取决于股票所代表的企业质地与盈利能力。与普通商品的质量可以直接、直观地评价不同,股票质量的评价,主要取决于其所代表企业的价值,而企业价值的评定,会计数据的作用甚大。人数众多的股东之间对公司利益的诉求不一致,对会计数据的需求,同样会存在差异。

如何协调人数众多股东之间的利益冲突?直接协商、谈判的方式既不可能,也不经济。在实践中,逐步形成了一套专门满足外部投资者需求的财务报表;这套报表在一些可能存在争议问题的处理上,遵守一套事先约定的会计准则。这就出现了"对外会计"或"财务会计"。

资料与讨论 1-10

会计准则最初出现在美国,称为"公认会计原则"(generally accepted accounting principles,GAAP),"公认"是其强调的核心特征之一,即任何已发布的准则,都必须最大限度地得到最广泛地认可。为此,美国的会计准则制定采用"允当程序"(due process),任何一项准则,从最初的提案到最后的准则正式发布,往往历时甚久,例如,于 1995 年发布的第 123 号会计准则"股票型报酬的会计处理"(Accounting for stock based compensation),于 1984 年就已经开始,先后耗时 11 年。

国际上,还有一个机构叫"国际会计准则理事会"(International Accounting Standards Board,IASB),它负责发布并在全球推广"国际会计准则"。

试讨论美国是否会采用国际会计准则,为什么?

在资本市场上,外部股东平时不能参与企业的日常管理,对企业经营状况和盈利能力的了解,主要借助几张高度综合的财务报表。这些财务报表由企业内部财务人员编报、提供给外部投资者使用。外部投资者又很难直接判断这些财务报表质量的高低,特别是:

这些财务报表是否真实、公允地反映了所报告企业的财务状况与经营成果。很显然，如果投资者不信任企业所提供的财务报表，他们就不会购买该企业所发行的股票，或者，在企业所期望的价格基础上，给出比较大的折扣。企业为了赢得外部投资者的信任，将股票以比较满意的价格销售出去，它就需要向投资者保证：企业财务报表的编报，完全遵守了"公认会计原则"，值得信赖。当然，无论企业如何承诺、保证，投资者都不会轻易相信。顺应这一需求，一个专门用来对企业财务报表真实、公允性进行核查的独立第三方机构——会计师事务所——应运而生。

 资料与讨论1-11

承诺与可信承诺

中国有一些词语如"一诺千金"、"君子一言，驷马难追"，都是形容承诺的效力。但是，在实际生活中，仅仅一个口头承诺，是否能够得到有效执行，只能取决于承诺者的个人主观意愿。

什么样的承诺是可信的？上市公司管理层向外部股东承诺，提供真实、公允的信息，外部投资者如何相信管理层的这一承诺？经济学者 Williamson 建议[①]，承诺可信的基础之一就是承诺方主动"绑住自己的手"。

试讨论作为一种可信的承诺制度安排，审计应该有什么样的特征。

目前，在全球主要国家的资本市场上，上市公司公开发布的财务报表，都需要经过由审计师组成的会计师事务所审计，并签发专业意见，认为上市公司财务报表质量符合要求。不如此，资本市场就不会接受并采信上市公司的财务报表。本书将会计定义为一种低成本的信任制度，审计的出现，让会计这种信任制度安排从只能服务于少数、明确的主体，到可以为任何可能相关的主体服务，或者，按照美国财务会计准则委员会的讨论，会计需要服务于资本市场上所有"现在的和潜在的"投资者。由于任何人都可能成为"潜在的"投资者，这就意味着会计将要为所有人服务[②]。一套得到广泛认可的会计准则和独立审计，成为会计服务于社会层面信任问题的基础。

20世纪80年代起，国际范围的放松管制，国际经济一体化程度提高，资本市场波动幅度更大，企业面临的融资环境更加动荡，包括融资方式、融资期限、融资成本、货币种类、汇率变化等，对企业合理、有效地安排融资方式，提出了挑战；也出现了一些经营上卓有成效的企业，因为资金链断裂而被迫转让或破产的事例。如何有效地筹措资金、合理地配置资金等，成为企业日常运营中非常重要的问题。也因此，财务管理也从传统会计中衍生出来，并在不断发展之中。

---

① Williamson，Credible commitment：using hostage to support exchange，The American Economic Review，September 1983：519-540.

② FASB 1978年11月发布的《财务报告的目标》，认为财务报告应该要为"现在和潜在的投资者、信贷者和其他用户提供有用信息，以便其做出合理的投资、信贷和类似的决策"。

资料与讨论 1-12

2014 年 5 月,绿城地产因为资金链断裂,其实际控制人宋卫平将所持股份转让给融创实业的孙宏斌;有趣的是,2006 年,孙宏斌实际控制的顺驰地产,由于资金链断裂,被迫卖给香港路劲基建。

请自行查找资料,把这两起公司转让事件整理出来,讨论合理运营资金对企业的重要性。

1.6.5 互联网:大数据与会计的未来

进入 21 世纪,社会经济的发展与变化同样是全方位的,其中,又以互联网给人类社会带来的影响最大,对现有社会经济环境的冲击也最全面、彻底。

互联网带来的不仅仅是一种信息传递方式的改变,还带来了整个社会运行方式的逐步改变。以企业管理和运行为例,在电话、电报发明之前,企业跨区域设置分部,管理成本高,企业管理的半径窄,规模相对较小;电报、电话的发明,便利了信息的交流与沟通,企业规模不断扩大,公司跨国运营的管理成本大幅度降低,大型跨国公司不断涌现;互联网的广泛应用,不仅大大降低了信息传递的成本,同时还提高了信息传递的速度、广度和深度,"世界是平的","天下一家",企业规模进一步扩大,区域分布更广,资本流动更便捷,同时,创新的公司形式不断出现,如完全基于互联网的谷歌、腾讯、百度、京东、阿里巴巴等,甚至会出现没有统一办公室、固定场所的虚拟公司[①]。

与互联网普及应用相伴而生的是大数据时代的到来。一方面互联网导致数据的生产以几何级数增长;另一方面,互联网也让海量数据的处理与应用成为可能。大数据时代,数据的特征包括海量(volume)、快速(velocity)、多变(variety)和准确(veracity)[②]。大数据时代,人们之间的信任冲突是否会改变?相应地,会计如何改变以"适者生存"?

互联网与大数据,已经改变并将继续改变人类的行为与习惯,特别是人类社会的经济行为。相应地,服务于人类社会经济利益冲突与信任的会计,也在逐渐改变之中。当然,一方面,会计的变化会滞后于社会、经济变化;另一方面,互联网改变社会、经济的过程还在持续中。这里,按照我们的理解,简要列示会计已经产生的一些变化。

——由于互联网改变了信息传输的方式,企业可以通过互联网实时、便捷且低成本地传送信息,投资者同样可以通过互联网实时、便捷低成本地获取信息,与之相对应,会计界还专门设计出利用互联网发布财务报告的语言——XBRL(eXtensible Business Reporting Language)。

对资本市场各种投资者来说,XBRL 带来的不仅仅是财务报告发布方式的变化,它同样也有大数据的存在。在传统的纸质文本发布财务报告的环境下,投资者不仅取得财务

---

① "百分百虚拟公司"(http://www.emba.com.tw/ShowArticleCon.asp? artid=7494)提供了一个具体的虚拟公司案例,有兴趣读者可以参阅。

② 参见维基百科"大数据"词条(http://zh.wikipedia.org/wiki/大数据)。

报告全文存在一定时间上的滞后，且第一时间获取的，往往只是少数几家公司的年度报告；互联网时代，投资者可以便利地取得所有公司公开发布的财务报告，同时，一些专业的数据库或财经网站会对这些公开发布的信息按照数据库方式整理好，投资者可以在第一时间同时获取大量数据。互联网和大数据，增加了公司信息披露的透明度水平。

——互联网和计算机的广泛应用，大大提高了企业处理会计数据的能力与速度，企业的会计信息系统[①]可以提供实时企业财务信息，会计系统从传统的事后核算、报告，延伸到事情的预算、规划和事中的实时监控。会计在企业经济运行中的地位和作用不断提升。

——一般认为，现有会计系统是以工业化时代为基础形成的，企业的主要盈利方式就是购买材料、生产产品、销售出去，销售收入扣减相应的成本和支出后，剩余的就是利润或亏损。与之相适应，会计系统中有一张非常重要的报表——利润表，用来确定企业当期的经营成果。互联网时代，商品价格的波动性更大，也更透明；各种交易模式的创新，从商品到股权、从实物到衍生品，市场可以为几乎一切物品定价，企业的盈利模式或创富方式在改变，生产、销售的地位在逐步让位给持有—升值—销售。相应地，基于历史成本、交易基础的会计，逐渐让位给以公允价值、重估价值为主的会计系统，资产负债表的地位在上升。

——如果说，哥伦布发现新大陆所引发的大航海，是人类第一次经济全球化，且这种全球化主要以贸易为主的话，那么，互联网所催生的全球经济一体化，就不仅仅是产品交换，而是高度融合的一体化。从创业投资开始，资本就在全世界寻找有利的项目；企业从人员招聘，到产品设计、生产、销售，都有可能面向全球。例如，中国联想公司，在收购了IBM 的 thinkpad 后，国际化程度大大提升；一部苹果手机，背后就是全球经济一体化的缩影；一些大型跨国公司如 IBM、微软、Google、西门子、大众汽车等，它们的业务遍布全球；欧盟就是一个为了应对全球经济一体化压力而产生的经济一体化组织。

企业经营的全球化，同样要求会计能够做出相应的改变。目前，国际会计准则理事会所发布的国际会计准则，就是在全球经济一体化压力的推动下，被越来越多的经济体所采用。

---

① 在互联网和信息化时代，企业的信息系统将遍及企业经营活动的所有方面，即 ERP 系统，会计信息系统只是其中的一个部分。这里为了行文方便，直称会计信息系统。

附录 A　衣 物 账 碑[①]

監送真身使

應從重真寺隨真身供養道具及恩賜金銀器物寶函等並新恩賜到金銀寶器衣物等如後

重真寺將到物七件：袈裟三領，武後綉裙一腰，蹙金銀綫披襖子一領，水精棹子一枚，鐵盝一枚。

真身到内後，相次賜到物一百二十二件：銀金花合二具，共重六十兩。錫杖一枚，重六十兩。香爐一枚，重卅二兩。元無蓋，

香爐一副並臺蓋朵帶，共重三百八十兩。香寶子二枚，共重卅五兩。金鉢盂一枚，重十四兩三錢。金襴袈裟三副，各五事。

毳納佛衣二事。瓷秘色椀七口，内二口銀稜。瓷秘色盤子、迭子，共六枚。釿絲一結。百索綫一結。紅綉案裙一枚。綉帕二條。

鏡二面。襪十量。紫鞥鞋二量。綉幞十條。寶函一副八重並紅銘袋盛：第一重真金小塔子一枚並底儼。

共三段，内有銀柱子一枚。第二重斌玦石函一枚，金筐寶鈿真珠裝。第三重真金函一枚，金筐寶鈿真珠裝。

第四重真金鈒花函一枚。已上計金卅七兩二分，銀二分半。第五重銀金花鈒作函一枚，重卅兩二分。第六重素銀函一枚，

重卅九兩三錢。第七重銀金花鈒作函一枚，重六十五兩二分。第八重檀香縷金銀稜裝鉸函一枚。銀鑷子及金

涂鑷子七具並鑰匙、鈹、□子等，共計銀一十六兩四錢。銀金涂鈒花菩薩一軀，重十六兩。銀金花供養器物共卅

件、枚、只、對，内罌子一十枚，波羅子一十枚，迭子一十枚。香案子一枚，香匙一枚，香爐一副並椀子，鉢盂子一枚，

羹椀子一枚，匙筯一副，火筯一對。香合一具，香寶子二枚。已上計銀一百七十六兩三錢。真金鉢盂、錫杖各一枚，共

重九兩三錢。乳頭香山二枚，重三斤。檀香山二枚，重五斤二兩。丁香山二枚，重一斤二兩。沈香山二枚，重四斤二兩。

新恩賜到金銀寶器、衣物、席褥、幞頭、巾子、靴鞋等，共計七百五十四副、枚、領、條、具、對、頂、量、張。

銀金花盆一口，重一百五十五兩。香囊二枚，重十五兩三分。籠子一枚，重十六兩半。龜二枚，重廿兩。鹽臺一副，重十二兩。

結條籠子一枚，重八兩三分。茶槽子、碾子、茶羅、匙子一副七事，共重八十兩。隨求六枚，共重廿五兩。水精枕一枚，

影水精枕一枚，七孔針一，骰子一對，調達子一對，稜函子二，瑠璃鉢子一枚，瑠璃茶椀

---

① 轉引自百度百科"唐衣物账碑"文。

柘子一副，瑠璃迭子十一枚。

銀稜檀香木函子一枚。花羅衫十五副，内襴七副，跨八副，各三事。花羅袍十五副，内襴八副、跨七副，各四事。

長袖五副，各三事。夾可幅長袖五副，各五事。長夾暖子廿副，各三事，内五副錦、五副綺、一副金錦、一副金褐、

一副銀褐、一副龍紋綺、一副闢邪綺、一副織成綾、二副白□、二副紅絡撮。下蓋廿副，各三事。接袎五具。

可幅綾披袍五領，紋縠披衫五領。繚綾浴袍五副，各二事。繚綾影二條，可幅臂鈎五具，可幅勒腕帛子五對。

方帛子廿枚，繚綾食帛十條。織成綺綫襪、長袎襪卌量，蹙金鞋五量。被褡五床，每床綿二張，夾一張。

錦席褥五床。九尺簟二床，八尺席三床，各四事。八尺踏床錦席褥一副二事。赭黄熟綫綾床五條。

赭黄羅綺枕二枚，緋羅香倚二枚。花羅夾□頭五十頂，繪羅單幞頭五十頂，花羅夾帽子五十頂。巾子五十枚，

折皂手巾一百條，白异紋綾手巾一百條，揩齒布一百枚。紅异紋綾夾四條。白藤箱二具。玉椁子一枚，

靴五量各並氈。

惠安皇太后及昭儀、晋國夫人衣，計七副：紅羅裙衣二副，各五事。夾纈下蓋二副，各三事。已上惠安太后施。

裙衣一副四事，昭儀施。衣二副八事，國夫人施。

諸頭施到銀器衣物共九件：銀金花菩薩一軀並真珠裝，共重五十兩，並銀稜函盛。銀鏁子二具，共重一兩，僧澄依施。

銀白成香爐一枚並承鐵，共重一百三兩。銀白成香合一具，重十五兩半。已上供奉官楊復恭施。銀如意一枚，重

九兩四錢。袈裟一副四事。已上尼弘照施。銀金涂盞一枚，重卌一兩，僧智英施。銀如意一枚，重廿兩。手爐一枚，

重十二兩二分。衣一副三事。已上尼明肅施。

以前都計二千四百九十九副、枚、領、張、口、具、兩、錢、字等，内

金銀寶器，衫袍及下蓋、裙衣等，計八百九十九副、枚、領、張、口、具等。金器計七十一兩一錢，銀器計一千五百廿七兩一字。

右件金銀寶器衣物道具等並真身，高品臣孫克政、臣齊詢敬，庫家臣劉處宏，承

旨臣劉繼□與西頭高品彭延魯，内養馮金璋，鳳翔觀察留後元充及左右街僧

録清瀾、彦楚，首座僧澈、惟應，大師清簡、雲顥、惠暉、可孚、懷敬、從建、文楚、文

會、師益、令真、志柔及監寺高品張敬全，當寺三綱義方、敬能、從諲，主持真身

院及隧道宗奭、清本、敬舒等，一一同點驗，安置於塔下石道内訖，其石記於鹿

項内安置。咸通十五年正月四日謹記。

金函一，重廿八兩。銀函一，重五十兩，銀閼伽瓶四只，□□□□□□□□□□□□□

□□□椀一對，共重十一兩。

　　銀香爐一，共重廿四兩，□□□三只，共重六兩。已上遍覺大師聰明輪施。

　　中天竺沙門僧伽提和迎送真身到此，蒙恩賜紫歸本國。

　　興善寺僧覺支書。

　　鳳翔監軍使判官韋遂玫、張齊果迎送真身勾當供養

　　真身使小判官周重晦、劉處權、呂敬權、閻彥暉、張敬章

　　右神策軍營田兵馬使孟可周

　　武功縣百姓社頭王宗、張文建、王仲真等一百廿人，各自辦衣裝程糧，往來舁真身佛塔。

　　注："□"表示缺損或難以辨識之字。

习　题

一、名词解释

经济人　理性经济人　有限理性　REMM　达尔文主义　经济达尔文主义　信任
信任成本　会计主体　两权分离　代理问题　代理冲突　簿记　成本会计　会计准则
公认会计原则　国际会计准则

二、思考与讨论

1. 请你简要说明你所理解的会计，并结合会计与经济环境的关系，讨论会计的演变。

2. 为什么说人类发明文字就是为了会计？请给出你的逻辑推理过程。

3. 请你用经济学达尔文主义解释任意一种社会制度的演变过程。

4. 对于教材上所提到的 2008 年汶川地震与社会捐款事件，你能够给出几种可能的解决方案？请进一步比较每个方案的实施成本与收益。

5. 会计如何服务于人类社会的信任？请给出一些具体的讨论逻辑和相应的事例。

6. 什么样的股东是大股东？什么样的股东是小股东？大小股东的具体收益方式有什么不同？请结合这种收益方式的不同，讨论大小股东之间利益冲突的具体表现，以及会计在解决这种利益冲突中的可能作用及作用方式。

7. 请自行查找辉山乳业的相关资料，并讨论：在辉山乳业事件中，银行可能的损失是多少。结合这一数据资料，讨论银行与企业之间的经济利益关系。

8. 从社会的发展趋势来看，垄断与管制行业（如公交、水电等）的定价都在不断升高，而竞争行业（如电子产品）的定价则在不断下降，为什么？这种趋势与会计有什么关系？

9. 为什么说复式簿记最先产生于意大利？它与十字军东征有什么关系？

10. 我国历史上曾经有一个非常发达的准银行业：山西票号。请查找相关资料，并讨论当时山西票号的会计方法是什么，与复式簿记有没有关系。

11. 什么是可信承诺？请你结合日常生活中的例子，讨论人们通常为了增加承诺的可信度而采取了哪些方法，并具体讨论这些方法的适用性程度。

12. 请尝试查找关于区块链的相关资料，讨论互联网时代人类社会的信任方式会有什么样的变化趋势，对会计的社会价值有什么影响。

三、情境案例讨论

1. 以下文字节自《史记》之"左传·隐公三年"。

郑武公、庄公为平王卿士。王贰于虢，郑伯怨王。王曰："无之。"故周郑交质。王子狐为质于郑，郑公子忽为质于周。王崩，周人将畀虢公政。四月，郑祭足帅师取温之麦。秋，又取成周之禾。周郑交恶。君子曰："信不由中，质无益也。明恕而行，要之以礼，虽无有质，谁能间之？苟有明信，涧溪沼沚之毛，苹蘩蕴藻之菜，筐筥锜釜之器，潢污行潦之水，可荐于鬼神，可羞于王公，而况君子结二国之信，行之以礼，又焉用质？《风》有《采蘩》《采苹》，《雅》有《行苇》《泂酌》，昭忠信也。"

请结合上述例子，讨论周郑的初衷以及最后为什么没有达成目的。在中国历史上有名的四大美女中,除了杨贵妃,其余三人都曾经担当人质角色。请结合"可信承诺",讨论人质的代价。

2.《红楼梦》第十四回描写王熙凤接手代理宁国府的日常管理,这是其中的部分文字描述:

凤姐即命彩明钉造册簿,即时传了赖升媳妇,要家口花名册查看,又限明日一早传齐家人媳妇进府听差。大概点了一点数目单册,问了赖升媳妇几句话,便坐车回家。至次日卯正二刻,便过来了。那宁国府中老婆媳妇早已到齐,只见凤姐和赖升媳妇分派众人执事,不敢擅入,在窗外打听。听见凤姐和赖升媳妇道:"既托了我,我就说不得要讨你们嫌了。我可比不得你们奶奶好性儿,诸事由得你们。再别说你们'这府里原是这么样'的话,如今可要依着我行。错我一点儿,管不得谁是有脸的,谁是没脸的,一例清白处治。"说罢,便吩咐彩明念花名册,按名一个一个叫进来看视。一时看完,又吩咐道:"这二十个分作两班,一班十个,每日在内单管亲友来往倒茶,别的事不用管。这二十个也分作两班,每日单管本家亲戚茶饭,也不管别的事。这四十个人也分作两班,单在灵前上香、添油、挂幔、守灵、供饭、供茶、随起举哀,也不管别的事。这四个人专在内茶房收管杯碟茶器,要少了一件,四人分赔。这四个人单管酒饭器皿,少一件也是分赔。这八个人单管收祭礼。这八个单管各处灯油、蜡烛、纸札,我一总支了来,交给你们八个人,然后按我的数儿往各处分派。这二十个每日轮流各处上夜,照管门户,监察火烛,打扫地方。这下剩的按房分开,某人守某处,某处所有桌椅古玩起,至于痰盒掸子等物,一草一苗,或丢或坏,就问这看守的赔补。赖升家的每日揽总查看,或有偷懒的,赌钱吃酒打架拌嘴的,立刻拿了来回我。你要徇情,叫我查出来,三四辈子的老脸,就顾不成了。如今都有了定规,以后那一行乱了,只和那一行算账。素日跟我的人,随身俱有钟表,不论大小事,都有一定的时刻。横竖你们上房里也有时辰钟:卯正二刻我来点卯;巳正吃早饭;凡有领牌回事,只在午初二刻;戌初烧过黄昏纸,我亲到各处查一遍,回来上夜的交明钥匙。第二日还是卯正二刻过来,说不得咱们大家辛苦这几日罢,事完了你们大爷自然赏你们。"

请结合《红楼梦》全书关于王熙凤的描写,试讨论如下几个问题。

(1) 王熙凤是一个聪明人,但最后"机关算尽太聪明、反误了卿卿性命"。试结合《红楼梦》的后续章节,讨论为什么说经济人的聪明是有限的。

(2) 试用 REMM 的观点来解释薛宝钗、林黛玉、王熙凤等的行为选择,并进而讨论:贾府作为一个组织,其衰败除了外部因素外,有哪些是内部经济人的行为造成的。

(3) 结合一个上市公司的例子讨论:为什么公司内部会出现这样或那样的舞弊行为,会计在遏制企业舞弊、增强经济人之间的信任关系上,能否发挥作用。

3. 金三角公司是一家生产化工产品的本土企业。2017 年,发生了下列与金三角公司有关的事件。

(1) 新项目的开展需要 3 000 万元的资金投入,公司准备向当地银行贷款 1 500 万元。

(2) 新化工厂厂址选在环城河附近,建成以后每年要往河里排入大约 1 000 吨工业废水,新厂的动工遭到环城河附近居民的强烈抗议。

(3) 为了节约生产成本,公司决定裁掉一部分工人,同时延长上班时间。

（4）总经理从公司拿走价值 3 万元的办公用品供个人使用。

（5）当地政府拟出台环境治理的新政策"谁污染谁负责"，要求化工企业出资改善厂址所在地的自然环境。在新政策听证会上，各化工企业代表纷纷表示"化工行业竞争激烈，年年亏损"。

（6）当年净利润 7 000 万元，年底按每股 0.5 元向股东分发股利。

请参考本章介绍的会计学知识，分析并讨论下列问题。

（1）上文提到的金三角公司有哪些利益相关者？其中只能依赖外部信息了解公司具体情况的有哪些？

（2）上文提到的银行和政府部门与金三角公司的信任冲突是如何产生的？会计对解决这些信任问题能够起到什么作用？

（3）如何评价金三角公司总经理的行为？

4. 两个盗贼入室行窃后被警察抓住，分别关在不同的屋子里接受审讯。盗贼知道惩罚的规则：如果两人都抵赖，各入狱一年；如果两人都坦白，各入狱六年；如果一人坦白，一人抵赖，坦白的检举有功立即获释，抵赖的罪加一等获刑十年。于是，两人作案前约定如果被捕，都选择抵赖。然而，两人在不能相互沟通，不知道对方选择的情况下，约定将难以实现。每个人都在心里盘算：如果同伙抵赖，自己选择坦白当即获释，选择抵赖则入狱一年，坦白比抵赖好；如果同伙坦白，自己选择坦白入狱六年，自己选择抵赖则入狱十年，还是坦白比抵赖好。最后，无论同伙怎么选择，自己的最优选择是坦白，两人都坦白，各入狱六年。然而，从合作的角度来看，这个结果是最糟糕的，两人一共被判了十二年。

请参考本章介绍的会计学知识，分析并讨论下列问题。

（1）为什么上文中的两个盗贼的约定最终无法履行？结合理性经济人的概念加以说明。

（2）如果两个盗贼不断地行窃被捕，他们的选择有没有什么变化？结合有效市场假说加以说明。

（3）回到企业，会计的存在价值是什么？

5. 以下节选自一则编译的新闻。

据路透社 2017 年 4 月 13 日文章报道，美国总统特朗普计划明年将美国的国防开支增加 540 亿美元。但是，国防部监察长（Defense Department Inspector General）和隶属于国会的政府问责局（the Government Accountability Office，GAO，类似我们的国家审计署）最近的一系列报告指出，五角大楼的会计核算存在重大缺陷，将难以追踪资金的花费。也就是说，国防资金使用明细的核算不到位。

报导发现，尽管经过二十年的改革努力，五角大楼仍然无法准确地追踪其 5 910 亿美元的年度预算，每年都会遇到数十亿美元的会计差距和错误（accounting gaps and errors each year）。综合来看，报告显示，2013 年，路透社调查系列暴露的许多地方性会计问题仍然存在。

政府问责局（GAO）2 月 9 日的报告发现，这些缺陷不仅影响了国防部提供可审计的财务报表的能力，还影响了其对任务和业务做出正确决策的能力。

....

对五角大楼浪费行为持批评意见的人士则认为,当国防部无法说明现有军费使用情况时,增加国防部的预算是不明智的。

…………

美国政府问责局(GAO)2月9日的报告指出,五角大楼持续的会计错误影响了整个联邦政府。GAO表示,国防开支占联邦预算的很大一部分,该部门的数据不可靠问题影响了整个美国政府的会计信息质量。

报告指出,国防部一直都列在GAO的"高风险"问责部门名单上,这些部门代表了自1995年以来对联邦政府财政状况构成了威胁。报告指出,五角大楼由于"长期存在的缺陷财务管理系统",所以被一直列在该名单中。

根据以上资料,请查找补充相应资料并讨论:会计为什么会对美国的军事行动产生影响,它还会影响哪些政府部门的行为。试举一两个例子说明。

6. 梁启是某知名跨国企业亚太区首席财务官。他去印度检查工作时发现,印度区当年的业绩略低于公司年初确立的目标;如果按照这个数据来报告,包括印度区和亚太区的首席财务官等几位高阶主管在内,预计将失去当年的奖金。在接待梁启的工作会上,印度区首席执行官以及亚太区的高管们都对严峻的形势提出讨论,认为当年业绩按照往年的处理,将难以达成;如果变更会计政策,将有可能实现与董事会签订的目标。

作为亚太区首席财务官,梁启代表亚太区来检查并确定印度区的业绩。尽管在白天的工作会议上,大家都认为要坚持原则。但是,那天晚上所举行的小范围宴请和招待酒会上,印度区首席执行官和亚太区的几位高管都在演示:就差不足一个亿美元的业绩,包括首席执行官在内的高管们的奖金就全部泡汤了。

假如你是梁启,你应当如何做?为什么?职业道德在其中的地位是怎样的?

自 测 题

第 2 章

会计恒等式与复式记账

资料与讨论 2-1

中国证监会公布对欣泰电气的调查证实,为实现发行上市目的,解决欣泰电气应收账款余额过大问题,2011 年 12 月至 2013 年 6 月,欣泰电气通过外部借款,使用自有资金或伪造银行单据的方式,在年末、半年末等会计期末冲减应收款项,大部分在下一会计期初冲回,致使其在向中国证监会报送的 IPO 申请文件中相关财务数据存在虚假记载。

(资料来源:http://stock.sohu.com/20160602/n452421553.shtml。)

请同学们查找相关资料,了解欣泰电气上市过程中所涉及的财务数据,并尝试回答一个问题:为什么解决应收账款余额过高,需要"使用自有资金或伪造银行单据",而不是直接在账面上减记应收账款?

对这一问题的回答,涉及会计中的一个核心原理:复式记账。会计让歌德为之赞叹、并认为"每一个精明的商人都必须在自己的经营事业中利用它"的,就是复式簿记以及基于复式记账的"自动平衡"机制。会计如何实现这一目的?让我们首先来认识一下会计恒等式。

2.1 会计恒等式

企业的日常活动是由大量重复发生的具体经济业务所构成。例如,第 1 章虚构的大仕学校,随着业务不断扩大,一天就有可能发生上千笔不同的业务,包括在某个城市开办新的培训点、开办新的培训项目、招收学员、企业内训项目开班、购买办公用打印纸等材料、宋清去外地出差预支款项、闽老师赴美考察回来报销旅费等。对一个规模较大的企业来说,它的资产种类繁杂,如果按照传统的自然记录方式,企业的日常记录就会琐细、混乱,容易发生差错,也不利于企业管理层迅速、快捷地了解企业的经营情况。

为解决这些问题而产生的复式簿记,核心方法就是分类和双重记录。分类是指将企业纷繁复杂的经济业务、资产、负债等,划分为若干类别,便于归类、汇总;对任何会计系统中所记录的任何变化,"来有踪、去留影",形成双重记录,可以相互核对。

还是以第 1 章的大仕学校为例①,并根据需要,增加一些业务。

业务 1 闽老师为创办大仕学校,按照要求,需要去工商管理部门登记注册,将 10 万元现金存入银行,并办理了相关登记手续。

这里我们引入一个专业术语:会计主体。会计主体(accounting entity)是指需要进

---

① 为简化说明,以下统一称"大仕学校"不再用"大仕英语学校"名称。

行会计核算与报告的经济主体,也可称为报告主体,它可以是一个大型企业(如中国银行、微软),也可以是一个非常小的个体企业(如校园里的小卖铺)。我们用会计主体的概念来区分不同主体之间(如中国银行与中国工商银行)、主体与主体所有者之间(如微软与比尔·盖茨)的界限,以避免混淆不同主体间的经济活动。大仕学校是一个会计主体,谷歌公司也是一个主体。我们现在以大仕学校为主体来记账。

站在大仕学校角度,当闽老师投入 100 000 元现金,表现为大仕学校的账上有 100 000 元;这 10 万元"来"自闽老师,闽老师也因此享有对这 10 万元的权益。具体表现为

$$现金(100\,000)=权益(100\,000) \tag{2-1}$$

以一个规模小、业务相对简单的初创企业为例,如果企业对每项资产及其取得都进行详细记录,或者,每项资产的"来"处都保有详细记录,那么,上述等式左方的"资产"汇总合计一定等于等式右方的"来源"合计。这种等式关系永远不会被打破,被称为会计恒等式。

继续沿用上一章大仕学校的交易事项。

业务 2　大仕学校购买办公桌椅等支出现金 30 000 元。

业务 3　向梁山公司购买电脑、打印机等 20 000 元,货款暂欠。

其中,以 30 000 元现金支付办公桌椅等,现金资产减少 3 万元,办公桌椅资产增加 3 万元,等式左方一增一减,恒等式不受影响。

$$现金(70\,000)+办公桌椅(30\,000)=权益(100\,000) \tag{2-2}$$

购入电脑、打印机等办公设备资产,资产增加;但大仕学校没有立即支付现金,而是承诺在未来期间给付,形成大仕学校对梁山公司的债务。债务也构成企业资产的一种"来源",恒等式关系仍然成立。

$$现金(70\,000)+办公桌椅(30\,000)+办公设备(20\,000)$$
$$=债务(20\,000)+权益(100\,000) \tag{2-3}$$

与数学表达式不同,会计恒等式尽管左右方相等,但各个项目的排列,是有一定经济含义的。通常,我们将债务排在权益之前,因为债务的求偿能力高于权益,当企业破产、清算时,需要先付清所有债务,剩余部分归权益拥有者闽老师。

继续沿用第 1 章所给出的大仕学校经济业务。

业务 4　支付培训教师课酬 60 000 元,以现金付讫。

业务 5　收到培训收入 165 300 元。

支付培训教师课酬,直接减少现金。现金"去"哪儿了? 它形成企业的一项费用。上述等式扩展为

$$现金(10\,000)+办公桌椅(30\,000)+办公设备(20\,000)+讲课费(60\,000)$$
$$=债务(20\,000)+权益(100\,000) \tag{2-4}$$

同样,企业收到讲课培训收入,现金资产增加,这部分增加的现金资产,来源于企业的收入。等式继续扩展为

$$现金(175\,300)+办公桌椅(30\,000)+办公设备(20\,000)+讲课费(60\,000)$$
$$=债务(20\,000)+收入(165\,300)+权益(100\,000) \tag{2-5}$$

上述事项虽然简单,但大致可以说明复式记账的核心特征:以企业资产为立足点,企

业任何已有的资产，一定有"来源"；同样，任何资产减少了，一定有"去处"。这样，对每一笔经济业务，以相等金额同时记录，并分别记到会计等式的左右两边，会计等式的恒等关系一定不会被打破。也正因为如此，上述等式被称为"会计恒等式"。

2.2 分类与会计要素

尽管会计恒等式能够一直保持平衡，但如果采用上述这种自然记录的方式，将很难应用于大规模的企业。可行的选择就是对纷繁复杂的企业资产以及影响这些资产的经济业务，进行分类；通过科学、合理地分类，化繁为简。

回到 2.1 节所用到的会计恒等式。

闽老师创办大仕学校，我们假定投入的是现金。在现实生活中，创办人投入的，并不仅限于现金，它还可能包括各种实物资产如厂房、设备、原材料等，也有可能包括一些非实物资产如麦当劳的特许经营权、迪士尼的商品权、辉瑞制药的专利权等。会计上，把某一主体所拥有的，可以在企业未来期间使用的各项财产、物资等，统称为资产[①]。如果企业保留非常细致的账务记录，企业的每一项资产，都可以辨认出它的"来源"。对一个初创企业来说，所以资产通常都是创办人投入的，法律上归创办人所有，称为"所有者权益"。这样，会计恒等式可以抽象为

$$资产 = 所有者权益 \qquad\qquad (2\text{-}6)$$

例如，上述的式(2-1)、式(2-2)，就属于式(2-6)所规定的情形。

在企业日常运营过程中，除了所有者投入资产外，还可能因为商业往来、举借债务等方式，取得资产。通过负债方式，也可以形成企业的资产来源，因此，式(2-6)右方可以扩展为：负债和所有者权益。其中，负债是指向外界借入、具有确切的偿还期限、到期需要偿还的义务，例如向银行借入款项、通过赊欠方式购入机器设备、欠付职工的工资等；所有者权益包括所有者/创办人最初投入和企业存续期间经营活动所产生的盈利或亏损。上述等式扩展为

$$资产 = 负债 + 所有者权益 \qquad\qquad (2\text{-}7)$$

这样，式(2-4)权益总数 120 000，可以分解为负债(20 000)＋所有者权益(100 000)。

如果一个企业经营得当，盈利颇丰，那么，归属于所有者的权益，相应就很高；当然，如果经营不善，公司持续亏损，所有者投入的资本被亏光，公司就可能要破产。当公司破产或清算时，债务资本拥有优先求偿权，等式又可以变形为

$$资产 - 负债 = 所有者权益 \qquad\qquad (2\text{-}8)$$

在式(2-7)中，大仕学校的资产总额为 120 000 元。如果按照式(2-8)的方式重新表述，在扣减掉相应的负债后，归属于闽老师的权益没有变化，还是 100 000 元。

注意，在式(2-7)中，如果将所有者权益移到等式左方，形成"资产－所有者权益＝负债"，数学上成立(120 000－100 000＝20 000)，但经济意义上不成立，因为，除了上述负债

[①] 关于会计要素的界定，是一个相对比较复杂且高阶的理论话题。相关讨论，留待以后的学习来展开。这里，只是从行文简便角度出发，讨论了几个要素最基础的定义，不够严谨，也不能充分反映最新的理论进展。

具有优先求偿权外,归属于所有者的权益,还具有剩余权益的特性,即企业在经营活动中,如果实现盈利,这些盈利归创办者所有;如果企业经营不善、出现亏损,创办者就要承担这些亏损。换言之,企业法定权益所有人——所有者——拥有的,是企业在清偿各类债务后剩余的部分。

Alphabet 公司(前身是谷歌公司)成立于 1995 年,2004 年 IPO。2016 年 12 月 31 日的资产、负债和所有者权益分别 1 675 亿美元、285 亿美元、1 390 亿美元。也就是说,从 1995 年创立时近乎零的初始投资,经过 20 年的发展,Alphabet 公司的所有者已经拥有超过 1 390 亿美元的权益,其中,所有者投入的部分约为 339 亿美元,公司累积的利润 1 051 亿美元。按照所有者权益是剩余权益的界定,假如此时对 Alphabet 公司进行清算,债权人应该能得到足额的补偿,所有者还可以享有较高的剩余权益。另一个明星公司特斯拉(Tesla Motors Inc.),于 2003 年创办,2010 年 IPO,截至 2016 年 12 月 31 日的年报显示,公司资产、负债和所有者权益分别是 227 亿美元、179 亿美元、48 亿美元,公司累积亏损 30 亿美元。公司股东们实际累计投入资本 78 亿美元,已经亏去将近一半。[①]

资产、负债、所有者权益是企业最基本的三个会计要素,它们构成了最基本的恒等关系。理论上,所有企业活动,都可以用上述等式来展示,包括企业经营活动中所赚取的收入、发生的费用,如式(2-5)。当然,这样做,又遇到一个实际问题:分类不够清晰、细致,容易混淆企业不同活动,削弱会计系统的作用。

为了更清晰地展示企业经营活动及其相应的经济后果,在上述资产、负债、权益三个基本会计要素之上,我们需要增加三个新的要素:收入、费用、利润。其中,收入是企业日常经营活动所赚取的,如大仕学校通过培训收到的现金、淘宝或京东店主销售商品收到的现金等,通常,收入会导致企业资产增加(如现金流入、应收账款增加)或负债减少,并最终增加所有者权益。但是,并不是所有的权益增加事项都是收入,例如,闽老师创办大仕英语学校投入现金 10 万元,会增加所有者权益,但它不是企业日常经营活动,不能算做企业的收入。[②]

企业为了取得收入,需要发生各项支出,从而形成会计上所定义的费用。费用通常是企业日常经营活动中发生,目的是赚取收入。费用会导致企业资产减少或负债增加,并最终减少所有者权益,例如,大仕学校为了向学员提供培训,需要支付经营场所的租金、教师的课酬等。同样,并不是每一项所有者权益减少事项都是费用,最常见的减少所有者权益但不是费用的事项就是向股东支付股利。

收入和费用相抵减后的净额,就是利润。如果收入抵减费用,得到的余额为正,表明企业实现了利润;反之,如果余额小于零,就是亏损。例如,2016 年度,特斯拉公司报告的利润是净亏损 6.75 亿美元,而同期 Alphabet 公司同期的利润是 194.78 亿美元。

由于收入、费用都是直接增加或减少所有者权益,最后所实现的利润,归所有者享有;

---

① 实际上,Tesla 的报表非常复杂,在所有者权益项下,包括了可赎回、可转换工具。这里,为了简化,统一归入所有者权益项目。有兴趣的读者,可以阅读该公司的年报,进行更细致的分类,同时,也了解美国高科技企业的融资方式。

② 什么是收入,如何准确界定收入,这或许是在互联网和金融化社会最为艰难的挑战之一。国际会计准则理事会和美国财务会计准则委员会共同合作,自 2002 年开始研究,2014 年发布了"收入"准则。这部分内容,在后续的课程中会陆续涉及。

如果是亏损,同样,也是所有者权益的一个组成部分,只不过亏损构成了所有者权益的减项。收入、费用、利润之间的关系,是对会计恒等式的补充:

$$收入 - 费用 = 利润 \tag{2-9}$$

继续沿用大仕学校的例子。式(2-5)中给出不完全的经济事项,其中,收入 165 300 元,费用 60 000 元。收入与费用抵减后的余额 105 300 元就是利润。式(2-5)可以重新改写为"资产(175 300+30 000+20 000)=负债(20 000)+权益(100 000+105 300)",等式仍然成立。

综合上述,我们这里介绍了最基本的分类,实际上也是会计要素,它们是资产、负债、权益、收入、费用、利润。当然,这种分类还是高度概括,它能够提供的信息,特别是对具体相关方如管理层、股东、债权人有用的信息,十分有限。因此,会计上还需要更具体、详细的分类方法,这就是"账户"。

2.3　账户与账户结构

会计的核心内容就是通过量化方式,综合、概括地报告企业经营活动及其相应的成果。而为了实现这一目的,在上述会计要素分类的基础之上,需要更细致的分类,同时,还需要有具体的结构,能够记录并报告相应类别资产、负债等的增减变化。这就是本小节所要讨论的账户。

所谓账户,是指根据企业具体特征以及管理层、外部信息使用者等的要求,对会计要素的内容进行科学再分类,并给每一类别以标准的名称和相应的结构。借助账户,可以对企业经济活动进行连续、系统的记录和反映,以便向信息使用者提供有用的信息。以会计要素"资产"为例,它可以按照使用期限长短分为流动资产和非流动资产;流动资产又可以分为现金、应收票据、应收账款、存货等,而应收账款又可分为应收账款——甲公司、应收账款——乙公司等。这样,资产就被称为一级要素,流动资产和非流动资产则称为二级要素,现金、应收账款等被称为三级要素,应收账款——甲公司等则被称为四级要素。它们构成的体系结构如图2-1所示。

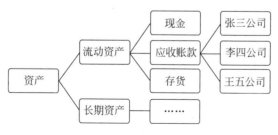

图 2-1　账户体系结构

通过对包括资产在内的六个会计要素层层分解,逐步细化,就可以得到一组账户,构成账户体系,用以满足企业实际需要。回到大仕学校的例子中,大仕学校的各项资产包括现金、办公用品、应付账款等;负债、权益、收入、费用等也比较简单。

理论上,账户是对会计要素的再分类。企业、行业、规模存在差异,涉及的具体经济活动、具体资产负债项目等也千差万别。因此,账户的设置就存在标准化和自然化两种方式。标准化,可以在不同企业之间进行横向比较,特别是在互联网普及后,标准化还有利于数据的进一步加工、处理与充分利用;自然化,更符合每个企业的具体情况。作为会计学的入门课程,我们采用自然化方式设置账户。但是,我国企业会计制度提供了统一账户分类标准。本章附录给出一个现行会计制度下统一账户体系。

为了能够连续、系统地反映企业各项资产、负债、收入、费用等的增减变化,账户还需要有相应的结构。对一个有一定规模的企业来说,每一个会计期间(如月、季度、年度)交易或事项的数量多、种类杂,对各会计要素的影响也各不相同。但是,从数量变动看,任何一笔交易对会计要素的影响,不外乎"增加"和"减少"两个方向。因此,每个账户都应该包括两个最基本的部分,分别用来登记增加和减少。其简化格式如图 2-2 所示。

这是最为简化的账户格式,分为左右双方,分别用于登记增加或减少。由于其格式有点像英文中的字母 T,在英语系国家被称为"T"字账户。在我国的文字中,它与"丁"字相似,所以,我国习惯将其称为"丁"字形账户。

在借贷记账法下,为了记账的方便,将账户的左方称为"借方",右方称为"贷方"。这样,上述的基本结构如图 2-3 所示。

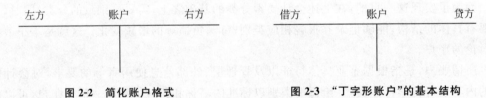

图 2-2　简化账户格式　　　　　图 2-3　"丁字形账户"的基本结构

每一个账户,左方都设为借方,右方设为贷方,分别用于记录增加或减少。至于具体哪一方用来登记增加,哪一方用来登记减少,又与会计恒等式有着密切的关系。

我们在会计恒等式部分介绍过,"资产=负债+所有者权益"是最基本的会计恒等式。其中,资产位于等式左方,负债和所有者权益位于等式右方,这种左右对称特征映射到账户结构中,等式左方资产类账户的增加,记录在借方,减少记录在贷方;相应地,等式右方负债、权益类账户的贷方记录增加,借方记录减少,如图 2-4 所示。

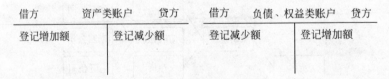

图 2-4　账户结构

例如,闵老师投入 100 000 元,创办大仕学校,表现为资产增加 100 000 元,记入"现金"账户(资产类)借方;同时,权益增加 100 000 元,记入"所有者权益"账户(权益类)贷方。

我们在介绍会计恒等式时,还提过另外一个等式:收入−费用=利润,并相应有三个会计要素——收入、费用、利润。这些会计要素可以进一步分解成相应的账户。其中,企业的任何一项资产,一旦投入经营过程并被消耗,它就转化为费用,因此,费用类账户在结构上采用与资产账户一致的安排,借方记录增加,贷方记录减少;收入类账户采用相反的结构安排，贷方记录增加，借方记录减少，这不仅是因为收入和费用在性质上完全相反，同时，收入也将直接增加企业的所有者权益，它可以采用与权益类账户相同的结构安排。

引入账户分类后，再来看复式簿记。可以发现，任何一项经济业务发生后，都会同时影响两个或两个以上账户。以下仍然以大仕学校的经济业务为例，看看账户是如何应用的。

业务 1 闽老师为创办大仕学校，按照要求，需要去工商管理部门登记注册，将 100 000 元现金存入银行，并办理了相关登记手续。

蒋敬为大仕学校设置了现金账户，用来记录现金的收支；设置了权益账户，用以记录权益的增减变化。将上述经济业务记入账户，如图 2-5 所示。

借方　　现金	贷方
(1) 闽老师投资 100 000	

借方　　所有者权益	贷方
	(1) 闽老师投资 100 000

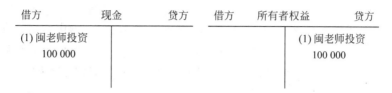

图 2-5 “现金”账户与“所有者权益”账户

业务 2 为教室、办公室配备课桌椅等，共计 30 000 元，以现金支付。

蒋敬设置了“办公设备”账户，反映相关办公设备的增减变化。这项经济业务导致企业两个资产项目一增一减，“办公设备”账户增加，而“现金”账户减少。如图 2-6 所示。

借方　　现金	贷方
(1) 闽老师投资 100 000	(2) 支付货款 30 000

借方　　办公设备	贷方
(2) 购入 30 000	

图 2-6 “现金”账户与“办公设备”账户

业务 3 向梁山公司购买电脑、打印机、传真机等，共计 20 000 元，货款暂欠。

这也是一项购买办公设备的经济业务，所不同的是：大仕学校没有立即支付货款，而是欠付货款，形成大仕学校的一项债务。蒋敬设置了“应付账款”账户来反映这部分债务的增减变化，如图 2-7 所示。

借方　　办公设备	贷方
(2) 购入　30 000 (3) 购入　20 000	

借方　　应付账款	贷方
	(3) 购设备欠付 20 000

图 2-7 “办公设备”账户与“应付账款”账户

从上述三项经济业务中，我们可以发现，按照复式记账方法的要求，将经济业务记录到账户中去，会同时影响至少一个账户的借方和另一个账户的贷方，且借、贷的金额相等。会计上称为“有借必有贷，借贷必相等”。这种规律性特征也称为“自动平衡机制”——不会因为经济业务数量增多而改变。这也是复式簿记结构的优势之处：可以通过自动平衡机制,清晰地记录各项经济活动对企业的影响,并能有效降低记账过程中的差错。

账户结构用来记录经济业务对企业相关资产、负债等账户的影响,不是会计系统设立的目的。对大仕学校来说,闽老师请蒋敬担任会计,主要目的是希望能够了解、掌握大仕学校的经营成果等。

无论是闽老师,还是大仕学校后来的参与者如经理宋清、小股东孙政一等,他们都希望能够及时地了解大仕学校的运营情况,以便及时确定与自己相关的利益增减变动,并做出及时的决策。这里,就需要引入一个新的概念:会计分期。

会计分期(accounting period)是会计的一个重要基本概念。在编制供企业外部信息使用者使用的财务报表时,通常把一年作为一个会计期间。"现代会计之父"——帕乔利(Pacioli)在 1494 年的会计名著《算术·几何·比与比例概要》一书中写道:"每一年都结清账簿是一个好办法,当你与他人合伙经营时尤为如此。正如谚语所说的那样:'账目常清,友谊长存'[①]。"我国《企业会计准则——基本准则》第七条规定"会计核算应当划分会计期间,分期结算账目和编制会计报表。会计期间分为年度和中期。中期是指短于一个完整的会计年度的报告期间。"按照这一要求,理论上,我国企业的会计期间可以设定为非日历年度,如与企业经营周期一致等。但是,《中华人民共和国会计法》第十一条规定:"会计年度自公历 1 月 1 日起至 12 月 31 日止。"这导致我国目前企业都以日历年度来作为会计年度。

美国的会计年度往往会根据经营周期来确定结算日,通常选择一年中商业活动的最低点,所以,很多企业的会计年度也可能不是日历年度,如美国百货商店偏好以 1 月 31 日作为一个财务年度的截止日,因为这时刚好是在圣诞节旺季和它的退货与清仓大抛售造成的影响之后。沃尔玛(Wal-Mart Stores,Inc.)的会计年度是每年的 1 月 31 日。有趣的是,苹果公司的会计年度截止日并不固定,而是每年 9 月的第四个星期六,这样,2012 年的会计年度截止日是 9 月 29 日,2013 年就是 9 月 28 日,到 2015 年变成 9 月 26 日。

会计分期也可以按半年或季为单位,便于财务报表使用者了解商家每半年或每季的经营情况。因此,企业还应编制中期(Interim period)财务报表,中期是指为会计目的而设定的少于一年的时间段。

引入会计期间的概念,就会出现两个术语。一是会计期间内的增加、减少额,称为"本期发生额"。对资产类账户来说,本期借方发生额就是本期资产的增加额,本期贷方发生额形成本期资产的减少额;负债和权益类账户正好相反,本期借方发生额分别表示本期负债或权益的减少额,本期贷方发生额分别表示本期负债或权益的增加额。一个会计期间结束时,如果某个账户中借贷双方的发生额不能完全抵销,所出现的差额,会计上称为"期末余额"。账户的正常余额是处于登记增加额的方向。这样,资产类账户的正常余额应该在借方,负债、权益类账户的正常余额在贷方。账户不仅要记录经济业务的发生,还要用相应的结构来表示各该账户的增加、减少和余额。

仍然以上述三项经济业务所登记的账户变动为例,说明账户结构的拓展,如图 2-8 所示。

---

① R G 布朗.巴其阿勒会计论[M].林志军,等,译.北京:立信会计图书用品社,1988:96.

借方	现金	贷方
(1)闽老师投资		(2)支付货款
100 000		30 000
本期发生额		本期发生额
100 000		30 000
期末余额		
70 000		

借方	应付账款	贷方
		(3)购设备欠付
		20 000
本期发生额		本期发生额
0		20 000
		期末余额
		20 000

借方	办公设备	贷方
(2)购入 30 000		
(3)购入 20 000		
本期发生额		本期发生额
50 000		0
期末余额		
50 000		

借方	权益	贷方
		(1)闽老师投资
		100 000
本期发生额		期末余额
0		100 000

图 2-8　账户结构的拓展

上述账户结构,可以提供本期发生额和期末余额信息。回到前面所提过的"有借必有贷、借贷必相等",所有账户借方发生额合计等于所有账户贷方发生额合计(100 000＋50 000＝30 000＋20 000＋100 000),所有账户借方余额合计等于所有账户贷方余额合计(70 000＋50 000＝20 000＋100 000)。复式簿记的这种自动平衡机制,可以帮助多角度检查记账过程的错漏,以保证记账过程准确无误。当年令歌德赞叹不已的,正是复式簿记这种自动平衡机制。甚至,马克斯·韦伯认为,会计是西欧现代资本主义产生的前提之一。

账户结构除了可以采用"丁"字形格式外,还有借贷余三栏式。图 2-9 就是一个三栏式账户的示例,它除了包含"丁"字形账户的借、贷、余三个部分外,还可以登记一些更加细致的信息,如经济业务的简明摘要,记录经济业务发生的原始凭单的号码或编号等。

现金账户

年		凭证号数	摘要	借方	贷方	借或贷	余额
月	日						
			闽老师投资	100 000			
			支付货款		30 000		
			期末合计	100 000	30 000	借	70 000

图 2-9　三栏式账户

无论账户格式、结构安排如何变化,存在多大差别,都必须包括借方、贷方和余额三个部分,不同的只是外观表现形式及登记信息的具体性程度。通常,格式越简单,所能够登记的信息相对就更简略;反过来,复杂的格式会提供更多的信息。

2.4　交易、事项与情况

在企业的日常经营中,会发生大量、繁杂的经济活动。这些经济活动,有些会直接影响企业的财务状况与经营成果。例如,大仕学校开办第一期培训班,收到学费1 300元;支付广告宣传印刷费用1 000元;等等。有些活动没有直接影响当期企业的财务状况与经营成果,但会在未来期间影响企业的财务状况与经营成果,例如,闽老师拜会阿里集团公司,达成下一个年度开办商务英语内训班的意向;与宋清签订了一个三年期雇用合同;等等。

会计需要向外界提供关于企业财务状况与经营成果的信息,并且,会计系统所报告的最终数据——例如利润总额或资产总额,会直接影响相关各方的利益,如中小股东关注的股利分配与股票市场、管理层关注的奖金与期权、雇员关注的工资与奖金等。为了最大限度地平衡各方利益、减少会计数据的主观性,会计系统须对企业的经济活动进行区分,只有那些真正影响企业财务状况与经营成果的经济活动,才能够进入会计系统,例如,以上所列举的闽老师投资、购买办公设备同时支付现金或赊欠货款,就是导致企业实际资产、负债或权益产生变化的经济活动;而闽老师拜访阿里集团并达成初步意向,尽管会对大仕学校下一个会计期间收入乃至财务状况影响较大,但在意向达成时,大仕学校没有实际收到现金,也就不会承担具体的债务,因此,它不构成会计系统需要关注的经济活动。

换言之,会计系统所要关注的经济活动,需要满足若干最基本的特征:(1)已经对企业资产、负债等产生影响;(2)具体的金额数量明确、能够可靠计量。那些影响将要发生但尚未发生,或者已经发生但金额无法可靠确定的经济活动,在现有的会计系统下,暂时不纳入核算。

 资料与讨论 2-2

作为服务于人类信任的工具,会计系统一直强调可靠、可信。为此,会计系统一直以实际发生的交易为对象,因为,只有发生在两个主体之间的交易,才能够留下事后可以追踪、复核的凭据,审计才可以有效地进行。也正因为如此,传统的会计也称为"交易基础的会计"(transaction-based accounting)。

与交易基础相对应的,是"估价基础的会计"(valuation-based accounting),即可以定期对企业的资产、负债进行重估价,典型的例子是企业所拥有的金融资产如股票,就可以通过期末重估价来确定其价值。

试讨论:交易基础会计与估价基础会计产生的背景、各自的优缺点及其对经济环境的适应性等。

对需要进入会计系统的所有经济业务,根据其业务性质不同,分为交易、事项与情况三种类型。[①]　其中,**交易(transactions)**是指发生在两个不同会计主体之间的价值转移。

① 最初明确提出这种分类方式的,是美国财务会计准则委员会(Fiancial Accounting Standards Board,FASB)。FASB在1980年所发布的第3号概念公告"企业财务报表的要素"中,对这三个术语进行厘定与区分。本书的相关讨论,主要参照该文告。

这种转移通常是双向交换,即甲方买进某项资产,同时支付现金或承担未来支付现金的义务;同样,乙方卖出资产,取得现金或获得收取现金的权利;它也可以是单向的,如向另一会计主体进行投资或公益性捐赠等。我们通常所说的经济业务,大部分都是指交易。

事项(events)主要是指发生在主体内部各部门之间资源的转移,例如,生产车间领用原材料;或者,主体与环境之间的变化对企业带来的影响如地震导致财产受损等。也有人倾向于将发生在主体间的交换行为,称为外部事项;而将发生于主体内部的资源的变化等,称为内部事项。

情况(circumstances)往往是多件事项共同作用后的一种结果。通常,它还可以解释为由于企业外部环境的变化,但既未发生交易、又未产生事项而对企业会计要素可能造成的影响,如物价、汇率等的变化对资产或负债产生的影响。通常确定情况何时会发生往往比较困难。例如,由于债务人破产,导致企业一项应收账款无法收回。这就是一种情况,但具体这种情况何时发生,事先往往难以洞察。

需要注意的是,尽管交易、事项和情况存在上述差异,但实务工作中也经常统一用交易来统称上述三类不同业务。本教材也是如此:如果没有特别注明,我们就用交易来泛指上述严格界定的交易、事项和情况,以使行文稍显简洁。

以下将大仕学校第一个年度主要经济业务归类、整理。

业务1 闽老师申请成立大仕英语学校,完成工商注册登记等程序。

公司成立,并获得批准,是公司未来成功运营的基础。但是,这项活动没有对大仕英语学校的资产、负债等产生任何明确、具体的影响,因此,它不属于会计上应该处理的交易、事项或情况。

业务2 闽老师向大仕学校的银行账户转入 100 000 元。

这是一项发生在闽老师和大仕学校之间的经济活动,直接导致大仕学校的现金增加 100 000 元,同时,所有者权益也相应增加 100 000 元。这属于一项标准的交易,应该要在会计系统中进行记录、处理。

业务3 租借毕昇印刷厂闲置厂房,改建教室两间,办公室一间,租期三年。大仕学校一次性支付当年租金 30 000 元,并同时交付保证金 5 000 元,退租时收回。

这同样是一项交易,它发生在大仕学校和毕昇印刷厂两个主体之间,让大仕学校拥有教学和办公场所,同时,因为预付场地租金和保证金,导致现金减少 35 000 元。它需要在会计系统中进行相应的处理。

业务4 教室、办公室装修费用共计 15 000 元,由金螳螂公司负责,相关费用以现金付讫。

这也是一项交易,发生在大仕学校和金螳螂装修公司之间,具体影响的项目是装修费用和现金。

业务5 为教室配备课桌椅等共计 30 000 元,货款已经付讫。

这同样是一项交易,它发生在大仕学校和办公用品提供方之间,结果是大仕学校包括课桌椅、办公桌椅等在内的办公用品增加 30 000 元,支付货款导致现金减少 30 000 元。

业务6 向梁山公司购买电脑、打印机、传真机等办公用设备计 20 000 元,货款暂欠。

这是发生在梁山公司与大仕学校之间的一项交易,办公设备和欠付梁山公司的债务同时增加 20 000 元。

业务 7 为第一期招生支付广告宣传印刷费用共计 1 000 元；之后各期招生海报宣传支出共计 19 000 元。

从给出的相关资料来看，这不是一笔单一交易，它应该是多笔交易的汇总，交易一方是大仕学校；另一方可能是一家公司（假如大仕学校选择了一家定点供应商，委托其代为制作各期广告宣传海报），也有可能是多家公司。当然，在实际会计工作中，对短时期内重复发生的相同经济业务，为了节省工作量，可以采用汇总处理。如果上述广告支出所涉及的培训活动，超过一个会计年度（如两年或更长的期限），就不能直接计入当期的费用。①

根据上述资料，大仕学校发生与招生宣传有关的费用 20 000 元，相应的现金减少也是 20 000 元。

业务 8 1993 年 4 月，第一期培训班开始，只招收了 13 名学员，学费减半，每人只收取 100 元；之后的 19 期培训班，共招收学员 820 名，每人 200 元，共计 164 000 元。

与业务 7 相似，这也是多项相同交易的汇总。它们都是发生在大仕学校与参加培训的所有学员之间。大仕学校的培训收入增加 165 300 元。由于收入都是收取现金，因而，现金也同时增加同等金额。

业务 9 因为台风，导致玻璃窗、课室设施等损坏，共发生清理、修缮费用 3 500 元，以现金支付。

按照前文对交易、事项和情况的讨论可以推知，这是一项事项，即大仕学校的资产、负债状况发生改变，但引起这种状况改变的，是具体可确知的自然因素如台风。如果是一些不能确知或确指的因素引起企业资产和负债状况的改变（如靠近海边的仓库，存货受到海风的慢慢侵蚀而贬值），就是情况。大仕学校在这场台风中蒙受的直接损失 3 500 元，金额可以借助一些外在因素，相对比较客观地确定，例如这里是修缮的各项成本支出。

注意的是，我们前面讨论过，传统会计是"交易基础"（transaction-based），与之相对应的就是"估价基础"（valuation-based）。这里，估价基础的一个重要特征就是对报告主体各项资产、负债等进行重估价（revaluation）。很显然，只有当企业资产、负债等价值改变了，重估价才会得出与之前不同的数据。这也可以视为"情况"的一种。但是，出于谨慎考虑，会计上的"情况"通常带来的是企业资产的损失或减值，而重估价主要与市场环境改变、技术进步等相关，可以是价值减损，也可以是价值的增值。当然，会计上的谨慎原则要求，任何价值增值的重估价，都需要"谨慎"。谨慎原则的具体应用，留待后续的课程学习与讨论。

业务 10 闵老师决定为大仕学校购买一年期财产保险，保险金 1 200 元，以现金付讫。

这是一项标准的交易，发生在大仕学校和保险公司之间，它直接减少了大仕学校的现

---

① 需要注意的是，这里只是为了举例说明，采用简化的方式，把一年里同类经济业务汇总处理了，包括下面培训收入业务，也是如此。在实际经济活动中，为了及时反映，通常不会跨月汇总业务。同一个月内，相隔较近的相同业务，可以汇总处理。

金,增加了一项权利:未来如果再发生诸如台风和其他情况所造成的财产损失,保险公司会赔付。当然,这个权利只有一年,它会随着时间的推移而逐渐失效,并逐步转化为大仕英语学校的费用,后者——保险因为时间推移而失效——又属于一种"事项"。

业务 11 闽老师拜访阿里集团公司,达成下一年度为阿里集团提供内训课意向,并签订意向书。按照意向书,大仕学校将为阿里集团提供 6 期商务英语培训,收费总计100 000 元。

与大仕学校注册成立类似,开拓业务、签订业务合约,都是企业非常重要的经济活动。但是,这项活动没有带来当期大仕学校资产、负债等的具体变化,不构成一项会计系统需要处理的交易。蒋敬只需要做出相应的备注记录即可。

业务 12 10 月与京北公司签订内部商务英语培训协议,约定从 12 月 15 日至来年 2月 15 日,为京北公司提供 2 个月共计 8 个模块的培训项目,总计 40 000 元,京北公司将在培训开始的第一周内全额支付培训费。

与阿里集团公司签订的协议类似,10 月与京北公司签订协议时,蒋敬只需要做备忘记录即可,因为,相应的资产、负债没有发生变化。这里需要特别提请注意的是,通常,合同都会约定,单方面不执行合约,会有相应的惩罚。也就是说,对大仕学校的资产、负债等的潜在影响,已经发生,但由于金额无法准确估计,目前的会计系统仍然不予正式记录。

到了 12 月中旬,大仕学校为京北公司提供第一周的培训后,收到京北公司预付的培训费 40 000 元,这就是一项确切的交易了,大仕学校的现金因此增加 40 000 元,但这部分收入只是预收,大仕学校还没有提供培训服务,大仕学校所收到的京北公司预付款,实质上是一种负债,需要大仕学校未来通过提供劳务来清偿。

业务 13 全年共外聘 6 位兼职培训师,支付了培训师课酬 60 000 元。

这也是交易的汇总,它们发生在大仕学校和大仕学校所聘请的培训老师之间,培训费用增加 60 000 元,支付培训费用导致现金减少 60 000 元。

当然,在实际经济生活中,经济业务错综复杂,需要我们能够整理、归纳、分析,并明确其对企业各项资产、负债等要素的影响方向与影响金额,以便为后续的会计处理提供一个比较好的基础。

2.5　借贷记账法与会计分录

会计系统需要能够连续、系统地反映企业经济活动以及对企业财务状况与经营成果的影响,而会计恒等式只是能够给出某一个时点、静态的状况,它不能提供企业动态的变化情况;账户可以给出连续变化的信息,但是,每个账户都是独立的,复式簿记的特性、优点无法体现。为此,我们需要在上述经济业务分析的基础上,编制会计分录,将经济业务对企业每个项目的影响方向、金额通过一个固定的方式刻画出来,以便下一步的会计处理,提供基础。实务中也称为"记账公式"。

以 2.4 节经济业务 2 为例,闽老师向大仕学校投入 100 000 元,存入银行。相应的会计分录是:

```
借：银行存款                                    100 000
    贷：所有者权益                                   100 000
```

　　既然会计分录被称为"记账公式"，它就具有公式的一些基本特征或要求，包括：第一，借方在上，贷方在下；如果一项经济业务同时影响多个账户的借方或贷方，就需要在记完所有借方之后，再来记录贷方。第二，标志贷方符号的"贷"，对比符号"借"要向右缩进两个字符；相应地，科目名称、金额都要向右错开两个字符；当然，借、贷左右错开究竟是两个字符，还是一个字符，并没有严格规定。实务中，一定要左右错开，这样，不容易混淆。第三，按照"有借必有贷、借贷必相等"的基本原则，借方金额合计与贷方合计需要相等。

　　2.4 节中的业务 3，预付房屋租金 30 000 元、押金 5 000 元。租金是一项费用，在之后各期随着使用而逐步摊销，转为经营费用；而押金在房屋退租之后可以返还，它们归属于不同的账户。这样，会计分录的借方就出现两个账户：

```
借：预付房租                                    30 000
    预付押金                                     5 000
    贷：银行存款                                    35 000
```

　　按照上面所介绍的会计分录基本规则，该业务同时涉及两个借方，仍然要遵循借上贷下的规则，先把所有借方科目都列示出来，然后再列示贷方，且借方合计与贷方合计相等。

　　大仕学校全部 13 项经济业务的会计分录如表 2-1 所示。

表 2-1　大仕学校 13 项经济业务的会计分录

单位：元

序号	业务摘要	会计分录	
1	公司注册成立	备忘记录	
2	闽老师投入资本	借：银行存款 　　贷：所有者权益	100 000 100 000
3	支付一年教室、办公室租金和押金	借：预付房租 　　预付押金 　　贷：银行存款	30 000 5 000 35 000
4	支付教室装修费用	借：装修费 　　贷：银行存款	15 000 15 000
5	购买课桌椅等	借：固定资产——课桌椅 　　贷：银行存款	30 000 30 000
6	向梁山公司购入电脑等，货款暂欠	借：固定资产——办公设备 　　贷：应付账款——梁山公司	20 000 20 000
7	支付各期宣传印刷费用	借：广告费用 　　贷：银行存款	20 000 20 000
8	收到各期讲课收入	借：银行存款 　　贷：培训收入	165 300 165 300

序号	业务摘要	会计分录	
9	台风损失	借：修理费用 　　贷：银行存款	3 500 3 500
10	购买保险	借：预付保险费 　　贷：银行存款	1 200 1 200
11	与阿里集团公司签约	备忘记录	
12	收取京北公司的全部培训费	借：银行存款 　　贷：预收收入	40 000 40 000
13	支付培训师费用	借：工资费用 　　贷：银行存款	60 000 60 000

2.6 过账与试算平衡

诚如前述,会计系统的核心使命之一,就是系统地记录一个会计主体所有的经济活动,并通过简便、易懂的方式,报告给相关的使用者。很显然,股东或其他利益相关者需要知道的信息应该是汇总且简便、综合的,如企业某一会计期间所有经营活动以及这些经营活动的结果,而上述会计分录是单独、分散、不连续,不能够满足这一要求。这就需要我们能够将上述分散、不连续的会计分录,转换成连续、系统地反映企业经营活动与经营成果的数据。为了完成这一使命,需要用到前面所介绍的账户;将会计分录的数据登记到账户中,就是会计上所说的"过账"。

如果说,编制会计分录是一次对企业经营活动的分类过程,将每一项交易按照其所影响的方向分类,并分别归类为借、贷等不同方向,那么过账就是第二次分类,将会计分录的借贷方所记录的金额数字,分门别类,登记到相应账户中去,再通过各个账户,系统地反映具体账户项所代表的资产、负债等项目的变化情况与变化结果。以下就是"丁字形账户"的过账简明展示。

借方	银行存款	贷方		借方	预付房租	贷方
(2) 闽老师投资 100 000		(3) 支付租金等 35 000		(3) 预付房租 30 000		
		(4) 装修支出 15 000				
		(5) 购桌椅 30 000		本期发生额 30 000		本期发生额 0
(8) 培训费收入 165 300		(7) 广告支出 20 000		期末余额 30 000		
		(9) 维修支出 3 500				
(12) 预收培训费——京		(10) 购买保险 1 200				
北公司 40 000		(13) 支付工资 60 000				
借方发生额 305 300		贷方发生额 164 700				
期末余额 140 600						

图 2-10 "丁字形账户"的过账简明展示

借方	所有者权益		贷方
	(2) 闽老师投资	100 000	
	本期发生额	100 000	
	期末余额	100 000	

借方	预付押金	贷方	借方	装修费	贷方
(3) 预付押金	5 000		(4) 装修支出	15 000	
本期发生额	5 000		本期发生额	15 000	
期末余额	5 000		期末余额	15 000	

借方	固定资产	贷方	借方	应付账款	贷方
(5) 课桌椅等	30 000			(6) 办公设备——梁山公司	20 000
(6) 办公设备	20 000				
本期发生额	50 000			本期发生额	20 000
期末余额	50 000			期末余额	20 000

借方	广告费用	贷方	借方	培训收入	贷方
(7) 广告支出	20 000			(8) 培训收入	165 300
本期发生额	20 000			本期发生额	165 300
期末余额	20 000			期末余额	165 300

借方	修理费用	贷方	借方	预付保险费	贷方
(9) 维修支出	3 500		(10) 购买保险	1 200	
本期发生额	3500		本期发生额	1 200	
期末余额	3 500		期末余额	1 200	

借方	预收收入	贷方	借方	工资	贷方
	(12) 预收培训费——京北公司	40 000	(13) 支付工资	60 000	
	本期发生额	40 000	本期发生额	60 000	
	期末余额	40 000	期末余额	60 000	

图 2-10　（续）

　　一个会计期间结束(可以是一个月、一个季度、一个年度)，需要将当期企业的相关经营活动信息汇总起来，这就是财务报表。而在编制财务报表之前，需要先检查一下相应会计记录是否完备，是否存在差错，是否有遗漏和其他待处理事项等。这就是以下要介绍的试算与试算平衡。

　　试算平衡是会计循环的一个环节，它不仅可以用来归集当期所有账户所登记的发生额和期末余额,根据"借贷必相等"的记账规则,还可以检查所有账户的借方发生额合计和贷方发生额合计是否相等,期末余额的借贷方合计是否相等(见表 2-2)。如果不等,就存在差错,需要找出差错,加以改正。

表 2-2　试算平衡表

1993 年 12 月 31 日　　　　　　　　　　　　　　　单位:元

账户名称	本期发生额		期末余额	
	借方	贷方	借方	贷方
现金	305 300	164 700	140 600	
预付房租	30 000		30 000	
预付押金	5 000		5 000	
固定资产	30 000		30 000	
办公设备	20 000		20 000	
应付账款		20 000		20 000
所有者权益		100 000		100 000
收入		165 300		165 300
工资费用	60 000		60 000	
装修费	15 000		15 000	
广告费	20 000		20 000	
修理费	3 500		3 500	
预付保险费	1 200		1 200	
预收收入		40 000		40 000
合计	490 000	490 000	325 300	325 300

严格来说,所有收入、费用类账户,都是属于特定期间的,如某个年度企业所创造的收入、发生的费用,"成绩属于过去",无论某个会计期间取得多么辉煌的成绩,都与下一个会计期间无关,因此,收入、费用类账户需要在期末全部结清,不应该有余额。这里,由于尚未学习到期末结账,余额试算包括了相关收入、费用类账户。待下一章介绍完会计循环的所有环节,收入、费用类账户就不会出现余额了。

在上述试算平衡表中,本期所有账户全部借方发生额合计等于贷方合计,所有账户余额合计,借、贷方也相等。这表明,记账过程可能不存在明显差错。

需要注意的是:第一,借贷不相等,肯定存在差错,但借贷相等,并不必然保证不存在差错,因为遗漏一笔交易,或借贷方同时记错一个相等的金额,或把应当登入 A 账户的金额过入 B 账户,都不会影响借贷平衡;第二,如果发现差错,不能简单、直接改正,而是要区分差错情况,采用符合会计系统的要求来改正,因为,会计系统的任何数据变化,都必须来自会计分录,没有会计分录的支持,会计系统不可以增加、减少任何会计数据。后文会介绍会计上所允许的差错更正方法。

附录 B　关于会计要素及其定义

对账户的分类,总体上是基于会计要素展开的。而对会计要素的划分及界定,又与一个被称为"财务会计概念框架"的项目密不可分。

最早从官方角度推动概念框架讨论的,是美国的会计准则制定机构;而第一份示范性概念框架文告,是美国财务会计准则委员会于 1978 年发布的第一号概念公告"企业财务报告的目标";1985 年发布第六号公告后,该项目中止了约 15 年。最新的概念框架是于 2010 年发布的第八号,主要是对之前已经发布的概念框架公告进行修订。

受美国财务会计准则委员会的影响,各国及国际性会计准则制定组织先后发布了各自的概念公告,它们在总体思路上与美国的概念公告一致。

由于国际会计准则理事会与美国财务会计准则委员会关于概念结构的联合项目尚未完成,它们对会计要素的界定,并未达成一致。因此,以下分别简要介绍一下它们对会计要素的定义。

美国财务会计准则委员会(FASB)将会计要素分为十项,即资产、负债、权益或净资产、业主投资、派给业主款、全面收益、收入、费用、利得和损失。其中,最核心也是最革命性的定义是资产要素。FASB 第一次明确地将资产表述为:某一特定主体由于过去的交易或事项而获得或控制的可预期的未来经济利益。FASB 也提出了全面收益概念,即某一主体在某一会计期间,除所有者权益本身变化以外的归所有者支配的未来经济利益要求权的变化。它包括这一期间内除业主投资和派给业主款以外的权益的所有变动。

国际会计准则理事会(IASB)将财务报表的要素划分为两类:其一,直接关系财务状况的要素,即资产、负债和权益;其二,衡量经营业绩的要素,即收益和费用。会计要素的数量大大减少。其中,关于资产的定义,在 FASB 的定义基础上,有所调整,将资产从"未来经济利益"改为"未来经济利益的资源",具体是:资产是企业由于过去的事项而控制的、可望向企业流入未来经济利益的资源。

我国的企业会计准则体系也包括了等同于概念框架的准则,即基本准则。我国的基本准则定义了资产、负债、所有者权益、收入、费用、利润 6 个基本会计要素。其中,资产的定义总体上沿用了国际会计准则理事会的定义,即资产是指企业过去的交易或者事项形成的、由企业拥有或者控制的、预期会给企业带来经济利益的资源。

由于上述关于会计要素的定义,主要形成于 20 世纪八九十年代。随着人们对会计要素认识的深化,同时,因为经济环境等的改变,对会计要素的定义,预计也将会产生新的变化。

附录 C 顺序号编号会计科目名称

一、资产类

1. 1001　库存现金
2. 1002　银行存款
3. 1003　存放中央银行存款
4. 1011　存放同业
5. 1012　其他货币资金
6. 1021　结算备付金
7. 1031　存出保证金
8. 1101　交易性金融资产
9. 1111　买入返售金融资产
10. 1121　应收票据
11. 1122　应收账款
12. 1123　预付账款
13. 1131　应收股利
14. 1132　应收利息
15. 1201　应收代位追偿款
16. 1211　应收分保账款
17. 1212　应收分保合同准备金
18. 1221　其他应收款
19. 1231　坏账准备
20. 1301　贴现资产
21. 1302　拆出资金
22. 1303　贷款
23. 1304　贷款损失准备
24. 1311　代理兑付证券
25. 1321　代理业务资产
26. 1401　材料采购
27. 1402　在途物资
28. 1403　原材料
29. 1404　材料成本差异
30. 1405　库存商品
31. 1406　发出商品
32. 1407　商品进销差价
33. 1408　委托加工物资
34. 1411　周转材料
35. 1421　消耗性生物资产
36. 1431　贵金属
37. 1441　抵债资产
38. 1451　损余物资
39. 1461　融资租赁资产
40. 1471　存货跌价准备
41. 1501　持有至到期投资
42. 1502　持有至到期投资减值准备
43. 1503　可供出售金融资产
44. 1511　长期股权投资
45. 1512　长期股权投资减值准备
46. 1521　投资性房地产
47. 1531　长期应收款
48. 1532　未实现融资收益
49. 1541　存出资本保证金
50. 1601　固定资产
51. 1602　累计折旧
52. 1603　固定资产减值准备
53. 1604　在建工程
54. 1605　工程物资
55. 1606　固定资产清理
56. 1611　未担保余值
57. 1621　生产性生物资产
58. 1622　生产性生物资产累计折旧
59. 1623　公益性生物资产
60. 1631　油气资产
61. 1632　累计折耗
62. 1701　无形资产
63. 1702　累计摊销
64. 1703　无形资产减值准备
65. 1711　商誉
66. 1801　长期待摊费用
67. 1811　递延所得税资产
68. 1821　独立账户资产

69. 1901　待处理财产损溢

二、负债类

70. 2001　短期借款
71. 2002　存入保证金
72. 2003　拆入资金
73. 2004　向中央银行借款
74. 2011　吸收存款
75. 2012　同业存放
76. 2021　贴现负债
77. 2101　交易性金融负债
78. 2111　卖出回购金融资产款
79. 2201　应付票据
80. 2202　应付账款
81. 2203　预收账款
82. 2211　应付职工薪酬
83. 2221　应交税金
84. 2231　应付利息
85. 2232　应付股利
86. 2241　其他应付款
87. 2251　应付保单红利
88. 2261　应付分保账款
89. 2311　代理买卖证券款
90. 2312　代理证券承销款
91. 2313　代理兑付证券款
92. 2314　代理业务负债
93. 2401　递延收益
94. 2501　长期借款
95. 2502　应付债券
96. 2601　未到期责任准备金
97. 2602　保险责任准备金
98. 2611　保户储金
99. 2621　独立账户负债
100. 2701　长期应付款
101. 2702　未确认融资费用
102. 2711　专项应付款
103. 2801　预计负债
104. 2901　递延所得税负债

三、共同类

105. 3001　清算资金往来
106. 3002　货币兑换
107. 3101　衍生工具
108. 3201　套期工具
109. 3202　被套期项目

四、所有者权益类

110. 4001　实收资本
111. 4002　资本公积
112. 4101　盈余公积
113. 4102　一般风险准备
114. 4103　本年利润
115. 4104　利润分配
116. 4201　库存股

五、成本类

117. 5001　生产成本
118. 5101　制造费用
119. 5201　劳务成本
120. 5301　研发支出
121. 5401　工程施工
122. 5402　工程结算
123. 5403　机械作业

六、损益类

124. 6001　主营业务收入
125. 6011　利息收入
126. 6021　手续费及佣金收入
127. 6031　保费收入
128. 6041　租赁收入
129. 6051　其他业务收入
130. 6061　汇兑损益
131. 6101　公允价值变动损益
132. 6111　投资收益
133. 6201　摊回保险责任准备金
134. 6202　摊回赔付支出

135. 6203	摊回分保费用	146. 6531	退保金
136. 6301	营业外收入	147. 6541	分出保费
137. 6401	主营业务成本	148. 6542	分保费用
138. 6402	其他业务成本	149. 6601	销售费用
139. 6403	营业税金及附加	150. 6602	管理费用
140. 6411	利息支出	151. 6603	财务费用
141. 6421	手续费及佣金支出	152. 6604	勘探费用
142. 6501	提取未到期责任准备金	153. 6701	资产减值损失
143. 6502	提取保险责任准备金	154. 6711	营业外支出
144. 6511	赔付支出	155. 6801	所得税费用
145. 6521	保单红利支出	156. 6901	以前年度损益调整

《企业会计准则——应用指南》(2006)附录中的"会计科目和主要账务处理"指出,企业在不违反会计准则中的确认、计量和报告规定的前提下,可以根据本单位的实际情况自行增设、分拆、合并会计科目。企业不存在的交易或事项,可不设置相关会计科目。对于明细科目,企业可以比照相应的规定自行设置。会计科目编号供企业填制会计凭证、登记会计账簿、查阅会计账目、采用会计软件系统参考,企业可结合实际情况自行确定会计科目编号。

习　题

一、名词解释

会计恒等式　会计要素　资产　负债　所有者权益　收入　费用　利润　账户　会计科目　借贷记账法　会计分录　会计主体　会计分期　交易　事项　情况　交易基础会计　估价基础会计

二、思考与讨论

1. 什么是会计恒等式？为什么恒等式的"恒等"能够成立？

2. 什么是会计要素？请比较中国、美国和国际会计准则理事会对会计要素的界定，并给出你的评价。

3. 请比较会计要素、会计科目、账户的联系与区别。

4. 请问什么是会计分期？为什么会计需要分期？我国《中华人民共和国会计法》规定的企业会计年度统一为 1 月 1 日至 12 月 31 日，优缺点各有哪些？请找出美国上市公司会计年度划分不是按照日历年度的 5 家公司，并做简要评述。

5. 为什么会计会从"交易基础"转向"估价基础"？请结合具体的经济环境变化如互联网和金融化来讨论。

6. 腾讯是一家在香港上市的公司，2017 年 8 月股票价格最高达每股 340 港元，而 2010 年年初的股票价格（复权后）为每股 30 元左右。你所在的公司于 2010 年年初购入市值 100 万港元的腾讯股票，到 2017 年 8 月的市值超过 1 000 万港元。试讨论在交易基础和估价基础下，这项投资在企业账面上的表现有什么不同。你会倾向于选择哪种方法？为什么？

7. 美图秀秀是一家在香港上市的公司，2016 年 12 月上市，2017 年 3 月每股价格最高升至 23 港元，2017 年 6 月跌至最低每股 8.43 港元。假定你所在的公司于 2017 年 3 月最高价位购入市值 100 万港元的美图秀秀股票，到 2017 年 6 月的市值为 40 万港元左右。试讨论在交易基础和估价基础下，这项投资在企业账面上的表现有什么不同。你会倾向于选择哪种方法？为什么？

8. 什么是会计循环？会计循环与企业经济业务循环之间有什么关系？

9. 请扼要分析交易、事项与情况之间的联系和区别。

10. 请讨论资产和负债要素的基本特征有哪些。请自行查找资料，归纳出资产定义的大致变化过程。

11. 我国历史上曾经先后出现过"三柱结算法"、"四柱清册"等单式记账方法，也出现过"龙门账"、"四脚账法"等复式记账方法。但是，历史上，我国资本主义的发展，并没有像欧洲国家发展得那么普及。请你尝试从记账方法角度讨论我国资本主义发展缓慢的可能原因或解释。

三、情境案例讨论

1. 2017 年 3 月，美国做空机构浑水公司发布研究报告称，辉山乳业的价值接近零，并认为辉山就是一个骗子公司。他们给出了多项对辉山乳业的指控：虚构苜蓿草自给自足,抬高利润率,虚增利润;夸大奶牛场资本支出花费多达 16 亿元;关联交易窃取公司资产至少 1.5 亿元。

尽管辉山乳业对此表示反击,但是,在这份报告发布后不久,辉山乳业就对外发布报告称,公司银行存款"失踪"超过 24 亿元。

请查找相关资料,包括阅读辉山乳业的财务报告并讨论:为什么辉山乳业虚增利润、虚夸资产、关联交易,最后会导致银行存款"失踪"?请对上述三类事项用复式记账的原理来模拟说明,并进而尝试讨论:为什么韦伯说"复式簿记是资本主义存在的先决条件"?

2. 卢俊义原来在某国有企业工作,月薪 6 000 元。2017 年年初他辞去了公职,投资了 150 000 元(在该 150 000 元中,个人存款 100 000 元,个人银行借款 50 000 元,年利率 5%)开办了玉麒麟娱乐中心,主要经营宴席、酒会、葡萄酒品尝等服务,同时兼营上门家宴服务等。该娱乐中心一年来的经营情况汇总如下:

(1) 提供饮食服务收入 315 000 元;

(2) 出租场地租金收入为 40 000 元;

(3) 销售葡萄酒收入 120 000 元;

(4) 各种饮食的成本支出共计 92 000 元;

(5) 葡萄酒的进货成本 60 000 元;

(6) 支付广告费用 12 000 元;

(7) 支付各种税金 30 000 元;

(8) 支付雇员工资 60 000 元;

(9) 耗用清洁卫生用品等共计 5 000 元,水电费 8 000 元,其他杂费 2 000 元;

(10) 支付卢俊义个人旅行费用 20 000 元,其他日常杂费 10 000 元。

要求:确定玉麒麟娱乐中心一年来的经营成果,并运用你掌握的会计知识,评价卢俊义辞职搞个体经营是否更有利可图?

3. 在第 1 章表 1-1 给出的大仕学校的例子中,利润是 53 633 元。而闽老师的讲课、闽夫人和家人帮忙等,都没有计算酬金。请你按照一个估计的水准,列示出他们应当获取的报酬,同时,估计一下还有什么费用没有计入上述盈亏报告书中。进而讨论:如何有效区分企业和企业拥有者之间的利益界限? 会计主体的经济含义是什么?

4. 2013 年 4—5 月间,有媒体曝光中国铁建当年的业务招待费高达 8.37 亿元,占当年报告利润约 10%,从而引发媒体对上司公司,尤其是央企业务招待费的关注。有趣的是,2013 年年报发布后,上一年度受到关注的上市公司,业务招待费都大幅度下调,甚至业务招待费为零(比如上一年作为焦点话题的中国铁建)。但是,媒体也发现,业务招待费为零,其他相关费用却大幅上升。

请你查找相关资料并讨论:为什么业务招待费减少了,其他费用要上升? 这与复式簿记有什么内在的联系?

四、练习题

1. 对以下经济活动分别按照交易、事项与情况进行分类。

(1) 卢俊义从原单位辞职,在当地工商部门注册登记玉麒麟娱乐中心,没有任何费用。

(2) 卢俊义从原单位辞职,在当地工商部门注册登记玉麒麟娱乐中心,支付注册登记费 1 000 元。

（3）卢俊义聘请燕青和李逵，分别担任娱乐中心的厨师及大堂管理。约定每月 28 日发放当月工资。

（4）玉麒麟娱乐中心与大名府酒业有限公司签订合约，拟委托其代理进口葡萄酒一批。

（5）大名府酒业代理进口的葡萄酒已经到达，经验收入库，货款尚未支付。

（6）大名府酒业代理进口的葡萄酒已经到达，经验收入库，货款已经支付。

（7）燕青在准备宴会时，因为操作不当，报废一组食材。

（8）李逵在准备一次家宴服务过程中，打碎一组红酒杯。

（9）因为台风导致玉麒麟娱乐中心仓库受损，一批红酒报废。

（10）年末清点库房，发现一组食材因为潮湿等原因，已经变质，不能使用。

（11）经营一年后，玉麒麟娱乐中心获得客户好评。在年底的会员联谊会上，下一年度的订单意向大幅度增加。

（12）因为地产价格上涨，玉麒麟娱乐中心开业时购入店铺的市场价值，已经翻番。

（13）与神州专车公司签订下一年度用车协议，并预付 20 000 元车费。

（14）与百度公司签订网上推广协议，将按照网络有效点击量来支付广告费。

2. 指出以下经济业务各应借应贷的账户。

（1）开支票给已为企业提供了劳务的客户。

（2）收到赊账客户交来的支票。

（3）赊购办公用品。

（4）运货卡车司机交来加汽油 70 升的发票。

（5）企业订购下月将到货的商品。

（6）赊购卡车一辆。

（7）客户退回前已购商品。

（8）企业的所有者从企业提取现金供私用。

（9）人事部门面试求职人员。

（10）赞助当地马拉松比赛用品一批。

3. 勤业公司 2018 年 6 月 30 日的资产、负债和所有者权益的状况如下表所示。

单位：千元

资　产	金　额	负债及所有者权益	金　额
现金	10 000	短期借款	800 000
银行存款	1 190 000	应付账款	200 000
原材料	300 000	应付职工薪酬	800 000
存货	500 000	长期借款	B
应收账款	200 000	实收资本	1 000 000
固定资产	A	资本公积	800 000
长期投资	800 000	盈余公积	200 000
合　计	5 000 000	合　计	C

要求：a. 表中的 A、B、C 处应该填的数据是：_____ _____ _____；

b. 计算勤业公司的流动资产总额;

c. 计算勤业公司的负债总额;

d. 计算勤业公司的净资产总额。

4. 映雪咖啡厅是某大学校园内的一间学生自营机构,由教师何玉带领几个学生创办。2012 年 4 月 6 日校庆日筹办。以下是该咖啡厅筹办当月所发生的经济业务。

(1) 何玉和她的合作伙伴向当地工商部门注册了映雪咖啡厅,注册费用 100 元由何玉垫付。

(2) 学校将一间靠近楼梯、堆放杂物的房间,经简单装修后,租给映雪咖啡厅。租金每年 12 000 元,每年结束时支付当年租金。

(3) 何玉和她的合伙人共投入 50 万元,存入银行,作为咖啡厅的开办资金。

(4) 何玉在京东网上订购一批咖啡厅用的咖啡机、家具等,共计 88 000 元,已通过网上银行支付。

(5) 向德化瓷厂订制咖啡杯等,货已收到,验收合格。货款 6 000 元暂欠。

(6) 向当地的毛氏咖啡豆经销商购入一组不同风味的咖啡豆。货款 4 000 元暂欠。

(7) 招聘学生 10 人,由何玉进行咖啡知识、服务等培训。

(8) 映雪咖啡厅开业第一个月,共计实现销售收入 20 000 元。

请根据以上业务,为映雪咖啡厅编制会计分录,并准备一份简明试算表。

5. 群贤公司 2017 年 9 月初各账户的期初余额如下所示。

单位:千元

资　产	金　额	负债及所有者权益	金　额
库存现金	10 000	短期借款	50 000
银行存款	190 000	应付账款	80 000
应收账款	35 000	应付职工薪酬	56 000
其他应收款	15 000	应交税费	23 000
原材料	50 000	应付股利	50 000
生产成本	105 000		
库存商品	35 000	实收资本	700 000
固定资产	500 000	资本公积	60 000
长期投资	100 000	盈余公积	21 000
合　计	1 040 000	合　计	1 040 000

9 月份发生了以下经济业务。

(1) 从银行获得 6 个月期的借款 50 000 元存入银行。

(2) 用银行存款 30 000 元预付 10 月份的原材料款。

(3) 生产领用一批材料,价值 30 000 元。

(4) 采购员戴宗预借差旅费 3 000 元,以现金支付。

(5) 收到地方政府技改试点投入的一台设备,价值 100 000 元。

(6) 9 月份卖出成本 30 000 元的库存商品,收到银行存款 50 000 元。

(7) 以银行存款交纳税费 20 000 元。

（8）以存款 20 000 元归还到期的三个月的借款。

要求：

a. 根据上述资料，逐项分析经济业务的发生对会计要素的增减变动的影响；

b. 计算 9 月末企业的资产、负债和所有者权益的总额，并验证会计恒等式。

6. 同安公司 2017 年 6 月份部分账户资料如下：

单位：千元

账户名称	期初余额	本期借方额	本期贷方发生额	期末余额
库存现金	10 000	2 000	A	8 000
预收账款	25 000	10 000	15 000	B
实收资本	300 000	C	10 000	310 000
预付账款	20 000	15 000	20 000	D
短期借款	50 000	33 000	E	28 000
应收账款	F	13 000	25 000	26 000
生产成本	30 000	35 000	45 000	G
制造费用	H	25 000	25 000	I
银行存款	150 000	24 500	35 800	J
应交税费	14 000	23 000	20 000	K

要求：根据各类账户的结构，计算表中 A～K 的值。

7. 黄蓉是一名大学生，她决定利用暑假期间勤工俭学，开办一家少儿暑假寄托、教育等业务的服务公司。2016 年 7 月 1 日，黄蓉成立了桃花岛服务社，她用自己的积蓄租了一套租赁期为两个月的房间，每个月租金为 500 元，预付一个月租金，同时，她向朋友借了 3 000 元现金。

该服务社 2016 年 7 月发生以下业务。

（1）支付广告费 100 元。

（2）租用办公桌一张，月租金 50 元，预付一个月租金，余款到 8 月 31 日租赁期满与 8 月租金一并付清。

（3）现金购入各种少儿读物 100 套，共计 500 元。

（4）现金购入数把儿童椅子，总成本为 1 000 元。

（5）黄蓉请来一名临时工帮忙，月薪 300 元。

（6）支付各种杂费 50 元。

（7）入托少儿的学杂费收入 1 500 元。

2016 年 8 月份该服务社取得 3 000 元托费收入，全部为现金收入，费用开支保持不变。8 月 31 日暑假结束。黄蓉将少儿读物全部送给孩子们，并把椅子出售得到 600 元。同时，归还向朋友的借款。

请你帮助黄蓉设计一套合理的账务处理并完整记录桃花岛服务社的全部经济业务，并计算确定黄蓉的经营是否成功。

自　测　题

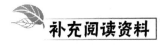

【大华洞察】舞弊的会计恒等式

2017-08-09　　大华会计师事务所

　　财务舞弊的目的是,产生虚假的会计利润,根据会计的平衡关系,贷方产生利润,借方则有虚增资产、虚减负债、虚减权益等三种可能,这就是"舞弊的会计恒等式"。贷方利润,可能是由虚记收入产生的,也有可能是由少记成本或费用产生的。

一、恒等式的借方

（一）虚增资产

　　虚增资产,往往是公司内部"费用资本化"及"自我交易"的结果。所谓"自我交易",是指先通过虚构资产交易(如支付往来款项、购买原材料、长期资产支出等)将大额资金转出,再将上述资金设法转入发行人客户,最终以销售交易的方式将资金转回。

　　1. 流动资产虚增

　　流动资产虚增,包括货币资金虚增,应收账款、其他应收款、预付账款等往来款虚增,以及存货虚增等。

　　货币资金虚增,往往是银行流水和银行存款余额直接作假,多数情况下需要银行的配合,性质非常恶劣。往来款虚增的原因,可能是虚增了收入而没有配合回款,也有可能是流出的现金在其他应收款或预付账款挂账而尚未处理,实际现金已包装为经营现金的流入。

　　存货虚记的原因,有可能是数量虚增,有可能是单位成本虚增,也有可能是数量和成本同时虚记。存货包括原材料、在产品和产成品,三种类别都有可能形成数量或单位成本的虚增。

　　2. 长期资产虚增

　　相比于流动资产,在建工程、无形资产、生产性生物资产等长期资产的真实成本难以判断,故其虚增往往更具有隐蔽性。形成虚增的原因,可能是将费用进行了资本化处理;也有可能是通过增加长期资产包装成投资性现金流出,流出后再包装为经营性现金流入。

（二）负债或权益虚减

1. 负债虚减

通过少记采购，可以达到少记成本或费用的目的，虚增利润的同时虚减了对供应商的负债，虚减负债往往需要供应商的配合。

负债虚减需要第三方的配合，属于第三方输送利益，"天下没有免费的午餐"，这种利益输送只能是暂时性的，是存在其他的背后利益安排的。

2. 权益虚减

关联方通过关联交易输送利润，形成的非正常利润本质上属于与公司的"权益性交易"，虚计利润的同时，也就减少了权益。

可能的情况包括：公司以远高于公允价值的价格向关联方销售，以远低于公允价值的价格向关联方采购，关联方代付成本和费用，关联方提供的资金包装为虚构收入的回款等。

二、恒等式的作用

通过舞弊恒等式的原理可以知道，虚计利润必然会影响资产负债表科目，所以通过分析资产负债表科目存在的异常，往往可以发现财务舞弊的线索。

较大的财务舞弊，无一不是虚增收入和虚减成本，即除非虚增收入和虚增成本完全匹配，否则都会带来毛利率虚高的问题。由此，对于大部分的财务舞弊，"毛利率畸高、资产异常"是一个最常见的信号。

资产科目的异常，主要表现为资产余额、类别及波动与公司的经营模式、业务特点和商业常识不相符。一些常见的资产异常情况有：银行存款余额很大，但同时存在持续频繁的银行借款；应收账款增幅远超过收入增幅，且集中于新开发客户；向明显处于行业弱势地位的供应商大量预付款项；存货周转率过低且与经营规模明显不符，尤其是一些存货数量难以盘点核实，以及存货的价值难以判定的行业；在建工程、无形资产及生产性生物资产等长期资产大幅度增加，但大量购建缺乏经营上的合理性和必要性，尤其是在新增资产真实性难以验证的情况下。

通过负债的虚减降低成本和费用，以及关联方通过代付成本和费用虚增利润，实质上是影响报表的完整性，在实务中完整性比较难以发现的。通过分析对供应商往来款的不正常下降，结合采购单价和相关费用的波动情况，可以发现成本费用存在的异常。

关联方通过不公允价格进行的销售和采购，通过与第三方交易的价格对比，是比较容易发现的。

三、近期的几个舞弊案例

选择 2016 年中国证监会公布的三个舞弊案例，包括 IPO 申报的振隆特产、新三板挂牌的参仙源、拟重组上市的康华农业三个公司，全部属于农业企业。通过分析案例，按"舞弊恒等式"的关系找出资产负债表的问题。

1. 振隆特产

舞弊内容	利润表影响	资产负债表影响
	虚增利润	虚增资产/虚减负债/虚减权益
以虚增合同销售单价的方式累计虚增出口销售收入,在虚增收入的同时虚增应收账款,通过第三方公司回款或用其他外销客户回款进行冲抵的方式调节应收账款的账龄	营业收入8 268.51万元	应收账款8 268.51万元
通过调节出成率、调低原材料采购单价方式少结转销售成本,存货存在严重的亏空,未在账面确认已处理霉变存货损失的方式虚增利润	营业成本(可能包括资产减值损失)7 616.18万元	存货7 631.24万元

公司通过"自我交易"虚增了应收账款和存货。应收账款虚增,是指利用外销客户虚增了销售单价,似乎并没有虚构客户,也没有虚增销售数量。存货虚增,则是通过调节出成率、调低原材料采购单价方式降低产成品的单位成本,进而少结转销售成本,导致期末存货数量和金额的虚增。

营业收入虚增和营业成本的虚减,势必导致毛利率的异常上升。同时,从细节检查的角度,如果应收账款函证、客户走访和存货盘点程序到位,也应该能发现问题。

2. 参仙源

舞弊内容	利润表影响	资产负债表影响
	虚增利润	虚增资产/虚减负债/虚减权益
通过虚构协议,将外购野山参的成本以支付人参抚育费的名义支付,记入"生产性生物资产"科目,最终销售时,未对外购野山参的成本进行结转,少记成本虚增利润	营业成本5 538.22万元	生产性生物资产5 538.22万元
将绝大部分为前文所述的外购野山参加价一倍后销售给实际控制人控制的公司。依照参仙源采购野山参的市场价计算,超出采购价的销售即为虚增收入	营业收入7 372.93万元	资本公积(权益性交易)7 372.93万元

参仙源的虚增利润来自两部分:一是通过"费用资本化",将采购成本包装为"生产性生物资产";二是实际控制人通过不公允交易制造销售毛利。

参仙源的舞弊,完全是建立在自产野山参的产量难以核实的基础之上。"生产性生物资产"的大幅增加在任何情况下都是值得警惕的迹象。从关联交易公允性的角度,也可以发现其销售价格的情况。同时,营业收入和虚增及营业成本的虚减,势必导致毛利率的异常上升。

3. 康华农业

舞弊内容	利润表影响	资产负债表影响
	虚增利润	虚增资产/虚减负债/虚减权益
康华农业虚构与绿苑米业、佛山穗丰园、肇庆穗丰源、佛山有米源、广州穗港、广西万里、江门粮食等 7 个客户的销售业务,虚增营业收入	营业收入 61 033.72 万元	银行存款 49 803.49 万元 应收账款 527.49 万元

康华农业通过虚增收入来虚增利润,大部分虚增了银行存款(由于处罚决定中披露不够完整,除银行存款和应收账款之外,应该还存在其他虚增部分)。这种触目惊心的舞弊,没有银行的配合是很难完成的。

营业收入的大幅虚增,势必导致毛利率的异常上升。同时,从合理性的角度,公司银行存款持续巨大,但同时又存在较大的长期银行借款,并且巨额存款产生利息收入几乎可以忽略不计。

第 3 章

账项调整与财务报表编制

资料与讨论 3-1

过去的一年,地方政府土地出让收入又创历史新高。

日前,财政部公布了最新 2014 年财政收支情况:地方政府性基金收入 4.99 万亿元,其中,国有土地使用权出让收入 4.26 万亿元,同比增加 1 340 亿元,增长 3.1%。

多位业内人士向《每日经济新闻》记者表示,地方卖地收入屡创新高,显示地方政府仍严重依赖土地财政。

中国过去十年间一个突出的现象是:无论政府出台什么样的调控措施,房价总是一路攀升。与此同时,各个地方土地出让收入也是屡创新高。国土资源部的数据显示,2001 年,全国土地出让价款为 1 296 亿元,到 2014 年累计接近 25 万亿元。

试讨论:会计在遏制地方政府依赖土地财政方面能够发挥什么作用?

(资料来源:去年"土地财政"创新高:地方卖地收入超四万亿[N].每日经济新闻,2015-02-02.)

3.1 收付实现制与权责发生制

在日常生活中,我们去商店购买日用品例如一包方便面,通常都会"一手交钱、一手交货",这种交易简便、直接,企业核实收入、费用,没有任何困难。但是,在实际经济生活中,大量的交易不是这种"钱货两讫"式,而是采取"赊购"、"赊销"或"预付"、"预收"。例如,你在淘宝网上拍下一个宝贝,货到付款,卖家把宝贝发给你,你还没有收到,这时刚好是一个月的月末,卖方能否记销售收入?企业在经营活动过程中,会发生大量的、时间跨度长达数年、使用寿命/受益期间更是高达数十年的交易活动,例如,总高 632 米的上海中心大厦,于 2006 年 9 月开始筹建,仅仅设计方案就耗时约两年,2008 年 11 月 29 日正式开工,2013 年 8 月结构封顶,2014 年年底完成土建竣工,2016 年 3 月 12 日,上海中心大厦建筑总体正式全部完工,整个建设周期将近 10 年。上海中心大厦建设发展有限公司按照年度提交报表,就出现问题了:将近 10 年,只有支出,没有收入?上海中心大厦建造成本超过 150 亿元,应该在多久收回?类似的这种跨期、非现金交易,构成了企业经营活动的主体部分。

如何合理、确当地记录收入、费用,使会计系统所提供的关于企业财务状况和经营成果的信息更加可靠,合理,对信息使用者更加有用?例如,上述上海中心大厦在 2008—2014 年,每年的年报对天文数字的建设费用如何处理?作为上海中心大厦建设的资本提供方,如何解读上海中心大厦所提供的报表?如何根据上海中心大厦所提供的报表,做出相应的决策？这就涉及会计的两个确认基础：收付实现制和权责发生制。

所谓**收付实现制**，是指以现金的收取或支付为标准，确认收入的实现和费用的发生。理论上，如果严格按照收付实现制，企业唯一的资产是现金，本期收到的现金，都是收入；支出的现金，都是费用；对比上期增加的现金，就是本期实现的利润，当然，如果现金比上期少，本期所实现的就是亏损。在这种严格的收付实现制下，现金是企业唯一的资产。其余非现金"资产"都应该是费用。正因为收付实现制主要以现金为评判标准，它也被称为"现金制"。

在早期以商品买卖为主，赊购、赊销等商业信用不普及的经济环境下，收付实现制确认基础比较符合当时的经济现实，也能够较好地满足当时的商人对企业经营状况评价的需求。从现实的经济活动来看，纯粹的收付实现制，几乎是不存在的，因为，任何企业的运行，都必须有一些非现金资产，例如，房屋等使用周期超过一年的资产，不能够、也不应当在刚开始购入（假设一次性足额支付现金），就全部记为费用，因此，对收付实现制的修正，就是从非现金资产开始的。而随着商业信用的逐渐增多，企业经济活动日趋复杂，特别是一些周期比较长的经济活动的出现，在实践中逐渐形成了一个新的会计确认基础：权责发生制。

与收付实现制不同，**权责发生制**是按照权利是否形成、义务是否发生，来确认收入和费用的。具体而言，要在会计系统中确认一项收入已实现，需要确定企业已经拥有了与该项收入相关的法定权利，包括：其一，收入的赚取过程已经完成，如商品已经交付、劳务已经提供；其二，已经取得货款，或已经拥有收取货款的法定权利。满足上述条件，企业就可以在会计系统中确认收入，而不考虑现金是否收取。这样，在现金收取和收入确认入账之间，就有三种可能性分布：收入入账在先，现金收款在后，会计上称为"应计收入"；现金收款在先，收入入账在后，称为"预收收入"；收入入账和现金收款同时发生，就是正常的、不需要期末调整的收入项目。

收入的确认标准也在不断演变过程中。在实务中，管理层为了满足特定目的，会根据具体的会计要求（如收入实现的具体标准），设计出复杂的交易安排。如1995年，世纪星源用在建楼宇华乐大厦的部分产权计3 000万元，抵偿所欠建设银行深圳分行1.66亿元的债务；之后，世纪星源又用1.66亿元向建设银行深圳分行购回这部分产权。在当时的会计准则下，前一笔交易被确认为收入的实现，即世纪星源公司相当于将这部分资产卖给了银行；后一笔交易是购入固定资产，是资产的增加。从经济实质来看，世纪星源公司的收入没有增加。这只是偿还建设银行深圳分行债务，但它利用了一个在建楼宇作"中介"，将一笔交易分成两笔，满足了会计上记账要求，账面实现收入。

为了堵塞这种人为创造的"漏洞"，目前国际上对收入实现增加了一个基础条款：相关的风险与报酬已经转移。例如，在商品销售收入业务上，与所销售商品有关的风险和报酬实质上已经转移给购买方。按照这一标准，世纪星源用华乐大厦的部分产权抵偿建设银行深圳分行的债务，只有不再回购，才可以确认收入；回购协议的存在，表明与该项资产有关的风险和报酬，实质上没有转移，世纪星源就不能够在账面上确认收入。

随着经济环境的变化，特别是交易的互联网化、资产金融化等经济环境的改变，企业赚取收入的方式也在不断发生变化。对收入确认标准的讨论，在不断改进的过程中。

2014年，国际会计准则理事会发布了第15号准则公告，对收入的确认，侧重于控制权转移，即以控制权是否转移为依据。当然，做出原则性的规定相对比较容易，具体执行时，会存在较大的争议空间。这部分内容在未来的学习中会陆续涉及。

与收入实现相对应，在权责发生制下，费用的确认，取决于与该项费用相关的义务是否形成。现金支付与否，并不是一个必需的标准。具体而言：其一，相关的义务已经发生或形成，如电视台为企业播放一个月的广告、工人为企业工作一个月等；其二，企业已经支付货款，或承担了未来支付货款或以非现金资产清偿的法定义务。满足上述两个条件，企业就应该在会计系统中确认。判断是否形成费用，一个关键的标准是对费用的清偿是否会导致企业所有者权益的减少。因此，用现金偿付企业的债务，尽管会导致企业现金减少，但它不影响企业的所有者权益（因为资产和负债同时减少，所有者权益不变），因而不构成企业的费用。同样，在费用与现金给付之间，也存在三种可能的时间差分布：费用已经发生，现金尚未支付，即为"应计费用"；现金支付在前，费用发生在后，称为"预付费用"；二者时间一致，就是正常记录的费用项目，期末不需要再调整。

在完全的收付实现制下，现金的流入、流出、结余，是确认收入和费用最主要的评判依据。企业的会计系统也非常简单：除现金资产外，其余现金支出都应该是费用。相比而言，在权责发生制下，会计系统变得复杂，既有现金资产，也有非现金资产如固定资产、存货等；因为收入和费用与现金收付之间的时间差，还会出现各种应收、应付、预收、预付等项目。这样，会计系统才变得更加复杂，也更加科学。

任何事物都有其两面性。权责发生制也不例外。权责发生制的"发明"，是传统的、以现金收支记录为主的簿记，发展成能够满足相对复杂经济活动的会计的重要标志。当然，它也带来了现代会计所面对的最大批评：主观判断成分过多。基于赚取过程是否完成，义务是否发生来确认收入和费用，但在具体执行时，主观判断因素不可或缺。加之我们在第1章讨论过的，会计系统最终所报告的利润数字，对不同利益团体有着不同的影响。每个团体都希望最大限度地争取自我利益最大化，导致最终会计系统所报告的数字，在一定程度上是多方妥协的结果。

一方面，因为商业经济活动的环境在过去的几十年间发生了巨大的变化，从最初简单的商品买卖，发展到相对复杂的原材料和机器设备购买、产品制造与销售，再发展到资本市场高度发达、互联网和电子商务应用于商业活动的每个层面，社会经济的流动性大大提高，权利和责任的转换节奏更快，形式更加灵活，基于权利已经具备、义务已经发生的权责发生制，不能够满足经济活动的要求；另一方面，包括会计准则制定机构在内的各管制部门，也希望通过修订与收入、费用相关的会计准则，来限制相关利益当事人的主观判断空间。这就使基于权责发生制基础的会计模式，面临来自社会各界的压力与挑战。

回到本章开篇所讨论的案例上来。我国在过去20年间，房价不断上涨，原因是多方面的。但是，不断上涨的地方土地转让价格，无疑是直接诱因之一。[①] 抑制房价上涨，需要多方面的努力，其中，将政府会计的基础从收付实现制转向权责发生制，能够帮助缓

---

① 2016年，全国多个城市陆续曝出新地王，同期，深圳、上海等城市的商品房单位售价直线上升。媒体也纷纷以"面粉贵过面包钱"来评论地价上涨所驱动的房价飞涨。

解地方政府卖地的冲动,因为,基于权责发生制的基础,地方政府的任何卖地收入,需要按照 70 年平均分摊,每一届政府能够支配的收入有限,它自然会寻求不同的财政收入来源。①

3.2　权责发生制与账项调整

诚如上述,企业在平时的日常会计工作中,本着简单、方便的原则,对日常发生的经济活动,做直接、简便处理,如第 2 章对大仕学校的相关经济业务所做的会计分录。到了每个会计期期末,需要把没有入账的收入、费用,以及相应的资产、负债项目,及时登记入账,更好地对该会计期间企业的运营情况进行总结,对外报告。

按照 3.1 节对权责发生制的介绍,收入与费用的确认主要是看其经济实质,即与收入相关的权利是否形成,与费用相关的义务是否发生。在每个会计期末,都需要对企业所有经济活动进行整理,将那些应当归属于本期、但尚未入账的已实现收入、已发生费用,登记入账,就是日常所说的账项调整。

以下仍然以大仕学校为例,介绍账项调整的基本原理。

3.2.1　应计收入的调整

企业的经营活动是一个持续不断的交易过程,例如,大仕学校的培训项目,短则一周,长则一年。在这个过程中,企业的权利和义务也在相应的变化中。在正常情况下,会存在一些明显的时点,企业可以据以做出会计处理。例如,收到货款、发出商品等。对收入而言,一般要等到收到现金时,才在会计系统中予以记录。到会计期间终了时,因为一个完整的交易活动尚未完成,往往存在一些按权责发生制标准已经赚取,但因现金尚未收到的收入,没有入账。这种企业已赚取、现金尚未收取的收入,称为应计收入(accrued revenues)。在会计期间结束、编制报表之前,需要将这种未入账的应计收入计算入账,并按复式记账的要求予以记录,以使收入恰当地归属到应归入的会计期间。

业务1　12 月 15 日开始,为金迅公司进行 1 个月员工商务英语培训。合同金额 20 000 元,培训结束后收取。

这项业务在合同签订时,只做一个备忘记录,因为对企业资产、负债等产生影响的事项尚未发生;在培训业务正式开始时,公司的财务部门需要有相应的更新,包括核定是否需要正式在会计系统中予以确认。如果不考虑会计期间的影响,大仕学校的会计蒋敬可以分别在完成培训、收到培训费时,做相应的会计处理。考虑到 12 月会计年度结束,需要对本年度大仕学校的经营活动予以报告,因此,12 月大仕学校已经为金迅公司提供的培训服务,就属于劳务已经提供、具备收取货款的权利,需要确认为收入。假定金迅公司的培训课时难度一致,可以按照培训进度平均确认收入,12 月已经完成一半的培训活动,实现收入 10 000 元。会计分录如下。

---

① 相关讨论参见刘峰.治大国若烹小鲜的另类解读[J].经济学家茶座,2015,(3).

借：应收培训费——金迅公司   10 000

    贷：培训收入   10 000

3.2.2　应计费用的调整

与应计收入相对应,企业也会产生已经发生,但尚未入账,也未支付现金的应计费用。因为,企业平时按照一些明显的交易标志时点来对各种账项登记入账时,对一些义务业已形成,但尚未到支付日期,特别是完整的交易尚未完成的项目,无法记作费用。为了更加准确地归集企业在具体某个会计期间内的费用情况,期末需要将未入账的费用调整入账。

对企业来说,费用发生后,企业就有支付现金的责任,从而形成企业的负债。所以,对未入账费用的账项调整,同时还要增加企业的负债。

业务 2　大仕学校为金迅公司提供内训服务,12 月所发生的教师工资预计 4 000 元。

这部分工资费用,效用已经发挥,大仕学校已经承担了未来支付相应款项的义务,需要在当期大仕学校的报表中加以体现。会计分录如下。

借：工资费用   4 000

    贷：应付工资   4 000

3.2.3　预收收入的分配

在上文讨论权责发生制与收付实现制时,曾经提到过,权利和义务的发生与现金收支行为的发生之间存在时间差。其中,权利、义务发生在前,现金收支行为发生在后的,就是应计项目,包括应收收入和应付费用;而现金收支行为发生在先,权利义务发生在后的,就是预收项目,包括预收收入和预付费用。期末同样需要对其进行调整。

 资料与讨论 3-2

万科公司 2016 年的年报显示,它的总资产为 8 307 亿元,总负债为 6 690 亿元;在总负债中,预收款项高达 2 747 亿元,比上年末的 2 126 亿元增加 521 亿元。2016 年度利润表所报告的营业收入共 2 405 亿元。

试讨论:万科公司的预收款项与公司营业收入的关系如何? 2017 年度万科最低可以实现的营业收入是多少?

所谓预收收入,是指已经收到现金,但尚未交付产品或提供服务的收入。按照权责发生制,虽然企业已收到现金,但只要相应的义务未履行,这笔收入就不能算作企业已经实现的收入;当企业在之后的经营活动中,陆续履行相关义务,包括交付商品或提供劳务,待活动完成时,就可以将预收收入转作已经实现的收入。如果一个会计期间终了,企业部分履行义务,就需要根据履行义务的进度,相应地做调整分录。

在第 2 章 2.4 节的业务 12 中,大仕学校预收京北公司 40 000 元的培训费。到 12 月底,业务部门提供的数据表明,总共 8 个模块,已经完成 2 个模块,对应的收入为 10 000 元。做调整分录如下。

借：预收收入——京北公司　　　　　　　　　　　　　　10 000
　　贷：培训收入　　　　　　　　　　　　　　　　　　　　　　　　10 000

需要说明的是，对预收收入的账项调整，取决于预收收入的性质和入账方法。如果企业在收到预收款项时，能可靠地预计在当期实现的部分，那么，它就可以将当期可实现的部分直接记作已实现的收入。因而，首期期末就毋须进行账项调整，后续期间的账项调整再按上述方式进行。例如，前述大仕学校向毕昇印刷厂租用厂房，一次性预付 3 年租金。毕昇印刷厂在收到 3 年租金时，可以按比例直接确认第一个月的租金收入，之后再按月调整。

3.2.4　预付费用的摊销

企业在经营过程中，因为各种原因，会出现大量的先支付后受益的事项。这些支付在先、发生在后的费用，就是预付费用（prepaid expenses）。如果支付与发生的时间差不超过一个会计年度的，就称为收益性支出，它在一个会计年度内按实际发生或受益情况，全部摊销完毕，转换为费用，记入利润表；如果支付与受益的时间长于一个会计年度的，属于资本性支出，就应该按它的可能受益年限分摊，典型的资本性支出就是固定资产。

一般而言，预付保险费、预付报刊征订费、预付房屋租金（指租期短于一年的部分）等，都有一个共同的特征，就是与费用有关的现金支出支付在先，效益的实际发生在后。因此，其现金支出发生时，不应计入当期的费用，而通过"预付账款"账户暂记，递延到以后的会计期间，并视实际使用或受益情况分期摊销，计入当期费用。

在大仕学校遭受台风损失后，闵老师决定购买保险。假定保险生效日为 9 月 1 日，到年末已经过去 1/3，需要摊销相应的保险费。[1]　会计分录如下。

借：保险费　　　　　　　　　　　　　　　　　　　400
　　贷：预付保险费　　　　　　　　　　　　　　　　　　　　400

业务 3　摊销预付的房租费支出。

大仕学校租借教室，一次性预付 3 年的租金 30 000 元。在正常情况下，租金合约是按照时间来计算费用的，无论企业是否使用，随着时间的推移，租金费用就在发生。第一年结束后，就需要将其中的 1/3 租金转为当年的费用。因此，需要做调整分录如下。

借：房租费用　　　　　　　　　　　　　　　　　10 000
　　贷：预付房租　　　　　　　　　　　　　　　　　　　　10 000

业务 4　摊销预付的装修费支出。

正如第 2 章所讨论的，预付的装修费支出，会计上可以有不同的处理方法：如果金额比较小，可以直接记为费用；如果金额较高，特别是金额较大、受益周期比较长的装修支

---

[1]　通常，企业以月份为最基本的会计期间，这样，对诸如保险费摊销等会按月进行。这里，为了简化说明，忽略这一事实。

出，应该根据受益周期平均分摊，这样，各期的费用会比较合理，不会形成人为的起伏波动。由于大仕学校与毕昇印刷厂的租约是 3 年，因此，蒋敬就按照 3 年平均分摊这 15 000 元装修支出。会计分录如下。

借：装修费   5 000
　　贷：预付装修费   5 000

3.2.5　折旧的账项调整

大仕学校先后购入过办公用桌椅、上课用课桌椅、电脑、打印机、传真机等，由于第一期合同只有 3 年，蒋敬建议同样按照 3 年来计提这批固定资产的折旧。

从受益周期来看，固定资产的寿命较长，可以采用与装修支出相同的方式摊销折旧费用，即将已经受益的部分，直接冲减固定资产。但是，在实务中通常采取的方式是：单独设立一个"累计折旧"账户，记录各个会计期间累计已经折旧的数额；待某项固定资产报废时，再将该项固定资产上已经计提的全部折旧直接冲减。这样做的主要考虑是：在传统的制造业环境下，固定资产在一定程度上代表了企业的规模与生产能力；只要机器设备维护得当，在正常的使用寿命期内，其生产能力并不会因为使用而降低。直接冲减固定资产余额，会给人以企业规模不断缩减的印象。除固定资产外，其他长期资产如无形资产等，不在此限，可以直接冲减。业务(3)对预付装修费的摊销，就是采用直接冲减余额方式进行的，尽管预付装修费的受益期也长达 3 年。

具体到固定资产折旧方法，在实务中同样存在多种方法，如直线法、加速折旧法等；折旧计提还要考虑预计使用寿命、可收回残值、预计的处置费用等多项因素。这里只是举例说明，为了简化，假定蒋敬按照 3 年对这些固定资产平均计提折旧，且设备到期没有残值或清理费用等。这样，年平均折旧额为 50 000/3＝16 667（元）。相应的会计分录如下。[①]

借：折旧费   16 667
　　贷：累计折旧   16 667

"累计折旧"账户用来记录企业所有固定资产已经计提的折旧金额，将其与"固定资产"账户抵减后，得到固定资产净值。比较固定资产净值和固定资产原值，可以看出企业固定资产的新旧程度。

严格来说，目前这种固定资产核算与折旧计提方法，仍然是基于工业化社会或后工业化社会的经济环境及其主要特征的。在工业化社会，制造业是社会的主导性行业，企业的生产能力与固定资产规模正相关。或者说，固定资产金额越大，代表企业的规模越大，生产能力越高；同时，固定资产价值总体稳定，波动性不大。

随着人类社会从工业化进入金融化、信息化和互联网时代，企业的盈利能力或盈利模式已发生变化，传统的固定资产与企业生产能力之间的潜在假设逐步弱化。例如，

---

① 正常的会计核算，是以月为单位的。固定资产折旧的计提，也应该按月计提，即 16 667/12＝1 389（元）。这里，为了举例说明，就一次性按年度折旧额计提了。

Airbnb 已经号称世界上最大的旅馆,但是,它的固定资产却非常低,所有形成接待能力的旅馆床位,都不是 Airbnb 的资产。另外,包括固定资产在内的各项资产,价值波动幅度越来越大,特别是各种技术进步所导致的各种机器设备内在生产能力和价值降低速度,越来越快;信息化与互联网的普及应用,使人们对包括固定资产在内的各项资产的估值,也更容易达成一致,因此,定期对固定资产价值进行重估,理论上,已经没有什么技术障碍;在实践中,应用的普及性也在提高。这与会计从交易基础向估价基础转变的总体趋势是一致的。

需要注意,也值得进一步思考的是:市场经济发展极为迅速,各种商业模式创新层出不穷。以苹果公司为例。苹果公司来自 Apple store 网上平台的销售收入占比不断提高。这部分销售收入对固定资产的依赖程度,要明显低于来自电脑、手机部分。进一步,我们也知道,苹果公司自己没有相应的制造能力,它的产品主要都是由台湾富士康公司等代工的。这样,它的固定资产代表制造能力的作用就进一步弱化。

另外,随着各类创新型企业的出现,固定资产在企业运营中的作用也在下降。例如,优步(Uber)公司、Airbnb 这类基于互联网和共享经济的企业,它们崇尚的是绝对的轻资产,公司不拥有一辆运营车辆、一张旅馆床位,固定资产,特别是直接用于运营的固定资产,几乎为零,这样,固定资产与企业规模或生产能力的关系变得间接。可以预见,随着各种表外信息披露越来越普及,未来企业在报表内提供固定资产原值、累积折旧等信息的可能性会逐步降低。实际上,现在美国的上市公司直接报告固定资产净值的做法渐趋普及。例如,Tesla、Alphabet 等在提交给 SEC 的标准格式年报中,都直接报告固定资产净值。

3.3　调整后试算平衡

从会计循环的角度来看,编制调整分录,与“交易分析编制分录”在性质上是类似的。调整分录完成后,同样需要登记账户;在此基础上,再次编制试算表。由于这是在调整分录编制完成后的第二次试算,故也被称为“调整后试算平衡”。

在仔细检查与确保所有应当调整的事项都编制调整分录后,还需要将这些调整分录登记到各自所对应的账户中(见图 3-1)。

借方	培训收入	贷方	借方	应收培训费	贷方
	(8)培训收入　165 300		(14)金迅公司培训费收		
	(14) 金讯公司培训费		入　　10 000		
	收入　　10 000				
	(16)确认预收培训费				
	——京北公司　10 000				
	本期发生额　185 300		本期发生额　10 000		
	期末余额　185 300		期末余额　10 000		

图 3-1　各自对应的账户

借方	工资费用		贷方
(13)支付工资 60 000			
(15)教师工资 4 000			
本期发生额 64000			
期末余额 64000			

借方	应付工资		贷方
		(15)教师工资 4 000	
		本期发生额 4 000	
		期末余额 4 000	

借方	预收收入		贷方
(16)确认预收培训费		(12)预收培训费——京	
——京北公司 10 000		北公司 40 000	
本期发生额 10 000		本期发生额 40 000	
		期末余额 30 000	

借方	保险费		贷方
(17)保险费摊销 400			
本期发生额 400			
期末余额 400			

借方	预付房租		贷方
(3)预付房租 30 000		(18)房租费用 10 000	
本期发生额 30 000		本期发生额 10 000	
期末余额 20 000			

借方	房租费用		贷方
(18) 房租费用 10 000			
本期发生额 10 000			
期末余额 10 000			

借方	预付保险费		贷方
(10)购买保险 1 200		(17)保险费摊销 400	
本期发生额 1 200		本期发生额 400	
期末余额 800			

借方	装修费		贷方
(19)装修费摊销 5 000			
本期发生额 5 000			
期末余额 5 000			

借方	预付装修费		贷方
(4)预付装修费 15 000		(19)装修费摊销 5 000	
本期发生额 15 000		本期发生额 5 000	
期末余额 10 000			

借方	折旧费		贷方
(20)折旧费摊销 16 667			
本期发生额 16 667			
期末余额 16 667			

借方	累计折旧		贷方
		(20)折旧费摊销 16 667	
		本期发生额 16 667	
		期末余额 16 667	

图 3-1 （续）

根据上述账户余额以及之前的调整前试算平衡表,编制试算后平衡表(见表 3-1)。

表 3-1 大仕学校调整后的试算平衡表

1993 年 12 月 31 日   单位:元

账 户 名 称	本期发生额		期末余额	
	借方	贷方	借方	贷方
银行存款	305 300	164 700	140 600	
预付房租	30 000	10 000	20 000	
预付押金	5 000		5 000	
固定资产	30 000		30 000	
办公设备	20 000		20 000	
应付账款		20 000		20 000
所有者权益		100 000		100 000
培训收入		185 300		185 300
工资费用	64 000		64 000	
房租费用	10 000		10 000	
预付装修费	15 000	5 000	10 000	
广告费	20 000		20 000	
修理费	3 500		3 500	
预付保险费	1 200	400	800	
预收收入	10 000	40 000		30 000
应收培训费	10 000		10 000	
应付工资		4 000		4 000
保险费	400		400	
装修费	5 000		5 000	
折旧费	16 667		16 667	
累计折旧		16 667		16 667
合计	546 067	546 067	355 967	355 967

在大仕学校调整后试算平衡表的基础上,就可以编制财务报表了。

3.4 财 务 报 表

正如本书开篇第 1 章所讨论的,会计系统存在的主要价值,就是以较低的成本,维系或保持企业内各个利益主体之间的信任关系,以使企业能够持续、有效地运行下去。而按照之前的讨论与界定,包括企业在内的各个不同的利益共同体,都是由不同经济人所组成的;他们都在寻求自我利益最大化,包括从持续运行的企业中,获得最大化的个人利益。给定社会总财富数量有限,每个个体追求自我利益最大化,损害或影响其他利益方的利益的现象,难以避免。这也是我们日常生活中能够观察到的事实:周边经常会出现喜欢占点小便宜的人,他们在"占"集体的、他人的"便宜",在一定程度上就会直接或间接地损害你的利益。例如,在大仕学校这一利益共同体中,从一个静态的时点来看,学员、教师、管理团队、小股东、大股东等之间的利益,存在此消彼长的关系;单个个体对自我利益最大化的诉求,在一定程度上会影响,甚至损害其他利益方的利益。在实践中,只有"公平"地兼顾各方利益的方案,才最容易被接受;而作为"公平"的基础,相关利益方需要了解大仕英语学校的运营情况。这就是会计系统的重要任务之一。

不同经济环境、企业不同运营阶段、不同身份的利益关系人,对企业运营情况的关注点,应该是不同的。这种不同,充分反映在企业财务报表演变的历史趋势中。例如,20世纪初,在美国资本市场上,各种短期融资需求,直接催生了以资产项目流动性和负债求偿能力排列的资产负债表,并成为使用最广的报表;而随着20世纪30年代"公认会计原则"的产生与应用,对收入确认等的重视,制造业在社会经济中的地位不断提升,利润与利润的确定逐渐成为核心话题。相应地,会计系统从资产负债表中心过渡到利润表中心,且基于权责发生制原则之上的收入实现和费用配比的收益确定,也是20世纪中期到90年代会计准则的主要内容。

由于经济的发展,特别是资本市场与高度证券化,以及计算能力的提高和互联网应用与普及,基于期末企业资产、负债估价的会计模式,逐渐得到认可。因此,收益确定逐渐从收入实现和费用配比过渡到更强调期末与期初净资产重估价的对比,资产负债表的作用越来越凸显。

回到大仕学校案例中来。编制完调整后试算平衡表、确保所有账项登记入账之后,就可以编制相应的财务报表。财务报表编报工作,每个会计期末都要进行。

财务报表是对企业经营活动的综合反映。它能够概括且综合地反映企业在报告期内的经营成果以及相应的资产、负债等状况。不同的报表使用者,出于不同的目的,会对企业财务报表所能够提供的信息,有不同的要求。为了能"公正"地兼顾所有利益相关者的利益,在实践中,逐步形成了一套通用格式财务报表的惯例,且在报表编制过程中,还需要遵循相关利益方事先所达成共识的规则,即会计准则。具体对会计准则的讨论,留待后续的内容讲解。

3.4.1 利润表的编制

利润表,也称作收益表,它反映的是企业在一个具体会计期间里各项经营活动的综合成果。如果企业的经营活动简单且单一,利润的计算或确定,就比较容易,把所有费用项目和收入项目相抵减,差额就是利润;但是,现实的经济活动错综复杂,即便是单一经营活动的企业,其利润的确定,也会因为相对复杂的经济环境而变得复杂。例如,同样是教育机构,同样以教育培训作为主要经营活动,企业为了竞争与开拓业务,会推出各种不同的培训模块,并采用不同的销售方式,甚至还有采用诸如预收学费、包括承诺,如果学员考试成绩不达标,可以持续提供后续免费培训,甚至退还部分学费等措施。这样,收入和费用的确认,就会变得复杂。

如果企业的经营活动复杂,影响企业最终经营成果的事项比较多,且经济环境波动对企业财务状况和经营成果的影响较大,这时,对利润的确定,不再是简单的收入与费用项目加加减减的结果,而是需要根据相应的经济实质来确定,这就是"收益确定"(Income determination）。

　　总体而言，收益确定存在资产负债观和收入费用观。其中，收入费用观是指通过分别确认收入和费用，再以收入与费用抵减的方式来确定最终收益，也就是"交易基础"会计；而资产负债观则是通过比较期末和期初净资产高低来确定最终收益，思想上则是"估价基础"的。从发展历程来看，收益确定经历了早期的"资产负债观"向"收入费用观"的转变，随着公允价值、减值测试等的引入，"资产负债观"又显得日趋重要。为了简便，这里暂时只介绍收入费用观下的收益确定。

　　基于收入费用观，将收入和费用联系起来确定收益的原理，也就是**配比原则**。理论上，配比原则要求费用必须与其受益最直接的收入联系起来。按照费用作用于收入方式的不同，费用配比又可以分为直接配比、间接配比和期间配比三种形式。**直接配比**是指费用与收入之间存在直接可辨认的关系，例如，大仕学校为金迅公司提供培训，教师的授课费用 4 000 元与未来可以收取金迅公司培训收入 10 000 元，就是一一对应的；如果企业一项费用开支同时惠及两种或以上的收入赚取活动，就需要**间接配比**；在企业经营活动中，有一部分费用与企业所有活动都相关，或者，它是与某一具体会计期间有关，需要与这一期间所实现的全部收入相对应，称为**期间配比**。

　　以下提供的大仕学校的利润表（见表 3-2），是一个简化格式的报表，主要原因还是大仕学校的经营活动单一：培训是唯一收入项目；所有费用项目没有按照其性质分类，而是一次性全部列示出来。

表 3-2　大仕学校 1993 年度利润表

单位：元

项　　目	本年累计数
一、培训收入	185 300
二、费用合计	119 567
其中：工资费用	64 000
房租费用	10 000
装修费	5 000
广告费	20 000
修理费	3 500
保险费	400
折旧费	16 667
三、利润	65 733

3.4.2　资产负债表的编制

　　按照上述简式利润表，大仕学校当年实现利润 65 733 元。回到第 2 章关于会计恒等式的介绍，我们应该还记得，利润增加企业的所有者权益。相应地，大仕学校可以据以编制资产负债表。

　　利润表反映的是一个会计期间里企业的经营成果，它在一定程度上也代表了管理层的努力程度与成果。但是，企业的经营活动影响的是企业的方方面面，而利润表只反映了一个侧面，尽管利润具有综合性和代表性，但是，它不能全面展示企业的整体状况与管理层的努力程度和能力水平。因此，我们还需要更多的关于企业其他各方面资产、负债等状况的信息，以帮助我们更好地了解企业各方面的状况，包括资产质量、债务风险等。

复式簿记的重要特征就是对任何一个事项，都要从至少两个相互关联的角度来描述其变化。例如，企业的收入总是与资产的增加或负债的降低相联系的，如果管理层为了增加收入而采取激进的销售政策，如降低赊销的门槛标准，在利润表上，体现的是收入的增加和之后利润的增加。仅仅基于利润表的信息，我们无法判断企业利润究竟是通过更有效的管理获得的，还是借助一些短期、机会性的行为达成；但是，资产负债表会告诉我们，经过一个经营周期后，企业的资产、负债等状况是更好了，还是恶化了，从而帮助利益相关者更全面地了解企业的现状、风险等。

资产负债表源自最初的账户余额表，或者，就是上文的试算平衡表。它在演变过程中，会根据其所处的经济环境、各界的信息需求等发生相应的改变。目前，国际上主流格式的资产负债表，形成于 20 世纪初美国的资本市场，分为左右两方，资产位于左方，负债和所有者权益位于右方。资产项目按照其变现能力和流动性程度，由高到低，自上而下排列；负债则按求偿能力高低，依次排列。这种报表格式已经成为国际上应用最广的资产负债表格式，国际会计准则理事会所发表的国际会计准则，也认可这种格式。

与这种强调资产变现能力和负债求偿能力、以满足短期资本需求不同，英国的资产负债表结构上将非流动资产排在流动资产之前，学界对此的解释是：英国的公司受长期债务资本影响程度高，而长期债务资本的持有者更关注企业稳定的营运、盈利能力。在工业化时代，企业的固定资产高低，在一定程度上就代表了企业长期运营的稳定性和盈利能力。第 8 章财务报表部分会作进一步的说明。

大仕学校 1993 年度资产负债表如表 3-3 所示。

表 3-3　大仕学校 1993 年度资产负债表

单位：元

资　　产		负债和所有者权益	
银行存款	140 600	应付账款	20 000
应收培训费	10 000	应付工资	4 000
预付房租	20 000	预收收入	30 000
预付押金	5 000	负债合计	54 000
预付装修费	10 000	所有者权益（股本）	100 000
预付保险费	800	未分配利润	65 733
流动资产合计	186 400	所有者权益合计	165 733
固定资产	30 000		
办公设备	20 000		
减：累计折旧	16 667		
长期资产合计	33 333		
资产总计	219 733	负债和所有者权益总计	219 733

3.4.3　现金流量表的编制

我国民间有句俗语："开门七件事,柴米油盐酱醋茶。"意思是,居家过日子,需要钱。"贫贱夫妻百事哀",没有钱,家庭难以正常运转,更何况企业。在市场经济环境下,企业正常运转,同样需要以现金为前提,包括支付工人工资,购买原材料、办公用品,支付房租水电费等。市场上不乏运行良好但由于现金不足而被迫转让或清算的例子。现金也因此被称为企业运行的"血液"。现金管理失当,会增加企业倒闭的风险。

细心的读者可能会发现,我们在以大仕学校为例说明复式记账原理和会计分录时,在第 7 笔经济业务——支付 20 000 元广告费用后,大仕学校的现金余额是 0。当然,这里只是举例说明,现实经济活动未必如此。但是,如果大仕学校在运行过程中,没有足额现金支付各种需要用现金来偿付的开支活动,就可能会陷入经营困境。正由于现金对企业成功运营越来越重要,会计系统在传统的收益表和资产负债表之外,又增加了一张专门反映企业现金变化及其趋势的"现金流量表"。

资产负债表和利润表都是建立在基本的会计等式之上,它们相互结合,形成了复式簿记的"自动平衡"机制;但是,现金流量表是人为设计的,目的在于报告企业现金的使用状况以及企业获取现金的能力等,使用者可据以判断企业在下一个经营周期里是否会面临现金短缺的危机。现金流量表的编制,留待第 8 章学习。

3.5　结账与转回

基本财务报表编制完毕,会计循环就到了最后一个环节:结账。

3.5.1　结账

与我们日常的习惯一样,每年都要"辞旧迎新",每个会计期间结束后,同样需要"辞旧迎新":对上一个会计期间进行"封存",迎启"新"的会计期间。这就是会计循环上的"结账"(closing the accounts)。所谓**结账**,是指在本期内所发生的经济业务全部登记入账的基础上,于会计期末结清各个账户,包括结计出本期发生额、期末余额。在我国,人们日常所使用的结账一词,具有双重含义:一是对所有会计分录已经过账的基础上,结计出全部账户的发生额和期末余额;二是指会计期末为结平所有虚账户而作的结账分录。通常,每个月末所做的结账,属于第一层含义;而每个会计年度终了时,需要进行第二层含义的结账。

不同类型的账户,又有不同的结账要求。以上在介绍账户设置时曾说明,账户实际上就是对会计要素的再分类。而会计要素又分为资产负债表要素和利润表要素,前者包括资产、负债和所有者权益,后者包括收入、费用和利润。这样,账户可分为资产负债表账户(资产、负债和所有者权益类账户)和利润表账户(收入和费用类账户)两大类。其中,资产负债表账户反映的是某一时点企业的资产分布状态及其相应的来源(即负债和所有者权益），除非企业停业清算，将所有的财产分配完毕，否则，就必然会拥有一定数量的财产，对这些财产的要求权自然会存在。也就是说，资产负债表账户期末一般都会有余额，并随着经营活动的延续而递延到下一个会计期间。这类账户通常也被称为"实账户"或"永久性账户"。与资产负债表相反，利润表反映某一期间企业经营活动的成果。"成就代表过去"，无论过去取得的经营成果是高或低，上一会计期间的成果，不能留给下一会计期间。每一个会计期间开始时，经营成果的计算，都是"从零开始"。一个会计期间结束时，与该期间相关联的利润表账户就应该被结平。到下一会计期间，再重新开设。这类账户也称为"虚账户"或"暂记性账户"。

期末结账时，对实账户，要求结出期末余额，并将其转入下一个会计期间；而所有的虚账户，将全部予以结平，为此，还需要做出结账分录。实账户的余额用于编制资产负债表，虚账户余额通常为零，全部发生额数据用于编制损益表（利润表）。

具体地说，期末结账程序如下。

（1）将所有的收入类账户的本期发生额结转至"本年利润"账户，即借记"收入类"科目，贷记"本年利润"科目。

（2）将所有费用类账户的本期发生额结转至"本年利润"账户，即借记"本年利润"科目，贷记"费用类"科目。

（3）将"本年利润"账户这一临时性账户借贷方之间的差额结转至"利润分配——未分配利润"账户。若为利润，则借记"本年利润"科目，贷记"利润分配"科目；若为亏损，则借记"利润分配"科目，贷记"本年利润"科目。

仍以大仕学校为例，其 1993 年 12 月 31 日须做以下结账分录。

借：本年利润		119 567
贷：工资费用		64 000
房租费用		10 000
装修费		5 000
广告费		20 000
修理费		3 500
保险费		400
折旧费		16 667
借：培训收入		185 300
贷：本年利润		185 300

通过编制结账分录，并过入各对应账户，以结平各暂记性账户的方法，称为"账结法"。在实际工作中，一般只是会计年度终了，才需要将收入、费用类账户结平。平时让各账户保持其余额不变，这样，每个收入和费用类账户就可以累计反映全年的收入与费用水平。每个月份终了时，为了编制利润表，需要在报表中对收入和费用账户进行结转，称为"表结法"。表结法不需要编制结账分录，也不需要在账户中进行任何登记。

3.5.2　应计调整项目的转回

期末根据权责发生制的要求做调整分录,以期全面、完整地反映一个会计期间的所有事项,最终所提供的财务状况和经营成果也就较为可靠。但是,期末对某些项目进行调整,实际上是将一个完整的经济业务,拆成两次或多次进行反映,这样,等到该项业务真正发生时,就需要再查阅原有的调整情况,否则就容易出现差错。特别是一个中等规模或以上的企业,每个会计期间所发生的经济业务多,更是如此。因此,期末在结账完成以后,对那些属于未完成业务的应计项目的调整分录,予以转回,在以后该项经济业务发生时,就可以按正常的方式进行账务处理,从而能有效地减少会计信息处理过程中出现差错的可能。

在前述调整分录部分,对金迅公司的培训项目,在年末计提了已经赚取的 10 000 元培训收入。如果不转回,到下个年度实际收到金迅公司支付的 20 000 元培训收入时,需要做会计分录如下。

借:银行存款　　　　　　　　　　　　　　　　　　20 000
　　贷:培训收入　　　　　　　　　　　　　　　　　　10 000
　　　　应收培训费——金迅公司　　　　　　　　　　10 000

如果两笔业务之间的时间间隔较长,会计系统内的备忘记录不是很完备,那么,在实际收到这笔培训收入时,比较容易犯的错误就是将 20 000 元直接计作“收入”,这样,不仅容易导致高计收入,同时,之前调整分录中的预计收入账户余额挂在账上,无法冲转。实践中,一种便捷的处理方式是:在结账后,立即做一个与调整分录相反的会计分录,并及时登记入账,以冲抵调整分录的影响。这样,当未来实际收到培训收入时,就可以不考虑之前调整的情况,而是直接全额计入培训收入。具体如下。

转回分录:
借:培训收入　　　　　　　　　　　　　　　　　　10 000
　　贷:应收培训费——金迅公司　　　　　　　　　　10 000

等实际收到金迅公司支付的培训费收入时,就可以做会计分录如下。

借:银行存款　　　　　　　　　　　　　　　　　　20 000
　　贷:培训收入　　　　　　　　　　　　　　　　　　20 000

并不是所有期末调整账项都需要转回。那些属于本期的经济业务,与下一期没有关联性的账项就不需要转回。例如,折旧费用的计提、预收收入的分配、预付费用的摊销等,下一期还会发生类似的业务,但它们相互之间是平行的。这类调整分录就不需要转回。

附录 D   大仕学校调整试算工作底稿

单位：元

账户名称	调整前试算表		调整分录		调整后试算表		利润表		资产负债表	
	借方	贷方	借方	贷方	借方	贷方	借方	贷方	借方	贷方
银行存款	140 600				140 600				140 600	
预付房租	30 000			10 000	20 000				20 000	
预付押金	5 000				5 000				5 000	
固定资产	30 000				30 000				30 000	
办公设备	20 000				20 000				20 000	
应付账款		20 000				20 000				20 000
所有者权益		100 000				100 000				100 000
培训收入		165 300		20 000		185 300		185 300		
工资费用	60 000		4 000		64 000		64 000			
房租费用			10 000		10 000		10 000			
预付装修费	15 000			5 000	10 000				10 000	
广告费	20 000				20 000		20 000			
修理费	3 500				3 500		3 500			
预付保险费	1 200			400	800				800	
预收收入		40 000	10 000			30 000				30 000
应收培训费			10 000		10 000				10 000	
应付工资				4 000		4 000				4 000
保险费			400		400		400			
装修费			5 000		5 000		5 000			
折旧费			16 667		16 667		16 667			
累计折旧				16 667		16 667			−16 667	
合计	325 300	325 300	47 067	47 067	355 967	355 967	119 567	185 300	154 000	
							65 733			65 733
							185 300	185 300	219 733	219 733

习　题

一、名词解释

收付实现制　权责发生制　账项调整　应计收入　应计费用　预收收入　预付费用　折旧　累计折旧　财务报表　利润表　收入　收入实现　费用　费用配比　直接配比　间接配比　期间配比　资产负债表　现金流量表　结账　转回　资产负债观　收入费用观

二、思考与讨论

1. 请讨论权责发生制的主要特征,并具体说明权责发生制用于收入和费用确认所需要关注的要点。

2. 结合金融化与互联网的特征,讨论交易基础的会计、估价基础的会计与权责发生制所可能受到的冲击。

3. 本章开篇曾经用过土地财政的例子说明权责发生制与地方政府的土地财政。请你自行查找资料,以一个地方政府不少于 5 年的土地出让数据为例,假定采用权责发生制,当年地方政府可以使用的土地出让款是多少? 进一步讨论：如果政府会计采用权责发生制,对政府行为可能会有什么样的影响。

4. 什么是收付实现制? 为什么说在完全严格意义上的收付实现制下,企业的资产只是现金,所有非现金资产就是费用? 请结合商业环境的演变,简要说明收付实现制的修正或变迁。

5. 为什么说估值基础的会计模式,在思想上与收付实现制相吻合?

6. 请查找与收入确认的相关准则,讨论收入确认思想的演变。

7. 互联网的虚拟货币比特币目前已经成为国际上占主流的虚拟货币。请你结合资产的性质、收入确认等,讨论销售货物、收到比特币的经济业务应当如何处理,为什么?

8. 请找出 2017 年上市公司年报中预收货款占比最高的 10 家公司,结合这些公司预收货款与销售收入之间的关系,讨论权责发生制与收入平滑概念。

9. 为什么固定资产折旧需要通过"累计折旧"账户,而除商誉外的其他无形资产等的摊销就直接冲减账面余额?

10. 请结合商业环境、企业运营模式的变迁,讨论为什么"累计折旧"账户将被逐渐放弃。

11. 什么是资产负债观? 什么是收入费用观? 它们与交易基础和估价基础的会计模式之间,有什么联系和区别?

12. 企业为什么需要在期末将调整账项转回? 在未来互联网和信息化时代,是否还需要账项转回? 为什么?

三、情境案例题

1. 神医安道全与金毛犬段景住是发小,两个人从小一块长大。两个家庭往来也很近。一天,安道全的爸爸和段景住的爸爸在喝酒聊天。老段对着老安说："你看,你的儿子道全多有出息,现在是一家三甲医院的住院医生,不仅社会地位高,收入也丰厚。哪像我家景住,整天在外面跑来跑去的,既没有地位,经常被呼来喝去,收入也低。"

老安说:"老哥,你错了。你看看,我们家道全,高中毕业上大学,读到医学院毕业,将近 10 年,再去医院当住院医师实习 3 年,前前后后这些年,不仅不能挣钱,还花费比较高的学费。现在刚刚才开始能够独立,挣的钱也没有比你们家景住多多少。再说了,你们景住自打高中毕业就开始挣钱养家,了不起的。"

两个老人端起酒杯,干了一杯。相互对望一眼,笑着说:"儿孙自有儿孙福。由他去吧。"

请你尝试用权责发生制的思想来替两位老人算算账,讨论一下不同成长路径的"成本"与"效益"(这里假定不考虑其他个人读书禀赋的差异)。

2. 2015 年,南京、广州两个地方政府的土地转让收入分别是 875 亿元和 960 亿元,占两地政府公共财政收入的比重分别是 85.8% 和 71.2%。

请你查找相关资料,包括这两个地方房地产价格波动情况,讨论:房地产价格与地方土地拍卖收入直接的关系;进一步,如果改按权责发生制会计,同时对地方转让土地收入按照所拍出土地的使用权限制而设立。

3. Youtube 于 2005 年创立,2006 年 11 月被谷歌以 16.5 亿美元收购,并成为谷歌公司的一个子公司,时间很短,Youtube 尚没有明确的盈利模式。按照权责发生制,Youtube 只有费用。

请尝试讨论 Google 如何对 Youtube 进行估价。

我国资本市场也存在大量这样的并购事件。请查找一两个上市公司收购处于创业期的企业的案例,根据所公开披露的信息,讨论:初创企业的会计基础与企业价值的评估。

4. 2016 年 4 月 1 日,特斯拉公司发布了 Model 3 平价电动车,预计至 2017 年下半年陆续交付。预订需要交付 1 000 美元的订金;如果不要,也可以退款。特斯拉公司宣布,全球预订量达到 40 万辆。

你认为特斯拉公司对这部分订金应该如何进行会计处理。2017 年 7 月,特斯拉公司宣布量产标准已经达到,并于 7 月 28 日交付首批 30 辆车。这时,订金又该如何处理?

四、练习题

1. 燕青是大学二年级学生,刚刚学完会计学的基础课程,初步掌握会计的基本方法。他受邀为三个新闻传播学院学长所创立的"三友印像社"整理账务资料。这三位学长将过去这半年多三友社的活动清单整理成流水记录如下[①]。

(1) 马克、吕布和兰格三人共同创立"三友印像社",每个人出资 5 000 元,交由马克统一保管;由于每个人自己都有比较好的照相机、摄像机和电脑软件系统,因此,没有专门购入设备和办公用品。

(2) 在微信、Facebook 等网络平台上发布印像社成立的消息,支付共 1 000 元。

---

① 还是与教材正文的说法一致,为了简化,不考虑公司注册、税收法规等,只是为了举例说明。

（3）承接学校某次国际会议的摄影、摄像和编辑工作，收取 6 000 元的收入已经收到，并交由马克保管。

（4）承接管理学院一项网络课程的录制与后期制作，合同价格 30 000 元。管理学院预付 10 000 元，其余待课程全部制作完成后一次支付。

（5）承接多个学院毕业晚会的录制与编辑，共实现合同收入 100 000 元，已经收到现金 30 000 元。

（6）为同学制作毕业纪念册，包括摄影、摄像等。预定收入 50 000 元，已经收到 40 000 元。

（7）为了更好地进行照片、影像的后期制作，购入正版影像编辑软件一套，价格 12 800 元，已经支付。

（8）在后期影像制作中，租借某专业影室设备共计 100 小时，需要支付设备使用费 10 000 元，已经支付 3 000 元。其余欠款需要在未来两个月内付清。

（9）马克还给了一个清单，列明三个人在工作期间因为加班等，叫外卖、吃夜宵 42 次，共计 6 500 元，由马克统一支付。

（10）马克统计了另一份清单，列明三个人在承接业务期间发生的出租者费用及其他杂项费用 2 200 元。

燕青接到这份清单，有点疑惑。请你帮助燕青一起，分别按照权责发生制和收付实现制准备一份简明收益报告书，并给出初步解释。

2. 请分别对以下业务进行账项调整，并做出会计分录。

（1）预付办公室全年租金 6 000 元，本月末需要摊销办公室租金。

（2）预付全年财产保险费 12 000 元，本月末摊销本月应当承担的保险金。

（3）年初购入汽车一辆，汽车的购买价格（含税）256 000 元，牌照费用 2 000 元，当年的汽车保险 8 400 元。汽车预计可以使用 8 年，预计报废时可以变卖 10 000 元。请做出汽车购入时的会计分录，并对本月应摊销的费用做出会计处理。

（4）与小鱼网签订广告协议，每个月按照有效点击量计算广告费用，费用年底一次性支付。本月末公司技术人员测算出来自小鱼网的点击量，并根据协议估算出广告费用为 6 600 元。

（5）年初向银行取得 100 000 元的一年期贷款，贷款利率 6%，本金和利息到期时一次性付清。

（6）公司已经为某客户提供了广告服务，按照合同约定，本月应当收取客户的业务收入为 4 200 元。

（7）万科公司某楼盘开盘当日，所有单元全部售出，共收取购房款 12.8 亿元；本月末，已经办理交钥匙手续的单元，需要结转销售收入 3.6 亿元。

（8）公司按照销售金额的 1% 支付销售人员佣金。本月底签约合同销售额为 9 000 万元。

（9）公司每月 10 日发放员工上个月的工资。本月末，全部工资费用为 16 800 元。

（10）公司聘请了知名专家担任顾问，顾问费用每半年支付一次，每次支付 30 000 元。请摊销本月应当负担的顾问费用。

3. 延续第 1 章映雪咖啡厅的案例。

（1）映雪咖啡厅的咖啡机两台，价值 20 000 元，预计可以使用一年；桌椅等家具价值 68 000 元，预计可以使用 3 年。请对以上项目计提本月折旧。

（2）向德化瓷厂订购的咖啡杯等器具，预计可以使用一年。请对该项目计提本月摊销。

（3）结转本月的咖啡豆成本 3 800 元。

（4）计提本月学生员工的工资 10 000 元。

（5）计提本月应负担的房租费 1 000 元。

（6）计提本月已发生的水电费 680 元。

请对上述账项进行调整，并编制调整后试算表。

4. 以下是南光公司调整试算平衡表（不完整），请补充填列完整该试算表。

账 户 名 称	调整前试算表		调整账项		调整后试算	
	借方	贷方	借方	贷方	借方	贷方
现金	4 800				4 800	
应收账款	6 720				11 840	
办公用品	1 664				1 280	
办公设备	51 680				51 680	
累计折旧		22 464				23 040
应付工资						1 440
预收收入		1 440				1 104
股本		42 176				42 176
业主提款	9 600				9 600	
服务收入		15 408				20 384
工资费用	4 304				5 744	
租金费用	2 240				2 240	
折旧费用					576	
办公用品费					384	
	81 488	81 488			88 144	88 144

自 测 题

补充阅读资料

以下资料引自互联网。原作者：不详(托名飞草)。请阅读该分析报告,从权责发生制角度对乐视的财务报告进行分析,你会支持还是反对作者对乐视的批评?请给出你的具体依据。

乐视财报大剖析　或巨亏 20 亿元

1. 无形资产——水分多

乐视网:2013 年、2014 年和 2015 年,采购、制作版权内容的成本分别为 12.8 亿元、14.6 亿元和 23.9 亿元。(这里的成本是指乐视投入的成本)

优酷:2013 年、2014 年和 2015(截至三季度)年,内容成本分别为 14 亿元、18 亿元和 23 亿元。

目前,优酷 2015 年年报未出,2015 年前三季度的内容成本是 6.69 亿元、7.44 亿元和 8.96 亿元,按照前三季度的数据,2015 年优酷的内容成本预计在 32 亿元。

(这里的优酷内容成本,是报表里已经成本费用化的成本,是摊销金额,基于优酷 2013—2015 年,内容投入一直在增长,实际投入的成本比摊销金额要高。)

乐视网摊销:2013 年、2014 年和 2015 年,内容版权摊销分别为 5.70 亿元、9.99 亿元和 14.53 亿元。

2013—2015 年,优酷的内容投入成本比乐视网稍高,但每年的摊销金额是乐视网的两倍。

版权摊销:乐视采用的是直线摊销,使用平均年限法,一部五年版权的电视剧,每年平均摊销 20%。优酷采用的是加速摊销,第一年摊销 50% 以上。影视的时效性强,流量多在第一年,随着时间的推移,流量持续下降!

直线摊销的模式,有点类似"庞氏骗局",只要加大资金投入,每年的版权投入比以往年度大,这样可以把成本压力往后推。一旦资金跟不上,后期的成本摊销压力剧增!

优酷 2013 年、2014 年和 2015 年的内容投入都比乐视网大,由于版权的时效性强,近期的版权价值大,优酷的实际内容资产应该比乐视高。

但是,实际情况却不一样。乐视网 2015 年的无形资产是 48.79 亿元,影视版权是 38.30 亿元。优酷 2015 年 9 月的无形资产是 15.37 亿元,2014 年是 13.80 亿元。

版权资产这块相差了至少 20 亿元,无形资产之间相差了 30 亿元。乐视的版权资产水分很大,20 多亿元!

2. 研发支出——过度资本化

在通常情况下,企业自创商誉以及企业内部产生的无形资产,在报表里不确认为无形资产。

研发分为研究阶段和开发阶段。

研究阶段主要是研发的前期基础工作,开发阶段主要是将研究成果进行应用开发。研究阶段产生的费用只能计入当期损益,开发阶段必须满足五个条件,才能将费用计入无形资产成本,其中有一个条件是,要证明该无形资产能够在市场上有价值或者内部使用时有价值。

一般来说,一项研发活动只有到开发阶段后期,才能符合资本化条件。到符合资本化条件时,研发活动基本上接近尾声,后续的支出很少。所以,企业研发资本化的比例一般都很小,很多高科技企业就直接将研发投入全部确认为研发费用,不进行资本化。

但是乐视网的研发资本化比例极高,近三年都超过50%,2014年和2015年接近60%。

乐视网的主要业务是硬件和软件,这里拿两个A股公司进行对比见下表。一家是纯粹做软件的用友,一家是纯粹做电视机的海信电器,这两家都是行业龙头。

单位:亿元

乐视网	2015 年	2014 年	2013 年
研发投入	12.24	8.05	3.73
研发资本化	7.31	4.82	2.02
资本化比例	59.79%	59.90%	54.17%
用友			
研发投入	8.89	6.97	7.94
研发资本化	1.26	0.89	0.64
资本化比例	14.30%	13%	8.10%
海信			
研发投入	11.47	11.28	11
研发资本化	0	0	0
资本化比例	0	0	0

来源:年报和股票说研究部。

做软件开发的用友,研发资本化比例近三年在10%左右;做硬件开发的海信,研发投入全部费用化,研发资本化比例为0。

再举一个高科技的例子——华为。2015年,华为专利申请数量全球第一,研发投入596亿元,全部费用化,研发资本化比例为0。华为近五年的研发投入有2 000亿元左右,无形资产只计27.25亿元。

(前段时间,乐视撕逼华为。不过话说回来,华为的利润是通过产品运营,一步一步经营来的,不像乐视有上市股票。如果按照乐视的研发资本化比例,华为利润可以增加300亿元,净利润就超过100亿美元了;如果让贾某学操盘华为,估计市值可以全球第一)

当然,华为没有上市。

再举一个A股上市公司的例子——董小姐的格力电器。

格力电器年报没有单独列出研发投入,但是根据董明珠透露,近几年,格力的研发投入在40亿元左右。年报里,研发投入全部费用化,研发资本化比例为0。2015年,格力的无形资产是26.56亿元,计量的基本都是土地使用权。

通过这4个标杆企业,也可以看出,研发资本化通常很低,甚至为0。

乐视网60%的研发资本化比例,在全世界,应该是罕见的。一个项目,还没怎么投入研发,经济价值具有很大不确定性的时候,乐视网就已经知道开发结果和项目的确切价值了。研究阶段还没走几步,就马上进入开发阶段的后半段,进行确认资本化。

如果按照10％的研发资本化比例,2015年,无形资产和开发支出虚增有6亿元左右。

2015年,乐视网无形资产里的非专利技术和系统软件的账面资产是10.49亿元,开发支出的账面资产是4.24亿元,两者合计14.73亿元,如果按照研发资本化比例10％,这两块资产总虚增将在12亿元左右。

3. 关联交易——金额大

乐视网与关联公司的关联交易

2015年,乐视网向关联公司采购的金额为27.10亿元,占公司营业成本的24.4％,占公司净利润的1248％;向关联公司销售的金额为16.38亿元,占营业收入的12.6％,占公司净利润的754％。关联销售里,乐视网向乐视移动和乐视体育,销售会员和广告的收入为12.5亿元。

关联交易的金额跟乐视网净利润2.17亿元相差一个数量级。集团内部之间关联交易严重。

乐视网与乐视致新的关联交易

乐视超级影视会员490元/年。超级影视会员只能用于乐视电视和盒子,不能用于手机和电脑。在乐视电视里,乐视网就是一个播控平台,可以直接收会员费。但是490元这个价格,并不是市场的定价,仅仅是乐视网进行捆绑销售定的价。这个价格明显是偏高的,2015年前,乐视超级电视的会员和电视没有进行绑定,会员和电视可以进行分割,那时,在淘宝上,超级电视会员的价格是60~80元,尽管那个市场非常小,但这个价格和490元,差距还是非常大的。另外,乐视网作为乐视电视播控平台,这个在广电政策上并不是被允许,所以,乐视网播控平台的持续性也是个问题。

所以,490元的价格有很大一部分是硬件的成本。这也是乐视网一直被质疑用少数股东损益向上市公司输送利益。这也是为什么,在合并报表里,乐视网的净利润2.73亿元,归属于母公司所有者的利润是5.73亿元。

一个集团公司有很多子公司,子公司之间进行诸多关联交易,这时候,利润很容易放进其中的某一个公司。

乐视网会员收入:2015年为27.10亿元,2014年为15.25亿元,2013年为3.93亿元。

优酷会员收入:2015年前三季度为5.5亿元,预估2015年为8亿元,2014年为1.5亿元。优酷的会员收入在2014年开始大力拓展,在2015年基本进入成熟期,会员收入规模基本能代表整个视频行业的状况!

乐视的会员收入,在2014年实现了同比288％的增长,主要是超级电视在2014年开始放量,实现了150万台的销量,随之带来了会员收入的暴涨!

2015年,乐视会员收入为27.10亿元,优酷会员收入为8亿元,两者相差19.7亿元。19.7亿元差距里面,大部分都是关联交易带来的,把硬件的成本转换到软的会员收入里。当然,这里面有很多关联利益输送!

保守估计,2015年,乐视电视和乐视手机给乐视网带来的会员收入应该有18亿元左右!

4．应收账款——数额剧增

乐视网的应收账款大部分来源于广告业务,因为乐视终端没有多少应收账款,另外,从母公司的应收账款的金额与合并报表的应收账款金额对比,也可核实。

乐视网 2015 年的应收账款总额为 33.59 亿元,应收/广告＝127.5％；2014 年为 18.92 亿元,应收/广告＝120.3％。(乐视网 2015 年广告收入为 26.33 亿元,2014 年广告收入为 15.72 亿元。)

优酷 2015 年第三季度的应收账款总额为 23.61 亿元,预估全年为 25 亿元,应收/广告＝50％；2014 年为 18.44 亿元,应收/广告＝51％。(优酷 2015 年前三季度的广告收入为 35.2 亿元,预估 2015 年的广告收入为 50 亿元；2014 年为 36 亿元。)

2014 年和 2015 年,乐视网的应收/广告都比优酷高出一倍,说明乐视网的广告收入质量较差,销售策略比较激进,对广告客户的议价能力不强。

乐视网 2015 年的带宽成本是 4.72 亿元；2014 年是 2.44 亿元。优酷 2015 年前三季度的带宽成本是 9.6 亿元,预估全年 12 亿元；2014 年是 9.17 亿元。优酷 2015 年的带宽成本是乐视网 2015 年的带宽成本的 2.5 倍。同样都是流媒体技术,带宽成本基本上可以衡量流量的数据,优酷的流量大概是乐视网流量的 2.5 倍。

广告的收入是按流量计价的。根据流量差距,乐视的广告收入应该是优酷的广告收入的 30％。但是 2015 年,乐视网的广告收入是优酷的广告收入的 52％。说明乐视的广告收入有水分,除去关联公司的广告收入外,乐视网的广告销售比较激进,议价权也不强,收入质量低! 这就是乐视网的应收账款居高不下的重要原因。

下表是乐视网 2013—2015 年的应收账款坏账计提。

乐视网 2013—2015 年的应收账款坏账计提

单位：亿元

应收账款账龄	2015 年	2014 年	2013 年	坏账计提比例
1 年以内	28.35	17.19	8.94	3％
1～2 年	5.01	2.07	0.87	10％
2～3 年	1.87	0.48	0.05	25％

来源：年报、股票说研究部。

如表所示,2014 年,乐视网 1 年以内的应收账款为 17.19 亿元。2015 年,乐视网 1～2 年的应收账款为 5.01 亿元,转化率为 29％(5.01/17.19)。

2013 年,乐视网 1 年以内的应收账款为 8.94 亿元。2014 年,乐视网 1～2 年的应收账款为 2.07 亿元,转化率为 23％(2.07/8.94)。2015 年,乐视网 2～3 年的应收账款为 1.87 亿元,转化率为 90％(1.87/2.07),相差的 2 000 万元就是坏账计提 10％产生的。2015 年,乐视网并没有收到 2013 年一年以内应收账款的一分钱。

通常来说,应收账款的账期在一年内,对于视频行业,广告客户一般会在四季度结账,偿还应收账款。账期超过一年的应收账款,质量会大打折扣。乐视网 2013 年产生的应收账款,在 2015 年时没有收回一分钱。

乐视网 1 年以内的应收账款,2014 年的转化率为 29％,2013 年的转化率为 23％,转化率非常高,随着收入规模的增大,转化率在上升,也说明乐视网的应收账款的质量在不断恶化。

但是,乐视网1年以内的坏账计提比例只有3％,这个比例跟29％的转化率相比,差距甚大。说明,乐视网的1年以内和1~2年的应收账款计提比例存在失真,少计提了坏账准备,将坏账的处理推迟到以后年度,做大当年利润,只要公司的收入规模不断增大,这个做大当期的利润模式可以一直延续下去。一旦公司的收入规模不增长或者下降,应收账款的坏账就会吞噬盈利!

5. 真实利润——或巨亏/1亿元

乐视网报表利润:

归属于母公司所有者净利润是5.73亿元,乐视网合并报表净利润是2.17亿元,两者之间相差的是少数股东损益3.55亿元。乐视网营业利润只有0.69亿元,其中,投资收益0.78亿元,扣除掉乐视体育等的投资收益,乐视网营业利润为负。同时,所得税费用为负的1.42亿元,剔除掉所得税,乐视网净利润是为负。

乐视网实际净利润:

假设:乐视网的内容摊销成本是优酷的80％,研发支出资本化比例是10％。

乐视网的实际净利润＝0－(32×0.8－14.5)－6＝－16(亿元),考虑到少计提的应收账款坏账准备,乐视致新和关联公司的利益输送,乐视网的实际净利润应该是负20亿元左右。保守估计,净利润负15亿元,巨亏。

乐视网实际净资产:

假设:乐视网无形资产水分为25亿元(前面有估算),资产负债表里开发支出水分3.5(4.24－4.24/0.6×0.1＝3.5)亿元。

商誉为7.47亿元,递延所得税资产为5.07亿元。

乐视网净资产＝38.15－25－3.5－7.47－5.07＝－3(亿元)。再加上应收账款的水分,以及关联交易输送的利益,乐视网实际净资产应该在负5亿元以上。

常识:视频模式本质就是买版权,然后把版权通过带宽分销给用户。优酷和爱奇艺的用户比乐视多,流量比乐视网多出至少一倍,在版权金额不变的情况下,流量增多,只增加带宽,不增加版权费用。等量金额版权投入的前提下,流量多的视频网站是比流量小的视频网站盈利要好。优酷和爱奇艺都是巨亏,优酷2014年亏损8.8亿元,2015年前三季度亏损13亿元,预估2015年亏损15亿元以上,按道理,乐视网的亏损额应该比优酷的亏损额大。

视频是亏钱的,电视也是亏钱的,两者放在一起,乐视网盈利却是不断增长的!

只能说明,乐视网在报表这一块,做法激进。细看乐视网报表,只要涉及会计估计或者会计政策选择方面,乐视网都是大张旗鼓地竭力做大报表利润。

6. 现金流——资金紧张

2015年,乐视网的投资现金流出为30.4亿元,购买固定资产、无形资产和其他资产花费28.09亿元,其中购买版权和研发资本化是大头。

版权期限跨越一个经营周期,但是实际上,版权带来的流量大部分在第一年,购买版权的行为更多的是一项经营行为,应该把版权的投入大部分折算到经营性活动中,毕竟视频的商业模式就是将购买的版权通过带宽分销给用户。因此,若将购买版权部分50%计入经营活动,经营活动会增加7亿元现金流出(采用母公司报表购买无形资产等的项目金额14.28亿元,母公司的无形资产投资绝大部分是版权业务),其实,7亿元这个数字是只会多不会少。将研发过度资本化按照10%资本化率调整,这一块将新增6亿元的经营活动现金流出。

乐视网在2015年4季度有一笔17亿元左右的预收款,但是在2015年3季度预收款总额是1.98亿元,2016年一季度预收款总额是3.98亿元,说明2015年4季度的17亿元预收款是个短期现象,有15亿元预收款是个一次性行为。

乐视网实际经营活动现金流=8.75-7-6-15=19.25(亿元),这个数字跟乐视网实际净利润巨亏20亿元,也是相匹配的。

其实,乐视网的母公司报表,经营活动现金流已经是负6.85亿元,现金流在恶化。

7. 贾跃亭说谎——或套现买房?

2015年10月30日晚间,乐视网发布贾跃亭减持公告。

公告内容:2015年10月30日,乐视网信息技术(北京)股份有限公司接到控股股东贾跃亭先生通知,为了缓解公司资金压力,满足公司日常经营资金需求,同时为了优化公司股权结构,引入战略投资者等目的,贾跃亭先生与鑫根基金签署了《股份转让协议》,以协议方式转让其持有的部分乐视网股票。本次协议转让所得资金将全部借给公司作为营运资金使用,借款将用于公司日常经营,借款期限将不低于60个月,免收利息(具体约定条款将以后续正式签署的借款协议为准)。

转让价格32元,转让数量1亿元股,转让金额32亿元。

2015年10月30日后,从年报、一季报和公告信息来看,贾跃亭并没有就32亿元转让款与乐视网签订借款协议。一般来说,贾跃亭应该在一个月内,也就是11月30号之前与乐视网签订借款协议。但是,半年过去了,乐视网并没有与贾跃亭发生借款,基本上可以确定贾跃亭说谎,没有履行承诺。

上个月,贾跃亭花30亿元买三里屯的房地产。看来,这个32亿元的减持金额估计是拿去买房了。

调侃一下:你要是去问贾跃亭怎么没有把32亿元借给乐视网,这个时候,贾跃亭心里会有100个答案,其中一个答案是,乐视网目前资金充裕,不需要钱。要是这样,真是逗股东玩,减持前,可以确定乐视网资金紧张,减持后,就确定乐视网资金不紧张,时间就在一天之内。哈哈,什么都是你说了算。

目前来看,贾跃亭于2014年的百亿减持争议,可以告一段落了。贾跃亭一半是借款上市公司,一半是套现买房。

财务报表是用来计量经营活动,反映企业的经营情况和财务状况。但是,乐视网的报表在会计估计和会计政策选择方面,非常激进,只要是能降低本期成本的,都会竭力去降低。这个模式,就是将本来当期应该确认的成本推后确认,这会给后期的盈利带来巨大的压力。若要消化这个压力,必须不断增大公司业务规模,来减轻成本摊销的压力,一旦公司的收入规模增长缓慢或者停滞下降,公司的盈利压力会暴增!

都说你很漂亮,走近一看,满是韩国品牌,不忍直视!

第4章

会计数据的传递Ⅰ：
手写簿记核算形式

资料与讨论 4-1

以下这段引自《史记·孟尝君列传》。

……孟尝君时相齐,封万户于薛……乃进冯谖而请之曰:"宾客不知文不肖,幸临文者三千余人,邑入不足以奉宾客,故出息钱于薛。薛岁不入,民颇不与其息。今客食恐不给,愿先生责之。"冯谖曰:"诺。"辞行,至薛,召取孟尝君钱者皆会,得息钱十万。乃多酿酒,买肥牛,召诸取钱者,能与息者皆来,不能与息者亦来,皆持取钱之券书合之。齐为会,日杀牛置酒。酒酣,乃持券如前合之,能与息者,与为期;贫不能与息者,取其券而烧之。曰:"孟尝君所以贷钱者,为民之无者以为本业也;所以求息者,为无以奉客也。今富给者以要期,贫穷者燔券书以捐之。诸君强饮食。有君如此,岂可负哉!"坐者皆起,再拜。

这就是冯谖"焚券市义"的故事。其中,冯谖焚券,让孟尝君大为震怒。因为,把记录孟尝君贷款情况的"券"烧毁,等于免除这些贷款。

实际上,这种通过"焚券"来免责或达到其他非正常目的的现象,时有发生。例如,2015 年 12 月,在中国香港上市的中国动物保健品(00940.HK)发布公告称,公司连续四个年度的财务文件在运输途中被盗;同样,山水水泥(00691.HK)也公告其账簿记录被盗。现代社会,"焚券",更多的是为了逃避责任、规避风险。

试讨论:凭证和账簿在会计系统中的作用。

前面分两章介绍了会计循环。从最初的交易审核,到编制完报表,再到最后的结账与转回,一个完整的会计循环结束,新的会计循环开始。细心的读者可能会关注:真实世界的会计循环,相关数据如何传递?是否存在特定格式的要求?既然会计关乎社会的方方面面,相关各方对会计数据的传递方式是否有具体、明确的要求?随着计算机系统和网络化的普及,会计数据的传递方式是否发生改变?等等。这些将构成本章和下一章所要讨论的内容。

4.1　原始凭证

会计系统若要有效运行,数据输入及其质量就显得非常重要。西谚有云:"麻袋难绣花"(garbage-in,garbage-out),如果输入的数据是低质量,甚至是错误的,最终报表输出的信息,只能质量更低。因此,为了保证会计系统最终能够提供高质量的会计信息,第一步的数据输入至为关键。

会计循环的第一步，是对企业日常经营活动中所发生的大量经济活动，进行甄别、筛选，确定对企业财务状况和经营成果有明确、具体影响的经济活动，并进行会计处理（如编制会计分录）。这部分数据的来源，就是原始凭证。

在确定企业哪些经济活动可以进入会计系统、进行会计处理时，一个最基础的要求就是具有确定的金额，交易行为已经发生或即将发生。所以，原始凭证就是表示具体经济业务的发生，明确交易双方经济责任的相关书面证明文件。[①] 例如，大仕学校与金迅公司签订培训合约，并收到相应培训款，如果大仕学校不能在约定的时间里提供相应的培训服务，就需要承担相应的赔偿责任。与这项交易活动相关的书面支持文件较多，包括初始的会谈记录、合同文本、银行单据、大仕学校为金讯公司开具的发票或收据等。这些都构成了该项交易发生的书面证明文件，都是原始凭证的一部分。

由于企业日常经济活动种类繁多，每种经济活动所涉及的书面证明文件格式也不同。按照对交易和事项的划分，交易主要是指发生在两个不同主体之间的经济活动，而事项更多的是发生在企业内部不同部门之间的活动。相应地，原始凭证也因为取得方式的不同，分为外来凭证和内部自制凭证。其中，外来凭证是指经济业务发生时，从外单位所获取的书面证明文件（见图4-1、图4-2）。通常，这类凭证用来证明的经济业务，都是本企业与外单位所发生的经济往来。在大仕学校的例子中，租入厂房用作教室和办公室，购入打印机等所形成的原始凭证，都是外来凭证。自制凭证则是企业内部的经办人员，在执行或完成某项经济业务时所填制的原始凭证（见图4-3、图4-4），例如，一个制造业企业购买材料入库、车间领用材料，都会产生相应的原始凭证，可以明确具体材料的去向（用来制造产品，可以计入产品成本以及仓库保管员的责任等）。在大仕学校的例子中，发放工资所涉及的工资计算单、讲师签名的工资申领单，就是内部自制的原始凭证。

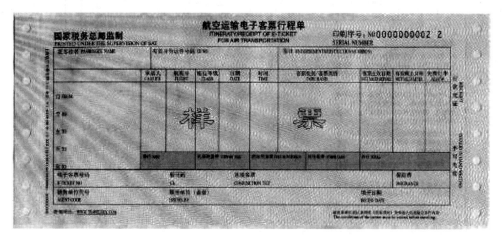

图 4-1　外来原始凭证：飞机票样本

（资料来源：互联网检索 http://pic.baike.soso.com/p/20120428/20120428121513-261937375.jpg.）

---

① 未来网络化普及后，原始凭证会网络化、无纸化。但到目前为止，人们还是习惯用纸质的原始凭证来证明经济业务的发生以及相关当事方的经济责任。

图 4-2　外来原始凭证

（资料来源：百度文库）

图 4-3　内部原始凭证（一）

（资料来源：搜狗图片）

序号	姓 名	职位	工资级别	应　领　工　资							应　扣　工　资						实发工资	备注
				基本工资	午餐补贴	交通补贴	通讯补贴	业务提成	合计金额	社保	税金	事假	病假	旷工	代扣	合计金额		
1	***	总经理	A															
2	***	副经理	B															
3	***	部门经理	C	1100	200	100	100		1500									
4	***	部门主管	E	1100	200	100	100		1500									
5	***	财务	E	1100	200	100	100		1500									
6	***	出纳	E	1100	200	100	100		1500									
7	***	后勤	E	1100	200	100	100		1500									
8	***																	
9	***																	
10	***																	
11	***																	
12	***																	
13	***																	
14	***																	
15	***																	
		合　计																

工　资　表

单位名称：云南澳敦生物科技有限公司　　2012 年 9 月 26 日　　第 1 页总 1 页　编号：

负责人：　　　　　出纳：　　　　　会计：　　　　　制表：

图 4-4　内部原始凭证（二）

（资料来源：百度文库）

无论是外来凭证,还是自制凭证,都需要具备这样的几个要素:交易发生的日期;交易双方的名称;经济业务的性质;双方的权利与义务;交易数量、单价、金额等。以常见的飞机票为例,它明确包含日期(乘机日期与航班号)、交易双方的名称(航空公司与乘机人)、经济业务的性质(航空公司将乘客从 A 地运送到 B 地)、双方的权利和义务(航空公司在约定的时间里完成运送,乘客支付票面载明的价款)、具体金额。如果原始凭证不能明确企业实际已经拥有权利/承担义务(如交易尚未发生),或者,不能明确、清晰地说明交易的金额,这些凭证所载明的信息,就不能作为会计系统的初始数据。

正如我们在第 1 章讨论时所明确的,会计的核心价值就是"低成本的信任工具",财务报告数据会影响方方面面的利益,而每一方又都希望能够最大化自己的利益,对数据的关注,一定要从最初的源头开始。因而,原始凭证对企业非常重要。由于外来凭证是发生在两个相互独立的经济主体之间,企业单方面伪造的难度较大,因而其可信度也更高。

 资料与讨论 4-2

截至 2015 年 12 月 31 日,上海、深圳两个交易所全部 A 股上市公司共有 2 800 多家,真正以餐饮为主业上市的只有西安饮食(000721)、全聚德(002186)和湘鄂情(002306)(已重组变更为中科云网)等少数几家,包括俏江南、小肥羊、小南国等大量的餐饮企业,最后只能去中国香港或其他海外市场上市。

试讨论:为什么餐饮企业难以上市?与原始凭证有什么关系?并进一步思考:为什么很多企业最后选择境外上市?

4.2　记账凭证及其填制

在对经济业务进行审核,确定应该计入会计系统的经济业务后,下一步就是编制会计分录。在实际会计工作中,交易审核通过后,取得并整理好证明这些交易发生的书面文件,即原始凭证。对原始凭证所载明的经济业务做会计分录,是通过编制记账凭证来完成的。所谓记账凭证,是指由企业会计部门根据已审核原始凭证编制、载有会计分录,据以登记账簿的书面文件。由于记账凭证在一定程度上是对企业经济活动进行分类整理,其格式相对较为简单,因而也可以根据企业自身的特征和需要来设定。

4.2.1　记账凭证的种类与格式

从会计循环来看,记账凭证处于会计系统信息输入的关键点:决定了什么经济业务、以多少金额、计入某个账户。如果输入的数据是低质量,甚至错误的,最终报表输出的信息,只能质量更低,错误更多。因此,记账凭证的编制过程,需要非常谨慎、细致,不仅要对已经审核的原始凭证进行复核,还要认真推敲所影响的账户,将其做成会计分录,并输入会计系统中。表 4-1 是一张记账凭证的图示。

表 4-1　记账凭证

记账凭证

2016 年 12 月 ×× 日

凭证编号：第 02 号　附件 1 张

摘　要	会计科目		账页	金额
	借方科目	贷方科目		
购入车床一台	固定资产	应付账款 阳光公司		30 000
合计				30 000

会计主管×××　　　会计×××　　　出纳×××　　　填制×××

在手工会计记账时代，为了尽可能地节省工作量，以提高效率，降低会计循环过程中的差错率，会根据经济业务的特征不同，对记账凭证进行必要的归类与合并。一方面，企业的全部经济业务，有相当大的比重是与现金收支有关的；另一方面，现金是企业最容易"丢失"的资产，需要专门管理。因此，在实际工作中，记账凭证可以按经济业务与货币资金的收付关系分为收款凭证、付款凭证和转账凭证三种。与现金或银行存款收入有关的经济业务，采用专门的收款凭证对其进行会计分录处理；与现金或银行存款付出有关的经济业务，则采用专门的付款凭证做会计分录；转账凭证用于记载与现金或银行存款的收付无关的会计分录。相应的凭证格式分别如表 4-2～表 4-4 所示。

表 4-2　收款凭证

收款凭证

20×× 年 12 月 ×× 日

借方科目：银行存款

凭证编号：收字 06 号　附件 2 张

摘　要	贷方科目		账页	金额
	一级科目	二级科目		
收到金迅 公司培训款	预收培训费			40 000
合计				40 000

会计主管×××　　　会计×××　　　出纳×××　　　填制×××

表 4-3　付款凭证

付款凭证

20×× 年 12 月 ×× 日

贷方科目：现金

凭证编号：付字 10 号　附件 1 张

摘　要	借方科目		账页	金额
	一级科目	二级科目		
支付工人工资	营业费用	工资费用		10 000
合计				10 000

会计主管×××　　　会计×××　　　出纳×××　　　填制×××

表 4-4　转 账 凭 证

转账凭证

20××年 12 月××日

凭证编号：转字 02 号　附件 1 张

摘　要	会计科目		账页	金额
	借方科目	贷方科目		
向阳光公司 赊购设备一套	固定资产	应付账款 阳光公司		30 000
合计				30 000

会计主管×××　　会计×××　　　出纳×××　　　填制×××

应该注意的是,在实际经济生活中,会发生从银行提取现金或将现金存入银行等导致现金和银行存款此增彼减的经济业务。对这类业务,目前的惯例是统一按减少方填制付款凭证,以避免重复记账带来的麻烦,即从银行提取现金业务编制银行存款付款凭证,将现金存入银行业务编制现金付款凭证。

记账凭证是企业根据自身的特征和需要设置的。如果企业经济业务数量多、种类杂,特别是现金、银行存款收付业务数量多,可以按现金和银行存款的不同,将收款凭证与付款凭证进一步分为现金收款、现金付款、银行存款收款、银行存款付款等凭证,再加上转账凭证,共五种。

由于各种网络支付工具的普及,目前,在企业经营活动中,使用现金的机会越来越少;加之计算机和互联网的普及所带来运算能力大大提升,基于节约人力、物力,降低人为差错比率的记账凭证分类,意义大大降低。

4.2.2　记账凭证的填制与审核

记账凭证的填制过程,是指将经济活动的数据正式计入会计系统的过程,它同时包括了确认和计量两大核心内容。如果说,对原始凭证的审核,可以最大限度地保证真实、完整的经济业务才能计入会计系统,那么,填制记账凭证的过程,就决定了这些经济业务是否能确当地反映具体的资产、负债、所有者权益、收入、费用等项目从而保证会计系统最终能够提供"真实且公允"的财务报表信息。

一张完整的记账凭证,必须具备以下最基本的要素。

(1) 记账凭证的名称、填制单位、填制日期和编号。其中,填制单位也就是会计主体,它是固定的;记账凭证的名称随企业所采用的记账凭证类型的不同而不同,如采用一种格式的通用记账凭证,所有的都称为记账凭证;如采用三种格式,则分别称为收款凭证、付款凭证和转账凭证;记账凭证的编制日期就是填写记账凭证的当日;凭证编号同样要考虑企业所采用的记账凭证类型的不同。如果企业采用一种格式的通用记账凭证,按凭证编制的先后顺序连续编号即可;如果企业采用收款、付款、转账三种格式的记账凭证,需要分别按"收字××号"、"付字××号"、"转字××号"各自独立连续编号;如果企业对收款、付款又区分现金和银行存款的不同,分为现金收款凭证、银行存款收款凭证、现金付款凭证、银行存款付款凭证,则记账凭证的编号也需要分别按"现收字××号"、

"银收字××号"、"现付字××号"、"银付字××号"、"转字××号"等各自独立连续编号。如果一笔经济业务同时涉及两种不同类型的凭证,如"购入课桌椅一批,以银行存款支付部分货款,其余暂欠",就需要同时填制付款凭证和转账凭证,这两张凭证按各自所在序列连续编号,但需要在摘要栏注明相互间的联系,以便查验,特别是原始凭证只能附在一张记账凭证后面,另外一张记账凭证就不会有原始凭证作附件,摘要栏的标注就需要更具体。

(2) 经济业务的简要说明和所附原始凭证张数。记账凭证是以原始凭证为依据的,因此,在记账凭证摘要栏应简明、扼要地说明它所处理的经济业务的内容,以便日后查证。为了表明记账凭证所登载的会计分录有确实凭据,应将原始凭证附在记账凭证的后边,同时,在记账凭证上注明所附原始凭证张数。通过核对记账凭证与所附的原始凭证,可以确定会计处理是否正确。① 有部分期末调整事项如固定资产折旧这类重复发生的业务,可以不单独标注附件,但也需要在摘要栏注明计提依据或可以查核的备档资料。

(3) 会计分录。记账凭证的主体部分,就是一个完整的会计分录,包括应借的账户名称、应贷的账户名称、相应的金额等。通常,一张记账凭证,只是针对一笔经济业务所做的会计分录;如果企业对相同经济业务进行汇总,一张记账凭证,可以反映多笔性质相同、借贷方科目完全相同的经济业务。会计分录就是原始经济业务数据录入会计系统最关键的一步,任何会计分录编制中的差错,都会直接影响之后会计系统的表现和质量。确保记账凭证所记载的会计分录准确,是记账凭证填制的核心内容。

(4) 有关经办人员的签名、盖章,收、付款凭证还须有出纳人员的签章。这同样也是出于明确各人应负的责任,同时,通过多人检查,有利于防止记账过程出现差错,以保证会计系统最终所输出信息的真实、可靠。通过严密的程序控制,可以最大限度地降低会计系统的各种可能的差错与舞弊。

为了保证账簿记录的正确性,会计机构除了应当正确填制记账凭证外,还要对记账凭证的下列内容进行审核。

(1) 记账凭证是否附有原始凭证,记账凭证的内容和原始凭证的内容是否相符。

(2) 应借、应贷会计科目的填列和金额的计算是否正确。

(3) 凭证格式中有关项目的填列是否完备,有关人员是否都已签章。审核时如发现凭证记录有错误,应查明原因并及时更正。记账凭证经审核后认为正确方能据以记入账簿。

4.2.3　会计凭证的保管

会计凭证是企业具有法律效力的重要的证明文件,企业应妥善保管。不按规定保管或自行销毁会计凭证,要承担法律责任。按照财政部颁发的《会计档案管理办法》(2015)规定,企业的会计凭证保管期限为 30 年(见表 4-5)。②

---

① 本章附录介绍美国所通行的数据传递系统,由于它们采用分录簿形式,对会计分录做连续记录,原始凭证无法作为附件附在一笔会计分录之后,因而,在美国的会计实务中,原始凭证通常都是分类连续编号、统一装订的。另外,在美国的社会信用体系中,对原始凭证的重视程度也明显比我国低,它们没有统一发票,特别是盖税务章的统一发票。

② 在手工记账时代,所有会计凭证、账簿等档案资料都是纸质的,日积月累,时间一长,保管、维护成本高,销毁是不得已的办法。随着电子化的日益普及,未来所有会计凭证、档案资料都可以采用电子方式保存,保存成本低,保存期限会增加。从人类文明,特别是商业文明的延续来看,保存包括会计凭证、账簿在内的商业档案,确有必要。

表 4-5　企业会计档案保管期限

序号	档案名称	保管期限	备注
一	**会计凭证**		
1	原始凭证	30 年	
2	记账凭证	30 年	
二	**会计账簿**		
3	总账	30 年	
4	明细账	30 年	
5	日记账	30 年	
6	固定资产卡片		固定资产报废清理后保管 5 年
7	其他辅助性账簿	30 年	
三	**财务会计报告**		
8	月度、季度、半年度财务会计报告	10 年	
9	年度财务会计报告	永久	
四	**其他会计资料**		
10	银行存款余额调节表	10 年	
11	银行对账单	10 年	
12	纳税申报表	10 年	
13	会计档案移交清册	30 年	
14	会计档案保管清册	永久	
15	会计档案销毁清册	永久	
16	会计档案鉴定意见书	永久	

《中华人民共和国刑法修正案》(1999)第一百六十二条明文规定,"隐匿或者故意销毁依法应当保存的会计凭证、会计账簿、财务会计报告,情节严重的,处五年以下有期徒刑或者拘役,并处或者单处二万元以上二十万元以下罚金"。正是因为会计凭证、账簿对会计系统,乃至整个社会经济活动的重要性,才做出如此规定。

4.3　会 计 账 簿

在会计循环中,编制会计分录之后就是登记分类账户。从实际会计工作中的数据传递来看,交易审核是以原始凭证为依据,会计分录是通过编制记账凭证完成的,登记分类账所用到的则是账簿。

4.3.1　账簿的意义

所谓账簿,是指由一定数量的、具有相同格式的账页装订成册,用来序时、连续、系统地记录各项经济业务的簿籍。从外表形式上看,账簿是由具有专门格式而又相互联结的若干账页组成的簿籍。而从记录的内容上看,账簿是对各项经济业务进行分类和序时记录的簿籍。

填制和审核记账凭证,标志着会计系统正式确认并接受了各种含有会计信息的数据,就可用来输入复式簿记系统。但是,一个正在经营的企业,经济业务的内容千变万化,而同类业务又不断重复,记账凭证只能反映单个的经济业务,是一个个缺乏联系的单个信息,无法满足全面、综合反映企业财务状况和经营成果的需要,包括外部投资者对企业的了解。因此,就有必要利用账簿这一方法把记账凭证提供的原始数据,按交易或事项发生时间的顺序和科目的不同性质加以归类、加工、整理,以便最后形成一个综合、概括的信息。设置和登记账簿的作用,可以概括如下。

(1) 提供序时记录,便于汇总、综合反映企业经济活动的全貌,为信息使用者——包括资本市场投资者和企业管理层——提供相对较综合的会计信息,从而能系统、全面地反映企业的财务状况和经营成果,以便其做出相应的决策。

(2) 通过设置和登记账簿,不仅可以随时掌握各项资产、负债、所有者权益的增减变动情况,而且通过账实核对,可以检查账实是否相符,从而发挥会计的监督职能,有利于保证各项财产物资的安全完整和合理使用。

(3) 为编制会计报表提供依据。经过核对无误的账簿记录及其加工的数据,提供了总括、全面、连续、系统的会计信息资料,是编制会计报表的主要依据。

4.3.2　账簿的种类

在中国,会计传统上被称为"账房先生",称管理财物出入的处所为"账房",一个可能的原因就是这里有大量的账簿。在企业日常会计工作中,所使用的账簿数量较多,按不同的分类标准,账簿可分为不同的类别。

(1) 按用途分,可将账簿分为序时账簿、分类账簿和备查账簿。

序时账簿是以每项交易或事项为记录单位,按照交易或事项发生时间的先后顺序,逐日逐笔进行登记的账簿。目前,在我国企业会计核算工作中,最常用的序时账簿是现金日记账(见图 4-5)和银行存款日记账(见图 4-6)。序时账的记录,要严格按照时间的先后顺序,我们日常所说的"流水账",就是一种序时记录。

图 4-5　现金日记账账页

(资料来源:百度文库)

图 4-6　银行存款日记账账页

（资料来源：百度文库）

　　注意：这里的现金日记账和银行存款日记账与附录 E 介绍的普通分录簿（也有译为"普通日记账"）及特种分录簿（也有译为"特种日记簿"）的概念不同。普通分录簿实际上是按交易或事项发生的时间先后顺序所做的分录账，类似上文所介绍的记账凭证。而特种分录簿是用来登记大量重复发生的交易或事项如购货、销货等，它在形式上有点相当于我国的汇总记账凭证（但二者所起的作用并不相同）。普通分录簿和特种分录簿的记录最后都要登记到分类账（ledger，即我国的账簿）中去。而我国的现金日记账或银行存款日记账只是反映现金或银行存款的收支业务，本身不包含会计分录，通常由出纳人员而不是会计人员登记。

　　我国的记账凭证是一种活页式的，每编制完一张，就需要将相应的原始凭证作为其附件。而普通分录簿或特种分录簿编制会计分录，并不将原始凭证附在每一笔会计分录之后。它们对原始凭证进行编号（如购货发票第××号、销货发票第××号），并分类统一保管。在编制会计分录时，注明相应的发票号数。这一做法对后续的审计抽样产生不同的影响：发票连续编号的，根据发票号码进行随机抽样。我国的审计抽样只能按记账凭证的编号进行。

　　分类账簿是按照分类账户开设，并对各项交易或事项进行分类登记的账簿。按其分类概括程度不同，可分为总分类账簿（简称总分类账）和明细分类账簿（简称明细分类账）。前者根据总分类账户开设，可全面反映经济主体的经济活动情况，一般只登记总数，进行总括核算，对所属明细分类账起统驭作用，可以直接根据记账凭证逐笔登记，也可以将记账凭证用一定的方法定期汇总后进行登记；后者根据明细分类账户开设，用来分类登记某一类交易或事项的增减变化，提供明细核算资料，应根据记账凭证和原始凭证逐笔详细登记，是对总分类账的补充和说明。

　　分类账簿与序时账簿的作用不同。序时账簿能提供连续系统的信息，反映企业经济业务的全貌；分类账簿则按照经营和决策需要而设置，归集并汇总各类信息，反映经济业务不同的状态、形式和构成。因此，通过分类账簿，才能把各类数据按账户来塑造连续、系统的会计信息，满足会计报表编制的需要。

第 4 章　会计数据的传递Ⅰ：手写簿记核算形式

备查账簿也称辅助账簿,是对序时账簿和分类账簿等主要账簿不能记载或记载不全的事项,为便于查考而进行补充登记的账簿。例如,所有权不属于企业的租入固定资产可用"租入固定资产登记簿"来记录。备查簿只是对其他账簿记录的一种补充,与其他账簿之间不存在严密的依存和钩稽关系。

(2)按其外表形式分,可将账簿分为订本式账簿、活页式账簿和卡片式账簿。

订本式账簿是在启用前就把已顺序编号的账页装订成册的账簿(见图4-7)。其优点是可防止账页的散失和非法抽换,以最大限度地保证企业账务完整、可靠;不便于分工记账,也不能根据需要增减账页,影响账簿记录的连续性或造成不必要的浪费,是其不可避免的缺点。

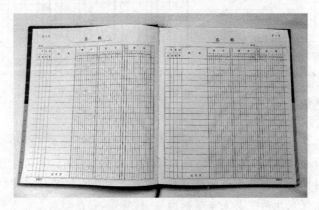

图 4-7　订本式账簿
(资料来源:实务账簿)

活页式账簿,简称活页账,是将许多具有相同格式的账页不固定装订成册,而是置放于活页账夹内,随时可以抽取、存放的账簿(见图4-8)。它与订本账正好相反,优点是可以随时增减空白账页,有利于记账人员的分工,减少空白账页浪费现象的发生;缺点是账页易散失或被人为抽换,安全性相对较差。

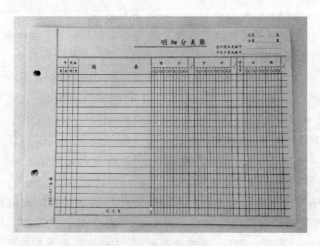

图 4-8　活页式账簿
(资料来源:实物账簿)

卡片式账簿，简称卡片账，是由许多具有固定格式的硬卡片组成，存放在卡片箱内，随时可以取放的账簿（见图 4-9、图 4-10）。卡片式账簿主要用于登记相对稳定、变化小的事项，如固定资产卡片账，就是一种典型的卡片账。针对企业每一项固定资产，详细地记录该项设备的取得时间、入账成本、预计使用年限、折旧方法、折旧额等。如果设备后续维护或改良，也可以在卡片账页上做补充记录。

固定资产资料卡

编号		名称		类别	
产品资料				**购入资料**	
型号				购入时间	
供货商				预计使用年限	
计量单位				原值	
使用情况	地点			月折旧额	
	部门			净残值	
	人员			变动情况	

图 4-9　卡片式账簿

（资料来源：百度文库）

图 4-10　卡片式账簿

（资料来源：账益达试用数据）

严格地说，卡片式账簿与活页式账簿没有实质性差异，所不同的只是账页大小（卡片账，顾名思义，只有卡片大小）、纸质（卡片，通常是硬纸片）、装订方式（卡片账盛放于卡片箱或匣内）等，其优缺点与活页式账簿相同。

究竟何时使用订本式账簿、何时使用活页式或卡片式账簿，主要取决于对信息的需求以及管理的需要等。通常，那些比较重要、容易流失的项目，采用订本账簿，例如，企业现金、银行存款日记账，都是采用订本账；有些企业对总分类账，也采用订本账簿形式；一些次要的，或不容易流失的项目，可采用活页式账簿，例如，应收、应付款的明细分类账，材料明细分类账，固定资产明细分类账等；卡片式账簿主要用于不经常变动的账项的登记，如固定资产明细账等，以备查考。

为了防止散失和抽换,活页账的账页和卡片账的账卡在使用时可进行编号并由有关人员在账页和账卡上盖章,使用完毕不再继续登记时应装订成册或封扎保管。

4.3.3 账簿的设置和登记

企业可以根据规模、业务性质、对信息的需求等,设置最能够满足自身需要的账簿与账簿体系。以下将分别就日记账、分类账和明细账,简要说明其设置与登记。

1. 日记账的设置和登记

现金和银行存款是企业流动性最强的资产,也最容易发生内部挪用、盗窃或贪污。所以,现金和银行存款是企业需重点控制的流动资产。设置现金和银行存款日记账主要是为了更好地反映与控制企业的货币资金。为了防止账页丢失和抽换,以及便于检查,现金日记账和银行存款日记账均须采用订本式账簿,并为每一账页按顺序编号。

现金日记账和银行存款日记账是由出纳员分别根据审核后的现金收、付款凭证和银行存款收、付款凭证逐日逐笔顺序登记的。但对从银行提取现金的收入,由于只填制银行存款付款凭证,所以,除了要登记银行存款日记账外,还需要根据银行存款付款凭证登记现金日记账,以避免遗漏记录现金收入账项。同样,对于将现金存入银行的账项,也需要根据现金付款凭证登记银行存款的收入账项。

日记账的登记,除了应逐日逐笔登记外,还应做到日清月结,即每日登记完毕后,应结出当日收入、支出合计数及余额;每月末应结出当月收入、支出的合计数及余额,以便及时与库存现金实有数和银行送来的银行存款对账单进行核对。随着互联网应用的普及,特别是各商业银行所推出的网上银行业务应用的普及,企业还可以做到实时与银行对账。

日记账一般采用"借贷余"或"收付余"三栏式。现金和银行存款收付业务较多的企业,也可以采用多栏式的现金日记账和银行存款日记账。由于多栏式日记账是按照现金和银行存款收付的每一对应科目设专栏进行的序时、分类登记,能较为全面、清晰地反映现金和银行存款收付的来龙去脉,因此月末可根据各对应科目的汇总发生额及收入和支出两部分的合计数直接登记入总账。三栏式日记账和多栏式日记账的格式如表 4-6、表 4-7 所示。

表 4-6 现金日记账(三栏式)

第 1 页

20××年		凭证号数		对方科目	摘要	收入	支出	余额
月	日	现收	现付					
1	1				期初余额			28 000
	2		0001	应付账款	偿还购货款		8 000	
	2		0002	预付账款	二季度杂志费		800	
	2		0003	制造费用	车间办公费		3 000	
	2	0001		主营业务收入	销售货物	9 000		
					本日合计	9 000	11 800	25 200
					本月合计	99 688	99 999	27 689

表 4-7　现金日记账（多栏式）

第 1 页

20××年		凭证号数		摘要	收入			支出				余额
月	日	现收	现付		应贷科目		合计	应借科目			合计	
					银行存款	主营业务收入		应付账款	预付账款	制造费用		
1	1			期初余额								28 000
	2		0001	偿还购货款				8 000			8 000	
	2		0002	二季度杂志费					800		800	
	2		0003	车间办公费						3 000	3 000	
	2	0001		销货收入		9 000	9 000					
				本日合计		9 000	9 000	8 000	800	3 000	11 800	25 200
〜	〜	〜	〜	〜	〜	〜	〜	〜	〜	〜	〜	〜
				本月合计	9 688	90 000	99 688	89 199	1 800	9 000	99 999	27 689

2. 总分类账簿的设置和登记

总分类账簿提供的是总括的金额（货币量）指标，以便能够概括地反映企业某一期间交易或事项的全貌，其格式通常采用借、贷、余三栏式的订本账或活页账（见表 4-8），按科目分类连续登记。企业由于采用不同的会计记账程序，总分类账就有不同的登记程序。可以根据记账凭证逐笔登记；也可以将记账凭证按一定方式进行汇总（如汇总记账凭证或科目汇总表），然后一次性登记到总分类账中去。

表 4-8　总 分 类 账

会计科目：应付账款

20××年		凭证号数	摘要	对方科目	借方	贷方	借或贷	余额
月	日							
1	1		月初余额				贷	4 000
	3	银付 2	还南江公司货款	银行存款	3 000			
	5	转 5	向南江公司购料	材料采购		5 000		
	8	银付 5	还华美公司货款	银行存款	1 000			
1	31		本月合计		4 000	5 000	贷	5 000

3. 明细分类账簿的设置和登记

明细分类账簿是总分类账簿的必要补充，它所提供的信息对日常的经营管理往往是很重要的。明细分类账簿一般采用活页式账簿，也有的采用卡片式账簿。通常有三栏式、数量金额式和多栏式三种主要格式。

三栏式明细分类账的结构与总分类账相同（见表 4-9），这种格式适用于只要求提供货币信息而不需要提供非货币信息（实物量指标等）的账户，常用于应付账款、应收账款、其他应收款、其他应付款等的登记工作。

表 4-9　应付账款明细分类账

二级科目或明细科目:南江公司

20××年		凭证号数	摘要	对方科目	借方	贷方	借或贷	余额
月	日							
1	1		月初余额				贷	3 000
	3	银付2	还货款	银行存款	3 000			
	5	转5	购料	材料采购		5 000		
1	31		本月合计		3 000	5 000	贷	5 000

数量金额式明细分类账要求在账页上对借方、贷方、余额分别设置数量栏和金额栏,以同时提供货币信息和实物量信息(见表 4-10),既要适用于进行金额核算,又要适用于进行实物量核算的财产物资科目,如原材料、产成品、库存商品等科目。

表 4-10　原材料明细分类账

材料名称:乙材料

计量单位:公斤

仓库:2号库

20××年		凭证号数	摘要	借方(收入)			贷方(发出)			借或贷	余额(结存)		
月	日			数量	单价	金额	数量	单价	金额		数量	单价	金额
1	1		月初余额							借	5 000	1.5	7 500
	3	转3	购入	1 000	1.5	1 500							
	31	转50	本月发出				4 000	1.5	6 000				
1	31		本月合计	1 000	—	1 500	4 000	—	6 000	借	2 000	1.5	3 000

多栏式明细分类账簿是对属于同一个一级账户或二级账户的明细分类账户,合并在一张账页上进行登记,以集中提供同类一组的若干详细资料,即在"借方发生额"和"贷方发生额"之下,再分别设置若干金额栏,分栏登记各明细分类账的发生额。它适用于费用、成本和收入、利润等类账户的明细分类核算。在实际工作中,生产成本、制造费用、管理费用、销售费用等账户的多栏式明细分类账可以只按借方发生额设置专栏,而贷方发生额由于每月通常是在月末发生一笔或少数几笔结转分录,可运用红字冲账原理,在有关栏内用红字登记(见表 4-11、表 4-12)。

表 4-11　应交增值税明细分类账

××××年		凭证号码	摘要	借方			贷方				借或贷	余额
月	日			进项税额	已交税额	合计	销项税额	进项税额转出	出口退税	合计		

表 4-12　制造费用明细分类账

××××年		凭证号数	摘要	借方发生额					
月	日			合计	办公费	差旅费	折旧费	修理费	工资

4. 平行登记

由上可知,总分类账一般按账户(一级会计科目)设置,通常以货币为计量单位,分类、连续、总括地反映企业的交易与事项。明细分类账则根据总分类账科目的二级或明细科目设置,以货币、实物量为计量单位,分类、连续、明细地反映企业的交易与事项。

总分类账是所属明细分类账的总括,能全面地反映企业的交易与事项,对所属明细分类账起统驭作用;明细分类账是总分类账的明细记录,对总分类账起补充说明作用。因此,企业在会计核算中,除了设置总分类账,还要设置相应的明细分类账。例如,为了总括地反映企业的固定资产情况,设置"固定资产"总分类账,以反映企业全部固定资产的增减等总括核算资料。通过这些资料,信息使用者可了解企业的生产能力、固定资产的新旧程度等情况,但由于企业固定资产数量多、种类杂,每种固定资产的购入时间、金额、预计使用寿命等都不同,要详细地了解具体每项固定资产的信息,则必须设置固定资产明细分类账,对每项固定资产进行详细记录。

通过总分类账和明细分类账之间的相互关系可知,总分类账和明细分类账所反映的对象和登记的依据是相同的,它们所提供的核算资料是相互补充、相互制约的。为了保证总分类账和明细分类账记账的正确、完整,总分类账和明细分类账的登记必须按照"平行登记"的原则来进行。

(1)同时登记。对每一项记账凭证分录,一方面应登入有关的总分类账中;另一方面对设置了明细分类账的,还应登入其所属的明细分类账内。或者说,无论是总分类账,还是明细分类账,都需要根据记账凭证登记,即依据相同。不能够根据总账登记明细账,也不能根据明细账登记总账。

(2)方向一致。对每一项记账凭证分录登入总分类账和明细分类账时,其记账方向必须保持一致。如果在总分类账中计入借方,在明细分类账中也应计入借方;若在总分类账计入贷方,则在明细分类账中也必须计入贷方。

(3)金额相等。对每一项登入总分类账和明细分类账的记账凭证分录,其计入总分类账中的金额与计入所属明细分类账中的金额之和必须相等,例如,固定资产总分类账金额应该、也必须等于固定资产明细分类账金额各项之和;应收账款总分类账金额同样也等于应收账款明细分类账金额各项之和。

这样,根据总分类账和明细分类账有关数字之间的相等关系,就可用来相互核对总分类账或明细分类账的数据是否正确、完整。如果总账和所属明细账的金额汇总不一致,就可能存在登账差错,需要及时地检查、改正。

4.3.4 账簿的使用和登记规则

登记账簿是会计核算的重要环节，并且，账簿本身还是具有法律意义的文件，为充分保证会计核算的质量，并区分相应的会计责任和管理责任，必须遵守账簿的使用和登记规则。

账簿的启用，需要遵守的规则包括：账簿扉页上详细载明账簿名称、单位名称、账簿编号、账簿册数、账簿共计页数、启用日期、记账人员、主管人员等，并加盖公章；中途更换记账人员，需要在交接记录中登记并签章，同时，须有会计主管人员监交并签章。通过这些规则来保证账簿记录的合法性和完整性，明确记账责任。

同样，账簿的登记也有相应的规则，包括以下方面。

（1）登记账簿的依据只能是经过审核无误的记账凭证。为了在会计信息系统内部形成一个保护性的控制系统，加强数据之间的稽核，减少信息传递过程中的失误，总分类账和明细分类账的登记必须遵循平行登记的原则，即总分类账和明细分类账均以记账凭证为依据进行登记，而不能互为依据。

（2）为了使账簿记录清晰整洁，便于长期保存，防止篡改，记账时必须以蓝、黑墨水书写，不能使用铅笔或圆珠笔，红色墨水只能在划线、改错和冲账时使用。账簿的文字书写要端正清楚，数字要登记在金额线内，没有角分的整数，小数点后应写"00"字样，不可省略。

（3）登账时应按照编页连续登记，不得隔页或跳行；应将记账凭证的号数记入账簿内，同时，应在记账凭证上注明账页，或注明记号，表示已经过账；每一张账页登记完毕应在最后一行摘要栏注明"转次页"，加记"本页发生额合计数"，结出余额，然后将发生额和余额计入下一账页的第一行，并在摘要栏写"承上页"。

（4）账簿记录发生错误时，不能刮擦、挖补、涂抹或用褪色墨水更改字迹，可按具体情况，用下列方法予以更正。

第一，划线更正法。在结账之前，如果发现账簿记录有误，但记账凭证正确，即纯属过账时金额笔误，一般即可采用划线更正法更正。更正时，先将错误的数字全部划一条红线予以注销，但应使划销的文字或数字保持原有字迹仍可辨认，以备考查。然后，将正确的文字或数字用蓝字写在划线的上端，并由记账人员在更正处盖章，以明确责任。如记账员蒋敬登账时，将 4 500 元误记为 5 400 元，更正方法如下：

$$4\ 500$$
$$\overline{5\ 400}\ \boxed{蒋敬}$$

（方框表示印章）

第二，红字更正法。在记账以后，如果发现记账凭证中的应借应贷科目有误，或科目和金额同时出现差错时，可用红字更正法予以更正。具体方法是，先用红字金额做一笔与原来错误的记账凭证完全相同的会计分录，用红字登记入账，据以冲销原有的错误记录，再用蓝字做一笔正确的记账凭证分录，重新登入账簿。举例如下。

生产车间领用材料 7 600 元生产 A 产品,记账凭证的分录误为

借:制造费用   7 600
  贷:原材料   7 600

并且错误的记账凭证分录已登入分类账。发现这一错误时,可先用红字金额做一笔与上述相同的记账凭证分录:

借:制造费用   │7 600│
  贷:原材料   │7 600│
  (方框代表红字)

同时,再用蓝字填制一张正确的凭证:

借:生产成本——A 产品   7 600
  贷:原材料   7 600

把后两笔记账凭证分录登入相应的账簿中去,就得到了正确的记录,从而保证了信息的可靠性。这样做,最大限度地保证了会计信息的严肃性,即不存在任何没有依据的记账凭证,以及没有依据的数据更改。如果允许随意更改数据,那么,会计系统最终所提供的信息,其可靠性将大打折扣。会计系统所担负的维系人类信任的角色,也难以实现。

 资料与讨论 4-3

  通常,会计系统如果出现任何人为的错误或人们日常所说的"假账",都需要经过多个环节,甚至要虚构交易来达成。因此,之后如果想要改正或消除"假账",手续非常烦琐,也会留下"痕迹"。这是复式簿记系统的精妙之处。但是,在 2002 年年初爆出的美国世界通信公司(WorldCom)的会计丑闻中,每个会计年度结束前,WorldCom 公司的财务总监都会根据董事会对利润的需要,做少数几笔会计分录,直接将费用转到递延资产项目下(主要是通信线路接入费)。他的一个考虑是:未来如果企业收入上升了,做一个反向分录冲回就可以,而不需要再通过复杂的交易安排。这个事例也告诉我们,记账凭证的依据是否充分,是会计信息质量的重要保证。

  [资料来源:黄世忠,李树华.透视世界通信公司事件[J].中国注册会计师,2002,(8).]

  如果原记账凭证中应借、应贷账户并无错误,只是所填列的金额大于应填列的金额,并已过账;或者,记账凭证完全正确,只是登记账时发生笔误,使错误金额大于正确金额,且已结账,这时也要用红字更正法进行更正。具体更正时,只需用红字编制一笔金额为错误金额超过正确金额部分的记账凭证分录,并登入有关账簿即可。

  第三,补充登记法。如果在记账凭证过程中出现了与上述恰好相反的错误,即记账凭证会计科目正确,金额错误,且错误金额小于正确的金额,已过账;或者,记账凭证完全正确,只是过账中发生笔误,导致金额小于正确金额,已结账,就可用补充登记法更正。更正

时,按正确金额与原来所填金额之差作为分录的金额,用蓝字编制一张与原记账凭证上应借应贷账户完全相同的记账凭证分录,过入有关账簿。沿用前例,生产车间领用材料7 600元生产A产品,记账凭证的分录为:

借:生产成本   6 700

  贷:原材料   6 700

并且错误金额已经过账。发现这一错误时,则可编制如下记账凭证,并过入有关账簿,即可更正记账错误:

借:生产成本   900

  贷:原材料   900

注意的是,何时采用划线更正法,何时采用红字冲销或补充登记法,主要取决于如下几个因素:第一,如果记账凭证错误,且已经过账,就不能通过简单的划线来更正;第二,如果记账凭证正确,只是过账过程中发生金额差错,且已经结账,同样不能通过划线来更正,因为,你需要划线的地方很多,会导致账簿页面凌乱,账簿的严肃性不足;第三,如果记账凭证正确,纯粹是过账过程中发生金额差错,且尚未结账(通常在期末结账前的检查发现错误),这时,就可以采用划线法更正。

随着会计信息系统计算机化和网络化的普及,这种手工差错的概率大幅下降,相应的更正方法也会不同。手工订正错误的方法会逐步退出会计实践。

4.3.5　对账和结账

与会计循环一致,账簿到期末需要进行试算和结账。其中,试算平衡主要是针对各账户的发生额和余额,但账簿提供的信息更多,包括总分类账和明细分类账,明细分类账还提供货币之外的量度单位如实物数量、单价等,因此,对账簿所提供信息的试算,实务中称为"对账"。

在会计这一信息系统内部,基于复式记账原理,已形成了一套以账簿为中心,账簿与实物、凭证、报表之间,账簿与账簿之间的相互控制、稽核和自动平衡的保护性机制。通过核对各种账簿记录中的自动平衡和互相钩稽关系,促使账证相符、账账相符、账款相符和账物相符,为报表编制以及后续的结账提供基础,就是会计实务中所说的"对账"。对账的内容包括以下几个方面。

(1)账证核对。各种账簿记录和记账凭证核对相符。前面在介绍记账凭证格式时,所有记账凭证中都有账页一栏,就是用来标记该项业务具体登记到账簿的哪一页;同样,在账簿格式中,也包括记账凭证号的标注。期末时,比较容易地进行账簿与凭证之间的核对相符。

(2)账账核对。包括总分类账各账户期末借方余额合计数与贷方余额合计数相核对;总分类账各账户期末余额与各明细分类账期末余额合计数相核对;会计账与有关的统计账、保管账、业务账相核对;会计账与有关单位或个人的债权、债务相核对。

(3)账实核对。现金、银行存款、财产、物资等的账面余额应当和库存的实际余额核对相符,其中,银行存款余额的核对相符是通过企业银行存款日记账和银行每月送来的企业银行存款对账单核对相符。如不符,还应编制银行存款余额调节表,说明不符的账项与原因。与实物核对相符,就是会计上的"盘点"。例如,我们去附近小型超市购买日用品,偶尔——通常是年末——会遇到商店门前挂着"今日盘点、暂停营业"的牌子,其实他们是在对账。

在以上对账工作完成后,企业就可以编制会计报表。当然,对账还包括账表核对工作。

(4)账表核对。会计账簿与会计报表、分析表核对相符。这通常是企业对之前会计期间的报表进行审计或核查时,所进行的一项工作。

会计期间结束,需要对账簿结清,就是结账。通俗地说,结账是会计期末对账簿记录的总结工作。主要工作是编制结账分录,以结平那些反映收入、费用的各类"虚账户"的余额,如产品销售收入、产品销售成本、管理费用、财务费用、销售费用等损益类账户,将余额结转到"实账户"如本年利润账户中,以便在账簿上重新记录下一个会计期间的业务。结账分录也需要登记到相应的账簿中去。

结账还有专门的格式,如计算各账户的本期发生额合计和期末余额,划双线以结束本期记录。对实账户,将期末余额结转下期,作为下一个会计期间的期初余额。

通过结账,使已记录和储存的会计信息进一步提高清晰性、可靠性和相关性,便于通过会计报表输出并充分加以利用。

4.3.6　会计账簿的保管

企业的账簿同记账凭证和财务报表一样,都属于重要的经济档案和历史资料,应当妥善保管以供检查、分析和审计。活页式账簿和卡片式账簿在使用完毕后还必须装订成册或封扎保管。装订成册的账簿都应加贴封签,并由会计主管签章。账簿的保管期限,应按国家规定的年限执行。我国《会计档案管理办法》规定,企业会计账簿保管期限为 30 年。具体见如表 4-13 所示。

表 4-13　企业会计账簿的保管期限

序号	档 案 名 称	保管期限	备　　　注
二	**会计账簿**		
3	总账	30 年	
4	明细账	30 年	
5	日记账	30 年	
6	固定资产卡片		固定资产报废清理后保管 5 年
7	其他辅助性账簿	30 年	

4.4　会计记账程序

将记账凭证上所载明的信息,登录到账簿中去,这个过程称为"记账程序"。我们在第3 章"会计循环"部分,已经接触过这种"过账"的工作,将会计分录逐项登录到所有丁字形账户中。在实际工作中,如果企业的经济活动多、业务量大,采取逐项登记,不仅工作量大,而且容易发生差错。在实践中,人们总结形成了多种记账程序,如记账凭证记账程序、汇总记账凭证记账程序、科目汇总表记账程序、日记总账记账程序等。至于企业采用什么记账程序,要根据企业的规模、会计机构和会计人员的水平以及人们对会计信息的要求等因素才能加以确定。例如,一个企业交易活动数量少、简单,就可以采用最基本的记账凭证记账程序;如果企业交易活动数量多、业务复杂,采用科目汇总表记账程序就可以节省大量重复登记账簿的工作量,但也会让账簿记录显得简单,不利于连续、系统地反映企业的经济活动全貌;汇总记账凭证记账程序介于二者之间,将相同的记账凭证汇总起来,这样,能够节省一些登记账簿的工作量,也可以总体上保持企业经济活动的对应关系。当然,随着计算机和网络化的普及,重复登账等工作量的节约,已经不是人们需要关注的问题了。这里,只介绍最基本的记账凭证记账程序,以及它的"改进版"汇总记账凭证记账程序。

4.4.1　记账凭证记账程序

记账凭证记账程序是最基本的,也是最朴素的从凭证到账簿的数据"传送"方式,即根据每张经审核无误的记账凭证,按照其借、贷科目,分别将其所涉及的借、贷方金额,登记到相应的账簿中去,包括总分类账、日记账和明细账簿。我们在之前"会计循环"这部分学习中所用到的,将会计分录数据登记到对应的丁字形账户中的内容,在方法上与记账凭证记账程序是一致的。

在记账凭证记账程序下,序时账簿一般设置三栏式库存现金日记账和银行存款日记账,并将凭证装订成册。总账也采取三栏式并按一级账户设置,明细账则根据企业管理需要来设置。记账凭证可以采取单一的格式,也可以分别采用收款凭证、付款凭证和转账凭证三种格式。

记账凭证记账程序的要点概括如下。

(1) 根据原始凭证填制记账凭证。

(2) 根据记账凭证及所附的原始凭证登记各种明细分类账。

(3) 根据记账凭证(或收、付款凭证)登记现金日记账和银行存款日记账。

(4) 根据记账凭证登记总分类账。

(5) 会计期间终了,现金日记账、银行存款日记账的余额以及各明细分类账余额之和应当与总账有关账户的余额核对相符。

(6) 根据总账和明细账提供的数据编制会计报表。

记账凭证记账程序的要点如图 4-11 所示。

作为最基本的记账程序,记账凭证记账程序包括了各种核算程序的基本要素。其优点是组织程序简单明了,总账反映详细。但总账要逐笔登记,记账工作任务重,特别是那些规模相对较大、业务数量多的企业,尤其如此。在网络化和计算机普及后,登记账簿的工作由计算机来完成,效率大大提高,且差错率降到可以忽略不计,也正因为如此,在计算机信息系统中,记账凭证记账程序得到普遍应用。

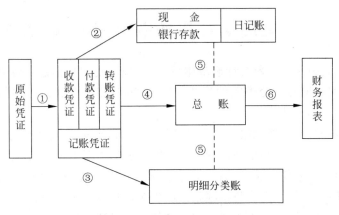

图 4-11　记账凭证记账程序

4.4.2　汇总记账凭证记账程序

汇总记账凭证记账程序是在记账凭证记账程序的基础上,为了节约登记账簿的工作量,先根据记账凭证定期汇总编制汇总记账凭证,期末再根据汇总记账凭证登记总账。其标志就是汇总记账凭证的编制。

汇总记账凭证要求在节省登记总账工作量的前提下,最大限度地保留各账户间的对应关系,因此,它通常是用一个贷方(借方)对应多个借方(贷方),而不是像科目汇总表记账程序中科目汇总表那样,将所有账户借方和贷方汇总起来,形成多借多贷式的汇总表,具体交易/事项对资产、负债、收入、费用等科目的影响,以及各科目之间的内在联系,反而模糊了。

汇总记账凭证的编制,可分为以下四个步骤。

(1) 把记账凭证按经济业务的性质分为现金收款、现金付款、银行存款收款、银行存款付款和转账五类。

(2) 所有现金收款凭证,其借方都是"现金"账户,贷方账户不尽相同,可按现金账户的借方设置汇总凭证,统一汇总;现金付款凭证按现金账户贷方设置凭证汇总;银行存款收款凭证按银行存款借方账户汇总;银行存款付款凭证按银行存款贷方账户汇总;转账凭证的借方和贷方涉及的可能账户较多,无法像收款和付款凭证那样易于汇总,在实务中一律按贷方所涉及的账户进行汇总,即将所有贷方账户相同的凭证汇总起来,编制汇总记账凭证。

(3) 按汇总账户的对应账户汇总本期发生额。

(4) 对汇总记账凭证统一编号,经有关人员审核后,据以登记总分类账。

未来随着会计电算化的普及,节省登账的工作量以及为防止可能的登账错误而增加一次试算(如科目汇总表的编制),显得意义不大,因为,计算机可以在很短的时间里完成所有的登账工作且发生登账错误的概率极低。这样,其他各种记账程序相对的实践意义将逐步降低。因此,这里就不再介绍。

附录 E　美国会计实务中的凭证、账簿体系

以美国为代表的西方国家会计账簿体系,并不采用我国从记账凭证到账簿的数据登录方式,而是采用日记簿和分类账的形式,其日记簿就相当于我国账簿体系中的记账凭证,而分类账就是我们的账簿。

日记簿(journal)是一种原始分录簿(book of original entry)。它根据原始凭证,按时间顺序,依次记录每一交易与事项。如果从记账凭证的角度来理解,日记簿就是我们在前面举例出现过的代记账凭证格式,即将所有分录序时地登记在一种固定格式的账册内。在记录时,日记簿要为每一交易与事项指出应借账户和应贷账户的名称与金额,按其格式和记录方式不同,日记簿可分为普通日记簿和特种日记簿两种。

1. 普通日记簿

普通日记簿(general journal),是一种通用格式的分录簿[①],可用于记录任何类型的交易与事项,具有格式统一、使用方便等特点。普通日记簿既适用于设置特种日记簿的企业,也适用于未设置特种日记簿的企业。以下以普通日记簿为例,说明在日记簿上编制会计分录的方法。普通日记簿的登录方法如下。

(1) 在日期栏内指明编制分录的年月日,年月通常只在日记账每页的顶端以及年月发生变动的地方填写。

(2) 按顺序将所作分录序号填入分录号栏。

(3) 将交易与事项所涉及的有关账户名称填写在会计账户及摘要栏内。按惯例,每笔分录总是先记借方账户,然后再记贷方账户。借方账户紧靠左边先行登记,贷方账户在借方账户下方向右移两格登记。

(4) 把会计分录涉及的相应金额分别计入借方和贷方金额栏。根据复式记账原理,每笔分录的借方和贷方金额必须保持一致。

(5) 在借贷账户名称下扼要说明每一笔交易与事项的性质。摘要的长短取决于交易或事项的复杂程度和管理是否要求日记簿本身具有完全的相关信息。最常见的摘要都很简单,细节都通过原始凭证文件来体现。

(6) 在过账索引栏内填写所过入分类账的编号、页码,用于和分类账进行对照检索。

(7) 各笔分录之间应留一空格。

普通日记簿的优点主要有两点:第一,每笔分录都列示了相应交易与事项的完整借贷记录,此外,日记簿还备有充分的空栏用来说明每一交易与事项,这有利于完整、全面地了解交易与事项的性质和来龙去脉;第二,日记簿序时记录每笔交易与事项,是一部按时间排列的企业经济活动的完整档案。

比较普通日记簿和本章正文所介绍的记账凭证,不难发现,二者无论在格式上,还是

[①] 一些专业术语的翻译,存在约定俗成的惯例。例如,此处将 journal 译为"日记簿"、general journal 译为"普通日记簿",就是如此。从其格式和内容来看,journal 似应译为"分录簿",general journal 就是"通用分录簿",special journal 是"特种分录簿"。此处仍沿旧译。

功能上,都十分相似。因而,将其登入总账的方式也相同:根据普通日记簿或记账凭证,逐笔登入相应的分类账中。二者之间的最大差别就是装订方式的不同。普通日记簿可单独存放,而记账凭证因为是活页式,且每张凭证纸张较小,须装订存放;由于普通日记簿采用序时、连续的方式记录经济活动的发生,相应的原始凭证就需要单独存放;记账凭证采用活页式,需要与相应的原始凭证合并装订后存放。

2. 特种日记簿

企业的经营活动中,有些特定类型的交易活动会大量、重复地发生,如现金的收付、原材料采购、产品销售等。在同一类型的交易下,存在一个共同的借方或贷方,如现金付出交易,贷方都是现金;产品销售交易,贷方都是销售收入。此时,采用特种日记簿(special journal),可以将大量、重复发生的特定类型交易,登记在同一个特种日记簿下,借、贷方就可以省略其中一方。一个企业应采用哪些特种日记簿,取决于该企业经营业务的性质,以及某类业务的发生频次。最常见的特种日记簿是现金收入日记簿、现金支出日记簿、销货日记簿和购货日记簿,因为对大多数企业而言,这四类业务发生较频繁。除此之外,在企业实际工作中,还有许多其他特种日记簿,如销售退回和折让日记簿、进货退回和折让日记簿等。

每个企业,不论是采用手工簿记系统还是电子数据处理系统,都要运用普通日记簿来记录初始交易。但是,如果企业大量重复发生同一类型的交易,普通日记簿并不是一个有效的工具,它需要不断重复地为同一类型交易编制会计分录,且后续还需要逐步登记到分类账簿中。通过设置普通日记簿的办法来记录这些交易,不仅能增加会计人员的工作强度、降低效率,也容易产生差错。

采用特种日记簿,将同一类型的交易汇集记录,无须为每笔分录写出例行的摘要说明,也无须重复书写交易/事项所涉及的账户名称,节省登记分录的时间,过账时只需要将各交易的总和过至总分类账就可。这样,数据的处理将更加快捷、有效和经济。企业究竟要使用几种特种日记簿,取决于企业业务特征和管理需要。限于篇幅,这里简单介绍购货日记账的登记。

购货日记簿(purchases journal)又称购货簿,只有一个贷方专栏,即"供应商"栏(应付账款贷方栏)。因此,只有赊购业务才能记入这种日记账。由于在美国商业实践中,赊购、赊销是最普通的形式,供应商为了鼓励购买方提前支付货款、降低坏账风险,通常会向购买方提供一个提前付款的现金折扣,因此,购货日记簿提供了"发票日期"栏,供计算现金折扣期限参考。

购货日记簿所列赊欠供应商的金额(应付账款贷方金额),应逐日过入应付账款的明细账内各有关账户的贷方,过账完毕应将各该账户的账号或页次填入购货日记簿的"明细账页次"栏。每月月末,应结算购货日记簿总数,然后将其分别过入"应付账款"总账的贷方和"购货"(如"原材料")账户的借方。过账完毕,应将过入总账账户的账号填列在购货日记簿总数下,以表明购货业务已全部过入相应的总账账户。

3. 日记簿的过账

会计分录的日记簿数据,需要定期登记到分类账簿中去。在实际过账工作中,账户一般采用三栏式,过账时,根据普通日记簿中的各会计分录记录,分别过入分类账的借方和贷方,特种日记簿通常是期末汇总后一笔过入分类账中。以第 3 章大仕英语学校所发生的固定资产交易来说明过账程序如下表 4-14、表 4-15 所示。

表 4-14　普通日记簿

第 1 页　　　　　　　　　　　　　　　　　　　　单位:元

日期		分录号	账户及摘要	过账索引	借方金额	贷方金额
1993 年						
1	1	5	固定资产	1 601	30 000	
			现金			30 000
			(购买课桌椅等)			
			固定资产	1 601	20 000	
	2	6	应付账款			20 000
			(购置设备一套)			
⋮	⋮	⋮	⋮	⋮	⋮	⋮

表 4-15　固定资产总分类账

账户编号:1601　　　　　　　　　　　　　　　　单位:元

日期		摘要	过账索引	借方	日期	摘要	过账索引	贷方
1993 年								
1	1	购买课桌椅等	5	30 000				
	2	购置设备一套	6	20 000				

过账步骤如下。

(1) 找出与日记簿分录中借方账户与贷方账户相对应的账户。

(2) 在分类账户的日期栏内填写入日记簿分录的编写日期。填入的日期一般以日记簿编制分录的日期为准,而不一定是实际过账日期。

(3) 将日记簿分录所载明的摘要登录于分类账户的摘要栏内。

(4) 将日记簿分录所载明的金额,转记至分类账户的借方金额栏内。

(5) 将日记簿中记载的分录号,填写入分类账户的过账索引栏内。

(6) 将该分类账户的账户编号,填入日记簿的过账索引栏内,以表示该日记簿的分录已过账。

仍以大仕英语学校为例,将所列举的日记簿分录过入各有关账户,其结果与本书第 4 章 4.4 节中根据记账凭证过入总分类账的结果相同,具体如图 3-1 所示。

习　题

一、名词解释

原始凭证　内部凭证　外部凭证　记账凭证　收款凭证　付款凭证　转账凭证
会计账簿　日记账簿　序时账簿　分类账簿　总分类账　明细分类账簿　备查账簿
订本式账簿　活页式账簿　卡片式账簿　平行登记　对账　结账　会计记账程序

二、思考与讨论

1. 什么是原始凭证？为什么说原始凭证审核是会计循环重要的环节？

2. 试讨论原始凭证审核与会计确认的关系。

3. 根据原始凭证编制记账凭证，中国的账证表系统与美国的簿记系统有什么区别？这种区别对未来的审计活动有什么影响？

4. 平行登记的要点是什么？在基于计算机的会计系统中，平行登记是否还有存在的价值？为什么？

5. 我国目前的档案管理制度规定，凭证、账簿保留一定期限就可以销毁。你如何看待这一现象？为什么？

6. 试比较我国的现金日记账、银行存款日记账与美国账簿体系中的分录簿（也有译作日记账的）的异同。

7. 我国资本市场上不时传出公司刻意销毁会计档案事件。请你查询资料，跟踪一家上市公司销毁档案的完整事件及事后的处理，讨论：公司为什么要销毁会计档案？公司相关当事人为什么敢这么做？

8. 请自行查找资料，了解并比较记账凭证记账程序和汇总记账凭证记账程序之间的异同点，并结合计算机会计系统的应用情况，讨论记账程序的未来。

9. 对账的基本要点包括哪些？手工簿记形式下的对账原理，在计算机会计系统下是否适用？为什么？

10. 账簿登记差错的更正有哪几种方法？为什么不能直接在账簿上更改？

三、情景案例讨论

1. 以下资料是山水水泥的一份公告。

SUNNSY

CHINA SHANSHUI CEMENT GROUP LIMITED
中国山水水泥集国有限公司
（于开曼群岛注册成立的有限公司）

（股份代号：691）

向香港警察报案

本公告乃由中国山水水泥集团有限公司（**本公司**）根据香港联合交易所有限公司证券

上市规则第 13.09 条及香港法例第 571 章证券及期货条例第 XIVA 部项下内幕消息条文而作出。

根据本公司于二零一五年十二月一日下午三时三十分押后举行的股东特别大会（**股东特别大会**）上通过的决议案，张斌先生、常张利先生、李冠军先生、蔡国斌先生、欧晋德博士、吴玲绫女士、曾学敏女士及沈平先生（统称**罢免董事**）已被罢免本公司董事职务，即时生效。

本公司于香港的主要营业地点香港金钟金钟道 89 号力宝中心 2 座 26 楼 2609 室（**处所**）在股东特别大会后的所有关键时刻均由罢免董事拥有及/或控制。在本公司从罢免董事取回处所的拥有权后，本公司已在处所内进行彻底搜查，惟未能找到若干账簿、记录及重要文件（包括相关公司印鉴、印章等）或从本公司的电脑内取得任何电子数据，该等账簿、记录及重要文件/数据属于本公司及香港全资附属公司（不论直接或间接）中国山水水泥集团（香港）有限公司及 China Pioneer Cement（Hong Kong）Limited（统称**香港附属公司**，两间公司的注册地址均位于处所），并将由本公司于处所内保管。

本公司及香港附属公司已向各罢免董事作出查询，惟尚未获得正面回应。

请查找相关资料，把事情经过大致描述出来并讨论：为什么双方争执中，账簿资料会成为"焦点"。

2. 以下资料来自《维基百科》"空印案"词条。

明朝时每年地方都须派人至户部报告财政收支账目，所有账目必须和户部审核后完全相符方能结算。若其中有任何一项不符就必须驳回重新造册，且须再盖上原地方机关大印才算完成。因当时交通并不发达，往来路途遥远，如果需要发回重造势必耽误相当多的时间，所以前往户部审核的官员都备有事先盖过印信的空白书册以备使用。这原本是从元朝既有的习惯性做法，也从未被明令禁止过。《剑桥中国明代史》解释，钱粮在运输过程中会有损耗，所以从运送一直到户部接收时的数字一定不会相符，在路上到底损耗了多少，官员们无法事先预知，只有到了户部将要申报之时才能知道其中的差额，所以派京官员都习惯用空印文书在京城才填写实际的数目。明太祖朱元璋获知此事后大为震怒，认为这是官员相互勾结的欺君重罪，因而下令处罚所有相关官员。

受空印案牵连，究竟杀死、下狱多少人，各种说法口径不一。

请自行查找相关资料，讨论：

（1）为什么朱元璋认为空印账册会有舞弊？

（2）你任务明朝的账册控制方式是否合理？

（3）你能够为当时的明朝设立一个更合理的账册制度？

3. 手工簿记系统下，对原始凭证的要求比较严格，特别是要求原始凭证必须可复核。因此，我们无论是去餐馆吃饭，还是坐出租车，都可以拿到统一税务发票。而有过出国/出境旅行经历的同学应该知道，在香港或者美国，出租车没有统一发票，金额都是司机现场手填；餐馆同样没有发票。

请你针对这两种现象，讨论包括中国香港、美国在内的企业，如何保证初始信息的真实、完整。

4. 2001 年的安然公司（Enron）舞弊案和 2002 年年初的世界通讯（WorldCom）舞弊案，代表了两种不同的舞弊形式：安然公司利用"特殊目的实体"（special purpose entity）造假，但凭证符合要求；世界通讯就直接做没有凭证支持的反向会计分录。换言之，即便原始凭证齐备且合乎要求，也有可能导致会计信息质量低下。

请你就此讨论：如何进行原始凭证的审核，以确保企业会计信息系统所输入的信息真实、可靠？

四、练习题

1. 鹿港公司 2017 年 10 月发生的经济业务如下。

（1）10 月 1 日，张明以一辆小汽车 600 000 元、原材料 200 000 元和银行存款 100 000 元投资入股；

（2）10 月 3 日，购置不需要安装的设备一台，买价 40 000 元，账款未付；

（3）10 月 8 日，用银行存款预付 11 月份房租租金 3 000 元；

（4）10 月 10 日，收到 A 公司支付的冲印照片收入 25 000 元，并存入银行；

（5）10 月 12 日，收到 B 公司支付的广告摄影收入 90 000 元，并存入银行；

（6）10 月 17 日，从银行提取备用金 3 000 元；

（7）10 月 19 日，购买洗照片用的药水、相纸共 14 000 元，用银行存款支付部分款项 8 000 元；余款下月支付；

（8）10 月 20 日，以库存现金支付零星管理费用 350 元；

（9）10 月 28 日，用银行存款支付职工工资 40 000 元；

（10）10 月 29 日，用银行存款支付本月的水电费、电话费共 9 800 元。

要求：

a. 根据以上资料填制收、付款凭证。

b. 编制 10 月份的试算平衡表。

c. 假定编制试算平衡表后，发现如下问题，请根据发现的问题重新编制会计分录，并编制新的试算平衡表。

A. 发现 10 月 20 日提取备用金业务金额登记有误，从银行提取现金 10 000 元，但是记账凭证上登记 1 000 元；

B. 会计人员漏记了 12 月份的一笔收入，销售金额为 10 000 元，客户当月通过银行转账支付。

2. 曾厝安公司编制的 2017 年试算平衡表借方余额与贷方余额金额不相等，经核查，发现存在以下的错误，请重新编制新的试算平衡表。

（1）库存现金过账时贷方多记了 2 000 元；

（2）银行存款过账时借方多记了 200 000 元；

（3）固定资产过账时借方少记了 837 000 元；

（4）应付账款过账时少记了 32 400 元。

试算平衡表

账 户 名 称	借 方 余 额	贷 方 余 额
库存现金	2 650	
银行存款	524 000	
原材料	232 000	
预付账款	70 000	
固定资产	93 000	
应付账款		3 600
实收资本		1 000 000
主营业务收入		573 800
主营业务成本	40 000	
管理费用	9 150	
合　　计	970 800	1 577 400

3. 黄厝公司编制的 2017 年试算平衡表借方余额与贷方余额金额不相等,经核查,发现存在以下的错误,请按照规定的格式,对以下差错进行订正。

(1) 库存现金过账时贷方多记了 2 000 元;

(2) 银行存款过账时借方多记了 200 000 元;

(3) 固定资产过账时借方少记了 837 000 元;

(4) 应付账款过账时少记了 32 400 元。

4. 某大学会计系的一年级新生在学习完"会计凭证与会计账簿"一章后,举办了一次小型讨论会。关于会计凭证和会计账簿,几位同学提出了以下疑问或观点。

(1) 如果某个公司去看望公司里生病的员工,到水果摊位去买了一些水果,摊主用笔写了一张收据,写明了水果的名称、数量和金额,也签了字,但没有盖公章,那这张收据是否可以作为原始凭证呢?

(2) 原始凭证上已经记载了经济业务的时间、内容、数量、金额以及经办人等内容,为什么还要编制记账凭证? 直接凭原始凭证登账不是能大大提高工作效率吗?

(3) 公司正式签订的经济合同是非常重要的法律文本,打官司的时候都可以作为法律依据的,为什么不可以作为原始凭证呢?

(4) 针对现金和银行存款同时登记总分类账和日记账,显得重复,增加了会计信息加工成本。

(5) 现金和银行存款日记账由出纳人员登记,而出纳人员又直接进行现金和银行存款的收支工作,这不符合"不相容职务分离"的内部控制原则。

(6) 试算平衡表即使平衡也不表示没有错误,所以没有必要去编制。

(7) 对于各个明细账,也可以通过编制试算平衡表的方法对其进行检验。

要求:

请为上述有疑问的同学进行解释,并对同学们的观点进行评价。

自　测　题

 补充阅读资料

请阅读下列资料,试讨论:凭证与账簿在保证企业会计信息质量中的有限作用。

央视曝光雅百特业绩造假:10 亿元假账出自 20 平方米店铺

（资料来源:http://finance.qq.com/a/20170714/033316.htm）

近期,证监会查处了一起上市公司跨境财务造假案,这家公司不仅将建材自买自卖,假冒跨国生意,而且还想乘着"一带一路"的东风,把假生意做到巴基斯坦,但经过监管机构跨境调查,参与巴基斯坦的项目完全子虚乌有,公司在年报中撒下弥天大谎。

2015 年 8 月,雅百特成功"借壳上市"。当年年报显示,雅百特在与巴基斯坦木尔坦市开展的城市快速公交专线项目实现收入超过 2 亿元,占年度销售总额 21.8%。这么大单的跨国生意,让雅百特的年报"闪闪发亮"。不过,调查人员却发现,这笔收入有问题。

证监会调查人员:从资金链来讲,经过我们的调查,雅百特的回款主要源于雅百特本身控制的公司,还有其他的一些中国境内的公司,根本就不是那个巴基斯坦方面转钱的。

据了解,巴基斯坦木尔坦项目业主方为木尔坦发展署,建设城市快速公交线,总投资超过 3.5 亿美元。不过,木尔坦发展署根本没有和雅百特合作,年报所说的收入完全是子虚乌有。

证监会调查人员:调查发现雅百特根本就没有参与这个项目的建设,而是找了海外的一个公司伪造了一个虚假的工程建设合同,但是这个合同根本就没有履行。

为了圆谎,雅百特还自导自演了一场将建材出口到巴基斯坦的"好戏"。

证监会调查人员:雅百特在建造这个工程的过程中,向海外出口了一批建筑材料,他们公司声称这批建筑材料就是用于这个巴基斯坦木尔坦公交车站的建设。但是经过我们调查发现,这些建筑材料实际上没有运送到巴基斯坦,而又通过第三方的公司把这些材料进口回来,以这种方式达到了一种虚构海外工程在施工的假象。

证监会曾经要求公司及相关中介机构前往木尔坦核实该项目,但雅百特相关人员根本没去过巴基斯坦木尔坦市,施工现场的照片都是假的。

左右倒手雅百特 73% 利润造假

年报中最大的一笔收益竟然造假，雅百特公司胆子的确不小。不过，调查人员发现，除了假冒这笔跨国大单，雅百特还有更加离奇的谎言。

2015 年，雅百特以虚假采购的方式将资金转入其控制的上海远盼、上海煊益等关联公司，再通过上海桂良、上海久仁等客户将资金以销售款名义转回，构建资金循环，伪造"真实"的资金流。

同年，雅百特与境外公司伪造虚假的建筑材料出口合同，将报关出口至安哥拉的货物运送至香港，然后再由其控制的关联公司将货物进口回中国。

证监会调查人员：它把钱从境内的公司以国际贸易的形式将钱转到海关，然后又以进口的方式又把那个钱从海关转回中国，以这种方式来伪造一个真实的资金。

经确认，雅百特于 2015 年至 2016 年 9 月通过虚构海外工程项目、虚构国际贸易和国内贸易等手段，累计虚增营业收入约 5.8 亿元，虚增利润近 2.6 亿元，其中 2015 年虚增利润占当期利润总额约 73%。

独家曝光 10 亿元假账出自 20 平方米店铺

2015 年，雅百特 73% 的盈利都是假的，雅百特千辛万苦伪造业绩，究竟是为什么呢？

据了解，雅百特肆意造假，和业绩对赌有关。

证监会调查人员：首先是为了完成业绩承诺，虚增收入，这是它的目的。因为它对 2015 年、2016 年、2017 年的业绩做了承诺，必须达到一定的标准，否则它要用股份进行赔偿。

调查人员发现，雅百特造假成本极低，动辄数亿元的走账，竟然都是在上海一间 20 平方米的小屋内完成。稽查人员调查时候看到，这间店铺里只有一位会计和一位不懂会计的助理，却操办着雅百特六家主要供应商和四家走账公司的资金流转。

证监会调查人员：这六大供应商和四家走账公司的财务人员只有一个财务经理何某，然后他还有一个助手，助手也不是财务人员，不太懂会计，但是 2015 年的资金流量已经达到了近 10 个亿。

雅百特为了造假，动用了 7 个国家和地区的 50 多个公司走账，超过了 100 多个银行账户进行资金划转，而且经常通过银行票据和第三方支付划转，渠道复杂。稽查人员为了核实这些账户信息，几乎走遍了上海各大银行。

抗拒调查　嫌疑人"狂飙"演技

随着案件一步步明晰，调查人员开始对雅百特相关人员进行询问，却遇到了意想不到的事情。

证监会调查人员：当时我们在调查雅百特的时候，发现了很多它的走账公司和供应商都是空壳公司，所以我们要求雅百特向证监会提供供应商的联系方式，雅百特一直是在推托。在我们的多次催促下，它们就给了我们一家叫作熠循新能源的实际控制的韩某的联系方式。

调查人员随即向韩某了解熠循新能源的业务开展情况。接触发现，韩某实际上是雅百特为"忽悠"调查人员、拖延时间而安放的一颗"烟幕弹"。

证监会调查人员：在我们一步步逼问的情况下，他就是没法把这个谎圆过去，后面就跟我们拍桌子，说那个熠循新能源的业务是他的隐私，中国证监会没权调查他。

通过烟幕弹，调查人员终于发现了案件的核心人员。

证监会调查人员：我们的人员正在调查取证的时候，突然来了一个皮肤黝黑的男子，他看到我们在电脑中调取那个文件，立马就去把那个店铺的电闸给关了。他跟我们说，这是他们的隐私，我们证监会无权调取。然后后来我们经过询问才发现，他是那个参与造假的李某。

李某是一个关键角色。李某在雅百特内部通讯录上为雅百特副总裁、大客户事业部总裁，对外以雅百特员工身份开展业务，但实际上与雅百特不具有正式劳动合同关系。同时，他却是上海熠益等七家雅百特供应商的控制人。透过李某对雅百特上下游公司的操控，调查人员发现雅百特和这些公司虚构的各种贸易层层嵌套、极为复杂。

境外协查开创监管新效率

雅百特为规避调查，造假业绩多选在国外，本以为肆意撒谎，证监会的手伸不到那么远，但他们没想到，证监会运用了跨境协查这个大招儿。

因为雅百特造假涉及的是跨境贸易，涉及巴基斯坦、新加坡、美国等多地，接到中国证监会的请求，当地证监会给予有力协助，一个月内就掌握了核心证据，使案件进程效率大增，效果显著。

证监会调查人员：项目的施工地点、履约的地点都在境外，雅百特可能考虑到中国证监会可能没有这个调查的力度可以前往巴基斯坦去调查。但是，因为我们中国证监会近年和全球 60 多个主要国家和地区的证券监管机构都签有备忘录，我们可以通过国际协查寻求这些监管机构的帮助。

多管齐下　证监会打假进行中

据了解，雅百特造假案是证监会 2017 年专项执法行动的第一批案件，剑指市场深恶痛绝的上市公司财务造假。这类案件呈现出造假规模大、造假手法隐蔽、系统性造假、跨境趋势明显、反调查手段多等特点，市场危害极大。

雅百特财务造假案是继首例沪港通跨境操纵案件——唐汉博操纵市场案后，证监会查处的又一例跨境违法案件。2016 年年底，依托沪港通证券执法合作机制，成功查破唐汉博案，保障两地资本市场互联互通平稳顺利推进。

证监会表示，将进一步加强与公安司法机关的刑事执法协作；继续强化交易所一线监管职能，持续严厉查处上市公司财务造假行为，一经查实，一律彻查严处。

第5章

会计数据的传递Ⅱ：网络时代与云会计①

华为公司的总部位于深圳，它的业务分为三大板块（运营商业务、企业业务和消费者业务）、上千类产品，业务几乎遍及全球每一个国家，2015 年度员工总数达到 17 万人。对于深圳总部，如何实现对全球业务的有效管理与实时控制？每个会计年度结束，华为需要多长时间，能够完成当年的年度报告？

事实上，早在 2015 年 1 月 5 日，华为的财务总监孟晚舟在新年致辞中，就已经透露销售额达 3 950 亿元人民币；2016 年 12 月 30 日，华为轮值 CEO 徐直军在一份总裁办邮件中，发布了 2016 年销售额 5 200 亿元人民币的信息。

如果还是用第 4 章传统的凭证——账簿式传递数据，华为显然无法在这么短的时间里完成上述报告任务。华为所依赖的，就是基于互联网的会计系统。

5.1 会计系统的变迁Ⅰ：计算机的普及与应用

第 4 章我们介绍了实务中会计数据是如何采集、加工、传递，直至形成最终的对外报告的。这一过程总体上遵循了"原始凭证—记账凭证—账簿—报表"的传递路径，并且，每个阶段都必须依次进行。可以说，从 14 世纪、15 世纪复式簿记系统付诸应用开始，这种形式的数据传递，一直沿用至 20 世纪末。

计算机的发明和应用，始于 20 世纪四五十年代。计算机除了军事用途外，还应用于商业活动中，最初就是从会计领域开始的。例如，1935 年，美国政府颁布《社会保障法》，员工工资及相应的各种福利计算工作量增加，对计算速度提出了新的要求。当时，IBM推出会计运算机，大大提升了计算速度，被广泛应用于企业员工工资计算；相关资料普遍认为，1954 年，通用电气采购了第一台商用计算机 UNIVAC-I，并用于计算职工工资，这是计算机应用于会计系统的开端。

随着计算机运算速度的提高、存储能力的提升、体积更小、价格更低，计算机普及程度越来越高，特别是个人计算机的普及，让计算机可以摆放在每个员工的办公桌上；笔记本电脑的发明与应用，大大拓展了计算机的应用范围。计算机逐渐成为人们日常工作的一部分。也因此，传统的、基于纸质账簿与凭证传递方式的簿记系统，逐渐让位给基于计算机的会计系统。

---

① 本章对基于计算机和网络化会计系统的介绍，以知识了解为主，希望读者能够理解外部环境改变对会计系统的影响，同时，改变了的环境还会给会计带来新要求和新冲击。不涉及专业的系统设计、程序开发与应用，行文中也尽可能地回避相关的专业术语。

20世纪90年代之前,互联网尚未普及与应用。当时的计算机会计系统,主要以提高效率为主。因为,相比基于纸质的复式簿记系统,计算机的运算速度快,储存容量大,不容易出差错,因此,这一阶段的会计系统,主要原理还是基于传统的手写簿记系统,包括人工录入交易数据与相应的会计分录,设计出与纸质记账凭证和账簿类似格式的凭证,最终输出的报表也是采用纸质格式打印。当时称为"会计电算化"。

与当今基于互联网的会计核算系统不同,当年的会计电算化,主要是以计算机来代替人工。仍然以会计循环为例。在传统的手写簿记核算形式下,主要会计循环实际上就是"审核原始凭证—填制记账凭证—登记账簿—试算平衡—编制报表"等,其中,账项调整与再试算,实际上就是期末补充登记企业基于权责发生制原则需要记录的交易或事项,重复进行填制记账凭证和登记账簿的过程。会计电算化的基本思路,就是用计算机操作来代替人工,要求相关人员在审核原始凭证的基础上,手工录入会计分录,然后,计算机根据事前设定好的操作流程和会计准则等的要求,自动完成登记账簿和编制报表的循环程序。这样,可以节省人工、提高效率、减少记账过程中的人为差错。这一阶段,会计电算化工作主要是在个人计算机上完成,称为"单机版财务软件"。单机版财务软件,顾名思义,所有工作只能在一台计算机上完成,它不仅要求一台计算机能够完成从凭证输入到最终报表生成的全部环节,而且,数据上也无法共享,只能在一台计算机上储存、使用。

如上所述,会计电算化过程,通常将当年IBM借助计算机完成雇员薪酬的发放,作为起点。实务中,电算化的最初促动因素就是节省人工、提高效率、降低差错。与薪酬模块同时发展起来的,还有其他各个模块如采购与原材料管理、生产与订单管理、销售与应收账款管理等。将这些模块综合起来,出现了"企业资源管理系统"(enterprise resource planning,ERP)。整合会计账务处理和报表生成系统的ERP,对会计系统的影响是革命性的。业务部门——如仓库发出材料——在完成相应的业务后,会直接生成数据并传递到会计系统;同时,会计系统可以即时提供各种信息,便于管理层更好地管理与控制。从会计功能及其扩展来说,基于ERP系统的会计电算化,大大提升了会计系统在企业管理与运行中的作用,会计就不再仅仅是事后反映企业运行情况,向股东等利益关系人报告其财产变迁等,它还能够直接往前延伸,为管理与控制提供服务,从而增加股东等利益关系人的利益。

在互联网产生并普及应用之前,ERP系统需要在小型机或服务器上才能完成。在同一个小型机上,配置多个终端,共享同一组数据。企业内部存在一个数据传递的体系,能够自动收集、获取所需要的数据,完成后,自动传递给下一个环节。例如,会计的账务处理和报表系统,最初的原始凭证需要审核后、人工输入电脑,在ERP系统下,可以根据事先设定的记账规则,自动生成会计分录;对于一些发生频度不高、程序没有预先设定好的交易或事项,需要通过人工追加处理。这样,ERP系统下的会计循环,主要工作可以通过预先设定的程序自动完成。这时,除了外来的原始凭证如购货发票等外,其余内部生成的原始凭证、记账凭证、账簿与报表等的生成与传递,都在同一个计算机内完成。在早年的凭证与账簿管理要求下,通常会定期打印出纸质本的账、证、表,加以保存。

由于20世纪90年代之前互联网的应用不是特别普及,互联网思维还没有形成,因此,企业内部往往会同时并行多个系统,例如会计部门、不同的业务部门(如销售、生产、研发等)存在各自的系统,各个系统之间的数据,没有实现实时无缝链接。甚至会出现不同部门之间信息不通的信息"孤岛"现象。这一现象,在今天的互联网社会,仍会程度不同地存在。例如,按照事后的资料分析,在 2001 年 9 月 11 日本·拉登的恐怖袭击之前,美国不同的情报部门如果能够实现信息共享,应该可以有效发现并阻止这一悲剧的发生。[①]

无论是早期的会计电算化系统,还是之后的 ERP 系统,绝大部分企业自己无法独立研发;从经济性角度来说,也没有必要自己研发,这也造就了一批提供专业软件服务的公司。其中,国际上最有代表性的是德国的 SAP 和美国的 Oracle 以及其他一大批专业软件公司;我国这一领域的领军企业有用友、金蝶等。它们先后开发出不同功能、不同版本的软件。由于互联网的出现与普及,传统的、基于单个计算机的会计电算化软件逐步退出实务领域,取而代之的是基于互联网和信息共享的电算化系统。

5.2   会计系统的变迁Ⅱ:互联网的出现与应用

计算机和互联网二者"你中有我,我中有你",密不可分。没有计算机所提供的强大且独立的运算系统、数据存储与读取能力,就不可能有互联网。当年用"烽火"来传递情报的系统或驿站系统,不可能独立于人来运行,且处理能力有限、速度慢;任一环节的误读,都会出现系统失灵甚至崩溃。反过来,互联网的产生与普及,也进一步推动了计算机的发展,并且,改变了传统的、基于个体与现实世界的思维模式,"互联网思维"也因此产生。相应地,基于互联网思维之上的会计系统,就不仅仅是简单的会计账证表系统无纸化的过程,它在不断地改变会计数据的传递、交换以及财务报告的形成与发布,甚至,可以不夸张地说,它在重新定义会计。

按照相关资料,互联网的最初雏形是美国的"阿帕"(ARPA),后来,经过几代发展,特别是 TCP/IP 协议的提出,解决了全球计算机的接入、数据上传、下载等技术协议,所有的计算机可以借助一个全球独一无二的地址空间逻辑地连接在一起,互联网成为一个开放、可扩展的虚拟平台。这就如同每个人都可以驾驶飞行器,遵守相应的规则在空间飞行,找到自己所需要的物品或飞往预定的目的地,而不会出现撞车、迷路、堵塞交通等现象。现在,你的电脑或手机通过光纤、Wi-Fi 等方式接入互联网的虚拟空间,可以浏览虚拟空间上的信息如新闻、娱乐等,获取自己所需要的资料例如美国国家图书馆的某本藏书、北京某家餐馆的评价、厦门大学马来西亚校区信息等;你也可以在这个虚拟空间里,发布你自己希望公开的信息,例如在微博、微信或 facebook 网站上发布个人最新马拉松成绩等。

据 2016 年的互联网趋势报告,全球网民已经高达 30 亿人,中国的互联网用户 6.68 亿人。也正因为互联网能够承载、传输的信息量巨大,传统的计数方式都已经被一再突破,从最初的单个字节(byte,1b),到 KB(2^{10} 个字节)、MB(2^{20} 个字节,1 024 个 KB),再到

---

①   相关媒体报道显示,如果美国 FBI 和 CIA 在信息沟通上更加通畅,就有可能会阻止这一悲剧的发生。见:FBI Agent:The CIA could have stopped 9/11,*Newsweek*,20150619. http://www.newsweek.com/saudi-arabia-911-cia-344693.

GB（2^{30}个字节）、TB（2^{40}个字节），一直到 DB（2^{110}个字节）。[①] 大数据从概念成为现实。

人类文明是一个连续的过程，但关键节点不是很多。如从采撷到种植、火的应用、文字的产生、纸的发明等，都在程度不同地改变人类社会的发展方向，推动人类文明与进步。从"融合"与"地球村"的角度来看，影响最大的事件应当是 15 世纪哥伦布大航海和 20 世纪末开始的互联网。

哥伦布大航海，是地球文明的第一次大融合，直接促进了不同文明之间的交流，既包括文化、习俗、制度，也包括物品如食物、植物、动物等。据考证，土豆起源于南美大陆，随着西班牙人航海逐步传播到世界各地，包括我国。土豆产量高，同等面积下能够收获远高于大米的淀粉，使同等面积供养人口大幅度增加。哥伦布大航海，不仅带来了不同文化的融合，还大大促进了各地经济的发展。在大航海之前数千年里，人类社会的发展非常缓慢，包括发明创造、技术进步及经济增长；大航海之后的经济增长可以说是几何级数。这从各类其他资料都可以找到佐证。

互联网的出现，改变了人类获取与传递信息的方式。它对人类社会的影响，意义堪比大航海。互联网拉平了地理空间的阻隔，"不出户，知天下"，它已经并将继续对人类社会的各种文化、习俗、制度等产生颠覆性影响；同样，它也会像土豆能够供养更多人口那样，大大增加人类社会的商业空间，提升各地经济发展。过去二十年，最伟大的公司几乎都与互联网有关，如苹果公司凭借智能手机——真正基于互联网的手机——直接淘汰了传统手机巨头诺基亚公司，而 Amazon、淘宝、Google、Facebook 等公司，它们的运行都是基于互联网之上的。智能手机的发明以及智能手机应用的普及，更是推动了各种产业，如亚马逊、淘宝等基于互联网的公司，以及像 AirBnb、Uber、滴滴出行、共享单车等只有互联网时代才可能出现的公司等的发展。从经济学角度看，互联网的普及与应用，大大提高了信息透明度、减少了信息不对称程度、降低了交易成本，这必然会推动社会经济发展。

由于互联网彻底改变了人类产生、获取与传递信息的方式，"互联网思维"或"互联网＋"等术语也相继产生。究竟什么是互联网思维，尚缺乏相对统一的界定。但是，基于互联网所产生的**跨地域**（互联网空间里，信息传输瞬间可达，不受地域限制）、近乎**零时空**（任何一个时点，都可以实时地将信息上传或下载，传播速度快）、**大容量**（与现实世界账簿资料存储占用空间、定期销毁以节约空间不同，互联网的世界里，信息存储容量无上限，每天都要生产海量信息）、**瞬间处理**（随着计算机物理计算能力越来越强大以及互联网传输速度的提高，人类处理数据的能力以几何级数增长）等特征，人们思考问题的方式发生改变。基于互联网的"共享经济"，就是互联网思维的最直接、最经典的表现。没有互联网思维，就不可能有 AirBnb 这样的企业：自己不拥有一间客房，却成为全球最大的酒店企业，并且，它的酒店房间增长速度是任何一家酒店集团都无法比拟的。

回到会计的账证表系统。传统的账证表系统，是从取得原始凭证开始，一步步往前推进：根据原始凭证，编制包括会计分录的记账凭证；根据已经审核的记账凭证来登记账簿；期末对账簿数据进行试算平衡；编制报表。这个流程，必须是一步一步顺序来。对

[①] 给一个相对具体一点的数据概念：中国国家图书馆藏书 2 631 万册，相当于 41TB；美国国家图书馆藏书 1.5 亿册，相当于 235TB。

规模大的企业,特别是地域跨度大的企业如华为或中石油这种全球性企业,每个月试算一次,工作量非常大;不同国家、不同地区的分支机构,都需要在自己的电脑上完成独立的报表,然后,用类似手工操作的模式,汇总、合并,编制整个集团的报表,这是一项耗时、费力且容易出错的大工程。在互联网思维下,不仅所有账证表的传递速度快,企业可以随意、瞬间进行试算、提供报表,而且,由于互联网让数据传输更加便捷,可以打破地域限制,设立"数据共享中心",将会计系统集中到一个地方,甚至,直接集中在"云端",形成"云会计"。

2015年1月14日,华为发布了2014年度经营业绩;此后,2015年和2016年年度销售收入数字,都是在当年12月31日CEO新年致辞中宣布的。也就是说,即便业务遍及全球、产品种类多、收入规模高达数千亿元,华为也能够在几乎会计年度结束的同时,就可以提供全年的相关数据。

基于网络环境下的账证表传递系统,总体上分为两大类型。对大规模企业如上文所提到的华为,以及中兴通信等,它们通常都是自己构建一个数据云,开发并配置相应的软件、硬件等系统,拥有自己专门的团队;与大规模的企业不同,绝大部分小规模企业不存在或很少有跨区域运营的现象,同时,自建数据云系统成本高,因此,一些面向中小规模企业的第三方服务公司应运而生。对这部分企业来说,它不需要自己做任何专业处理,它只需要接入互联网,根据相关界面指令逐步完成账证表的传递。以下将简要介绍各个系统的基本原理。

5.3 基于计算机的企业会计系统

对一个规模相对不大、没有异地办公的企业来说,它的会计系统可以在现有企业内部构建。通常,会计系统可以作为企业整个信息系统的一部分相对独立存在。会计信息系统设计,将会在未来的课程中专门学习,这里侧重介绍基于计算机和电算化系统下会计的凭证、账簿与报表传递过程。

拆解开来看,会计循环的账证表系统,可以分为数据输入、加工处理、数据输出三个大环节。其中,数据输入主要是审核原始凭证并填制记账凭证;加工处理过程则包括据记账凭证登记账簿以及各种账项调整、试算等;数据输出就是以账簿为基础编制财务报表。

在手工会计系统下,原始凭证的审核完成后,以实际经过审核的原始凭证为依据,编制记账凭证,并将原始凭证与记账凭证合并装订,这样,在审核记账凭证时,可以通过直接查验所附原始凭证的方式进行。

在会计电算化系统下,部分数据是通过ERP系统直接生成,并不必然形成原始凭证;同时,记账凭证也不会单独形成纸质凭证,而是保存在系统中。这样,原始凭证的保存与归类方式就需要改变。可行的方式是根据原始凭证的类别,分别归类、装订。当然,按照相关的管理要求,需要定期打印出账证表,装订成册,予以保存。

在理论上,数据的传递是在数据库中完成的,不需要纸质的记账凭证、总账、明细账等。至于根据记账凭证登记账簿,在手工凭证传递方式下,出于效率等的考虑,形成了多种记账程序;而在电算化会计系统下,通过诸如科目汇总表或汇总记账凭证的方式来节省登账工作量,已经没有意义了。数据的传递,主要应该关注的是数据库的基本原理。同样,关于数据库的基本原理以及企业数据库的设计和应用,也有专门的课程。目前,企业日常会计和 ERP 系统所用到的数据库,都是相对成熟的商业数据库如 SQL 等。

当然,如果企业规模不大、业务也不是特别多,它还可以将所有会计系统"外包"给独立的第三方记账公司。5.5 节将介绍这种模式下的会计账证表传递方式。

5.4 基于互联网的企业会计系统

与小规模企业规模不大、经营活动主要在一个地域不同,规模大的企业,通常都会跨区域经营。在传统的手工记账环境下,各个地域分支机构要分别记账,相应的账证表系统都需要分散在各分支公司所在地。例如,青岛海尔(600690)是一家总部位于青岛的上市公司,需要纳入合并报表①的子公司包括九大分部超过 50 家控股子公司,地域上,除青岛外,还包括大连、合肥、重庆、贵阳、武汉、香港等地。结构如图 5-1 所示。

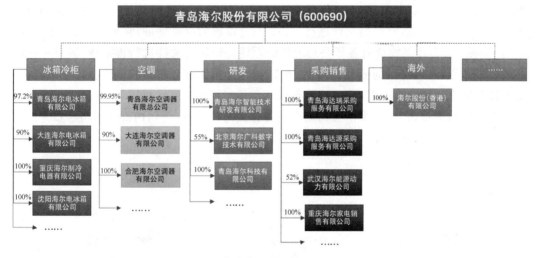

图 5-1　青岛海尔股份有限公司结构

在传统的手工记账环境下,青岛海尔的各个独立核算子公司——都是相对独立的会计主体——需要设立独立的会计核算体系,都有独立的账证表系统;每个会计期间结束后,各子公司编制完成子公司的财务报表,再将纸质报表和相关资料集中到公司总部所在地——青岛,最后编制集团的合并报表。

如果是采用早年单机版的会计电算化软件,那么它所解决的是各子公司会计核算速度,但是,整个集团的财务报表编报,取决于最慢的子公司。所有原始凭证仍然保管在各子公司会计部门。

互联网的应用,直接消解了企业的地理或区域阻隔,将跨地域的子公司会计系统集中到一个地方,从而成立共享中心,技术上成为可能。也正因为如此,自 20 世纪末开始,

---

①　合并报表是指将控股公司与子公司的报表合并在一张报表上,以综合反映一个集团公司的财务状况与经营成果。具体关于合并报表的原理、编制方法等,将在财务会计课程中学习到。

财务共享中心成为各大集团企业的标配。我国也在 2000 年之后陆续出现服务于集团企业的财务共享中心。

简单地说，财务共享中心就是将集团企业各子公司原先独立的会计系统，集中到一个地点，统一运行。例如，中兴通讯公司就在西安建立了财务共享中心，美国 GAP 公司在新墨西哥州的 Albuquerque 设置财务共享中心。与传统意义上的集中核算不同，共享中心对数据的共享，都是在系统中完成的，而不需要传递纸质版的凭证、账簿、报表。这种数据存储、交换、加工，似乎像在"云端"完成，因此，相应的术语逐渐得到认可，如"云存储""云计算"等。相应地，基于云存储、云计算等的会计，也称为"云会计"。财务共享中心，就是云会计的具体应用之一。通过统一设立财务共享中心，可以带来效率提升、费用降低等，这已超出本书讨论的范围。这里，我们简要介绍一下集团企业财务共享中心模式下的账证表体系。

青岛海尔公司于 2007 年建成财务共享中心（见图 5-2），地点设在公司总部所在地——青岛。设置财务共享中心后，各子公司的会计系统不再单独运行。各子公司只需要设置一个专门岗位，对原始凭证进行审核；通过审核的原始凭证，将被扫描、上传至"云端"；海尔的云会计系统会对各子公司上传的原始凭证影像文件进行再审核，通过审核的原始凭证数据，进入海尔的云会计系统；海尔的会计系统将会根据相应的会计准则要求，对所接收数据进行会计处理，并自动进行试算与编制报表；最终生成的财务报表，既包括各子公司的财务报表，满足了子公司向当地各有关部门申报、公司内部管理与考核等的需要，也包括集团合并报表。

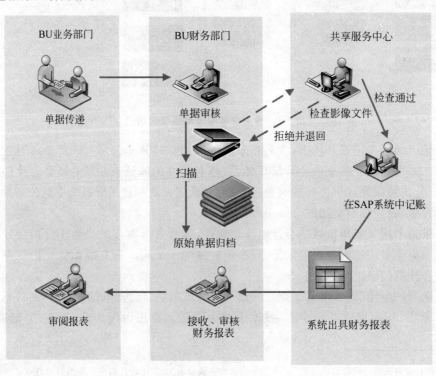

图 5-2　财务共享中心

未来互联网和计算机系统更加普及后,电子发票将会日益成为趋势。实际上,目前公司很多内部业务如发料、入库、工资发放等,已经可以不用再生成纸质凭证,而是直接采用电子凭证。果如是,则原始凭证的审核、扫描、上传程序,会逐步消失。而云会计的应用,将更加全面。

 资料与讨论 5-1

　　基于计算机和互联网的社会,纸质单据、凭证,终将消失。我们现在已经慢慢习惯阅读电子图书、在电脑上完成作业并提交,纸张在我们学习的过程中,甚至在文明与文化传递过程中的作用,逐步下降;我们现在乘飞机、火车,可以在网上购票,持身份证登机、乘车,飞机票、火车票也将逐步消失。目前,电子发票的应用,一个重要问题是数据的可靠性。随着区块链等互联网技术的普及,如果互联网数据的可信度能够得到保证,那么,云会计将会迎来新的变化。

5.5　第三方云会计系统的基本原理

　　如果可以大致将企业规模区分为小微、中等规模和大规模三大类,那么,小微企业数量将占据全部企业数量的绝大部分。对这些小规模企业——如第 1 章所虚构的大仕学校——来说,管理层可以不需要额外的会计手段,也能够大致了解企业的运营、盈亏、财务状况等。企业需要保持一套会计记录,完全是因为相关管制政策如税务等强制性要求所致。在实践中,为了最大限度地降低企业的运行成本,企业自己不设立专门的会计岗位,而是将会计记账等工作委托给第三方代理记账公司进行。

　　在传统的手工记账环境下,企业需要将经过整理、审核的原始凭证提交给代理记账公司,由代理记账公司根据相关的会计准则或制度要求(如小企业会计制度),填制记账凭证、登记账簿、编制报表。由于凭证传递等的需要,代理记账公司只能代理本地小微企业的会计业务。

　　互联网的普及,让数据跨区域传输,瞬间可达。因此,那些代理记账公司可以在云端设立会计系统,跨区域代理不同企业的会计业务,从而形成另外一种形态的云会计系统。与海尔公司这种共享服务中心只服务于海尔集团不同,代理记账公司的云会计可以面向所有企业。通常,前一种服务于特定主体的"云",称为"私有云",而那些面向所有企业的"云",就是"公共云"。基于私有云的会计与公共云的会计,在构建逻辑与使用上,存在较大的差异。

　　无论是用于中小企业的用友畅捷通 T,还是海尔财务共享中心,都需要或购买或自行开发专门的系统,如海尔的财务系统都采用 SAP。企业需要使用高性能的服务器,同时,在计算机中配置专门的软件接入客户端服务器结构(C/S,Client Server),并采用大型数据库如 SQL Server、Oracle 等。基于第三方服务的互联网云会计系统则不同,企业不需要配备专门的软件或操作系统,也不需要配置专门的服务器,只需要企业具有计算机、浏览器和互联网接入即可。

　　我们绝大部分"网民"对互联网的使用,主要是单向的,即浏览、查找互联网上我们感兴趣的内容,包括登录新闻网站、视频网站、专业类信息网站、京东或天猫等购物网站等,这部分网络浏览是被动、单向抓取,你的计算机上只需要安装合乎要求的浏览器,以及能够连接互联网的装置如有线或无线连接即可,"网民"们不需要专门的软件,也不需要专门的数据读取和存储。但是,将会计系统存放在互联网的云空间,企业需要输入相关的原始数据,能够在云空间完成从凭证到账簿再到报表的过程,且数据存放安全、读取方便,这样,仅仅单向读取,无法完成。它还需要第三方服务方在其服务器或云空间上设立运算资源,用户需要登录互联网,借助 SaaS(software-as-a-service)软件,进行远程程序处理和数据存储、读取、加工等过程,完成最终财务报表的加工和读取过程。

　　所谓 SaaS,是一种新的软件应用和服务模式。它是与 IaaS 和 PaaS 共同存在的一组概念,也是了解云会计所必须知道的基础术语。其中,IaaS 的全称是 infrastructure-as-a-service,字面可以译为"基础设施即服务",意即,企业自己可以不用购置或配备服务器等互联网运行所需要的服务器、存储设备、网络设备、操作系统等基础设施,而是通过外包、租用等方式,向专业公司租入,这样可以大大节省企业网络化的成本;PaaS 是 platform-as-a-service 的简称,译为"平台即服务",即在基础设施即服务之上,加上程序开发所必需的工具、服务或解决方案,这样,企业可以更加容易、也更加便利地进行网络应用的编程与开发。

　　SaaS 是软件即服务,在一定程度上可以说是终极解决方案,让公司将所有相关的互联网服务外包。就如同普通网民上网——例如在淘宝或京东网上开设个人店铺——一样,包括会计循环系统这样的专业服务,企业仅仅通过打开网页、单击选项等,就可以完成。这其中所需要的全部专业财务软件和数据存储、处理软件,都由类似数据淘宝的专业服务商提供,企业所需要做的就是将所发生的各种交易单据和凭证,通过网页浏览界面、按照预先设定的要求,输入指定的空间,之后,再根据事先设定好的企业会计准则或会计制度要求,自动完成编制会计分录、登记账簿、编制报表。

　　就如同淘宝可以同时服务上万家小微企业一样,那些提供互联网会计服务的公司,也会同时服务于上千家,甚至更多的中小规模企业。所有这些中小企业的会计账证表系统是在"云端"完成并传递的。

　　具体到 SaaS 的构建、软件的选用、云会计的搭建,目前也存在不同的软件、不同的架构。以下我们将以"账益达"[①]为例,具体说明第三方云会计的基本原理。

　　由于账益达将整个会计系统搭建在云端,理论上,它可以面向全球的中小企业,提供完整的会计服务,包括记账、编制报表、后续的各种财务分析、税务申报等。当然,由于不同经济体的法律法规不同以及一些强制性规定,目前,云服务还须受一些区域限制。

　　假定 A 企业位于海南,B 企业位于云南,它们都购买了账益达的会计系统服务。它们需要做的事,就是定期或及时将公司发生的交易,通过扫描,上传到账益达为它们在云端所设置的具体"房间"里。原始凭证的扫描,本身也是一个技术含量很高的工作,它需要

---

　　① 账益达是一家位于厦门的互联网公司维你网推出的软件服务,提供第三方代理记账及其解决方案。公司的介绍参见 www.onlyou.com。

利用票据识别技术,将 A 企业或 B 企业上传的凭证,转换成结构化的数据。当然,企业在扫描完成后,需要将凭证编号装订及保管,以便未来查验。

在上传原始凭证后,账益达系统进行凭证信息的结构化数据处理。之后,就可以进行下一步的编制会计分录工作。这项工作,是由那些与账益达签约的专业会计人员来完成的。这些人员可以是账益达公司的专业员工,也可以是"兼职"的员工。他们甚至也不需要专门集中在一个地点,可以在家办公,例如在辽宁、新疆。他们的手机或电脑会收到来自账益达的业务提醒,这时,第一个做出响应的人,就会成为这一笔/批业务的记账人员。在完成相应的凭证填制工作之后,系统会自动进行账簿登记和报表编制工作。这样,不仅企业可以分散在各地,记账的专业人员也可以分散在各地。所有账、证、表的传递,都在账益达指定的云端具体的"房间"内完成。企业需要根据相关会计档案保管的要求,定期将凭证、账簿、报表打印出来,装订成册,予以妥善保存。如图 5-3 所示。

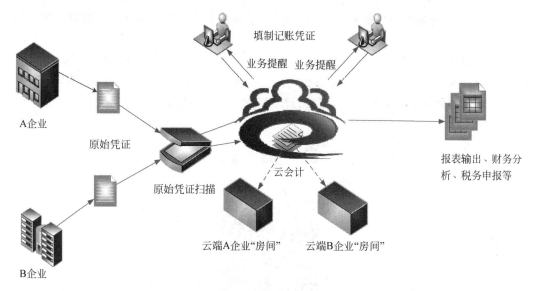

图 5-3　第三方云会计基本原理

随着人工智能等技术的进步,未来大量的常规业务处理,都将由计算机自动完成,对记账人员的需要会降低。只有当系统识别到一笔新的业务或某些需要发挥判断的业务时,才会发起对记账人员的呼叫。果如是,则未来会计的账证表系统,更多的是在云端、自动生成并传递的。

习　　题

一、名词解释
会计电算化　ERP　互联网＋　公共云　私有云　云会计　SaaS　IaaS　PaaS

二、思考与讨论
1. 什么是"互联网＋"？试以一个基于互联网的企业为例,讨论互联网企业与传统企业的不同？

2．基于互联网的账证表系统与传统手工簿记系统在原理上有什么相同与不同之处？

3．试述互联网与大数据直接的联系与区别。

4．为什么说互联网的普及与应用堪比大航海一样可改变人类？

5．基于计算机的会计系统与基于互联网的会计系统，有什么相同或不同之处？

6．什么是"云会计"？与会计电算化相比，云会计有什么不同？

7．请简要描述一个基于私有云的云会计的运行原理。

8．请简要描述一个第三方云会计的运行原理。

9．请大致描述一个提供第三方云会计服务公司的基本运行模式。

10．试讨论云会计状态下企业会计档案如何保管，以及如何确保会计信息质量可靠。

三、情景案例

1．请查找一份商业化财务软件的示范版，了解基于计算机的会计循环过程是如何运行的。

2．请查找一份商业化财务软件的网络版，理解基于网络的会计循环过程及其运行。

3．jc.zyd.onlyou.com 是账益达公司——一家位于厦门的第三方云会计服务商——所提供的示范版链接，学员进去后可自行注册一个 ID 进行体验。

自 测 题

第 6 章

会计循环Ⅲ：以制造业为例

资料与讨论 6-1

苹果 6plus 手机发布后,有专业人士将手机拆解,给出其装机成本,其中,显示屏/触屏与玻璃,51 美元;数据信息传输部件/移动通信等,40.50 美元;中央处理器,37 美元;摄像机,17.50 美元;电池,6 美元;存储装置,14 美元;其他组装材料,76.50 美元;合计成本:242.50 美元。

2014 年 10 月 25 日,中央电视台财经频道曾经也播出"Iphone6 成本只要 1 227 元"的报道,也是采用这种拆解零部件的计算方式。

(资料来源:搜狐财经综合报道 http://business.sohu.com/20140926/n404672479.shtml.)

讨论:上述对苹果手机成本的计算方式是否确当?你认为苹果公司还有哪些成本被忽略了?苹果手机的成本应该如何计算?

我们在第 2 章、第 3 章分别学习了会计循环Ⅰ和会计循环Ⅱ,已经初步掌握一个公司会计信息生成、加工的主要程序。第 4 章、第 5 章则是关于会计实务中数据传递的介绍,包括计算机和网络化的普及。它们不仅改变了会计数据的传递方式,还正在对会计本身的作用产生影响。本章以相对较为复杂的制造业为依据,继续讨论会计循环的应用,以期能够涉及更多的会计问题。为了行文简便,我们仍然采用第 2 章、第 3 章的方式,用简易凭证来代替第 4 章所讨论的会计凭证与账簿的数据传递程序。

6.1 制造业及其经营循环

中国证监会将我国资本市场全部上市公司分为农林牧渔、采矿、制造、电力、建筑、批发零售、交通运输、住宿餐饮、信息技术、金融业、房地产业、教育、文化等 19 大类。其中,制造业的公司占全部公司数量超过一半。按照中国证监会行业分类目录的界定,制造业是指"经物理变化或化学变化后成为新的产品,不论是动力机械制造,还是手工制作;也不论产品是批发销售,还是零售,均视为制造。"制造业包括 21 个子行业,如食品加工制造、家具制造、石化产品制造、金属冶炼、金属品制造等。了解制造业及其经营循环,对我们更好地理解会计以及在不同情境下的应用,有较大帮助。

以我们都很熟悉的手机为例。一个手机制造企业要能够生产出手机,除了技术能力等因素外,还需要这样一些所有制造业共同的内容:厂房设备、技术工人、各种材料,当然,还需要有一定的现金。所有这些要素,缺一不可。因此,制造业的经营活动循环,最具代表性,可以涵盖目前主流商业模式的主要环节。以下将以一个虚构的芝麻公司为例,讨论一个制造企业所需要的经营循环。这些环节至少应当包括以下方面。

（1）任何一个企业要想正常运行，都必须有一定数量的资本，用来购买厂房、设备、生产用材料，支付员工工资，支付其他各种必要的费用开支。芝麻手机公司也不例外。它的创办人雷金自己投入一部分，同时找到风险投资人投入一部分。之后，在经营过程中，还可以找银行等机构借入部分资金。

 资料与讨论 6-2

企业如何筹资，在一定程度上取决于市场所能够给出的选择。在资本市场不发达的环境下，筹资活动比较单一，创办人投资、银行借款、亲朋好友筹款等是最主要的来源；当资本市场较发达时，企业可能的筹资选择渠道增多，例如，私募股权资本、公开发行股票、公司债券、银行间票据等。如何以较低的成本和风险，筹集到满足经营活动需要的、适量的资本，是所有公司都面临的一个重要任务。这也是未来财务管理课程学习的对象。

（2）生产之前的准备，如购买机器设备、建造厂房、雇用符合要求的工人等，为未来的高效生产，做好准备。或者，任何一个制造性企业具备相应的制造能力，是企业非常重要的经营活动。

当然，在充满竞争的市场经济社会，企业分工程度高，加之互联网普及降低了信息搜寻成本，企业可以通过多种方式来解决制造能力的需求问题，如租用厂房、设备，甚至，企业不再需要自己完成全部活动，包括自己拥有必需的制造能力。企业可以通过"外包"，将制造环节委托给那些具有制造能力的企业，称为 OEM（original equipment manufacturer）。例如，苹果的手机主要委托富士康公司在中国生产，苹果自身不具备大批量生产苹果手机的制造能力。我国 20 世纪 90 年代曾经一度拥有全球超过 80％的计算机产能，并为几乎所有国际品牌的计算机公司提供 OEM 制造服务。

（3）材料采购活动。制造业的主要活动就是借助机器设备等，将各类材料经过加工后，生产出符合要求的产成品，例如，手机制造企业经过一个完整的生产过程后，生产出合格的手机。它需要采购的材料包括屏幕、处理器、存储器、线路板、摄像头等，还需要一些辅助材料如包装材料、备品备件等。从制造角度看，能够准备充足的、满足生产需求的各种材料，是企业制造环节顺畅运行的前提；当然，过量采购、储存原材料，同样会造成极大的浪费，因此，适度采购与存货管理，是企业运营管理的一个重要内容。包括日本在内的一些先进的制造企业如丰田汽车等，在批量采购与存货管理上已经采用了零存货等方式。这也是未来管理会计学习的一个重要环节。

从会计角度看，准确核算企业为制造所发生的各项材料成本，以及因为采购而形成的各项债务，是这一阶段的主要任务。

（4）生产活动。这也是制造业区别于其他行业（如贸易）的主要标志。从制造的工艺过程来看，它可分为离散性生产和连续性生产，其中，离散性生产就是加工装配式的，可以分散在不同区域，甚至不同国家，例如手机、计算机、汽车、飞机等的生产与装配；连续性生产包括化工、炼油、酿酒等，它的核心生产过程通常不可分割，需要连续、不间断完成，例如，茅台酒的酿造、发酵过程，或者石油企业的炼油过程等。在这个阶段，会计面临的一个非常重要任务就是可靠、准确地核算各个阶段产品的制造成本,以便下一步进行企业产品的市场定价,同时,也为企业有效地管理和控制各个环节的生产成本,提供有效依据。

如何合理、准确地核定企业产品的成本,不只是企业管理的一个核心话题,它本身也是一个充满争议,且面临各种创新压力而需要变革的领域。回到本章开篇所提到的苹果手机的成本报道,你如何核算苹果手机的成本?除了手机可以拆解的各个组件外,苹果公司投入的各种研发、试制等,是否应该计入苹果手机的成本?苹果手机能够吸引用户的,不仅仅是精湛的制造工艺,它的操作系统才是核心。苹果为了研发操作系统,耗费也不低。这是否要计入成本?这些项目以什么方式或标准计入成本才是恰当的?

此外,目前的制造业自身也在不断创新与发展过程中。3D打印,尽管还只是在实验室阶段,但如果付诸实施并产业化,将革命性改变现有的制造模式。相应地,成本计算方法也需要做出革新或调整。

(5)销售产品。这也是企业的主要经营活动,甚至可以说是核心经营活动之一,只有所生产的产品能够顺利销售出去,回收资金,企业才能够存活下来,顺利地进行再生产,并谋求发展、壮大。

从字面来看,销售就是把企业的产品卖到最终消费者手中,并顺利收回货款。但在一个竞争激烈的市场中,销售方式或手段也在不断地创新,这对会计上如何及何时确认收入提出了挑战。仍然以大家所熟悉的手机为例。我们可以从实体店如国美、苏宁购买手机,也可以向运营商如中国移动、中国联通、中国电信购买手机,还可以通过运营商的计划同时购入手机和服务,网上销售甚至众筹方式也可以购入手机;除了多样化的销售渠道,销售方式也千变万化,有一次性付款、延期支付、分期付款等。如何合理地确认企业手机的销售收入,是会计的一个核心话题。可以说,未来会计争议最多,也最有创造性的话题之一,就是收入及其确认。

(6)利润分配。从企业角度来看,将所制造的产品顺利销售出去,实现利润,其经营循环已经完成,但从股东角度来看,股东投资企业,就是为了获取回报,因此,企业实现利润后,需要向股东进行分配,包括派发股利等。剩余的现金,企业可以投入下一个经营循环中去。对利润分配进行记录与核算,是这一阶段会计所面临的问题。

 资料与讨论 6-3

如果利润分配只是现金,那么,关于利润分配的会计核算,业务相对比较简单,所涉及的只是不同种类股东问题,相对比较简单。但是,在现实经济生活中,利润分配除现金分红外,还有非现金分红如股票股利等。此外,我国市场上还有一些比较特别的"创新",例如,2013年4月,南方食品(000716)发布公告,所有股权登记日登记在册的股东,每持有1000股的股份发放一礼盒(12罐装)黑芝麻产品;同年,量子高科向股东赠送龟苓膏。实物发放股利,究竟是销售、促销,还是分配,这本身就是一个存在争议的问题,它也对会计处理提出挑战。

在实际经济生活中，上述各环节相互衔接，周而复始，持续往复，不断延续，形成企业实际经济活动的经营循环。如果企业存续时间较长，经营活动相对比较复杂，经营循环的不同环节会同时存在。图 6-1 是一个制造业经营循环简化示意图。

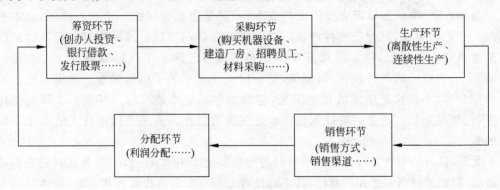

图 6-1　制造业经营循环

6.2　筹资与现金管理

企业的运行离不开资本。任何企业运行，都必须有一定的资本为基础，否则，就是"无本之木"。

如上所述，在一个发展相对成熟的资本市场上，企业可以筹资的渠道多样。对一个新创办的企业来说，可以有创办人自己投入、向各类投资基金募集、公开发行股票筹集①、向银行或金融机构借入、公开发行公司债等多种方式。具体所筹集的资本可以是货币资本，也可以是非货币资本如机器设备等实物资本，或专利权等非实物资本。

从法律意义上看，无论资本来源多复杂，最后，都需要根据其法律权属，将其分为两类：承担经营风险，没有固定的还本付息要求；不承担企业经营风险，需要还本付息。会计上将它们分别界定为所有者权益和负债。这一阶段所用到的账户比较少，主要是用来反映所有者或股东投资信息的"股本"或"实收资本"账户，以及向银行或其他债权人借入资本的"短期借款"或"长期借款"账户。以下将结合企业主要筹资业务，同时介绍账户的应用与具体经济业务的核算。

6.2.1　投入资本的核算

开门七件事：柴、米、油、盐、酱、醋、茶。企业也是如此。无论是雇用员工、租用或建造办公场所，还是购买日常办公用品，甚至打电话、开通网站等，都需要货币资金。作为企业创办人，首先要投入一定的资本。投入资本的方式有：其一，创办人自己投入，例如，乔布斯（Steve Jobs）联合沃兹尼克（Steve Wozniak）、维恩（Ronald Wayne），于 1976 年创立

---

① 在美国的市场上，没有设立门槛条件。理论上，任何一个公司——无论规模大小、盈利或亏损——都可以通过发行股票上市；我国资本市场目前仍然对公司发行股票设定比较严的门槛条件，期望以此来降低投资者的风险。这种制度的不同，直接影响公司所可能获取资本的渠道与方式。

苹果公司,他们仅投入大约 1 300 美元的现金。其二,向风险投资基金等各类权益基金筹集,如 Google 在最初创办过程中,收到来自多个风险基金的投资。小米的创办人雷军,本人也是风险投资人,他联合其他 6 位合伙人于 2010 年 4 月成立了小米公司,56 名员工投资 1 100 万美元;之后,A 轮风险投资 4 100 万美元;B 轮风险投资 9 000 万美元。除了创办之初的投入资本外,在后续的经营过程中,企业也会根据经营需要,引入资本。例如,小米的后续风险投资,都是在小米已经开始经营活动之后。

投入企业的资本,并不专指货币资金。对高科技企业来说,创办人所拥有的专利或专有技术等,可以作为资本入股。小米的雷军及其创业团队,在后续多轮风险投资投入巨额资本后,仍然持有小米过半数的股份,就是因为其创业团队的技术等因素被认可。除了技术外,还有诸如厂房、设备、专利、特许权等作为资本入股的现象。对非货币资本的价值认定,需要相关利益方共同认定,必要时,还可以请专业资产评估机构提供专业的资产评估报告。

 资料与讨论 6-4

企业投资的相关法律规定,在不断变化中。早年《中华人民共和国公司法》要求,所有创办企业,必须按照法律要求,在企业章程中注明公司股本规模,并在规定的期限内缴入指定份额的资本,称为"法定资本制"[①];从 2013 年起,我国也开始推行"注册资本制",取消公司设立的最低注册资本限制。理论上,创办人可以像美国当初成立苹果公司一样,自行决定资本数额。

企业收到投资者投入的资本时,可以通过"实收资本"账户来反映;如果公司是股份公司,也可以用"股本"账户。它是典型的所有者权益类账户,贷方用来反映股东投资情况。在通常情况下,借方没有发生额,因为,所有者权益是一种剩余权益,股东一旦投入资本,除非经过特定的法律程序,否则,不得撤回资本,以最大限度保障债权人利益。企业可以向股东分配股利,但必须建立在企业盈利的基础之上。"股本"账户的贷方余额,反映的是股东投入的份额。为了准确地核算并反映每一个股东的权益份额,还需要按照具体的股东名称设立明细账户。当然,如果一个公司股东数量众多,如上市公司,股东数量动辄以万计,就需要设立备查资料簿,具体登记每位股东及其持股情况。[②] 本章采用股本账户来反应芝麻公司投入资本的情况。

为了便于确定各股东在企业所拥有的权益份额,通常,会对公司所发行的股票数额,设立一个相对较低的名义价格,例如,我国市场上统一都是按照每股 1 元作为名义价格,任何一家上市公司的股本账户余额,就是该公司实际发行股票的数额。

股东投入的资本额,会高于名义价格。超出的部分,通过"资本公积"账户来反映。

---

① "注册资本制"与"法定资本制"的产生,有其相应的法律传统及要求。目前,我国在法律制度,特别是与投资在利益保护有关的法律制度尚未完全确立,采用"注册资本制",需要其他相关制度来保障投资者,特别是债权投资者的利益。

② 需要说明的是,上市公司的股东可以随时卖掉他/她所持有的上市公司股份,因此,上市公司本身无法,也没有必要保持持续的股东信息。通常,上市公司需要详细登记的是持股比重相对较大的股东信息;而上市公司所有股东、持股、交易等的信息,有专门的机构(在我国是证券登记公司)收集并负责提供与股东相关的信息。

"资本公积"账户相当于是"股本"账户的补充,它的性质与股本账户一致,贷方登记股东超额投入的资本,以及企业在正常经营活动中所产生的、与经营活动无关的资产增加或负债减少(如企业接受捐赠);借方登记资本公积的减少;余额在贷方,反映企业期末资本公积的数量。

【例 6-1】 以虚构的芝麻公司为例。它的创始人雷金和合作伙伴周武联合投入 8 000 000 元现金,其中,雷金投入 6 400 000 元,占公司股权 80%;周武投入 1 600 000 元,占公司股权 20%。

借:银行存款   8 000 000
 贷:股本——雷金   6 400 000
    ——周武   1 600 000

公司需要对股本做明细记录,明确雷金和周武的投资金额、占股比例,这样,可以清晰地看出投资者的投入情况,以及投资者未来在公司中应该享有的权益份额。

【例 6-2】 启明星风险投资公司向芝麻公司投入 20 000 000 元,约定占公司股权的 20%。

企业在开办过程中,会根据经营的需要,分阶段吸收投资。企业初创期,不确定性程度高,投资者所可能承担的风险大;随着经营趋于稳定,后来的投资者所可能面对的不确定性风险降低,他们需要为此付出相应的溢价。这部分溢价,是投资者的超额投入,需要计入"资本公积"账户。

严格地说,股本账户需要根据公司事先设定的股票面值以及实际认缴股份数来记录,超出部分,一律计入"资本公积"账户。这里为了说明方便,只是按照比例来确定应当计入"股本"和"资本公积"账户的数额。

对一个运行中的企业投资涉及企业估值问题。对单个资产——例如一辆汽车——估值,比较简单,用同样产品的最新市场价格即可;对企业估值,极为复杂,它不只是要考虑企业现有各项有形资产,企业的增长和盈利能力,才是最重要的因素。虽然芝麻公司只是刚刚开始,但如果市场特别看好它,就会愿意以比较高的价格加入公司。例如,Youtube 公司创立刚刚 18 个月,就被 Google 以 16.5 亿美元收购。

启明星风险投资公司在投资芝麻公司的过程中,对芝麻公司给出的估值是 1 亿元,投资 20 000 000 元,占 20% 的比重。这样,原股东雷金和周武的持股比例降为 80%。他们通过董事会等程序,将公司的股本确定为 10 000 000 元,雷金和周武的持股数量不变,仍然是 640 万股和 160 万股,但持股比例降为 64% 和 16%。启明星公司投入的 20 000 000 元中,2 000 000 元计入"股本"账户,其余 18 000 000 元作为"资本公积"。相应的会计分录如下。

借:银行存款   20 000 000
 贷:股本——启明星公司   2 000 000
   资本公积   18 000 000

同样,公司需要在备忘记录中注明启明星投资公司所占股权的比例,作为未来利润分配和权益分享的依据。

如果股东投入的是现金之外的资产,如厂房、设备、专利权等,在相关当事人价值达成一致后,就可以借记相应的账户如固定资产、无形资产等,贷记股本、资本公积等账户。在现实经济生活中,存在各种不同形式的投资,这些会在以后的课程学习中陆续接触到。

6.2.2　借入资本的核算

股东投入一定量的资本,可以让公司能够运营。但是,公司在正常的运营过程中,需要的资金较多。例如,雷金和他的团队在顺利研发出芝麻Ⅰ号手机和芝麻拍平板电脑后,通过互联网营销等创新手段,预计手机一旦上市,第一天的销售量会超过 20 万部,一个星期内的销量不会低于 100 万部;芝麻拍第一天的销售会超过 10 万部,第一周的销量预计在 50 万部。按照手机每部 1 000 元、平板电脑每部 800 元的制造成本计算,芝麻公司需要投入 14 亿元的资金,加上其他各种固定投入,需要大约 15 亿元的资金。芝麻公司采取各种方式如网上预售、经销商预付款、供应商欠款等,减少对资金的需要,但是,公司还需要大约 1 亿元的现金,以满足正常的生产运营需求。尽管这时还有一些风险投资基金愿意投入资金,但雷金不希望在公司创办初期、估值不高时,过度稀释公司的股权,因此,芝麻公司决定通过举债方式来解决资金需求,向当地的发展银行申请借款。发展银行在经过调研、讨论后,决定向芝麻公司提供 8 000 万元借款,期限一年,年利率 6%,相应的款项已经到账;其余 2 000 万元,未来根据芝麻公司的需要,向芝麻公司指定的供应商签发银行承兑汇票,兑付期限 6 个月,银行收取 1‰ 的手续费。

资料与讨论 6-5

究竟是采取股权方式融资,还是债权方式融资,是一个相对复杂的问题,需要考虑的因素较多。既要考虑公司层面的因素,还要考虑市场层面、企业可能的融资渠道等。例如,雷金认定公司未来的成长速度快,公司估值增长的空间大,过早出让股权,等于是“贱卖”,他要考虑最佳时机,同时,也需要考虑对公司的控制权问题。[①] 另外,我国目前的资本市场管制程度高,企业能够借款的对象主要是银行,而银行又是风险厌恶型的,通常不会向一个起步的企业提供高额贷款;发行债券,需要经过多个部门批准。在很多情况下,留给企业的可选融资渠道其实不多。未来,需要结合资本市场具体制度环境特征进行分析。这里,只是为了用来举例说明会计处理。

企业需要根据日常负债的发生、偿还等情况,设置相应的账户如“应付票据”、“短期借款”、“长期借款”等,它们也是会计恒等式右方的账户,贷方反映企业实际取得的应付票据、短期借款、长期借款,借方反映上述各项债务的偿还,期末余额在贷方,反映的是企业所欠付的各项债务。与应付票据、短期借款和长期借款相关的各项利息支出或手续费等,分别计入财务费用或有关工程成本(长期借款利息费用资本化的情况)中。企业还需要按照应付票据、短期借款和长期借款的发生情况做详细记录,包括具体的银行、到期日、利息

---

① 2015—2016 年,围绕万科控制权,万科的管理层、华润、宝能、恒大等之间上演了一出“罗生门”,引发了我国市场普遍对公司控制权的关注。控制权安排与企业运营、企业价值等之间的关系,非常复杂,也会因为市场环境的不同而不同。有兴趣的读者,可以查阅与万科控制权之争的相关资料和评论。

等信息,以便相关管理部门能够充分关注,准备好资金,及时还本付息,以免被罚息,以至影响企业在资本市场的形象。

【例 6-3】 发展银行提供给芝麻公司 80 000 000 元的短期借款,在款项存入芝麻公司的银行账户后,交易已经发生,芝麻公司需要做相应的记录;20 000 000 元的银行票据,是发展银行和芝麻公司之间的协议,芝麻公司将在未来实际发生采购等行为时使用。在没有开出票据之前,实际的负债尚未发生,芝麻公司仅需要做备忘登记,清楚载明公司所享有的融资额度,不需要做正式的会计记录。

借:银行存款   80 000 000
    贷:短期借款   80 000 000

6.3 生产准备与固定资产核算

传统的工业社会,企业要想制造产品,必须拥有完整的制造能力,包括机器设备、原材料、各种配品配件、熟练的制造工人等。随着市场发展日趋完善,分工越来越细,现在的企业可以通过市场化分工来解决问题。例如,美国苹果公司 2014 年仅手机销量就达 1.78亿部,如果集中在一个工厂,每天平均需要生产约 50 万部。苹果公司将手机的订单完全交给包括富士康等在内的专业制造厂家来完成。当然,富士康不能也无法独立完成手机制造的全部过程如各种原材料、部件的生产、组装等,它需要依赖其他厂家,如玻璃屏幕(如蓝思科技)、电池(如三洋或比亚迪)、处理器(如苹果或三星)等。目前,大部分新兴手机制造企业,普遍采取 OEM 等方式,借助外部力量来完成订单需求。这里,为了说明制造业的会计核算,假设芝麻公司自己生产,它需要形成相应的制造能力。

为了拥有完整的制造能力,必须有固定的场所、适合要求的厂房、相应的制造、安装设备、配套的材料准备、仓储能力,当然,还必须有能够胜任制造要求、技术熟练的工人和管理人员。这里,只就厂房、设备来举例说明相应的经济业务与会计处理。

作为一个制造类企业,需要提供关于企业制造能力的相关信息。会计上,根据企业的实际情况,可以分别设置相应的账户来反映。与制造能力相关的资产主要包括厂房、设备及其他相关建筑物等,因此,企业可以设置"固定资产"账户来反映。该账户借方登记企业为取得新增固定资产所支付的各种成本支出如现金等;贷方登记企业报废或卖出各种固定资产的相应成本。固定资产在使用中会产生磨损或损耗,降低了固定资产的价值。但是,我们对这部分通过"累计折旧"账户来单独记录,以保证固定资产账户能够反映企业所拥有的固定资产的总价值。之所以这样做,是基于这样的考虑:固定资产在其有效使用寿命内,通常不会因为使用而降低其制造能力;固定资产账户的余额,在一定程度上可以代表企业的制造能力或规模。企业在正常固定资产使用过程中所发生的磨损,计入"累计折旧"账户贷方;固定资产报废、卖出时,该项固定资产上所对应的累计折旧,需要从"累计折旧"账户借方转出;会计期末,用固定资产账户的借方余额,抵减累计折旧账户的贷方余额,得出固定资产净值,它与固定资产账户余额(原值)比较,可以反映出企业固定资产的新旧程度。

资料与讨论 6-6

对固定资产,同时设立原值和累计折旧账户,希望用来直观地反映企业的固定资产规模、新旧程度等。这一思想是源于20世纪的制造业为主的时代。对制造业来说,固定资产规模总额可以代表企业的规模、制造能力等;累计折旧可以反映企业固定资产新旧程度。但是,基于 OEM 和 ODM 等跨区域,甚至跨国或跨境商业合作,使固定资产规模与企业的实际营运能力之间的关系大大降低;另外,基于互联网所形成的企业,其营运能力与企业实体固定资产规模之间的关联度不高。例如,WalMart 的销售收入,与它的实体门店、仓库、大型运货卡车等固定资产密切相关,但是,阿里巴巴上的淘宝、天猫,它的销售额与固定资产的关系,非常弱。

也正因为如此,目前美国的很多上市公司逐渐取消报告固定资产原值、累计折旧,而是直接报告净值。

请你就这一现象,尝试讨论还有哪些经济环境的改变会对会计产生挑战。

除了固定资产外,生产准备阶段还有可能会形成无形资产。例如,苹果公司为了生产手机,自行研究、开发了多项与手机相关的专利,这些专利,形成了公司的无形资产。又如,我国的土地属于国家,企业可以购买土地使用权,这也是一项无形资产;企业还可以购买它认为有用的无形资产使用权。与固定资产账户不同,无形资产按照使用寿命期摊销,可以直接减记无形资产,无形资产账户的余额反映的是无形资产净值:理论上可以为企业带来未来现金流入的资产。

 资料与讨论 6-7

商誉是无形资产中一项特殊的资产。理论上,商誉代表了企业的超额盈利能力,例如,苹果手机的平均售价高于同等级手机,市场占有率也高于同类产品,这就是超额盈利能力。关于商誉,目前会计上存在以下一些难点,值得讨论。

(1) 既然商誉代表的是超额盈利能力,为什么像苹果这样拥有超额盈利能力的公司,其 2015 年年报上商誉总额 51 亿美元,占其 2 905 亿美元总资产不足 2%?

(2) 为什么目前只能够将公司并购差价确认为商誉,而自身形成的超额盈利能力,不能确认为商誉?

(3) 为什么商誉不再按照有效寿命摊销,而是采用减值测试方法?你了解这一会计准则产生的背景?你认为它与会计上的权责发生制、可靠性等原则内在是一致还是矛盾?

【例 6-4】 芝麻公司与高新区管委会签订厂房租赁协议,租用高新区内已经完工的厂房一幢,作为公司的办公、制造场所。租期 10 年,每年租金 600 000 元,芝麻公司预付了第一年的租金。

租用的厂房,所有权仍然在高新区管委会,与芝麻公司无关。因此,这不构成芝麻公司的固定资产,芝麻公司只需要记录相应的租金支出。当年的租金支出,构成了正常运行企业当年的费用,但通常会计是按月进行会计处理,因此,预付全年的房租费用,应该通过

"预付账款"账户反映,再按月分摊作为当期管理费用来处理。

借:预付账款——预付房租费 　　　　　600 000
　　贷:银行存款　　　　　　　　　　　　　　　　600 000

【例 6-5】　芝麻公司委托第三方对厂房进行改造,以满足生产需求,费用支出 900 000 元,已通过银行付讫。

企业对通用厂房进行改造所耗费的各项支出,与产品生产或制造有关,应该计入产品的生产成本。但是,厂房的改造支出,受益期应该是未来若干期间。在本例中,结合芝麻公司的生产安排,将上述改造支出的受益期设定为 3 年。根据权责发生制原则,需要将这部分支出平均分摊至未来 3 年受益期内所生产的全部产品中,会计上,通过设置"长期待摊费用"来处理。"长期待摊费用"性质上属于资产类账户,用来记录、核算相关支出所形成的很难归到具体某一类别资产的事项。它的借方登记"长期待摊费用"项目的增加;每个月按期摊销的金额,计入贷方;期末余额反映尚未摊销完毕的长期待摊费用。

借:长期待摊费用 　　　　　　　　　900 000
　　贷:银行存款　　　　　　　　　　　　　　　　900 000

【例 6-6】　向鸿海公司购入手机生产所需的各种设备,调试、安装完毕,共计 3 000 000 元,预计可以使用 6 年。芝麻公司以银行存款支付 1 000 000 元的贷款,其余 2 000 000 元,开出发展银行承兑的 6 个月到期的银行承兑汇票。

厂房、机器、设备等,是制造性企业的核心资产,通过"固定资产"账户来记录。为了更好地维护、管理好企业的机器和设备,还需要对固定资产进行详细的备忘记录,包括具体设备的购入、安装、预计使用寿命、维护等。在贷款支付中,开具银行承兑汇票,相当于芝麻公司取得 6 个月的短期贷款。银行会向芝麻公司收取相应的手续费,作为利息支出。企业需要按照具体欠款人对应付票据进行明细核算,并在备查簿中详细注明票据的欠款人、发生日期、兑付日期等,以便具体跟踪每份票据的兑付情况,及时确定企业的风险。相关会计处理如下。

借:固定资产 　　　　　　　　　　　3 000 000
　　贷:银行存款　　　　　　　　　　　　　　　1 000 000
　　　　应付票据——鸿海公司　　　　　　　　　2 000 000

6.4　采购与采购成本核算

企业制造产品,必须要有相应的原材料和备品备件。例如,茅台酒的主要材料有小麦、高粱等主要原材料,以及酒瓶、酒贴等辅助材料。茅台公司需要根据生产计划安排,采购并准备好充足的原材料,满足生产进度的需要。从具体的经济活动来看,材料采购部门要能按照事先确定的生产计划,及时、足额地提供生产过程各阶段所需的各种材料,包括原材料和相应的辅助性材料。从会计角度而言,就需要会计部门能及时、准确地反映材料采购部门的活动及业绩,如所采购材料的种类、成本、领用情况、库存情况等。

6.4.1 材料采购业务核算的账户设置

从材料采购角度看,企业采购材料以及领用的一个完整循环包括:签订购销合同;支付货款;材料运输;到达企业仓库,验收入库;制造车间领用;期末清点库存材料。相应地,企业至少需要设置以下账户,以满足对材料采购成本核算以及材料有序、有效保管的需要。

会计上,对材料采购及其成本的核算,有计划成本和实际成本两种模式,分别使用不同的账户来记录与核算材料的采购成本、收入、结余等情况。在计划成本制度下,事先确定每一种材料的计划成本,通过"材料采购"和"材料成本差异"账户来核算;在实际成本制度下,所采购材料的成本需要通过"在途材料"账户来记录。如果企业材料种类不是很多,但采购、领用批次频繁,不同会计期间材料的变更幅度不大,采用计划成本模式,可以节省日常材料成本核算的工作量。随着电算化程度的普及,借助计划成本,节省工作量的意义已经不大。但计划成本作为预算和管理控制的重要工具,仍然有较强的应用价值。

(1)"在途材料"账户。用来记录企业已经支付货款、尚未验收入库的采购材料。借方登记所购入材料的买价、运输费、装卸费,以及其他与该项材料采购有关的其他直接费用;贷方登记已经完成采购手续、验收入库的采购材料。为了确定每一种材料的采购成本,应按所采购材料的种类设置二级账户,再按材料品种设置明细账户。当然,企业如果有固定的采购人员,每个采购人员所采购的材料种类基本固定,为便于控制所采购材料的成本,考核采购人员(常设采购机构)的业绩,也可按采购人员设置二级账户,再按所采购材料种类设置明细账。

在实际经济活动中,有可能出现材料已经收到、但尚未办理结算手续的,依据现有的会计制度规定,可以做备忘记录,等到相应货款结算手续办理后,可以记入本账户借方。

 资料与讨论 6-8

按照《小企业会计准则——会计科目、主要账务处理和财务报表》对"1402 在途物资"科目的解释,"材料已经收到、但尚未办理结算手续的,可暂不做会计分录;待办理结算手续后,再根据所付金额或发票账单的应付金额,借记本科目,贷记'银行存款'等科目"。

这样做,是否符合企业会计准则关于资产与负债的定义?如果企业的采购严格按照合同进行的话,是否需要等到结算手续办理之后?请结合权责发生制、重要性等原则来讨论。

(2)"原材料"账户。用于核算企业库存各种材料的收入、发出、结存情况。其借方反映已验收入库材料的成本(如果是外购,则为采购成本;如果是自制,则为自制成本;如果是投资者投入等其他不存在明确市场价格或成本信息的,需要评估确定);贷方反映已发出库存材料的成本,余额在借方,表示期末库存材料的成本。该账户应按每一种材料的品种、规格分别设置二级账户和明细账户,以便核算每一种材料的收入、发出、结存情况。

(3)"应付账款"账户。用于核算企业因采购材料物资、设备和接受劳务提供而应付给供应单位的款项。其贷方登记应付而未付款项的数额；借方登记实际归还款项的数额，余额一般在贷方，表示尚未归还供应单位款项的数额。若出现借方余额，则表示企业多付或预付的货款，在资产负债表上应转作"预付账款"项目。

企业在经营过程中，会通过签发商业票据方式来延期支付货款，这也构成企业债务的一部分。在实务中，商业票据分为银行承兑汇票和商业承兑汇票。其中，银行承兑汇票是指银行审查并同意承兑、保证在指定日期无条件支付确定金额给收款人的票据，这类票据有银行信用担保或背书，收款人没有风险，但银行需要收取相应的担保费用；商业承兑汇票是指由出票人（通常是信誉较好的企业）签发并承兑、约定在指定日期支付确定金额给收款人的票据。商业承兑汇票的信用风险要高于银行承兑汇票。企业可以通过"应付票据"账户来登记企业开出或以承兑汇票抵付货款的金额，借方登记已偿还的到期汇票。支付银行承兑汇票的手续费，借记"财务费用"科目，贷记"银行存款"科目。企业应设置"应付票据备查簿"，详细登记每一应付票据的种类、号数、到期日、金额等详细资料，以便加强对票据的管理，及时清付到期票据，保证企业在市场中的良好信用。

（4）"应交税费"账户。用于核算应缴纳的各种税费，如增值税、消费税、所得税、教育费附加等。其贷方登记企业按税法规定预计应缴的各种税费；借方登记企业实际缴纳的税费款；期末贷方余额，反映企业尚未缴纳的税费；期末如为借方余额，反映企业多缴或尚未抵扣的税金。该账户按企业应缴纳的税费项目设置明细账户，进行明细分类核算。

由于增值税是企业日常缴纳税收中最重要的税种，企业需要分别按"进项税额""销项税额""出口退税""进项税额转出""已交税金"等设置专栏，详细、分项核算增值税的发生与解付情况。

各账户直接的关系如图 6-2 所示。

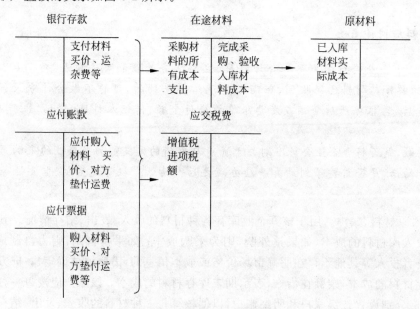

图 6-2　各账户直接的关系

6.4.2　材料采购业务核算

芝麻公司在经过一段时期的筹备,特别是设备等已经调试完毕后,正式进入生产阶段。

雷金和其团队经过线上与线下的调查,初步判断,需要准备不少于100万部芝麻1号手机、50万部芝麻拍平板电脑。按照这个需求量,芝麻公司的物料部门在全世界范围内寻找相应的供应商,并尽可能取得最优惠的供货价格和付款条件。

【例6-7】　公司物料部负责人洪川经过多轮沟通、谈判、公开招标等方式,最终确定了芝麻1号主要配件供应商,包括手机和平板屏幕、芯片、电池、摄像头、主电路板等。洪川团队共报销差旅费(含机票、住宿、市内交通等费用)计60 000元。

理论上,为了材料采购所发生的相关支出,应该归入所采购材料的成本中。其中,与材料运达企业相关的直接支出如运输费、保险费、装卸费等,可以直接计入各该批次材料的采购成本;一些为不同批次、不同材料采购所发生的相关支出,就需要按照一定的标准,合理地分摊到所采购材料中。例如,芝麻公司为手机天线的线路与信号增强,专门邀请了一个设计团体,发生设计费30万元,这样,未来采用这一设计的手机外壳,每套都要分摊相应的成本;共同采购费用的分配也可以按重量标准(例如,同一个集装箱运输、装卸不同种类的材料)、价值标准(例如,同时为两个品种的材料进行公开招标的相关费用)等。具体选择何种分摊依据,主要还是取决于企业经济业务的实质,目的是希望最后的成本也更加合理。

成本计算除了合理外,还需要考虑重要性。本例中,洪川团队的差旅费60 000元,分摊到所要采购的材料中,金额非常低。把它直接计入当期的损益,与分摊后进入损益,不会对当期损益产生重大影响。因此,这里将洪川团队的差旅费用直接计入"管理费用"账户,相应的会计处理如下。

借:管理费用　　　　　　　　　　　　　　　　　60 000
　　贷:银行存款　　　　　　　　　　　　　　　　　　60 000

【例6-8】　物料部交来单据,与夏普公司签订100万片、5寸手机屏幕(含触摸感应装置)采购合同,每万片3 500 000元(不含增值税),要求夏普公司在未来3个月内,每个月发货一次,分别按照40万片、30万片、30万片的数量,交付手机屏幕;和三星公司签订50万片、9.5寸平板屏幕(含触摸装置)采购合同,每万片4 500 000元(不含增值税),在未来3个月内,每个月发货一次,分别按照20万片、15万片、15万片的数量,交付平板屏幕。

物料部门提交的单据还表明,截至月底,第一批手机和平板屏幕的采购单据已经到达财务部,芝麻公司通过银行分别向夏普、三星公司支付25 000 000元货款,余款暂欠。

在我国目前的税收体系中,增值税是价外税,企业之间的产品报价,会明确注明含税或不含税;同时,我国的税法规定,企业都是增值税纳税义务人,根据企业的规模以及会计核算的完备程度,可区分为一般纳税义务人和小规模纳税义务人。假设芝麻公司是一般纳税人,它在向上游企业购入手机屏幕时,需要在双方报价之上,额外支付价款的17%,作为上游公司的增值税,芝麻公司将其记为增值税进项税,可以在未来销售时抵扣。这样,芝麻公司最后购入40万片手机屏幕所需要支付的货款为140 000 000元、增值税

23 800 000 元,平板屏幕所需要支付的货款 90 000 000 元、增值税 15 300 000 元。芝麻公司支付 50 000 000 元,其余 178 150 000 元暂欠。相应的会计处理如下。

借:在途材料——手机屏幕　　　　　　　　　　　140 000 000
　　在途材料——平板屏幕　　　　　　　　　　　 90 000 000
　　应交税金——应交增值税——进项税额　　　　 39 100 000
　　　贷:银行存款　　　　　　　　　　　　　　　 50 000 000
　　　　　应付账款——夏普公司　　　　　　　　　138 800 000
　　　　　　　　　　——三星公司　　　　　　　　 80 300 000

【例 6-9】 物料部交来单据,向比亚迪公司采购手机电池 100 万块,每万块单价 300 000 元(不含增值税),平板电池 50 万副,每万副单价 450 000 元。其中,第一批手机电池 40 万副,平板电池 20 万副均已经验收入库。芝麻公司签发一张 10 000 000 元的银行汇票,余款暂欠。

这与手机屏幕的采购类似,所不同的是,手机电池已经入库。在账务处理上,可以直接登记"原材料"账户。从会计系统数据的完整性来看,"在途材料"账户应当能完整地反映企业材料采购情况,因此,实务中通常先计入"在途材料"账户,在检查、核实与材料采购相关的费用都归集完毕之后,就可以转入"原材料"账户。否则,即便材料已经验收入库,也只做备忘记录。同样,电池采购还需要在价款之外,支付 17% 的增值税。

借:在途材料——手机电池　　　　　　　　　　　 12 000 000
　　在途材料——平板电池　　　　　　　　　　　　 9 000 000
　　应交税金——应交增值税——进项税额　　　　　 3 570 000
　　　贷:应付票据——比亚迪　　　　　　　　　　 10 000 000
　　　　　应付账款——比亚迪　　　　　　　　　　 14 570 000

在实务中,如果企业材料采购业务批次不是很频繁,也可以集中到月末一次性结转。当然,会计电算化系统已经普及之后,节省工作量的考虑,不再是日常会计工作所需要考虑的。材料验收入库后,立即结转,还是等到期末一次性结转,应当从实际采购过程各种费用发生情况以及管理效率等角度出发,更有意义。如果物料或采购部在检查、确定所有采购过程已经完成,各种相关费用单据也已经归集完毕后,可以在系统中提交一个采购过程完成、费用归集完毕的指令,系统就可以自动完成结转分录。

【例 6-10】 物料部交来单据,为本批次的手机屏幕和电池材料共发生运输、装卸等费用 600 000 元、保险费 251 000 元。款项已通过银行存款支付。出于简化,不考虑增值税问题。

我国自 2011 年起,逐步推行"营改增"方案,即对原有征收营业税的劳务项目(如这里的运输费用等),改按一定比例征收增值税。本章只在材料采购、产品销售环节考虑增值税。其他业务暂不考虑增值税问题。

在材料采购过程中,会发生各种相关的费用。凡是与所采购材料直接相关的费用,就应当分摊、计入材料成本。这里所给出的运输费、保险费,都是直接费用,其中,运输费应当按照运输公司的计费标准来进行分摊,保险费同样需要根据保险公司收取保费的标准分摊到所采购材料中。这里出于简化,对运输费和保费分别按照件数、总价进行分摊。总件数为:手机屏幕 40 万件＋平板屏幕 20 万件＋手机电池 40 万件＋平板电池 20 万件,共计 120 万件。各自分摊的运费分别为 200 000 元、100 000 元、200 000 元、100 000 元。保险费按照所采购商品的总价分摊,它们分别是:手机屏幕 140 000 000 万元、平板屏幕 90 000 000 万元、手机电池 12 000 000 万元、平板电池 9 000 000 元,共计 251 000 000 万元。分摊的保险费分别是 14 万元、9 万元、1.2 万元、0.9 万元,会计分录如下。

借:在途材料——手机屏幕——运费	200 000	
在途材料——手机屏幕——保险费	140 000	
在途材料——平板屏幕——运费	100 000	
在途材料——平板屏幕——保险费	90 000	
在途材料——手机电池——运费	200 000	
在途材料——手机电池——保险费	12 000	
在途材料——平板电池——运费	100 000	
在途材料——平板电池——保险费	851 000	
贷:银行存款		851 000

【例 6-11】 物料部交来单据,与其他各配件供应商达成合作协议,芝麻公司向各配件供应商联合采购 100 万套手机相关配件、50 万套平板相关配件,价格分别是每套 800 元和 750 元,均不含增值税。交货方式与上两组材料一样。货款延后 3 个月,分批支付。第一批 40 万套手机配件、20 万套平板配件,已经验收入库。

这是一项款未付、货已到的采购业务。如果企业采购材料的相关数据能可靠计量,就可以计入"在途材料";否则,应做备忘记录,等相关结算凭证到达企业,才可以计入"在途材料"账户;等所有采购程序完成后,转入"原材料"账户。芝麻公司依照合同和约定的价格,采购手机和平板配件套装,未来需要付款的金额明确,没有不确定性,可以计入"在途材料"账户;另外,芝麻公司同样需要记录应付的增值税进项税额。

借:在途材料——手机套件	320 000 000	
在途材料——平板套件	150 000 000	
应交税金——应交增值税——进项税额	79 900 000	
贷:应付账款		549 900 000

【例 6-12】 仓储部提交单据,第一批 40 万片手机屏幕、20 万片平板屏幕已经验收入库;同时,物料部提交单据,没有新增与上述三批材料采购相关的支出,可以结转材料采购成本。

在检查、核实相关支出都已经入账,采购程序也已经完成的基础上,就可以结转材料采购成本,并核算出所采购材料的具体单价、单批次成本,为管理部门的决策提供所需信息。管理部门需要每批次材料采购成本的信息,可以用来考核物料部的绩效,控制产品成本,为产品定价提供依据,结合原材料价格的变化趋势及时调整采购决策等。

这里为了简化,只是举例说明结转过程,没有进一步讨论材料成本与管理上的定价、控制等。

借：原材料——手机屏幕	140 340 000
原材料——手机电池	12 212 000
原材料——手机套件	320 000 000
原材料——平板屏幕	90 190 000
原材料——平板电池	9 109 000
原材料——平板套件	150 000 000
贷：在途材料——手机屏幕	140 340 000
在途材料——手机电池	12 212 000
在途材料——手机套件	320 000 000
在途材料——平板屏幕	90 190 000
在途材料——平板电池	9 109 000
在途材料——平板套件	150 000 000

6.5　生产过程与产品成本核算

生产过程是制造业最具特色的阶段,也是产品价值形成与增值的阶段。理论上,从设计开始,每个阶段对产品最终价值的形成,都有着不可或缺的影响,但是,制造,特别是工艺精湛的制造过程,可以将各种设计、理念转化为具有使用功能的出色的产品。苹果手机之所以能够畅销,是因为除了设计理念符合大部分消费者的使用习惯外,出色的制造工艺,也是苹果手机能够高价且畅销的重要保证。

对大部分制造性企业来说,生产阶段所发生的经济业务数量最多,也最为复杂。生产阶段各项生产费用的发生、归集与分配,以及完工产品的入库,是生产阶段的主要业务。通过对生产阶段各项业务的核算,会计应该能够生成以下信息,以帮助管理层做出相应的管理与控制决策。

(1) 提供有关材料、工资、制造费用等成本的组成信息,帮助管理层更好地实现对企业产品生产过程的有效控制。

(2) 确定产品的实际单位成本,为产品销售定价等提供依据,同时,还可以与往期实际单位成本以及目标成本对比,分析单位成本的升降变化及其原因,做出管理改进的评价。

(3) 提供产品完工入库的信息,借以考核产品计划的完成情况。

(4) 提供有关在产品变化的信息,以分析企业生产的均衡性等。

在进行制造业产品成本核算时,需要根据产品制造的工艺流程来选择恰当的方法。例如,酿酒、发电等类型产品的制造工艺,都是一步到位,一次完成的,因此,应将相关的费用支出归集起来,根据完工产品的种类、数量等,一次性分配到产成品中去。纺织类企业的制造工艺流程是逐步递进的,纺纱—织布—印染—成衣,上一步骤的制成品是下一步骤的原材料,相应的产品成本计算,对费用的归集都是按生产流程的步骤分步进行,称为"逐步结转分步法"。对装配类企业如汽车、空调、手机,甚至飞机制造企业来说,产成品都可以分解成若干个独立的部件,这些部件都可以独立生产,最后汇总到装配车间,装配出产成品如汽车、空调、手机、飞机等,计算相应的产品成本,各个零部件生产的费用可以单独归集,相互之间可以平行进行,最终汇集形成产成品成本,称为"平行结转分步法"。

需要关注的是,上述成本结转的计算方法,形成于 20 世纪 50 年代传统工业制造时代。随着制造业自动化程度不同提升,计算机辅助制造系统的广泛应用,人们已经实现了对制造过程的精细化控制,此外,互联网和信息化对制造业的影响也是全面的,这些,都对成本计算方法提出新的挑战。进一步地讲,"3D 打印"和"工业 4.0"分别代表两个不同发展方向,它们对产品成本核算的要求也不一致。未来,产品成本核算需要根据不同的制造流程和发展方向,做相应的改进、调整,乃至创新。

6.5.1 产品生产阶段主要账户设置

根据生产业务核算的要求,生产阶段一般需要设置以下账户。

(1)"生产成本"账户。用来归集产品生产过程中所发生的,应计入产品成本的直接材料、直接人工和制造费用,并据以确定产品的实际生产成本。其借方登记当期发生的、应计入产品成本的生产费用支出;贷方登记期末结转的完工产品的实际生产成本,余额在借方,表示月末尚未完工产品的生产成本,在期末的资产负债表中,可以归入"存货"项目下。由于企业产品成本核算最终要具体到每一种产品,因此,该账户的明细核算按所生产的产品种类进行。如果产品生产需要经过多个生产环节或多个车间,"生产成本"账户明细账的设置需要先按生产环节或车间,再按具体产品种类进行。

(2)"制造费用"账户。用于归集和分配企业生产车间为生产产品与提供劳务而发生的、应计入产品成本的各项间接费用,包括制造部门管理人员的工资及福利费、机器设备等生产用固定资产折旧费及修理费、水电费等不能直接计入产品生产成本的费用;企业制造周期长于一年的产品制造过程(如茅台酒酿造、大型船舶制造)所发生的借款费用,也可以归入制造费用。该账户借方登记会计期间内所发生的各种制造费用,贷方登记月末按一定标准分配结转给各种产品负担的制造费用,月末一般无余额。本账户应按不同车间和费用项目设置明细账,以便于归集、汇总制造费用,并根据所制造产品的受益情况将制造费用分配到相应的产品中去,以便准确、合理地计算产品成本;同时,详细、准确的制造费用信息,还可以用于考核和控制不同车间的共同性生产费用。

(3)"预付账款"账户。用来核算企业发生预付款项的业务,主要有企业按照购货合同规定预付给供应单位的款项、企业预付保险费、预付租金等项业务。它可以用以反映企业预付账款的增减变化及结余情况。该账户属于资产类账户,借方登记企业预付的款项和因购货而补付的款项。贷方登记的内容包括:企业收到所购材料时的应付金额以及退回多付的款项;根据权责发生制原则,应由本期负担的费用的分摊。期末余额如果在借方,反映企业实际预付的款项;期末如果是贷方余额,反映企业尚未补付的款项。该账户应根据供应单位和款项用途设置明细账,进行明细分类核算。

企业应当在预付相关款项时按照实际支付的金额,借记"预付账款"科目,贷记"银行存款"科目;属于预付各类费用如保险费、报刊征订费等,需要在之后的有效期内逐月摊销。每月摊销时按其摊销额,借记"管理费用""制造费用"等科目,贷记"预付账款"科目,直至摊销完毕。

（4）"应付职工薪酬"账户。用于核算企业根据有关规定应付给职工的各种薪酬，包括工资、奖金、津贴和补贴、职工福利、社会保险费、住房公积金、非货币化福利、辞退福利等。其贷方登记企业当期所发生的、应发给职工的各项薪酬总额；借方登记企业实际支付给职工的薪酬额，余额在贷方，表示月末应付而未付的薪酬总额。如果出现借方余额，表明企业预付职工的薪酬，此时在资产负债表上应转作资产类账户。

固定资产和累计折旧账户在生产准备阶段已经介绍，这里不再重复。

（5）"库存商品"账户。用来核算企业生产完工验收入库可供销售产成品的收入、发出、结存情况。其借方登记已完工验收入库的各种产成品的实际生产成本；贷方登记发出各种产品的实际生产成本；余额在借方，表示期末库存产成品的实际生产成本。该账户应按产成品的品种、规格或类别设置明细账，以详细反映和监督各种产成品的收、发、结存情况。

以上各账户间的关系如图6-3所示。

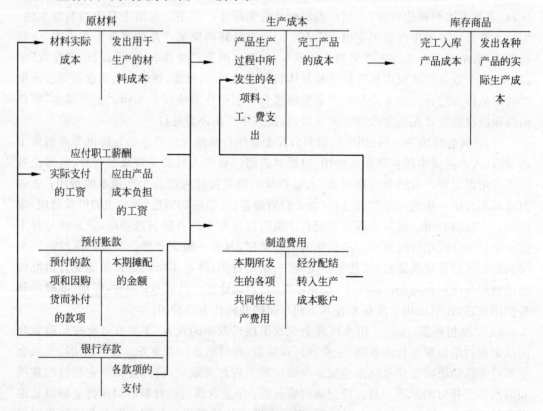

图6-3　各账户间的关系

6.5.2　产品生产阶段主要业务核算举例

本节将结合前述虚构的芝麻公司手机制造业的实务，简略介绍制造业所可能发生的经济业务及其会计处理。

同样，为了简化，假设芝麻公司只有一个装配车间，同时负责装配芝麻Ⅰ号手机和芝麻拍平板；另外还有一个辅助车间，负责对完工产品进行检验、包装。包装好的产品，移至成品仓库，等待销售。

【例6-13】 仓库发来领料单，第一批已经入库的全部三组材料，都陆续发给装配车间。

为了加强管理，仓库发出的材料应按不同的用途分别计入不同的账户：直接用于生产产品的材料费用计入"生产成本"账户；用于车间一般耗用的消耗性材料应先计入"制造费用"账户，待生产完工后再分配、结转到相应的产品成本中去；用于企业管理部门一般耗用的消耗性材料，应计入"管理费用"账户。所以，本例应编制分录如下。

借：生产成本——手机——材料	472 552 000
生产成本——平板——材料	249 299 000
贷：原材料——手机屏幕	140 340 000
原材料——手机电池	12 212 000
原材料——手机套件	320 000 000
原材料——平板屏幕	90 190 000
原材料——平板电池	9 109 000
原材料——平板套件	150 000 000

【例6-14】 计提本月制造车间装配工人的工资6 000 000元，装配车间管理人员工资120 000元，辅助车间人员工资180 000元，厂部管理人员工资300 000元。

传统上，制造业的产品成本可以粗略地分为料、工、费，其中，"料"是指直接材料，"工"就是制造工人的工资等支出，"费"是指对产品制造必不可少的各种间接费用总和。上述业务的发生，导致企业应付员工——包括车间和厂部管理人员——的薪酬负债增加；这些薪酬负债根据其受益方式，需要分别归入产品直接人工费、制造费用和管理费用。

车间装配工人的工资需要直接计入产品成本，而芝麻公司同时制造芝麻Ⅰ号和芝麻拍平板电脑两类产品，需要根据车间用工记录（如每批产品所需的工时数等）来确定分别归属于手机和平板电脑的员工工资。这里，假定装配手机和平板电脑耗时相同，按数量来分配制造工人工资；车间管理人员工资、辅助车间人员工资都需要计入制造费用；管理人员工资需要直接计入管理费用。

 资料与讨论6-9

产品成本核算是否准确，一个核心问题就是共同费用或间接费用的分摊。如果间接费用分摊方式不够确当，导致计入各具体产品的成本份额不当，那么，最终所确定的产品成本，就不可能准确。传统的制造业环境下，人工费占成本的比重高，且在产品制造过程中的作用较大，实务中，通常以人工费为依据，来分摊所汇总的间接费用。随着制造业自动化程度的提升，人工费占成本的比重逐步降低。这时，再以人工费来分摊，"以小博大"，就不是特别合理，因此，应该寻找、确定对产品制造过程最为关键的工艺步骤(如机器工时)或最核心的成本项目(如 LED 屏)。另外,计算机辅助系统的应用、制造过程的精细化,使原先无法明确归属的"共同费用",可以具体化到每一批,甚至每一件产品上来,这样,"共同费用"越来越少,成本的计算也更加准确、合理。围绕成本计算以及基于成本信息基础之上的成本管理与控制,是企业管理中非常重要的内容之一。

这项经济业务应编制如下会计分录。

借:生产成本——手机——工资　　　　　　　　　　　　4 000 000
　　生产成本——平板——工资　　　　　　　　　　　　2 000 000
　　制造费用——工资　　　　　　　　　　　　　　　　300 000
　　管理费用——工资　　　　　　　　　　　　　　　　300 000
　　　贷:应付职工薪酬——工资　　　　　　　　　　　　　　6 600 000

【例 6-15】　按工资总额的 14％计提职工福利费,按工资总额的 30％提取"五险一金"。

职工福利费是在职工工资之外、可用于职工日常福利的各项支出,如困难职工的生活补助、高温天气下的防暑降温费、职工食堂经费补贴、职工交通补贴等。

按照现行的制度,企业需要根据职工工资额度,在工资之外为职工缴纳养老保险、医疗保险、失业保险、工伤保险、生育保险和住房公积金,简称"五险一金"。其中,由企业(雇主)承担的五险一金部分占职工税前工资比重,全国各地并不统一,大致在 40％～50％,[①] 职工个人承担的部分占税前工资总额 10％上下。这里,只是简略说明,所以,没有区分具体险、金的比例,也不考虑代扣职工应交的五险一金的金额。后续向社会保障部门具体缴存五险一金的业务也略过。

上述职工福利费、五险一金,按照工资的相应比例,分别计入生产成本和制造费用、管理费用。相应的计提金额分别是:以手机生产工人工资(4 000 000 元)为基础的福利费(14％)和"五险一金"(30％)共计 1 760 000 元,直接计入手机生产成本,作为人工费的一部分;同样,作为人工费计入平板生产成本的福利费和五险一金共计 880 000 元;装配车间管理人员工资、辅助车间人员工资也需要按比例计提福利费和五险一金费用,共计 132 000 元;厂部管理人员应计提的福利费和五险一金费用也是 132 000 元。相应的会计分录如下。

借:生产成本——手机——福利费　　　　　　　　　　1 760 000
　　生产成本——平板——福利费　　　　　　　　　　　880 000
　　制造费用——福利费　　　　　　　　　　　　　　　132 000
　　管理费用——福利费　　　　　　　　　　　　　　　132 000
　　　贷:应付职工薪酬——福利费　　　　　　　　　　　　924 000
　　　　其他应交款——五险一金　　　　　　　　　　　　1 980 000

---

① 　马凯:五险一金已占工资 40％～50％缴费水平确实偏高[N].京华时报,2014-12-29.

【例 6-16】 芝麻公司财务部门根据人力资源部门的职工名单,发放本月已经计提的职工工资。

发放工资,是企业最常见的企业经济活动之一。在银行结算没有普及之前,发放职工工资,通常需要企业先从银行提取现金,然后,根据职工应得的月工资额,将相应金额的现金发放给职工。对一个规模相对较大的企业来说,发放工资所需要的现金数额较高,这也曾经是企业现金管理与内部控制中非常重要的一个风险点。随着银行结算普及,包括银行储蓄卡、信用卡等的日益广泛应用,发放工资环节,可以借助银行系统,直接将职工应得工资额从企业银行存款账户转入各该员工的个人银行账户。这样,工资发放就简化为一笔业务:直接用企业的银行存款去支付员工工资。会计分录如下。

借:应付职工薪酬——工资 6 600 000
　　贷:银行存款 6 600 000

【例 6-17】 摊销本月应承担的厂房租金 50 000 元。

这笔业务应当与例 6-4 合并起来看。例 6-4 是向管委会租用厂房,预付租金,属于典型的现金支付在先、费用受益在后的经济活动,因此,发生时,根据其受益期长短,分别计入短期和长期预付费用。例 6-4 将厂房租金计入"预付账款——预付房租费"账户;期末时,根据受益情况,将其转入相应的费用账户。

一个大型制造业企业通常会有独立的厂房、办公楼等,厂房、办公楼的租金或折旧费需要分别计入不同的费用类别,例如,厂房的折旧费或租金计入产品成本账户,办公楼的折旧费或租金则需要计入管理费用账户。芝麻公司在起步阶段,办公、制造共用一个办公楼,这里,出于简化,直接将本期应摊销的租金计入管理费用。

借:管理费用——租金费用 50 000
　　贷:预付账款——预付房租费 50 000

【例 6-18】 计提本月固定资产折旧费和厂房装修摊销费。

从性质上说,固定资产投资也是支付在先、受益在后的一项支出。在固定资产有效使用寿命内,根据固定资产的使用情况分期计提折旧费。具体的折旧费计提,存在多种不同的方式。这里,芝麻公司对固定资产按照 5 年预计使用寿命计提折旧,预计固定资产报废可回收的残值与所需要支付的清理费用相当。因此,芝麻公司每月需要计提的固定资产折旧费是 50 000[3 000 000/(5 年×12 个月)]元。由于该固定资产是用于同时装配手机和平板所用,应该计入制造费用,并分摊到这两种产品中去,相应的会计分录如下。

借:制造费用——折旧费 50 000
　　贷:累计折旧 50 000

芝麻公司的厂房装修支出,也是一种与固定资产类似的支出,需要在受益期间内平均分摊。按照相应的会计制度规定与租赁协议期限孰短的原则,公司确定这部分支出应当在 3 年的期间内摊销完毕,芝麻公司每月应该摊销的长期待摊费用为 25 000[900 000/(3 年×12 个月)]元。与厂房租金处理一致,这里将厂房装修支出也计入管理费用。相应的会计处理如下。

```
借：管理费用——装修支出          25 000
    贷：长期待摊费用——装修支出           25 000
```

在实务中,企业可以在多长时间内摊销各种待摊费用或计提折旧费用,取决于多种因素,企业可以在会计准则所允许的空间里,根据自身的需求,做出合理的选择。例如,会计的谨慎原则要求企业在尽可能短的期间里,计提折旧或摊销;但是,对一个盈利能力相对较低的企业来说,如果按照较短的折旧或摊销期限,企业可能会出现亏损,这也不利于企业申请银行贷款、公开提供财务报表等;此外,税法也会有相应的规定和要求,例如,关于开办费,目前我国税法允许的企业长期待摊费用,其摊销年限应当不低于 3 年。企业可以采用会计准则的处理方式,然后,在纳税申报时明确说明与税法不一致的之处,并进行相应的调整。

【例 6-19】 汇总本月发生的制造费用,并进行结转。

对制造业来说,为了准确地核算、确定所生产产品的成本,必须将产品生产过程中所发生的、与产品制造有关的全部费用支出,都应该计入产品制造成本。

为了准确地归集不同种类产品制造过程所发生的制造费用,以便准确地进行分摊,还需要按照制造费用的种类进行归集,以便确定合适的分摊方式。这里只涉及两种产品,出于简化,假定产品制造过程只发生上述事项,同时,所有制造费用都按人工费来分摊。

本期所发生的制造费用共 482 000 元。手机和平板电脑的人工费占总人工费的比重分别为 0.65 和 0.35,①分摊过程：手机应当分摊的制造费用为 322 940(482 000×0.67)元;平板电脑应当分摊的制造费用为 159 060(482 000×0.33)元。会计分录如下。

```
借：生产成本——手机              322 940
    生产成本——平板电脑          159 060
    贷：制造费用                         482 000
```

【例 6-20】 本月投产的 40 万部手机、20 万台平板电脑全部装配完毕,验收入库,等待销售(见表 6-1)。

对一个持续经营中的制造性企业来说,任何一个会计期间(例如一个月),都会有产品投产、完工入库、未完工转入下期生产,生产过程并非一帆风顺,也有残次品、报废品等,这些都增加了准确核算产品成本的难度。这里,从原理介绍角度出发,假定芝麻公司期末没有未完工产品、没有报废或残次品。所有投产产品全部完工入库。

如前所述,"生产成本"账户用来归集产品制造过程中所发生的全部应当计入产品成本的部分;芝麻公司生产两种产品,就应当把手机、平板分别汇总产品成本(见表 6-1)。为了更准确地归集产品成本,为管理和控制提供更相关的信息,还需要按照类别来归集每一种产品的成本。

---

① 计算过程：手机人工 4 000 000 元,平板人工 2 000 000 元,手机人工占比 4 000 000/(4 000 000＋2 000 000)＝0.67,平板人工占比 2 000 000/(4 000 000＋2 000 000)＝0.33。

表 6-1　芝麻公司的手机、平板电脑成本

	手机（40万部）	平板电脑（20万台）
原材料	472 552 000	249 299 000
工资	4 000 000	2 000 000
其他人工费用	1 760 000	880 000
制造费用	322 940	159 060
合计	478 634 940	252 338 060

在日常会计处理中，如果采用手工核算，表 6-1 是通过丁字形账户来完成；这里，为了举例方便，以表格形式展示。该表格还可以扩展，增加单位产品成本核算。例如，手机总产量 40 万部，单位成本是每部 1 196.59 元；平板电脑总产量 20 万台，单位成本为每台 1 261.69 元。

基于表 6-1 提供的数据，会计处理如下。

借：库存商品——手机　　　　　　　　　　　478 634 940

　　　　　——平板电脑　　　　　　　　　　252 338 060

　　贷：生产成本——手机　　　　　　　　　　　478 634 940

　　　　　　——平板电脑　　　　　　　　　　252 338 060

在进行上述会计处理时，还需要备注说明完工产品件数、每单位产品成本等。

当然，实际的产品成本计算远比本例复杂。对这一问题的进一步学习和讨论将在以后的成本会计课程中展开。

6.6　销售与利润核算

销售，是企业产品价值实现的过程。在市场经济环境下，任何一个企业，如果要生存、发展、壮大，都需要有足够的现金；企业生产产品的目的，也是用来在市场上换取现金。狭义地、放在企业经营循环角度来看，实现，就是指把产品销售出去，取得现金，用于下一会计期间的再生产。当然，充分竞争的市场最公平，企业只有生产出市场所认可的产品，才有可能持续实现产品销售，企业才能够在激烈竞争的市场环境下生存、发展并不断壮大。例如，苹果公司自 2007 年推出苹果手机后，销量逐年增长，从 2007 年 130 多万部，到 2015 年的 2.3 亿多部；相反，诺基亚由于手机销量不断下滑，最后不得不退出市场。

从会计角度看，销售阶段的主要业务是围绕着产品销售而发生的，例如，产品由仓库发出，支付产品包装、运输和广告等销售费用；销售货款的结算，销售税金的计算，等等。通过有效的组织销售阶段经济业务的核算，可以提供下列信息。

（1）当期所销售产品的数量、价格，可以考核产品销售计划完成进度、毛利率等信息。

（2）有关销售费用、广告费用等信息，与产品销售情况结合起来，可以帮助考核、评价销售部门业绩，为公司未来销售政策、广告投放方案等，提供信息。

（3）有关库存产品数额、产品在库时间、畅销和滞销产品等信息，帮助未来改进产品设计、调整生产计划。

（4）已取得销售收入和产品虽已发出、但尚未取得销售收入等信息。这对于加速销售、催收货款，从而加速资金周转、促进资金回收，具有重要意义。

（5）各种销售税金的应缴和实缴数信息。

除了上述信息之外，销售环节还可以为企业带来很多有用信息。一个有效、合理的销售方式能够大大促进企业产品销售，甚至改善产品形象，提升企业的市场竞争力。这也是当初苹果公司打破常规的商业逻辑，自建苹果店、自己销售苹果产品的考虑。苹果店不仅为苹果公司带来出色的销售业绩，还为苹果公司推广苹果品牌，获取消费者对苹果产品喜好情况信息的重要渠道。

6.6.1 销售业务核算的账户设置

为了有效、完整地核算销售环节所发生的经济业务，并能够为后续的财务报表编报以及公司内部管理提供充分的信息，应设置以下账户。

（1）主营业务收入账户。用于核算企业产品（包括产成品、自制半成品、工业性劳务等）销售所取得的收入。其贷方登记已实现的主营业务收入，借方登记期末转入"本年利润"账户的数额，结转后无余额。该账户应按已销售产品类别设置明细分类账，以反映每种产品的销售收入。

如果企业在正常经营活动中出现多种形式的收入，特别是出现在产品销售以外的其他销售或其他业务收入，如材料销售、资产出租、无形资产转让等非主营业务收入，根据充分披露原则，企业可单独设置"其他业务收入"账户进行核算。如果企业其他业务收入较多，还应设置与"主营业务成本"账户类似的"其他业务成本"账户，这时，"其他业务收入"账户的结构与"主营业务收入"账户相似；如果企业这类业务相对较少，可不专门设"其他业务成本"账户，而直接将这一活动的成本计入该账户的借方，收支相抵后的差额就是其他业务利润（或亏损），期末转入"本年利润"账户。

（2）主营业务成本账户。用于核算企业已售产品（包括产成品、自制半成品和工业性劳务等）的生产成本。其借方登记已售产品的实际生产成本，贷方登记期末转入"本年利润"账户的数额，结转后无余额。该账户也应按产品类别设置明细分类账，以核算每种已售产品的销售成本。

（3）销售费用账户。用于核算企业在产品销售过程中所支付的包装费、运输费、广告费、展览费及专设销售机构费用。其借方登记当期发生的各种销售费用，贷方登记期末转入"本年利润"账户的数额，结转后无余额。从管理的需要出发，该账户应该按所销售产品的种类以及销售费用的类别设置明细分类账（如苹果公司为新产品苹果 X 手机所投放的广告费）；对于不能区分具体销售产品种类时（如苹果公司品牌所做的广告），可以按照销售费用类别来设置明细分类账。当然，如果企业某项销售费用比较高且发生频繁（例如，滴滴公司的广告费），企业可以为该费用单独设置一级账户，以便更准确、有效地核算该项费用。

（4）营业税金及附加账户。用于核算应由已售产品负担的除增值税以外的各项价内税，包括消费税、城市维护建设税等在销售环节缴纳的税金。其借方登记按规定的税率计算应负担的销售税金及附加，贷方登记期末转入"本年利润"账户的数额，结转后无余额。

该账户也应按产品类别设置明细账。①

（5）应收账款账户。现代市场经济是一种信用经济，企业在产品销售过程中，从促销等各方面考虑，会允许购买方推迟付款。"应收账款"账户用于反映企业因出售产品而形成的应收而未收的款项。其借方登记销售已经成立、企业具备收取货款权利、但尚未收到的货款，贷方登记已收回的账款，余额一般在借方，表示期末尚未收回的账款。如果出现贷方余额，则表示预收的货款（房地产业如万科，在账面上就有大量的预收款），在资产负债表上应作为流动负债列入"预收账款"项目。该账户应按购货单位设置明细账。

6.6.2 销售阶段主要业务核算举例

【例6-21】 芝麻公司采取互联网营销策略以及苹果式的饥饿营销相结合，在芝麻Ⅰ号手机正式销售之前，先通过互联网预售方式，在公司网站芝麻烧饼网（虚构的网站名）上，按照每部2 680元的价格预售10万部，在正式启动预售的一个小时内，全部销售完毕，货款已经收到。

就芝麻公司而言，在芝麻烧饼网站上预售10万部手机所收到的现金，还不能作为正式的销售收入，因为，芝麻公司尚未履行销售的关键事项：按照事先的约定，向客户交付合乎要求的手机。如果未来芝麻公司不能及时交付手机，就不仅要退回预收的款项，甚至还要承担一定的赔偿义务。因此，芝麻公司需要将这部分现金收入计入预收货款账户。如果企业规模不大，预收货款的交易发生不频繁，就可以直接计入"应收账款"账户的贷方。假设芝麻公司预收业务不多，可以直接计入"应收账款"账户的贷方。

需要注意的是：企业销售产品，需要缴纳增值税。尽管增值税是价外税，但在日常生活中，我们都是将企业标注的产品售价，视作最后消费者应当支付的商品价格总额，而不是像美国的绝大部分商品一样，除零售价之外，还要加上联邦、州的税收。假定芝麻公司按照17%交增值税，在2 680元的预售价中，包含了17%的增值税，销项税额为（2 680/117%）×17%＝389.40（元），手机预售价格为每部2 290.60元。相应的会计处理如下。

借：银行存款　　　　　　　　　　　　　　　268 000 000
　　贷：应收账款——预售手机款　　　　　　　229 060 000
　　　　应交税金——应交增值税——销项税额　 38 940 000

从字面上理解，增值税是指对价值增加的部分所征收的税额。对一个制造性企业来说，它的价值增值环节主要是通过制造过程实现的。这样，企业购买材料等所支付的增值税，称为进项税；企业销售商品、向下游收取的增值税，构成销项税；二者的差额，就是企业实际应当向税务部门缴纳的当期增值税额。增值越高，增值税销项与进项的差额就越大，企业最后需要缴纳的税收也就越多。如果企业生产过程不能实现价值增值，那么，能够收取的增值税销项税还不够抵扣进项税额，企业当期需要向税务部门缴纳的增值税额为0。

---

① 在全面的营改增实施完成后，理论上，我国已经不存在营业税税种了，因此，这个账户的名称未来会改变。它可以作为应交税金的一个子项来明细核算；也可以单独设立一个"其他应交税金"账户，来核算与反映除增值税外其他相关税收与各种附加费。

【例 6-22】 芝麻公司按照预售手机的相关地址信息，向客户寄送手机 10 万部。投递系统显示，客户均已收到手机。为了简化，假定不存在地址错误、寄送过程遗失、损坏等现象。

在上一笔预售的业务中，芝麻公司还不能确认收入，因为销售过程没有完成。本例中，向客户寄送手机并收到客户签收信息后，一个完整的销售过程已经完成，芝麻公司可以在账上确认这批手机上的销售收入。相关会计处理如下。

借：应收账款——预售手机款　　　　　　　　229 060 000
　　贷：主营业务收入——手机　　　　　　　　　　229 060 000

【例 6-23】 芝麻公司正式在芝麻烧饼网站公开，限量发售芝麻 I 号手机、芝麻拍平板电脑，零售价分别是 2 880 元和 3 080 元，其中，芝麻 I 号手机限量发售 20 万部，芝麻拍平板电脑 10 万台。所有产品都在产品投放市场的第一周，全部销售完毕。手机和平板电脑都已经寄达客户手中。

这是最常见的销售方式：顾客支付货款、公司交付产品。在这一常规销售模式下，收入的确认简单、直接。当企业收取货款，并将所销售的商品按照约定寄达客户手中，就可以确认收入。在具体确认销售收入时，同样需要考虑增值税（销项税额）问题。仍然以 17% 的税率计，每部手机的增值税额（销项）为 418.46[（2 880/117%）×17%]元；每台平板电脑的增值税额（销项）447.52[（3 080/117%）×17%]元。相关的会计处理如下。

借：银行存款　　　　　　　　　　　　　　　884 000 000
　　贷：主营业务收入——手机　　　　　　　　　　492 308 000
　　　　　　　　　　　——平板　　　　　　　　　263 248 000
　　　　应交税金——应交增值税——销项税额　　　128 444 000

【例 6-24】 芝麻公司与国美签订代理协议，以每部手机净价 2 000 元的价格，向国美批发 8 万部手机，增值税税率 17%，价外计收。国美公司将在 1 个月后支付全额款项。芝麻公司已经按要求将手机交付给国美公司。

芝麻公司与国美签订了销售合约，并将手机按要求交付后，就视同销售过程已经完成，享有到期收取货款的权利，它就可以在账上确认相应的收入。与销售给普通消费者、增值税从最终的销售价格中扣除不同，销售给企业或国美这类大型电器销售商，增值税可以在双方商定的、较低的批发价之上计收。相应的会计处理如下。

借：应收账款——国美——手机　　　　　　　187 200 000
　　贷：主营业务收入——手机　　　　　　　　　　160 000 000
　　　　应交税金——应交增值税—销项税额　　　　27 200 000

以上列举了互联网销售或批发给国美的业务，从中可以看出，销售活动比较容易识别，交易对手明确，销售活动都是一次性完成，确认销售收入实现的时点比较容易，不存在太多争议。在实际经济活动中，销售方式、渠道等，也是商业活动中最具创新性的一个领域。例如，当年福特公司率先推出分期付款销售汽车，大大提高了汽车的销量；又如，手机的销售模式极为复杂，既有传统的商家销售或其创新的网上销售，也可以与运营商合作。如苹果公司当年曾经与手机运营商合作，在顾客激活手机后，苹果公司将与运营商分享手机用户服务费收入的一部分。这对苹果公司以及运营商的收入确认都带来挑战。

还是以我们都比较熟悉的手机使用为例。我们可以向商家或在互联网上一次性购入，也可以向手机服务运营商购入；手机运营商的销售可以是一次性付款、分期补贴通话费，也可以是低价售机、分期收取通话费，还可以是"0"元购机，并签订一个不短于 2 年或更长期限的服务合同等。在这些不同的模式下，运营商如何确认销售收入？如何区分手机销售收入和服务合同收入？在向运营商购买的服务合同——通常是一个服务包中，往往会同时包括通话分钟、短信服务、数据服务等，运营商如何在这三者之间进行区分，以便合理地确认公司内部不同部门之间的收入？这些，都是后续课程学习中所需要面对的问题。

例如，芝麻公司与润萌教育机构合作，将芝麻拍平板电脑用作日常教育设备，预装教科书、教案，并开发操作系统，鼓励独立软件研发人员开发教育、游戏等相关软件。芝麻公司提供 1 万部芝麻拍平板电脑，交由润萌教育机构运营；润萌教育机构与芝麻公司签订合同，第一年每个月每部平板电脑支付 150 元使用费，第二年、第三年每部每月分别支付 50 元使用费给芝麻公司，但润萌公司需要将 30％ 的芝麻拍平板电脑运营收入交付给芝麻公司；三年合作结束后，润萌教育机构每台平板电脑再支付 1 元，即可买断。这种复合销售模式下，在什么时点、按照多少金额确认销售收入，需要各位在未来的学习中思考与领会。

资料与讨论 6-10

2014 年 5 月，在经过将近 15 年的反复讨论、征求意见、酝酿，IASB 与 FASB 联合发布了关于收入确认的准则"客户合约收入"（revenue from contracts with customers），分别是国际财务报告准则第 15 号（IFRS 15）和美国的 Accounting Standards Code 606。预计从 2017 年 1 月 1 日起，在公开上市公司中采用；但 2015 年 8 月，FASB 发布公告，推迟一年应用收入准则，随后，IASB 也表示延迟一年。

请查找与收入准则相关的背景资料，比较收入准则对收入确认的变化，尝试回答：为什么美国要求延迟应用收入准则？

【例 6-25】 顺丰快递公司发来月结清单，本月为芝麻公司投递芝麻手机、芝麻拍平板电脑的费用总计为 3 850 000 元。按照相关的税法规定，快递服务业的增值税率为 6％，则实际应当计入销售费用的金额为 3 632 075[385/(1＋6％)]元，增值税进项为 217 925 元。

借：销售费用——快递费   3 632 075
  应交税金——应交增值税——进项税额 217 925
  贷：应付账款——顺丰快递   3 850 000

【例 6-26】 收到唯美广告代理公司发来的清单，芝麻Ⅰ号手机和芝麻拍平板电脑市场推广费用总计 1 000 000 元(含税)。唯美广告公司适用的增值税税率为 6%,则本月广告实际费用应当为 943 396[100/(1+6%)]元,增值税进项为 56 604 元。

从管理角度看,快递费、广告费等都应当分摊到具体的产品中去,才能够区分并核定这些费用的效率。究竟如何分摊并评价这些费用的效率,留待之后的课程学习。这里,出于简化,不再具体分摊,而是直接计作销售费用,并计入当期损益。会计分录如下。

借:销售费用——广告费 　　　　　　　　　　　　　943 396
　　应交税金——应交增值税——进项税额 　　　　　 56 604
　　贷:应付账款——唯美广告代理公司 　　　　　　　　 1 000 000

【例 6-27】 发展银行提供给芝麻公司的短期借款年利率为 5%,芝麻公司需要计提本月利息费用;同时发展银行还收取银行承兑汇票的相关手续费 80 000 000 元。

在第 3 章介绍权责发生制时,是以费用的发生时点和现金支付发生时点的不同,来区分费用的计提和分摊的。其中,银行借款[①]利息支出,就是一项典型的付现与受益期间不一致的费用。企业在向银行或其他金融机构取得借款时,会约定利率、利息的支付日及支付方式等。在本例中,假定发展银行与芝麻公司约定的利息每半年支付一次;银行票据的手续费按照开具票据情况,一次性收取。

由于借款的利率按年表示,因此,当月应计提的利息费用为 333 333(80 000 000×5%×1/12)元。会计分录如下。

借:财务费用——利息费用 　　　　　　　　　　　　333 333
　　财务费用——手续费 　　　　　　　　　　 80 000 000
　　贷:应付利息 　　　　　　　　　　　　　　　　　 333 333
　　　　银行存款 　　　　　　　　　　　　　　　 80 000 000

【例 6-28】 计算本期应缴纳的营业税金及附加。在全面"营改增"之后,企业已经不再缴纳营业税。但是,原先基于营业税之上的各种附加税费,仍然需要缴纳。其计税基础是企业实际负担的流转税。按照税务部门的核定,本月芝麻公司应当负担的城市建设维护税为 5 021 763 元,教育费附加为 2 152 184 元。相应的会计分录如下。

借:营业税金及附加 　　　　　　　　　　　　　7 173 947
　　贷:应交税费——城市维护建设税 　　　　　　 5 021 763
　　　　　　　　——教育费附加 　　　　　　　 2 152 184

【例 6-29】 汇总并结转本期已售产品的生产成本。

由例 6-22、例 6-23、例 6-24 可知,本期芝麻公司共销售芝麻手机 38 万部,芝麻拍平板电脑 10 万台。从例 6-20 可知,芝麻手机的单位成本是每部 1 196.59 元,芝麻拍平板电脑的单位成本为每台 1 261.69 元,则本期所销售芝麻手机成本为 454 704 200 元,

---

① 银行借款与银行贷款是两个常用的术语。如果严格界定,应是企业或个人向银行借款,银行向包括企业和个人在内的申请人发放贷款。也就是说,使用借款还是贷款术语,取决于主语或主体立场的不同。由于它是一个事物的两个侧面,人们在日常使用时并不会严格区分。这里也是不严格区分,交替使用。

销售芝麻拍平板电脑成本为 126 169 000 元。按照配比原则,这部分成本应与本月已实现主营业务收入相配比,这使主营业务成本增加,同时,产品已售出,库存商品减少。应编制分录如下。

借:主营业务成本——芝麻手机   454 704 200
     ——芝麻拍平板电脑   126 169 000
 贷:库存商品——芝麻手机   454 704 200
     ——芝麻拍平板电脑   126 169 000

严格地说,产品一旦发出用于销售,产成品就已经减少了。因此,结转主营业务成本可以在销售收入成立的同时进行。在实际工作中,如果企业采用定期盘存制,有关成本数据一般须到月末才能计算得出;或者,为了简化核算工作,已售产品生产成本,也可于月末汇总一次结转。

6.7 财务成果的核算

一个完整的经营循环,并不仅仅止于将产品销售出去,收取货款,它还应当包括之后确定企业在一个经营周期里,是盈利还是亏损了。追逐利润,是每一个企业运营的直接目标[①];如果企业不能以收抵支、实现盈利,到一定阶段,企业将难以为继,甚至不得不破产、倒闭。因此,一个经营循环结束后,借助会计程序,了解企业在该经营周期内的经营成果,并将其以财务指标方式展现出来,就显得特别有意义。

会计上,对经营成果的表现,是通过"利润"指标实现的。所谓利润,是指企业一定期间经营活动最终财务成果,是当期所实现的收入扣减所发生的费用后剩余的差额。从会计要素来看,利润就不是一个独立概念,而是收入和费用综合而来的结果。收入如大于费用,净剩余为正,形成盈利;反之,则为亏损。当然,无论盈利或亏损,都是一个经营循环的结果或成果。

为了准确地反映企业利润的形成过程,向投资者和管理层提供有价值的信息,包括区分企业经营成果是由于管理层努力形成的,还是因为环境等偶发性因素导致的,就应当根据利润形成原因的不同,将其分为营业利润、投资净收益和营业外收支三部分。其中,营业利润是由企业的经营活动所形成的,它应当是企业利润的主要来源;投资净收益是企业对外投资收益扣减损失后的余额,这部分也是企业管理当局努力的成果;相比之下,营业外收支则是那些企业无法控制的收支项目所形成的结果,如固定资产报废损失、自然灾害损失等。这部分收支不像前两种可以经常性、重复性地发生,它在利润中应占比重不大,并且,未来也不会重复发生。

财务成果核算主要包括利润形成和分配的核算。通过财务成果的核算,会计应能体现以下反映和控制职能。

---

① 需要注意的是,直接目标,不是终极目标。通常,一个企业存在,都有一些与情怀相关的内容,企业称之为"愿景"。例如,宜家的愿景就是"为大众创造更加美好的日常生活",华为公司的愿景是"丰富人们的沟通和生活,提升工作效率"。也正因为如此,这里用"直接目标"来表述利润与企业经营循环的关系。

（1）正确计算企业实现的利润总额及其构成，为分析和考核企业经营情况提供必要的资料。

（2）向投资者提供关于企业利润形成的结构性信息，有助于投资者更好地评价企业表现，并做出相应的投资决策。

（3）提供企业对利润进行分配的信息，包括企业资金积累和向投资者分配利润等，以使相关利益方能够了解自己的利益是否得到尊重。

相关的研究还发现，利润分配不仅仅是对企业已经实现的利润在不同利益方直接的一次分割，还包含了其他信息，诸如管理层对企业未来的信心，是否存在代理成本等问题。企业在发展的不同时期，所处的市场环境与制度不同，可能会采取不同的利润分配策略。这些，都有待于进一步的研究。

 感知利润分配

2016年5月18日，贵州茅台公司年度股东大会审议通过了股利分配方案，以截至2016年6月30日（股权登记日）下午上海证券交易所收市后，在中国证券登记结算有限责任公司上海分公司登记在册的全体股东，每10股派发现金红利61.71元（含税），共分配利润77.52亿元。

2016年5月27日，广东广州日报传媒股份有限公司（简称粤传媒）股东大会审议通过了股利分配方案的议案，因公司2015年度净利润为负，根据《中华人民共和国公司法》及《公司章程》规定，2015年度不进行现金分红，不送红股，也不进行资本公积金转增股本，未分配利润结转下一年度。

2016年6月6日，无锡海航股份有限公司股东大会审议通过股利分配议案，公司拟以截至2015年12月31日公司总股本500万股为基数，以母公司未分配利润向全体股东按每10股派发现金股利4.8元（含税），共计240万元；以资本公积每10股转增9.78股；以未分配利润每10股送红股20.22股。

资料来源：各公司公告。文字略有删减。

6.7.1　财务成果核算的账户设置

为全面、合理地组织财务成果核算，除了前述销售阶段所设置的账户外，企业还应设置以下账户。

（1）营业外收入账户。用于核算企业取得的、与生产经营没有直接关系的各项收入。与营业收入对比，营业外收入多了一个"外"字，表明这些收入与企业的经营活动无关，不是管理层主观努力的结果，如非流动资产处置净收益、政府补助、确实无法偿付的应付款项等。与营业收入一致的是，营业外收入也会导致企业所有者权益增加；但不同的是，只要经营循环能够持续，营业收入每年都会发生，经营有方，还会逐年增加，而营业外收入多为一次性项目，本年的发生数额，对下一个会计期间是否会发生，没有参考意义。因而，区分营业收入和营业外收入，对评价管理层的贡献、预测未来年度收入和利润情况，意义甚大。

从账户的结构和方向上看，营业外收入账户与营业收入账户一致，贷方登记取得的营业外收入,借方登记转入"本年利润"账户的数额,期末结转后无余额。该账户应按实际所收到的营业外收入项目设置明细账。

(2)营业外支出账户。用于核算企业付出的、与生产经营没有直接关系的各项支出,如对外捐赠支出、固定资产报废损失、自然灾害损失等。从性质上看,营业外支出与营业外收入一致,都与经营活动没有直接关联,也不是管理层所能够控制的,同样都是一次性或偶发的。例如,当年汶川地震,全国很多企业都向灾区捐款,这就是一次性或偶发性的,应当计入营业外支出。

营业外支出账户的借方登记已发生的各营业外支出项目,贷方登记转入"本年利润"账户的数额,期末结转后无余额。该账户应按支出项目设置明细账。

如果企业规模较小,营业外收支项目发生较少,可将营业外收入和营业外支出账户合并,只设一个**营业外收支**账户,其借方登记营业外支出,贷方登记营业外收入,余额期末时结转到"本年利润"账户。

 资料与讨论 6-11

按照国际会计准则委员会的解释,营业外收支应进一步区分为利得、损失和非常项目。其中,利得和损失主要来自与管理当局的经营行为有一定关系的活动,如固定资产报废损失等(美、加等国会计称其为 unusual items);非常项目(extraordinary items)仅限于那些与管理当局无关且不经常发生的项目,如自然灾害损失等。按照非常项目的严格界定,在一个水灾多发地(如孟加拉国靠近海边的企业),水灾只能是 unusual,而不是extraordinary。在利润表中,前者应并入经营利润,后者需要单独披露。

(3)本年利润账户。本年利润账户是一个过渡性账户,用于登记并核算某一个会计期间内累计实现的利润(或亏损)总额。其贷方登记期末从收入类账户转入的、利润增加项目的金额,如主营业务收入、投资收益、营业外收入等;借方登记期末从成本、费用类账户转入的利润减少项目的金额。期末如借方金额大于贷方金额,表明当年实现亏损,应从贷方转入"利润分配"账户;反之,如贷方金额大于借方金额,表明实现利润,通过借方结转至"利润分配"账户。结转后,本账户应无余额。

(4)所得税费用账户。用于核算企业按规定计算的应上交国家的所得税税额。其借方登记当期应缴纳的所得税额,贷方登记期末转入"本年利润"账户的金额,期末结转后应无余额。

各账户之间的关系如图 6-4 所示。

6.7.2 财务成果核算举例

以下仍然以芝麻公司为例,说明这一阶段所发生的主要经济业务及其会计处理。

【例 6-30】 芝麻公司向希望工程捐赠 300 000 元,已通过银行付讫。

通常的交易是双向的,即付出一定量的货物或货币,同时收到相应数量的货币或货物。对外捐赠则不同,它是单向的,目的并非取得某项收益,而是社会责任的体现,是一项与正常生产经营没有直接关系的支出,会计上将其列为营业外支出的增加。因此本例业

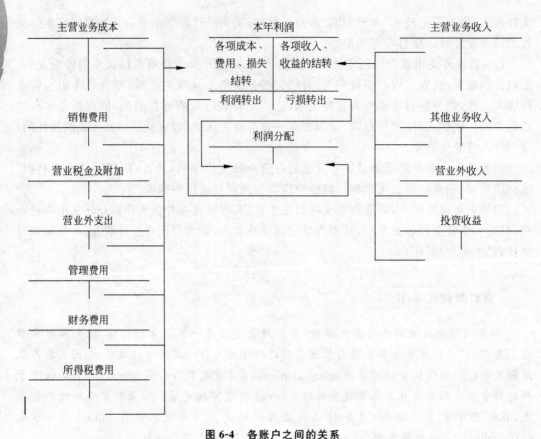

图 6-4 各账户之间的关系

务的发生,应借记"营业外支出"账户,贷记"银行存款"账户。会计分录如下。

借:营业外支出   300 000

　　贷:银行存款   300 000

【例 6-31】 芝麻公司收到本单位职工张明交来的违反生产规程罚款 1 000 元。

这是一项与正常经营活动没有直接关系的收入,应作为营业外收入的增加,贷记"营业外收入"账户;另外,现金相应增加,应借记"库存现金"账户。会计分录如下。

借:库存现金   1 000

　　贷:营业外收入   1 000

【例 6-32】 结转各种损益类账户。

会计系统的重要作用之一就是能够将数量繁杂的经济业务,整理、汇总成几个简洁的数字。利润就是其中最核心的数据之一。

期末,未结转各种损益类账户之前,本期实现的各项收入及与之相配比的成本费用是分散反映在不同的账户上的。为了使本期的收入与成本费用相抵,计算本期的利润额或亏损额,确认本期经营成果,应编制结转分录,将各种收入、成本费用账户的金额过入"本年利润"账户,结清各损益类账户。其会计分录如下。

借：主营业务收入	1 144 616 000
营业外收入	1 000
贷：本年利润	1 144 617 000

借：本年利润	593 882 951
贷：主营业务成本	580 873 200
销售费用	4 575 471
营业税金及附加	7 173 947
管理费用	547 000
财务费用	413 333
营业外支出	300 000

【例 6-33】 计算并结转芝麻公司本年所得税。假定芝麻公司适用的所得税税率为 25%。

所得税是企业使用政府所提供的各种服务而应向政府缴纳的税费。目前在我国,企业适用的税率通常为 25%。在西方一些国家,特别是一些国际性避税港,往往通过降低所得税率来吸引各大企业在当地注册、投资。

企业在实际计算应当缴纳的所得税时,要以税法所确定的应税所得为依据。应当明确的是,应税所得与会计所得是两个不同的概念。会计所得是指按财务会计准则的规定所形成的,而应税所得的确定,要遵循税法的要求。税法和会计准则在收入、费用等项目的认定上存在一定的差异。例如,某些支出,按会计准则可以作为费用,税法中却不允许抵扣(如逾期罚息)。而且会计准则和税法所认可的支出额不同。例如,加拿大的会计准则允许企业自己确定折旧率,而税法则对固定资产折旧率做出限定。同样,一些符合会计准则要求的收入,税法可能不作为计征对象(如购买国库券的利息收入等)。当然,在绝大多数项目上,会计准则与税法是一致的。

出于简化,假定芝麻公司的应税所得与会计所得之间不存在差异,芝麻公司本年的会计利润就是计算所得税的应税利润。因此,芝麻公司的应交所得税 137 683 512〔(1 144 617 000－593 882 951)×25%〕元。计提所得税的会计处理如下。

| 借：所得税费用 | 137 683 512 |
| 贷：应交税费——应交所得税 | 137 683 512 |

会计期结束时,还应将"所得税费用"账户的余额转入"本年利润"账户。

| 借：本年利润 | 137 683 512 |
| 贷：所得税费用 | 137 683 512 |

6.8　财务分配与资金退出企业的核算

站在企业的立场,确定完经营成果,核算并确定企业最终是盈利还是亏损,一个完整的经营循环也就结束了,企业可以再次购买材料,开始新的经营循环。但是,对企业的投资人——如股东——来说,他们投资企业,当然希望企业能够顺利地发展,并不断壮大,创造更多的利润。但是,每一个经营周期结束后,投资人还希望获得相应的回报,如企业将其所赚取利润的一部分,回馈给股东。也就是说,站在股东或投资人的立场,只有完成财务分配,一个循环才算结束。

为了完整、详细地反映企业的分配情况,需要设置**利润分配**账户。它是所有者权益类账户,年度终了,企业将本年实现的税后净利润转入本账户时,应贷记本账户;如为亏损总额,则借记本账户;企业按国家规定提留盈余公积金、向股东分发股利、提留部分盈余用作扩大再生产等,都通过借方核算。该账户如最终余额在贷方,表明企业尚余部分利润未分配;如余额在借方,表明企业处于亏损状态。为详细反映每项利润分配情况,该账户一般按所分配项目开设明细账。

企业的运行,离不开资金。经营循环从投入资金开始,也将以资金退出结束。资金投入企业后,经过循环和周转,有一部分资金退出企业,如上交税金、向投资者支付利润、偿还借款或债券本息、向其他单位投资等。其中,有些经济业务的核算在前面已提及,这里仅就未述及的内容加以补充。

【例 6-34】 按税后净利润的 10% 提取盈余公积。

企业的利润总额扣减所得税后为净利润。理论上,企业可以将当期所赚取的利润全部分配给股东或投资者,但是这样做会增加企业运行的风险,因为,下一个会计期间,如果经营环境发生变化,企业没有充足的资金来应付危机,有可能会陷入困境。这会影响所有与企业存在利害关系的各利益方的利益。在实务中,最初就是银行等债权人要求企业在没有归还银行债务前,必须留存一部分收益,以保障银行利益的安全。相应地,我国的法律要求企业必须留存一部分收益(通常为当年利润的 10%),作为企业的发展和后备基金。这部分法律强制提留的部分,称为盈余公积,可设置"盈余公积"账户加以反映。该账户贷方登记所计提增加的盈余公积,借方登记使用转出的盈余公积,余额在贷方,表示已提取而尚未使用的盈余公积。应提取的盈余公积 41 305 054[(550 734 049−137 683 512)×10%]元,相应的会计处理如下。

借:利润分配　　　　　　　　　　　　　　41 305 054
　　贷:盈余公积　　　　　　　　　　　　　　　41 305 054

在按照法律法规等的要求计提完盈余公积之后,剩余的利润就可以分配给股东了。对股份公司来说,向股东分配利润,需要得到股东大会的批准。具体分配股利的会计处理,要通过利润分配账户的借方反映。如果直接分配现金,那么,最终会导致会计等式左右方同时减少。在上述上市公司分配股利的例子中,公司还可以通过利润转赠股本,即不向股东支付现金,而是改支付股份,这实际上是将公司的未分配利润转到股本项下,企业资产和权益总额没有变化。

由于芝麻公司处于初创阶段,未来发展需要使用现金的情况很多。通常情况下,不进行利润分配。这里,为了说明业务处理,假定进行利润分配。

【例 6-35】 经董事会批准,将剩余利润的 50% 分配给投资者。

向投资者分配利润,是投资者出资经营并承担风险的回报。从企业来看,应通过"利润分配"账户完整地反映向投资者分配利润这一业务。本例中假定尚未实际向投资者支付现金,则利润分配的宣布导致企业负债的增加。

应分配的股利为 185 872 742[(550 734 049－137 683 512－41 305 054)×50%]元。会计处理如下。

借:利润分配　　　　　　　　　　　　　　185 872 742
　　贷:应付股利　　　　　　　　　　　　　　185 872 742

【例 6-36】 将"本年利润"账户余额转入"利润分配"账户。

从以上我们可看出,"本年利润"账户最终的余额表示企业本年实现的累计净利润,利润的分配并没有直接在"本年利润"账户上反映,而是通过"利润分配"账户来反映。所以年终,应将"本年利润"账户余额转入"利润分配"账户,一方面可借以反映企业未分配的利润的数额;另一方面,可以结清"本年利润"账户,为新年度的会计核算工作做好准备。

借:本年利润　　　　　　　　　　　　　　413 050 537
　　贷:利润分配　　　　　　　　　　　　　　413 050 537

【例 6-37】 以银行存款向投资者支付股利。

例 34 中列示了企业已宣布但未发放的股利。向投资者支付这部分股利会导致企业负债减少;同时,银行存款会相应减少,会计分录如下。

借:应付股利　　　　　　　　　　　　　　185 872 742
　　贷:银行存款　　　　　　　　　　　　　　185 872 742

【例 6-38】 以银行存款支付本期所欠付的城市维护建设税、教育费附加和所得税。

这项业务将导致企业负债"应交税费"减少,同时资产"银行存款"减少。会计分录如下。

借:应交税费——城市维护建设税　　　　　　5 021 763
　　　　　　——教育费附加　　　　　　　　2 152 184
　　　　　　——应交所得税　　　　　　　137 683 512
　　贷:银行存款　　　　　　　　　　　　　　144 857 459

【例 6-39】 以现金支付职工困难补助 1 000 元。

向生活困难的职工发放补助,是职工福利费的一项开支,它使职工福利费减少;同时,支付现金将引起现金余额的减少。会计分录如下。

借:应付职工薪酬——职工福利　　　　　　1 000
　　贷:库存现金　　　　　　　　　　　　　　1 000

以上是对制造业企业会计循环的简要介绍。实际上,目前的制造业已经非常复杂,同时,企业会计循环中所涉及的问题也更多。这需要同学们在未来的学习中好好地把握。

习 题

一、名词解释

经营循环　法定资本制　注册资本制　商誉　无形资产　成本　产品成本　共同费用分摊　持续经营　利润　经营活动与非经营活动

实收资本账户　资本公积账户　应付票据账户　短期借款账户　长期借款账户　在途材料　材料采购　生产成本账户　主营业务收入账户　主营业务成本账户　制造费用账户　销售费用账户　利润分配账户　营业外收支账户

二、思考与讨论

1. 一个完整的制造业的经营循环包括哪些内容？

2. 请你查找中国证监会对制造业的分类，比较不同制造业的特征有什么不同。

3. 请你查找资料，确定服务业、商品流通业和制造业的经营循环有什么相同和不同之处？请你结合目前互联网和金融化的趋势，讨论互联网时代不同行业之间的特征变化趋势。

4. 目前我国企业筹资的渠道有哪些？请你以一两个创业板或新三板的企业为例，通过公司的招股说明书、资产负债表等，列出它们的筹资渠道。

5. 什么是利润分配？企业为什么需要进行利润分配？企业利润分配的形式有哪些？请以资本市场公开上市公司的利润分配方式来说明。

6. 请查找资料，了解关于法定资本制与注册资本制的含义、所存在的制度基础，并讨论两个问题：

（1）为什么成文法系下通常采用法定资本制，而习惯法系下更偏好注册资本制？

（2）我国从法定资本制转向注册资本制之后，如何才能有效地保护包括债权人和其他公司利益相关者的利益？

7. 股东或创办人投资创办企业，可以采取那些方式来投资？请查找并阅读创业板公司上市的相关资料或相关企业创业的报道（如阿里巴巴或腾讯），整理出3~5家公司创业之初的股东投资业务，并尝试给出合理的会计处理。

8. 为什么说固定资产已经不再是制造业企业经营能力和规模的最佳指示性指标？试分析有哪些因素影响固定资产规模与企业制造能力之间的对应关系。请尝试利用数据库，选取某一制造类行业，看看这些公司固定资产和销售收入之间的对应关系是否存在。再分别以2000年、2005年、2015年、2018年等的数据来比较，看看这种对应关系是否会因为时间的变化而改变。如果有，分析背后可能的原因。

9. 什么是无形资产？它包括那些类别？如何确定无形资产的价值？

10. 企业的材料采购业务在过去的几十年里已经发生了比较大的变化。在一些产业集群程度高的工业园区，一个核心企业，如广汽本田或富士康，周边会聚集一组相关的零配件供应商。请你查找相关资料，讨论在这种形式下企业材料的供应过程以及相应的供应成本确定和会计核算。

11. 合理并相对准确地确定产品成本的经济意义有哪些？在精确与合理确定产品成

本之间,你应该做出什么样的选择?

12. 共同费用的分摊,是制造业产品成本核算中的关键环节。随着现代制造技术越来越复杂、自动化程度越来越高,共同费用占产品成本的比重也越来越大。请你查找相关资料,找出目前已经有的共同费用分配的方法,探讨其适用性。同时,针对目前所广泛讨论的3D打印、"工业4.0"等可能的制造业创新对产品制造成本计算的挑战,提出你的观点与看法。

13. 销售收入的确认,一直是会计上争议很大的话题。请查找关于收入准则的相关资料,进一步讨论收入确认标准的变迁过程以及背后可能的理由。

14. 销售费用包括哪些种类? 请对以下支出进行分类,哪些是销售费用? 哪些不是销售费用? 不能归为销售费用的,应该归到什么地方?

(1) 乔丹公司赞助、冠名兰州马拉松,支付赞助费现金100万元,同时,为所有不同组别前10名选手,额外奖励跑鞋一双。

(2) 乔丹公司联合赞助银川马拉松,支付赞助费50万元。

(3) 乔丹公司为厦门马拉松组织特跑团,共挑选成员100名,公司为每人配备跑鞋、跑步衫;活动结束后还为选手提供专业按摩、拉伸服务及餐饮、点心等,共计5万元。

(4) 乔丹公司在厦门马拉松活动期间,向组委会申请在场内运动品牌推销点摆摊,交纳摊位费10万元,并支付当天活动临时聘请的礼仪促销人员费用5000元。

15. 公司的利润代表了什么? 会计上,曾经流行过"收入费用观",也出现过"资产负债观"。请你结合金融化以及多元资本市场的发展,讨论"资产负债观"与"公允价值"之间的内在关联。

16. 什么是营业外收入? 什么是营业外支出? 美国会计准则中有个分类叫"非常项目"(extraordinary item)。试讨论营业外收支和非常项目之间的联系与区别。另外,台风损失与地震损失,在上述两种分类体系下是否存在不同? 为什么?

三、情景案例讨论

1. 2017年9月12日,苹果公司在新总部大楼召开新品发布会。发布会地点位于新总部大楼乔布斯剧院。据媒体报道,该大楼造价超过50亿美元;2016年度,苹果公司的研发支出突破100亿美元;2015年度,苹果公司的广告支出达到创纪录的15亿美元。

请你查找相关资料和数据,确定苹果手机的成本应该是多少? 除了本章开篇提到过苹果手机的制造成本及其分解外,还应当包括哪些内容? 为什么?

2. 万科是我国最著名的地产开发企业。下表是万科公司最近4年的预收账款及营业收入数据。请你参照房地产业以及恒大等同等级企业的数据,试讨论为什么万科的预收款增长相对比较平稳,而营业收入的增长波动性很大。

	2016年		2015年		2014年		2013年	
	年末余额/元	增长率/%	年末余额/元	增长率/%	年末余额/元	增长率/%	年末余额/元	增长率/%
预收账款	27 464 555	29.17	21 262 570	16.99	18 174 933	16.87	15 551 807	18.69
营业收入	24 047 723	22.98	19 554 913	33.58	14 638 800	8.10	13 541 879	31.31

3. 2016年,新能源汽车制造企业获得大量的政府补贴。其中,安凯客车(000868.SZ) 2016年的年报显示,将收到的19.84亿元政府补贴记作营业外收入;而宇通客车 (600066.SH)则将同期所收到的99.54亿元政府补贴记作营业收入。

请查找相关的资料,讨论:为什么两家的处理不一致?这对企业有什么影响?

4. 据媒体报道,俄罗斯 Apis Cor 用3D打印技术打印了一套房子,占地面积37平方 米,只用了一天之就建成了。不过其造价超过了1万美元,打印房子的公司名叫 Apis Cor,它用移动打印机现场打印。

Apis Cor 宣称房屋可以持续使用175年。Apis Cor 在网站上表示:"我们想改变公 众的看法,建筑可以快速搭建,环保,同时还可以提高效率、变得更加可靠。"

请你根据上述资料,讨论:3D打印下产品成本的核算,原理上与教材所介绍的制造 业产品成本核算有什么相同和不同之处?

四、练习题

1. 鹭江公司是一家制造业企业,经营周期为1年,2017年1月发生以下经济业务。

(1) 1月1日,鹭江公司成立,投资者以银行转账方式投入资本1 000 000元和价值 500 000元的机器设备。

(2) 1月10日,鹭江公司向岭南银行借入期限为5年的500 000元贷款。

(3) 1月20日,鹭江公司向善思银行借入期限为6个月的100 000元贷款作为生产 周转用资金。

(4) 1月30日,鹭江公司的一位股东由于资金周转困难,抽回投资100 000元。

要求:针对上述经济业务,编制会计分录。

2. 思明公司是一家制造业企业,2017年发生以下经济业务。

(1) 1月1日,思明公司成立,投资者投入500 000元现金,价值100 000元的特许经营权。

(2) 1月1日,思明公司计划购置厂房,向闽南银行借入期限为5年的1 000 000元贷 款。年利率5%,每年末按年付息,到期一次性偿付本金和未付付息。

(3) 1月1日,思明公司为了周转生产用资金,向泉州银行借入期限为1年的100 000元 贷款。年利率4%,到期后一次性还本付息。

(4) 12月31日,思明公司计提借款的利息费用,并以银行存款支付应付的利息。

要求:针对上述经济业务,编制会计分录。

3. 翔安公司是一家大型制造业公司,增值税税率为17%,2018年1月发生以下经济业务。

(1) 1月1日,向闽南集团采购了一批原材料A,价税合计117 000元,尚未验收入 库。翔安公司向闽南集团开出银行承兑汇票。闽南集团垫付了运输费用1 000元。

(2) 1月5日,向湖里公司采购100公斤原材料B,价税合计单价为585元,尚未验收入库。

(3) 1月7日,原材料A验收入库。银行通知翔安公司其已向闽南集团兑付了汇票。 翔安公司通过银行存款偿还了岭南集团垫付的运输费用。

(4) 1月20日,原材料B验收入库,翔安公司以现金支付运输费用10 000元,装卸费 5 000元。

(5) 1月31日,翔安公司结转采购原材料成本。

要求:针对上述经济业务,编制会计分录。

4. 同安公司是一家制造业企业,2017 年 12 月发生以下经济业务。

(1) 仓库发出原材料成本共 1 000 000 元。其中 20% 被集团管理部门领用,30% 被车间一般耗用,50% 直接用于生产产品。

(2) 共计提职工工资 500 000 元。其中 30% 属于行政人员工资,70% 属于生产部门人员工资。

(3) 12 月 31 日,通过银行转账 500 000 元支付职工工资。

(4) 12 月 31 日,以现金支付车间水电费 100 000 元。

(5) 12 月 31 日,本年投产的所有产品全部完工验收入库。

要求:针对上述经济业务,编制会计分录。

5. 大蹬公司是一家制造业企业,主要生产 A、B 两种产品。2015 年年末,A 产品生产成本账户有借方余额 100 000 元。B 产品生产成本账户有借方余额 200 000 元。2016 年 1 月善衡公司仓库发出原材料共 300 000 元,其中 40% 直接用于 A 产品的生产,60% 直接用于 B 产品的生产。大蹬公司 1 月份共计提 200 000 元职工工资,其中 100 000 元属于行政人员工资,余下工资属于生产工人工资。大蹬公司 1 月以现金支付生产车间水电费共 10 000 元,以银行存款支付本年厂房租金 120 000 元。人工成本和制造费用的分配比例与直接材料相同。1 月末大蹬公司有成本为 80 000 元 A 在产品,有成本为 50 000 元 B 在产品。

要求:针对上述经济业务,编制会计分录。

6. Schepps 公司是一家制造业企业,2017 年发生以下经济业务。

(1) 1 月 1 日,公司以现金支付 2017 年厂房租金 120 000 元。

(2) 2 月 21 日,由于存在扩大产能的需要,公司购入 5 台生产用机器,每台机器成本 100 000 元。购买当日即投入使用。每台机器预计使用年限为 5 年,预计无残值,采用年限平均法折旧。

(3) 6 月 1 日,由于市场萎缩,公司决定按账面价值处理 2 台 2 月份购入的机器。

(4) 公司 2 月份以现金支付生产车间水电费 10 000 元,6 月份以现金支付生产车间水电费 12 000 元。

要求:针对 Schepps 公司 2 月和 6 月与"制造费用"账户相关的经济业务,编制会计分录。

7. Munz 公司是增值税一般纳税人,2017 年 1 月发生的经济业务和相关资料如下。

(1) 2015 年末,Munz 公司拥有成本为 100 000 元的库存商品。1 月份完工入库商品成本为 200 000 元。1 月末,库存商品成本为 50 000 元。

(2) Munz 公司向 Vern 公司销售 100 件产品,含税价格为每件 1 170 元,货款已经收到。销售合同规定产品的运输费用由 Vern 公司承担,运输费用为 1 000 元。

(3) Munz 公司向 Vern 公司销售 200 件产品,含税价格为每件 1 170 元,货款尚未收到。销售合同规定产品的运输费用由 Munz 公司以现金垫付,运输费用为 2 000 元。

(4) Munz 公司参加产品销售会,期间以现金支出广告费 3 000 元,展览费 1 000 元。

要求:针对 Munz 公司 1 月的各项经济业务,编制会计分录。

8. Monte 公司是增值税一般纳税人,是一家大型制造业企业,2016 年 1 月发生以下经济业务。

（1）1月1日，Monte 公司与 Richardo 集团签订期限为2年的机器设备出租协议，Richardo 集团通过银行转账预付全部租金 30 000 元。该机器设备账面价值 120 000 元，预计剩余使用期限为 10 年，无残值，采用年限平均法折旧。

（2）1月2日，Monte 公司向善思公司出售 200 吨原材料，含税价格为每吨 117 元，货款尚未收到。该批原材料成本为每吨 90 元。销售合同规定由 Monte 公司以现金垫付运输费用 1 000 元。

（3）1月10日，Monte 公司向 Munz 公司以 100 000 元价格转让成本为 50 000 元的一项特许经营权。营业税税率为 5%。

要求：针对上述经济业务编制会计分录。

9. ABQ 公司本月份发生下列经济业务。

（1）出售甲材料 40 吨，每吨材料售价 300 元，销项税额 2 040 元，款项收到并已存入银行。

（2）收到出租包装物的租金 2 000 元，应收增值税款 340 元，计 2 340 元，存入银行。

（3）结转已售甲材料的实际成本 10 000 元。

（4）收到保险公司的赔偿款 8 000 元。

（5）以银行存款 12 000 元，向希望工程捐款，收到希望工程出具的收据。

要求：根据上列经济业务，编制会计分录。

10. Gates 厂本月份发生下列经济业务。

（1）将本月的主营业务收入和其他各项收入转入"本年利润"账户（主营业务收入 195 000 元、其他业务收入 14 000 元、投资净收益 4 000 元、营业外收入 8 000 元）。

（2）将企业的各项费用转入"本年利润"账户（主营业务成本为 177 600 元、主营业务税金及附加 2 000 元、管理费用 4 200 元、财务费用 200 元、其他业务支出 10 000 元、营业外支出 15 000 元）。

（3）按本月实现利润的 25%，计算应缴纳的所得税。

（4）按税后利润的 10%，提取盈余公积金。

（5）企业决定向投资者分配利润 5 000 元。

要求：根据上列经济业务，编制会计分录。

11. Dessert 公司 2017 年 12 月 31 日对仓库和生产车间进行了盘点，仓库中没有原材料和库存商品，生产车间里没有在产品。Dessert 公司 2018 年 1 月发生的经济业务列示如下。

（1）1月1日，Dessert 公司银行存款预付了全年生产车间的租金 120 000 元。

（2）1月10日，向 Shadow 公司采购 100 千克原材料 A，每公斤含税价格为 1 170 元，货款尚未支付。Shadow 公司垫付运输费用 1 000 元。

（3）1月15日，向 Tobo 公司采购 50 千克原材料 B，每公斤含税价格为 2 340 元，货款尚未支付。

（4）1月20日，原材料 A 验收入库。向 Shadow 公司支付欠款。

（5）1月25日，原材料 B 验收入库。向 Tobo 公司支付欠款。

（6）1月26日，仓库发出 50 千克原材料 A 和 50 千克原材料 B，作为直接材料。

（7）1月27日，Dessert 公司向红日 Overlook 公司出售剩余 50 千克原材料 A，每公斤含税价格为 1 287 元。货款通过银行转账当日收到。

(8) 1 月 31 日,计提职工薪酬 100 000 元。其中 70 000 元属于生产车间工人工资,30 000 元属于行政部门人员工资。

(9) 1 月 31 日,计提本月固定资产折旧 100 000 元。其中 50 000 元属于生产用固定资产折旧,50 000 元属于办公用固定资产折旧。

(10) 1 月 31 日,计提本月生产车间租金。

(11) 1 月 31 日,所有在产品完工入库,共计 100 件产品。

(12) 1 月 31 日,向 Monte 公司出售 50 件产品,每件产品含税价格为 5 850 元,当日发货,银行转账支付运输费用 1 000 元。货款尚未收到。

(13) 按照月实现利润的 25% 计提应缴纳所得税。

要求:

a. 针对上述经济业务,编制相应的会计分录。

b. 登记总分类账和明细分类账。

c. 编制调整后试算平衡表。

d. 编制 1 月份利润表。

12. Harry 公司成立于 2017 年 1 月 1 口,是一家大型制造业企业。2017 年 1 月,Harry 公司发生以下经济业务。

(1) 1 月 1 日,收到投资者投入资金 2 000 000 元。向 JPM 银行借入期限为 5 年的长期借款 1 000 000 元,年利率为 6%,利息于每年年末支付。

(2) 1 月 1 日,租入一栋二层楼的建筑物作为办公场所以及生产车间。期限为 5 年,预先支付 1 年租金 240 000 元。该建筑物一层作为生产车间,二层作为办公室。

(3) 1 月 1 日,租入生产设备。期限为 5 年,每月租金为 50 000 元,于每月月末支付。

(4) 1 月 5 日,向 Chase 集团购入 1 000 000 元原材料 A,增值税税额 170 000 元。Chase 集团垫付运输费用 10 000 元。货款尚未支付。

(5) 1 月 6 日,向 Morgen 集团购入 200 000 元原材料 B,增值税税额 34 000 元。运输费用 1 000 元由 Morgen 集团承担。货款尚未支付。

(6) 1 月 10 日,原材料 A 验收入库,支付对 Chase 集团欠款。

(7) 1 月 12 日,仓库向生产车间发出 80% 原材料 A 作为直接材料。

(8) 1 月 14 日,原材料 B 验收入库,支付对 Morgan 集团欠款。

(9) 1 月 15 日,仓库发出所有原材料 B 作为车间一般性耗用材料。

(10) 1 月 20 日,100 件产品完工入库,经核算,每件成本为 5 000 元。

(11) 1 月 25 日,向 FB 公司销售 80 件产品,每件产品价格为 8 000 元,增值税税额 1 360 元。

(12) 1 月 26 日,向 ABQ 公司销售剩余原材料 A 的 50%,售价为 200 000 元,增值税税额 3 400 元。货款尚未收到。

(13) 1 月 31 日,支付车间水电费 10 000 元。

(14) 1 月 31 日,计提本月职工薪酬 100 000 元。其中 30% 属于行政人员工资,70% 属于生产人员工资。

(15) 1 月 31 日,计提本月财务费用。

(16) 1 月 31 日,计提本月租金。

(17) 1 月 31 日,支付机器设备租金。

要求:

a. 针对上述经济业务编制会计分录。

b. 如果 Harry 公司希望在 1 月末得到资产负债表,请补充结账分录。

c. 结合业务(1)、业务(2)的答案,登记总分类账和明细分类账。

d. 编制结账后试算平衡表。

e. 编制 2017 年 1 月 31 日资产负债表。

f. 编制 2017 年 1 月利润表。

13. NY 公司 2017 年 12 月的经济业务如下。

(1) 1 日,仓库发出材料 40 000 元,用于生产 A 产品 21 900 元,B 产品 18 100 元。

(2) 2 日,仓库发出辅助材料 2 000 元,供车间使用。

(3) 5 日,从银行存款中提取现金 30 000 元。

(4) 10 日,现金支付职工工资 24 000 元。

(5) 12 日,向 HQ 工厂购入甲材料 14 000 元,该厂垫付运杂费 1 000 元,增值税 2 380 元,货款以银行存款支付。材料已验收入库,按其实际采购成本转账。

(6) 15 日,向 SEIQ 企业购进乙材料 40 000 元,增值税额 6 800 元。货款尚未支付,材料已到达并验收入库。

(7) 15 日,以现金支付上述购入材料的搬运费 600 元,并按其实际采购成本转账。

(8) 16 日,收到 XH 工厂还来欠款 3 000 元,存入银行。

(9) 17 日,以银行存款支付上月应交所得税 1 000 元。

(10) 18 日,用现金支付销售产品包装费、装卸费等销售费用 1 100 元。

(11) 22 日,出售产成品给 XH 工厂。计 A 产品 1 800 件,每件售价 28 元,B 产品 44 00 件,每件售价 14 元,共计售价 112 000 元,增值税 17%,贷款尚未收到。

(12) 25 日,以银行存款支付临时借款利息 5 000 元。

(13) 26 日,由于自然灾害使辅助材料损坏 300 公斤,价值 1 120 元,经上级批准作非常损失处理。

(14) 27 日,出售多余材料 2 000 元,增值税 17%,价款存入银行。

(15) 31 日,本月职工工资分配如下:

单位:元

A 产品生产工人工资	10 000
B 产品生产工人工资	10 000
车间职工工资	3 000
管理部门职工工资	1 000
合计	24 000

(16) 31 日,按职工工资总额 14% 计提职工福利费。

(17) 31 日,计提本月固定资产折旧 3 160 元,其中车间使用固定资产折旧 2 380 元;管理部门用固定资产折旧 780 元。

(18) 31 日,年初已支付的本年度保险费,本月应计入管理费用 1 400 元。

(19) 31 日,本月应计入管理费用的预付报刊费 1 200 元。

(20) 31 日,将制造费用按生产工人工资比例摊配到 A、B 两种产品中。

(21) 31 日,A 产品已全部完成,共 2 000 件,按其实际生产成本转账。B 产品尚未完工。

(22) 31 日,结转上述出售给新华工厂的产成品生产成本。计 A 产品每件 20 元,B 产品每件 10 元,共计 8 000 元。

(23) 31 日,结转本月 27 日售出的多余材料的实际成本 1 500 元。

(24) 31 日,按 12 月利润总额的 25% 计算应缴纳所得税。

(25) 31 日,将 12 月各损益账户余额转至本年利润账户。

要求:

a. 请为业务(1)~业务(16)编制会计分录,注意写出必要的明细科目。

b. 设置并登记有关的总分类账和明细分类账。

c. 编制调整前试算平衡表。

d. 按业务(17)、业务(18)、业务(19)编制调整分录,并登记有关的总分类账和明细分类账。

e. 编制调整后试算平衡表。

f. 按业务(20)~业务(25)编制结账分录,并登记有关的总分类账和明细分类账。

g. 编制结账后试算平衡表。

h. 根据上述资料,填列利润表的相关项目。

利 润 表

编报单位:NY公司   2016 年 12 月   单位:元

项　　目	行　　次	本月累计数
一、营业收入	(1)	
其中:主营业务收入	(2)	
其他业务收入	(3)	
减:主营业务成本	(4)	
其他业务支出	(5)	
营业税金及附加	(6)	
销售费用	(7)	略
管理费用	(8)	
财务费用	(9)	
资产减值损失	(0)	
加:公允价值变动收益	(0)	
投资收益	(0)	
二、营业利润	(10)	
加:营业外收入	(11)	
减:营业外支出	(12)	
三、利润总额	(13)	
减:所得税费用	(14)	
四、净利润	(15)	

自 测 题

第 7 章

内部控制与会计职业道德

 资料与讨论 7-1

2016 年 1 月 22 日,中国农业银行公告称,农业银行北京分行爆出票据案,涉及风险金额为 39.15 亿元。初步调查显示,农业银行北京分行与其他银行进行银行承兑汇票转贴现业务,在回购到期前,票据应存放在农业银行北京分行的保险柜里,不得转出。但实际情况是,银行票据在回购到期前,就被重庆某票据中介提前取出,与另外一家银行进行了回购贴现交易,而资金并未回到农业银行北京分行的账上。"农业银行北京分行保险柜中的票据则被换成报纸。"一位接近农业银行北京分行的人士对此证实。

请查找相关资料,了解票据贴现业务及其流程,尝试讨论:为什么农业银行北京分行会发生这么大规模的公司舞弊事件? 它与内部控制有什么关系?

回到第 1 章对人和企业的讨论。我们假设人都是理性经济人,每个人都在寻求自我利益最大化;企业是自利经济人的利益联合体。每个人都有可能为了追求自我利益最大化,而损害他人,包括所在企业的利益。上述农业银行北京分行票据贴现中的舞弊事件,就是银行内部员工参与造成的。这种现象,并不仅仅发生在农业银行。2016 年 7 月,宁波银行深圳分行也爆出票据风险事件,涉案金额 32 亿元;2016 年 8 月,工商银行廊坊分行接入河南焦作中旅银行 20 亿元的电子银行承兑汇票,事后发现这 20 亿元电票涉及虚假开票。据统计,仅仅 2016 年前 8 个月,就爆出 6 起票据贴现风险事件,涉及金额 120 亿元。[①] 为什么票据贴现舞弊事件频发? 各界分析认为,一个重要的原因就是缺少有效的内部控制制度。

为了减少这种自利行为对企业的负面影响,人们设计了各种方法和机制,包括本书所讨论的会计。信任机制是多种方法的综合,而本章所要讨论的内部控制,也是一个完整的信任机制的有机部分。

7.1 内部控制的基本原理

内部控制的最基本思想,就是源于对经济人特性的认识,希望通过人与人之间的相互牵制、制约,来达到最大限度地约束人的自利行为、保护财产、防范差错的目的。

---

① 参见财新网特约作者赵小广:"银票案件频发的真正原因",2016 年 8 月 12 日.

7.1.1　控制与内部控制

所谓控制，是指"掌握住对象，使其按控制者的意愿活动"[①]；或者，是控制主体对控制客体施加影响的过程与行为，以保证控制客体能够按照控制主体所设定的目标和条件行动。以企业组织为空间范围，控制可以分为外部控制与内部控制。其中，外部控制是指企业作为控制主体，借助企业之外的各种机制或力量，对企业发挥控制性作用。例如，独立审计师就是最常见的一种外部控制制度；又如，大型央企会受来自国资委的直接或间接控制。内部控制则是发生在一个企业或组织内部，通过组织内部的各种制度安排或机制，达成控制性目的，以最大限度地保证企业财产安全完整、有效运行等，并且，随着社会经济环境等的改变，内部控制的目标也相应变化。

外部控制机制发挥作用，通常都是事后的，损失已经发生，对企业的伤害已经造成。如果损失较大，有可能会影响企业的存活，情况严重的，企业还会因此倒闭。例如，当年的世界通信（WorldCom）和安然（Enron）等，都是因为发现问题不及时而最终陷入困境，投资者损失巨大。

为了最大限度地降低企业运营过程中各种可能的风险，特别是来自企业内部经济人机会行为所带来的风险，企业在实践中不断摸索，寻求各种有效的制度安排。还是以本章所虚构的芝麻公司为例。如果雷金自己投入一笔资金，没有相应的控制机制，就会很容易被公司的经办人员挪用或"携款潜逃"，也有可能因为公司经办人员的失误而被骗[②]；芝麻公司需要购买设备、材料等，如果缺少有效的控制机制，公司会购入"质次价高"的设备或材料，经办人员也可能通过"回扣"等方式，将公司财产变为个人财富；公司所开发的手机完全不符合市场需求，且产品单一，资金链面临断裂的危险；销售过程同样存在各种风险，如人为压低销售价格、回款不及时、销售人员吃"回扣"，等等，不一而足。可以说，在企业经营的每一个环节，几乎每个岗位都需要有人去办理，几乎每个岗位都直接或间接地接触企业的财产物资。如果这些人可以不受限制地处理、支配财产物资，就有可能导致财产的大量流失，最终使企业的再生产难以为继。因此，设立相应的控制制度，牵制、约束并监督经济人的各种自利行为，在牺牲部分效率的同时，可以保证再生产过程顺利、有序地进行，企业才能够不断发展。也正因为此，几乎每个单位内部，都程度不同地设立了各种控制制度，亦即内部控制。由此可以给出内部控制机制产生最初的思想，就是通过职能上的相互牵制，最大限度地降低企业财产、物资被不当侵占的风险。

不论在中国还是其他国家，内部控制的思想都有着悠久的历史。我国早在周朝就创立了分级控制制度、九府出纳制度及交互考核制度。朱熹在评述《周礼理其财之所出》一文中指出："虑夫掌财用财之吏，渗漏乾后，或者容奸而肆欺……于是一毫财赋之出入，数人之耳目通焉。"意谓《周礼》中，考虑到掌管和使用财物的官吏可能进行贪污盗窃、弄虚作假，因而规定每笔财赋的出入，要经几个人，达到互相牵制的目的。同样，我国古代的"三

[①] 引自：汉典，http://www.zdic.net/c/7/149/321249.htm.

[②] "老总 QQ 被盗　出纳受骗转巨款"，这本身就反映了公司内部控制制度的缺失。

公九卿"制度,将管理国家的事务,分成不同部门,由不同的人承担,也是包含了这种内部控制的思想。

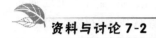
资料与讨论 7-2

明朝空印案

公元 1376 年,明朝开国皇帝朱元璋下令,"凡主印吏及署字者皆逮系御史狱";因空印案而遭处死的包括"每岁布政司""府州县吏诣户部核钱粮""军需诸事",之后又下令处死主印官员,副职以下杖一百充军远方。(参见:"空印案",维基百科)

请自行查找资料,了解"空印案"的具体内容,讨论:"空印案"中的"空印"账册,是否违反内部控制的相关机制?为什么"空印"账册成为当时的一种通行做法?对内部控制制度的有效性有什么启发?

在古埃及的国库管理制度中,货币及谷物的出入库须经过记录官、出纳官和监督官之手,这也是内部牵制思想的体现。15 世纪意大利复式记账法,以账目间的相互核对为内容并实施一定程度的岗位分离,被认为是确保当时钱财和账物正确无误的理想控制方法。1929 年,美国的《财务会计报告的验证》中明确提到内部会计控制制度。在人们的日常生活中,内部控制思想的应用也比比皆是,如各单位的出纳和会计必须分设,签发超过限额的现金支票须相关管理人员批准等。但是,内部控制作为一个完整概念的提出却是 20 世纪中后期,特别八九十年代的事。

7.1.2 内部控制的演进轨迹

内部控制产生的目的就是最大限度地保护一个组织/企业财产物资的安全完整,它随着社会经济的发展,特别是随着社会财富流动方式的发展而发展。大致说来,内部控制的发展经历了内部牵制、内部控制制度化、内部控制广义化等阶段。

1. 内部牵制阶段

内部控制的最初实践,就是通过人为增加操作环节或流程,使组织内的主要业务或事项,特别是与财产保管、处置等有关的事项,必须有两个及两个以上人员经手,从而相互牵制,以达到降低财产被内部人窃取的机会和风险。早期人类社会经济活动简单,财产增减等活动相对比较直接、直观、简单,不存在复杂的财富创造和转移活动(如大工业),也不存在金融创新所带来的资产高流动性,因此,简单的相互牵制,就可以满足日常保障财富安全的需求。

据史料记载,早在公元前 3600 年以前的美索不达米亚时期,就已经出现了内部牵制的一些做法。当时所发明的"楔形文字",都是烧制在黏土板上,用来作为一种控制手段。"在公元前 3300 年前的乌鲁克时代,这些干燥或者烧成的计算珠被放置在邓土制成的容器内。物品到达时,就将容器切开,核对物品数量与计算珠数量。然而,这种方式还是不完善。因此,就加以改良,将计算珠所显示的讯息,以小小刻画标示在容器表面,也就是说相同的讯息两次记下来。于是计算珠的方式就不再被使用。商品的数量一增加,容器就开始变成平面,最终以黏土板来取代。"①按照这种记载,当时的黏土板所发挥的作用,就是内部控制。

我国西周时的分级控制等制度也迸发着内部牵制思想的火花。我国封建王朝通过"三公九卿"、"三省六部"等方式,达到相互牵制的目的。无论是春秋战国时代的诸侯王,还是统一之后的天朝皇帝,对于军队的调动,都施行非常严格的相互牵制制度。传说中的兵符,就是用来控制军队调动的。"窃符救赵"的故事,较好地诠释了当时魏国对军队的有效控制,当然,因为信陵君能够成功地"窃符"以调动军队,从另一个层面说明,任何控制制度,都会因为人的机会行为而失效。

从企业层面来看,内部控制的思想一直延续到现在,仍然在广泛采用,其着眼点在于职责分离和业务过程及其记录的交叉控制,即通过人员配备、职责划分、业务流程和簿记系统等实现防范组织内部错误,保护组织财产安全,保障组织正常运行的目标。

内部牵制的做法是基于以下两个基本假设:其一,两个或两个以上的部门或人员无意识地犯同样错误的机会很小;其二,两个或两个以上的部门或人员有意识地合伙舞弊的可能性大大低于单独一个部门或一个人。通过内部牵制制度,可以降低公司内部运行过程的差错,防止内部人盗窃公司财产。

2. 内部控制制度化阶段

英国的工业革命直接推动了现代工业制造的出现;美国南北战争的结束为美国的经济发展提供了良好的基础;美国的工业革命与企业兼并浪潮,导致企业规模越来越大,经营活动变得非常复杂。19 世纪末 20 世纪初,公司不断并购,一些超大型企业如美国钢铁、福特汽车等陆续出现,企业的财产种类变得繁多、复杂,财产的价值波动大,企业跨区域甚至跨国经营也渐趋普及,企业财产的保管、监督难度更大。

按照相关资料的记载,20 世纪初,美国铁路业比较混乱,公司内部各种贪污、浪费等现象,时有发生。在 J. P. 摩根介入后,通过整顿管理层,制定各种制度,这种状况有所好转。通常他所控制的铁路公司都会从亏损变成盈利。其中,大量的关于运费厘定、成本控制等制度,逐渐演变成之后的成本控制方法。

设想一下,1901 年,由 J. P. 摩根收购成立的美国钢铁公司,资产达到 14 亿美元;同一时期的巨型公司还包括福特汽车、通用汽车、美国钢铁、杜邦公司、通用电气等。对这种规模的公司来说,传统的、基于岗位和职责划分的牵制方式,已经不能满足需要,人们更关注财产是否有效使用、合理配置等。同时,企业规模大、财产在企业内流转快,单纯追踪财产实物形态来考察财产安全与否,已经不可能,也没有意义;人们需要借助完整、真实、准确的会计记录,来评价管理层对财产的保管、使用情况,当然,管理层也需要借助会计记录对相关部门进行评价、考核等。

随着企业规模扩大,企业失败的社会影响也更大,特别是 1929—1933 年的经济危机,更引发了美国社会对公司运行的关注。造成 1929—1933 年美国经济大萧条的原因,无疑是多方面的。但是,当时美国的企业通过各种复杂的信托安排,混业经营,特别是证券、银行的混业经营,扩大了危机事件的社会影响。因此,于 1933 年通过的 *Glass-Steagall Act*,

---

① 方振宁. 美索不达米亚艺术[M]. 桂林:广西师范大学出版社,2003.

要求之一就是将经营存储业务的商业银行与承担风险的投资银行分割开来,以最大限度地降低商业银行风险。著名的摩根公司也拆分为摩根大通银行和摩根士丹利证券公司。这一思想,也是内部控制的体现。

 资料与讨论 7-3

Glass-Steagall Act 要求银行与证券分业经营,导致包括将 J. P. 摩根公司一分为二,这就是后来的摩根大通银行和摩根士丹利证券。1999 年,美国通过金融服务现代化法案,取消了上述限定,直接推动了美国一系列商业银行与投资银行的合并,例如,花旗银行与旅行者集团合并成立花旗集团。现在,美国的商业银行可以同时经营证券等高风险业务。当然,现在的这些大型金融机构内部,对传统商业银行和投资银行之间、投资银行内部的投资部与证券分析部之间,都设立了非常严格的控制制度,甚至被称为"中国长城"。

请自行查找相关资料,尝试用内部控制的思想来讨论这种合并可能产生的经济后果。

从会计角度看,美国会计师协会 1936 年发布《注册会计师对财务报表的审查》文告,较早将"内部控制"作为一个专业术语,纳入关注对象。1949 年,美国会计师协会在一份关于内部控制的文告中,将内部控制界定为"包括一个企业内部为保护资产、审核会计数据的正确性和可靠性,提高经营效率,坚持既定管理方针而采用的组织计划及各种协调方法和措施"。[①] 1958 年,该委员会发布的第 29 号审计程序公报《独立审计人员评价内部控制的范围》,将内部控制分为内部会计控制和内部管理控制。此后,内部控制受到更广泛的关注。内部控制成为企业日常运行、会计师审计注册等高度依赖的制度。

3. 内部控制广义化阶段

一方面,商业和经济环境波动幅度大,难以预测,导致企业经营的不确定性程度加大、风险高;另一方面,经济人的属性又决定了在企业的运行过程中不可避免地会出现"疏忽、浪费乃至盗窃"[②]等现象,企业内部舞弊的丑闻时有发生,甚至因为舞弊而失败的事件越来越多,且因为企业规模不断扩大,现代社会传播手段更为便捷,负面影响也越来越大。人们在寻求解决问题的过程中,逐渐认识到内部控制的不可或缺性,因而,出现了将内部控制贯穿企业所有经营活动全过程的思想,标志性的事件就是 COSO 报告。

---

① 几个术语提请注意:目前美国的注册会计师协会是由 1887 年创立的美国公共会计师协会(American Association of Public Accountants, AAPA)和 1921 年创办的美国注册会计师学会(American Society of Certified Public Accountants, ASCPA)于 1936 年合并而来。但在名称上,1917—1957 年,曾使用美国会计师协会(American Institute of Accountants, AIA),1957 年改为 AICPA,至今,一直未变。上述几份文告都是以 AIA 的名义发布的。包括 1949 年的内部控制文告,全名为 *Internal Control:Elements of a Co-ordinated System and its Importance to Management and the Independent Public Accountant*。

② 早在 18 世纪,亚当·斯密在《国富论》一书中,就发出感慨,"不过,在钱财的处理上,股份公司的董事是为他人尽力,而私人合伙公司的伙员,则纯为自己打算。所以,要想股份公司的董事们监视钱财用途,像私人合伙公司伙员那样用意周到,那是很难做到的。……于是,疏忽和浪费,常为股份公司业务经营上多少难免的弊端"。

　　20 世纪七八十年代,美国资本市场出现了一系列公司舞弊和审计失败的事件。1985 年,包括 AICPA 在内的多个职业团体发起成立了一个专门委员会(以下简称 COSO)①,该机构发布了多份有影响的研究报告,其中,于 1992 年发布的《内部控制:一个整合框架》(Internal Control:An Integrated Framework)研究报告,成为内部控制领域的标志性文本。

　　按照"整合框架"报告,内部控制应当贯穿企业运营全过程,并提出内部控制的"三目标"、"五要素"。其中,内部控制应该达到的三目标分别为财务报告的可靠性、经营活动的效率性和效果性、法律法规的遵循性。为了实现上述目标,内部控制需要包括五个相互关联的要素:控制环境、风险评估、控制活动、信息与沟通、监控。这一思想很快被会计界广泛接受,并逐渐成为一个共识性观点。后文在讨论内部控制具体内容时会略加展开。

　　2001 年,美国爆出安然事件②及一系列公司丑闻事件,公司风险成为广为关注的对象。2002 年 7 月,美国国会通过 Sarbanes-Oxley Act of 2002(简称《SOX 法案》),其中第 404 条明文要求公司董事会主席必须签字,对公司内部控制的完整性和有效性负责,并承担连带责任。因此,内部控制从原来单纯的自发行为,上升为具有法律强制力和相应法律后果的制度规范。

　　为了顺应《SOX 法案》对内部控制的要求,COSO 委员会在吸收各方风险管理研究成果的基础上,于 2004 年 10 月正式发布《企业风险管理》(Enterprise Risk Management,ERM)报告,它反映了内部控制框架的最新发展,控制范围更为广泛,控制目的也明确为降低企业风险。相对于 1992 年的内部控制整合框架而言,企业风险管理框架将内部控制提升到企业风险管理的更高层面。2004 年版的企业风险管理框架,比之前 1992 年版的内部控制整合框架范围,给出了更为宽泛的内部控制概念及其组成,它既保留了原有内部控制整合框架的合理内容,又在框架和要素方面有相当大的突破。主要变化:一是始终将企业风险作为控制的核心,并将风险控制从企业的经营前移至战略制定;二是将内部控制的重心上移至董事会,明确董事会对企业风险管理负有监督职责及实现职责的方式;三是不仅要求控制会计反映的内容,还要控制企业报告的所有信息。

　　任何商业活动,都无法排除风险因素的存在。但是,20 世纪 90 年代起的全球经济一体化、层出不穷的金融创新和互联网的普及,导致企业在所面临的外部环境中,风险的转换速度更快。甚至,很多时候,企业的风险是突然降临的。例如,2007 年,诺基亚占据全球手机销量 40% 的份额,出货量高达 4.37 亿部;当年苹果推出 iPhone,并于 6 月底起陆续交付,诺基亚很快就被挤出市场,最后以极低的价格被微软收购。传统的、基于可识别特征的风险管理,已经不能满足要求,这就需要更有效的风险管理系统。

---

　　① 全名为 The Committee of Sponsoring Organizations of the Treadway Commission,这是一个美国民间组织,成立于 1985 年,由五个会计职业团体发起,主要用来进行财务舞弊情况的调查。在完成了财务舞弊情况调查后,继续进行相应的调查、研究,关于内部控制的研究报告,是目前公认最具权威性的出版物。有关该组织的情况,可参见:http://www.coso.org/。

　　② 2001 年 12 月初,高居 2001 年度 Fortune 500 排行榜第七位的安然公司(Enron)申请破产保护,此后,世界通信等公司也陆续爆出丑闻。作为对这一系列公司丑闻事件的回应,美国国会通过了 Sarbanes-Oxley Act 等。

资料与讨论 7-4

大约在 2009 年,互联网创业界流行一个"飞猪理论",即"站在台风口上,猪都会飞"。这也一度成为互联网公司创业的信条。

与互联网创业相伴而生的是风险投资业。据统计,2015 年,风险投资对中国初创公司的投资总额为 322 亿美元;2016 年,风投基金规模几乎是这一金额的 10 倍。

请查找相关资料,了解包括小米公司等基于互联网公司的创业经历,查找关于风险投资的基本运作模式。尝试讨论:风险投资基金与风险管理之间是什么关系?它们对风险的理解有什么不同?

(资料来源:Fortune,2016 年 3 月 1 日)

我国早期的内部控制,主要停留在会计层面,以保证记账过程不出差错,以财产安全完整为主,核心思想就是"不相容职责"分离,岗位之间相互牵制。随着社会经济的整体发展,内部控制的涉及面渐趋广泛。特别是上海、深圳两个交易所挂牌上市的公众公司不断增多,上市公司的舞弊事件范围更广,负面影响更大,因而,加强内部控制制度建设,更好地防范风险,日益迫切。

从相关的内部控制法律、法规演变来看,从 20 世纪 80 年代的《中华人民共和国会计法》,到之后的《中华人民共和国公司法》《中华人民共和国证券法》,都程度不同地有所涉及内部控制制度;2008 年,财政部会同证监会、审计署、银监会、保监会共五部委发布《企业内部控制基本规范》,要求上市公司自 2009 年 7 月 1 日起施行,同时鼓励非上市的大中型企业执行。执行该规范的上市公司应当对本公司内部控制的有效性进行自我评价,披露年度自我评价报告,并可聘请具有证券、期货业务资格的会计师事务所对内部控制的有效性进行审计,这标志着我国内部控制发展在融入国际主流的进程中又向前迈出了实质性的步伐。

资料与讨论 7-5

以下摘录的是立信会计师事务所为航天通信(600677)提供的 2014 年内部控制审计报告:

···········

在内部控制审计中,注册会计师注意到航天通信具有客户资信等级评估、授信额度管理方面的内控设计程序,但业务部门在与客户交易的过程中未严格执行,航天通信对客户资信等级评估、授信额度管理等方面的内部控制在执行层面存在重大缺陷。

同时,注册会计师注意到,由于未严格执行该内部控制程序,已经给航天通信造成了重大损失。近年来,航天通信与上海中澜和新疆艾萨尔公司一直开展代理进口原毛业务,上海中澜的实际控制人和其控制的新疆艾萨尔公司对航天通信做了 9 000 万元的最高额担保,航天通信未对上海中澜的实际控制人和新疆艾萨尔公司是否有能力承担担保义务进行详细调查,并超过最高担保额 9 000 万元后仍向上海中澜和新疆艾萨尔公司发货,后因对方出现严重的资金问题,造成航天通信应收款项 1.35 亿元人民币不能按期收回。注册会计师认为,航天通信未对上海中澜的实际控制人和新疆艾萨尔公司是否有能力承担担保义务进行详细调查,属于客户资信等级评估执行层面内部控制程序存在重大缺陷,超过授信额度超额发货,属于授信额度管理内部控制程序存在重大缺陷。

有效的内部控制能够为财务报告及相关信息的真实完整提供合理保障,而上述重大缺陷使航天通信的内部控制失去这一功能。

…………

7.1.3 内部控制的内容

如上所述,内部控制是一个动态、发展的概念,它已经从最初的相互牵制、制衡,发展成一个贯穿企业全过程的系统,因而,内部控制的内容,同样也是动态发展的。以下将结合 COSO 关于风险管理的思想,扼要介绍内部控制的主要内容。具体关于内部控制的讨论,留待专门教材和学习。

1. 内部控制的基本目标

内部控制的目标是整个控制系统的出发点,决定了系统运行的方式和方向。现有的内部控制目标已经超越了传统意义的查错纠弊和财产安全,它涉及每个组织运行的全过程,甚至包括一个企业从最初的创立到最后的清算终止,包括企业**战略目标**、战略目标的分解与随之而来的**经营目标**、如实且可靠地报告企业运营情况的**报告目标**,以及确保企业经营管理合法合规、财产安全的**依从目标**等。

内部控制的直接表现就是通过增加各种牵制程序,来最大限度地降低企业运行过程中的差错与舞弊风险,保证企业财产的安全、完整。如果以这种目标来设计与运行内部控制,它一定有悖于企业的战略目标。因为,企业家创立企业的目标,不是保本,而是为了盈利,为了实现更高的价值。因此,内部控制系统的设计,必须先从企业的战略目标出发。例如,像"985"等国内高校的战略目标,应当是以培养全面型、复合型人才、创造新知识等为目标;而很多专门性高等院校则以培养专门化人才为战略目标,它们在战略目标的分解、经营目标的厘定、报告目标的明确及相应的内部控制活动的设定等方面,自然存在差别。一个类比是以知识型为主的企业(如 Google 或会计专业同学都熟悉的会计师事务所),采用与劳动力密集型企业(如富士康等一类加工型企业)同样的控制方法与制度,一定会背离企业的目标。

2. 内部控制系统构建的主要原则

当我们将内部控制系统扩展到企业的全过程,对内部控制系统的构建,就需要全面考虑,并遵循相应的原则。我国《企业内部控制基本规范》提出全面性、重要性、制衡性、适应性和成本效益共五项原则。以下做简要介绍。

(1)全面性原则。全面性原则是指内部控制应该,也必须实行全面覆盖,包括横向覆盖企业的全部分部、职能部门,或者通俗地说,在任何一个时间点上,企业里的所有人,都需要被涉及。企业运营是一个连续的过程,企业从制定战略开始,到最终销售产品、取得收入、进行分配的每个环节之间,内部控制也要覆盖到。例如,第 6 章举例的芝麻公司,在开发芝麻手机过程中,从产品定位到最终开发出芝麻 I 号手机,以及采购、生产、销售、分配等,都应当置于内部控制之下。如果某个环节控制不到,就是企业可能的风险点。例如,内部控制中最难触及的点,就是公司的管理者,特别是 CEO 层级的管理者。这也就是在大部分公司舞弊事件中,董事长成为主要责任人的原因。

 资料与讨论 7-6

　　2016 年 5 月 9 日,美国最大的 P2P 网络借贷平台 Lending Club 宣布,公司联合创始人 Laplanche 已辞去董事长兼 CEO 职务,主要原因是涉嫌舞弊和数据造假。

　　2015 年 10 月 15 日,《华尔街日报》发文披露,Theranos 公司所提供的检测项目中,绝大多数都是用其他公司的设备进行检测的,而在 200 多项检测中只有 1 项用的是公司自己的设备。相关的报道都是将矛头指向其 CEO Elizabeth Holmes。

　　请查找、整理上述两个公司的相关信息,尝试讨论公司高管,特别是董事长、总经理等在内部控制中的地位与作用。

　　(2) 重要性原则。重要性原则是指内部控制应当在全面控制的基础上,关注重要业务事项和高风险领域。这实际上也是任何一项经济活动所关注的。如果"眉毛胡子一把抓",不仅容易分散、浪费资源,甚至还容易将企业引向关注细节、忽视全局,从而无法实现企业战略目标,或背离战略目标。

　　(3) 制衡性原则。制衡性原则是内部控制最初、最原始的思想所在,即通过不相容职责的分离,设置不同岗位,相互牵制、相互监督。放到今天的经营环境和理念下,内部控制应当在治理结构、机构设置及权责分配、业务流程等方面形成相互制约、相互监督的机制,同时,最大限度地兼顾经营效率。

　　制衡,会提高企业财产、物资的安全性,但它一定会牺牲企业的运行效率,导致企业在快速变化的市场环境面前,容易错失发展机会,同时,企业发展过程也因为采用安全、保守模式而缺乏特色。因此,企业需要根据自身的特征、所处的行业等,选择适合自己的制衡方式。例如,在风险投资行业,或一个处于起步阶段、商业活动对创业者个人特质依赖度高的行业(如创业初期的阿里巴巴、京东、滴滴、小米等),与一个相对成熟的大规模企业,在制衡性原则的应用上,应该有比较大的区别。同样,一个财产流动性风险极高的金融类企业,它的制衡性原则也将不同于制造类企业。

　　(4) 适应性原则。内部控制机制的存在是为企业/组织价值最大化服务的。企业当随时代,或者,社会经济环境变化了,企业的行为方式自然会改变;相应地,内部控制也需要因时、因地改变,应当与企业经营规模、业务范围、竞争状况和风险水平等相适应,并随着情况的变化及时加以调整。很显然,基于大数据和互联网的电子商务企业(如京东),它的内部控制制度安排,肯定不同于各位曾经学习过的高校所需要的内部控制方式。有一点可以肯定的是:京东的内部控制一定是远比任何一所中学都要复杂。同样是Walmart,现在所采用的内部控制制度,与 20 世纪 80 年代相比,也相去甚远。

　　(5) 成本效益原则。设立和运行内部控制制度,目的是将企业风险保持在可控的范围内,同时最大限度地提高企业效益。如果一项制度的实施,成本高于可能的收益,这项制度会被逐渐淘汰。内部控制的实施,也是如此。理论上,企业的所有环节都必须设立类似现金管理与控制的制度,只有这样,才能最大限度地保证企业财产物资不受侵害。但是,这样做的成本——包括直接成本支出与效率降低导致的间接成本——应当高于可能的收益,企业就不会选择进行高度严格的控制方式。换言之,企业需要权衡内部控制制度实施成本与预期效益,结合重要性原则,以适当的成本实现有效控制。

3. 内部控制的基本要素

内部控制所包括的要素,会因为经济环境的变化、对内部控制要求的不同,而相应不同。1992 年,COSO 报告给出"五要素",在 2004 年发表的企业风险管理报告表述上有所不同,要素增加到八个。这里,还是结合 COSO 报告和我国《企业内部控制基本规范》的表述,从以下五个方面的要素来介绍内部控制的主要内容。

(1) 内部环境。内部控制是建立在具体企业之上,并为各该企业服务的。与各该企业相关的制度与基础,就构成了内部控制构建的内部环境。它既是内部控制制度构建的基础,也是内部控制制度能够有效运行、发挥作用的前提。

内部环境一般包括治理结构、机构设置及权责分配、内部审计、人力资源政策、企业文化等。企业的内部环境不仅影响企业战略和目标的制定,业务活动的组织和对风险的识别、评估和反应,还影响企业控制活动、信息和沟通系统以及监控活动的设计和执行。企业应当根据国家有关法律法规和企业章程,建立规范的公司治理结构和议事规则,明确决策、执行、监督等方面的职责权限,形成科学有效的职责分工和制衡机制。

资料与讨论 7-7

治理结构(governance structure)是 20 世纪末、21 世纪初广泛讨论的概念。用于公司层面,形成公司治理结构;用于国家层面,就是国家治理。公司治理结构(corporate governance structure)主要涉及如何有效地处理公司利益相关方之间的利益关系,最大限度地实现所有相关主体的利益最大化,包括有效激励,监督管理层、员工等。有效的内部控制,也经常被视作公司治理结构的一个有机部分。

人力资源政策同样也是内部控制的一个基础。内部控制,在一定意义上就是对人的控制,特别是经济人的自利特性导致他/她会"损人利己",牺牲别人的利益,以求得自我利益最大化。内部控制制度的成效,也取决于执行人的意愿。如果公司采取有效的人力资源政策,在招聘和新员工入职环节,就将那些道德水准低、机会行为倾向严重的人,过滤在公司之外;公司在日常的考核、薪酬、晋升制度安排中,强化正直与品德因素,能够威慑、降低经济人的"损人利己"行为,内部控制的各项机制就能够更好地发挥效应。

回到本章开篇农业银行北京分行的例子。按照媒体报道,两名员工被立案调查。很显然,能够把保险柜里的票据调换,且长达数月不被发现,涉及的一定不止两名员工。这告诉我们,如果人力资源政策不当,不能从根本上确立与强化员工的正直和品德特征,那么,任何内部控制制度的方法都会很快"流于形式"。

在内部环境中,最核心的部分应该还是控制文化,即企业里所有人要习惯并接受内部控制制度,并从保护企业、保护自我等角度来理解内部控制,从"我被控制"转向"我要控制"。在这样的内部控制环境下,各种控制机制才能最有效发挥作用。

(2)风险评估。内部控制制度设立的主要目的,就是要控制企业运营过程中所可能产生的各种风险,特别是那些后果严重,会导致企业陷入困境,甚至失败的风险。因此,企业应该有效且及时地分析、识别经营过程中可能的风险点,进行风险管理,合理确定风险应对策略,这样设计出来的内部控制制度,才能最大限度地降低企业风险。在具体评估风险时,企业应当根据设定的控制目标,全面、系统、持续地收集相关信息,结合实际情况及时进行风险评估。企业开展风险评估,应当准确识别与实现控制目标相关的内部风险和外部风险,确定相应的风险承受度,并据以设计出相应的控制机制。

风险评估也当与时代同步。不同的外部环境、企业不同发展阶段,风险点也不同。风险评估时,需要"对症下药"。同样还是以京东为例,京东自营业务与京东第三方业务,尽管同属京东管理,但它们的风险点就不同,内部控制制度就需要差异化设计。

理论上,如果能够控制一切已经识别出的风险,将所有风险都防患于未然,这样的内部控制机制应该最有效,企业失败的风险也就降到几乎为零。但是,一方面,市场千变万化,甚至瞬息万变,到目前为止,人们还无法准确预测所有相关信息,包括各种可能的风险;另一方面,内控机制的设计,也要遵循重要性、成本效益等原则,主要关注重大风险。因此,在风险评估和识别过程中,需要基于企业的战略目标以及相应的内部控制目标,有针对性地展开。

(3)控制活动。控制活动是指企业根据风险评估结果,采用相应的控制措施,将风险控制在可承受度之内。企业应当结合风险评估结果,通过手工控制与自动控制、预防性控制与发现性控制相结合的方法,运用相应的控制措施,将风险控制在可承受度之内。控制措施一般包括不相容职务分离控制、授权审批控制、会计系统控制、财产保护控制、预算控制、运营分析控制和绩效考评控制等。

在"互联网+"的时代,互联网已经融入企业运营的每个环节,或者说,企业的运营是建构于互联网之上的。不仅在风险识别、控制活动设计过程中,需要考虑企业运营各环节中互联网的影响,而且控制活动本身也需要借助互联网才能完成。

 资料与讨论 7-8

1996 年,国际信息系统审计协会(Information System Audit and Control Association, ISACA)发布了"信息及相关技术的控制目标"(Control Objectives for Information & Related Technology,COBIT);2012 年,发布第 5 版。COBIT 已经成为国际上公认的 IT 管理与控制标准。

(4)信息与沟通。严格地说,信息与沟通,既是企业内部控制机制运行的基础,也是内部控制机制设计需要关注的核心要素。很显然,没有一个有效且通畅的信息系统与沟通方式,任何控制机制都难以运行;同样,控制活动本身就是一种信息与反馈过程,如果没有一个良好且有效的信息系统与沟通机制,控制行为本身就难以开展。

企业应当建立一个有效且通畅的信息系统,能够对收集的各种内外部信息进行合理筛选、核对、整合,将有用的内部控制信息在企业内部各管理级次、责任单位、业务环节之间,以及企业与外部投资者、债权人、客户、供应商、中介机构和监管部门等有关方面之间进行沟通和反馈,重要信息应当及时传递给董事会、监事会和经理层。企业应当利用信息技术促进信息的集成与共享,保证信息系统安全稳定运行。企业应当建立反舞弊机制,促进内部控制有效运行。

(5) 内部监督。内部监督是指企业对内部控制建立与实施情况进行监督检查,评价内部控制的有效性,发现内部控制缺陷并及时加以改进的过程。

企业应当制定内部控制监督制度,明确内部审计机构(或经授权的其他监督机构)和其他内部机构在内部监督中的职责权限,规范内部监督的程序、方法和要求。通过制定内部控制缺陷认定标准,发现内部控制缺陷,提出整改方案,跟踪内部控制缺陷整改情况,并就内部监督中发现的重大缺陷,追究相关责任单位或者责任人的责任。企业应当结合内部监督情况,定期对内部控制的有效性进行自我评价,出具内部控制自我评价报告。

4. 控制手段

资料与讨论 7-9

为了保证日昇昌银票的安全,防止银两被盗领,票号采用了四重保险:第一重就是纸张本身,平铺着看不出什么,对着光一看就能发现有水印,日昇昌的汇票就印着"昌"字(防伪);第二重为笔迹,写汇票只能由号中一个伙计执笔;第三重是在汇票上写明取款人的外貌、声音、衣着等,如果来人与汇票上所写不符,票号将拒绝支付;第四重保护就是密押。

为了防止汇票被人涂改,掌柜发明了一套密码,可以用于表示签发时间、数额等。每个票号只有两三人知道这套密押。日昇昌100多年间共使用了300多套密押,平均一年换3次密押。为了避免密押被人破译,汇兑后,汇票被票号回收销毁。所以现今没有一张汇票能保留下来,后人也只识别出了一套密押。在出纳室就挂着这套密押的歌谣:12个月的代码"谨防假票冒取,勿忘细视书章",每月30天的代码"堪笑世情薄,天道最公平,昧心图自利,阴谋害他人,善恶终有报,到头必分明",代表银两10个数字为"赵氏连城璧,由来天下传"或"生客多查看,斟酌而后行","万千百两"由"国家流通"来代替。四重保险,让日昇昌从未出现过被冒领的现象。

资料来源:http://blog.sina.com.cn/s/blog_4c5ee2e001000dkn.html.

控制手段是为达到控制目标所采取的各种方法及措施。因此,凡是能够有助于达成控制的方式,都可以作为内部控制的手段之一。当然,这些措施的选用,还需要考虑可推广性以及合法性等。以下简略介绍几个最基本、最常用的手段。

(1) 不相容职责分离控制。不相容职务是指由一个人担任,容易发生错误和舞弊行为,又可以掩盖其错误和弊端行为的职务,例如,现金的管理与记账,就是最典型的两个不相容职务。如果不分离,交由一个人来处理,他/她可以很容易地把现金据为己有,且在账务上做相应处理,账实相符,以掩盖错误。

不相容职务分离,不能由一个人来担任;公司规模大了,不同的机构设置,也体现不相容职责分离的思想。例如,公司设立内部审计部门,期望能够检查、监督会计部门的可能差错。如果内部审计部门向会计部门报告,就违反了不相容职责分离的思想。

不相容职务分离控制要求在对企业组织机构设置时,明确界定各个岗位职责,并根据职务分工的合理性和有效性,实施分离政策,形成各司其职、相互制约和相互监督的工作机制。如相关部门分别设立,以便相互制衡,达到有效监督和控制。除非不诚实职工相互勾结、集体舞弊,但共谋的概率因高风险而大大降低。①

在内部控制的制度环境部分,我们将人力资源政策纳作内部控制制度环境的一部分。不相容职责分离的控制效果,就是建立在公司人力资源政策有效、员工道德品质高的基础之上的。如果不相容职责的部门员工相互串通或共谋,舞弊照样可以发生。

本章开篇所提到的农业银行北京分行的案例中,票据贴现、审批、保管等,就是不相容职责,如果不分开,交由一个人或同一个部门办理,发生舞弊或串谋舞弊的可能性就大大增加。又如,媒体曾报道多起公司老总 QQ 号被盗,致会计转出巨额款项等类似事件。这类事件会发生,与公司内部不相容职责没有分离有关。假如公司内部对大额资金转出,设立至少两个相互制衡的岗位或环节,那么,这类错误发生的概率就可以大大降低。

(2) 全面预算与授权审批控制。这实际上是两个相互关联、相对独立,也是互为一体的控制手段。

"凡事预则立,不预则废。"通过全面预算的编制、分解过程,让企业的整个运营过程、全部的运营部门,都转换为具体的数据,借助计算机的实时控制功能,企业可以比较直观地对所有经营活动进行控制。企业管理部门主要关注偏离预算的各种行为。本书的后续章节会简单介绍预算的基本原理。

与预算相关联的,就是授权审批控制。在全面预算制度下,企业可以通过差别授权,将不同经营环节处理经济业务的权力,转授给不同部门或不同层级,并明确授权范围、程序和相应责任。如销售人员在一定的信用额度内,与客户签订赊销合同;超出额度的赊销,需要销售经理批准;重点客户、大额赊销或特殊销售政策,需要管理层批准等。如果没有全面预算作基础,授权审批容易导致盲目、混乱;反过来,没有授权审批制度,预算的编制,就不能发挥效用。

在实际操作中,预算控制所用到的方法还很多,诸如会计系统的控制、标准成本与运营分析控制、绩效考核与评价控制等。这些都留待之后的内部控制课程学习了。

(3) 财产清查。内部控制的目的之一,就是要保证企业财产的安全、完整。因此,应定期或不定期对企业财产进行盘点、清查,确保企业仓库中实际保有的财产,与账面上的记录数量相符。如果不符,需要及时查清原因,堵塞可能的漏洞。

随着现代电子、通信技术的进步,企业可以通过诸如射频识别(RFID)技术,自动获取存货进出仓库的信息,这样,财产清查变得简便、高效、低成本,且可以做到实时清查。

内部控制的手段,还因为计算机和互联网而不断创新。借助计算机所带来的强大计算能力和互联网所产生的实时信息传递能力,可以更好地对企业各环节、部门实施有效控制,特别是大型和超大型企业,通常都存在多个部门、跨区域运行,控制难度比较大。在计算机和互联网的帮助下,通过数据整合,可以有效地实施全面控制。

---

① 博弈论中的"囚徒困境"可很好地说明共谋所存在的风险。

7.2 会计系统中的内部控制

第1章已论述过,会计的产生,就源于人与人之间的信任要求。借助会计系统,能够低成本地实现人与人之间,特别是存在利益冲突的陌生人群之间的信任,以保证企业或组织的有序运行,这本身就是控制的思想。从这一意义上可以说,会计就是控制的一部分。早期内部控制中的很多方法,就是建立在会计系统之上的,如账簿之间的核对、账簿记录与财产的一致性以及会计报表数据的可靠性等。以下结合会计循环所涉及的各环节,介绍内部控制的基本原理在会计中的应用。

7.2.1 会计制度与内部控制

会计制度可有广义与狭义的理解。广义的会计制度泛指进行会计工作、处理会计业务中所应遵循的规范。具体地说,包括《中华人民共和国公司法》、《中华人民共和国会计法》等的规定,企业会计准则、行业会计制度等的要求,以及各单位内部的会计制度等组成。狭义的会计制度仅指各企业单位根据《中华人民共和国公司法》、《中华人民共和国会计法》、《企业会计准则》等要求,结合各该单位自身特点所自行制定的,仅适用于本单位的会计制度(下文如不特别指出,会计制度都是指狭义的会计制度)。企业的一切会计工作都按照会计制度进行。因而企业的财务会计信息的可靠性、提供信息的及时性都取决于会计制度的科学性与合理性。其中,会计制度的相当一部分内容与内部控制制度有关,为此,在进行会计制度设计时,我们要关注以下几个方面。

(1) 会计人员及机构是否独立。企业应设立独立的会计机构,会计机构或会计人员不得兼管财物实际收支和保管工作。在工作中,执行钱、物、账分管的原则。这是组织规划控制在会计中的具体应用。例如,在我国绝大部分企业中,都设有独立的会计(财务)科(处)。

(2) 制定严格、详细的业务处理程序。企业应对账簿、凭证的设计、凭证账簿的填制、凭证的传递、凭证账簿的保管等做出严格、详细、科学的规定,以确保业务处理的正确和及时,保证会计资料的真实完整,以避免非法篡改会计资料等现象。这是文件记录控制、授权批准控制在会计中的应用。例如,一张凭证要经制单、会计、主管等人员签字后才能入账,现金支票的签发要经主管领导批准等。

(3) 配备适当的会计人员,明确岗位职责。从事会计工作的人员,必须具有相应的专业知识和技能;一定规模的企业,会计机构的工作人员,应设置、配备相应岗位,并对每个岗位进行较明确的分工;利用内部牵制制度相互制约,以便明确责任。例如,出纳和会计都是会计部门工作人员,但二者不得兼任,以免出现挪用现金或侵吞现金的行为。会计机构负责人除了专业知识满足要求外,还应该有较广的视野和较强的人际沟通、协调能力,能够从企业全局角度来考虑问题。

7.2.2 现金业务与内部控制

这里所说的现金,是会计上广义的现金,既包括公司现金出纳手中保管的现钞,也包括公司的银行存款。它是企业流动性最大的财产,易于携带,也容易被挪用、贪污或盗窃。由于现金失控造成这方面的经济犯罪"不胜枚举"。

 资料与讨论 7-10

据报道,已 46 岁的特克(Andrea Turk)自 2009 年起担任白宫负责信息服务工作的主任,年薪为 8.5 万美元,下属 15 名接线员,她负责监督和批准下属的考勤表。联邦调查局调查发现,由于特克的经济状况不好,她从 2012 年年初开始"中饱私囊",篡改考勤表,向一位下属发放根本不存在的"超时加班费",再让下属以现金或银行转账的方式把一部分加班费交给她,她前后从中获益至少 1.1 万美元,直至 2013 年 8 月东窗事发后被白宫开除。

(资料来源:http://world.qianlong.com/2016/0122/298929.shtml.)

可以说,现金管理,是全球性难题。国际上那些大型跨国公司,经过几十年,甚至上百年的发展,在现金管理上已经形成一套完整的控制制度。即便如此,也不能完全杜绝贪污、挪用现象。据媒体报道,高通中国的出纳徇私舞弊,涉及金额 1 100 万元[①]。那么,现金的内部控制应当如何进行呢?

1. 现金管理的目标

现金管理至少要实现这样几重目标:保证现金的安全、完整,不被挪用甚至贪污;能够保证企业运营对现金的需求,不会出现支付危机或流动性不足;能够有效管理现金头寸,最大限度地提升公司效益;现金的使用,还应当符合相关的法律、法规和政策要求。

2. 现金管理的措施

现金管理的措施有多个方面,以下择要而述。

(1)现金收支中的相关职务必须分离。也就是通常所说的"管钱的不管账,管账的不管钱",企业应确保在现金管理和相应的会计记账两类岗位之间要分开,且有一定的隔离措施。

(2)严格执行相关法律法规和政策要求。内部控制的目标之一就是保证企业运行以及财务报表符合相关法律、法规要求,不会出现违反法律、法规而加大企业运营风险的现象。其中,现金和银行存款的保管、使用,是比较容易出现违反法律、法规要求的领域。

(3)建立灵活、及时的稽核制度。对库存现金,要做到日清日结;银行存款也需要及时与银行对账,出现未达账项,需要查明原因,确保不存在人为原因造成的金额不一致。这种稽核不仅要制度化,还需要增加一些临时性、突然性的稽核;同时,对现金和银行存款保管人员定期轮岗。

此外,针对我国目前金融秩序混乱且法律执行不严的现象,应当特别加强对企业银行存款的管理,以保证企业资产不受侵害。例如,银行账户的设立须经董事会或类似机构批

---

① 世界 500 强出纳侵吞 1 100 万[OL].法制晚报,2012-12-06.http://www.fawan.com/Article/fz/jjda/2016/04/12/178971.html.

准,以免存在出租、出借银行账户现象,也可防止在开设银行账户中为个人谋取私利,进行违法犯罪活动的现象。

互联网的普及,在增加企业现金控制风险的同时,也有利于企业更及时、有效地推行现金全方位控制。在手工簿记时代,企业银行存款日记账每个月与银行对账一次,如果出现"未达账项"——企业与银行在收款、支付存在时间差,需要编制银行存款余额调节表。以上提到的高通中国的出纳能够盗窃长达 15 个月、金额高达 1 100 万元,与落后且不及时的银行对账方式有关。如果企业的会计系统每天、实时能够接收银行关于企业银行存款收支的信息,那么,企业一定能够及时发现不正常的银行收支行为,尽可能早地制止这种舞弊行为,将损失降到最低。

需要特别注意的是,随着非现金支付的普及,现金在现代社会中的作用越来越弱。2014 年,丹麦中央银行宣布停止印刷纸币,纸币最后退出流通,并不是遥不可及;另外,区块链与基于区块链的虚拟货币的发展,对企业的货币结算,也提出了新的挑战,相应地,现金的内部控制会出现革命性的变革。

7.2.3 存货的内部控制

 资料与讨论 7-11

2014 年 10 月 31 日,獐子岛(002069,SZ)发布公告称,"根据公司抽测结果,公司决定对 105.64 万亩海域成本为 73 461.93 万元的底播虾夷扇贝存货放弃本轮采捕,进行核销处理;对 43.02 万亩海域成本为 30 060.15 万元的底播虾夷扇贝存货计提跌价准备 28 305 万元,扣除所得税影响 25 441.73 万元,合计影响净利润 76 325.2 万元,全部计入 2014 年第三季度。……结合目前实际情况,预计公司 2014 年全年亏损"。在该公告发布的 2014 年,獐子岛亏损近 12 亿元,2015 年亏损 2.45 亿元。獐子岛因此戴上"ST"的帽子。

存货对企业的影响是多方面的。任何存货管理上的疏漏,都会给企业造成重大损失。獐子岛的存货事件,尽管媒体有多种猜测,但是,从企业正常存货的管理角度来看,如果獐子岛事先有一个比较严格、完善的内部控制制度,就不会发生上述突发性存货损失的问题,至少公司经营陷入困境的局面,可以部分避免。

从企业运营特别是以制造业为主营业务活动的企业运营来看,存货是企业日常管理中非常重要的环节,存货管理的好坏,能够决定到企业的成败。2015 年年末,全部非金融类上市公司共 2 935 家(包括中小板和创业板),资产总额 39 万亿元,存货总额 7.2 万亿元,占资产总额 18%。① 企业存货的种类多,流动性大,加之有规模的企业存货存放分散,较容易发生管理、记账等的错误,保管差错,过期贬值甚至盗窃损失等;此外,存货的计价

---

① 中山大学刘骏博士根据 csmar 数据库整理提供。在 2015 年年报中,存货金额最大的 10 家制造业上市公司分别是中国中车、金隅股份、中国重工、上汽集团、东方电气、河钢股份、上海电气、宝钢股份、中国铝业、贵州茅台;存货占总资产比重最高的 10 家制造业上市公司分别是 ＊ST 创疗(68%)、金宇车城(67%)、国农科技(63%)、中珠医疗(59%)、东方金钰(58%)、瑞贝卡(58%)、萃华珠宝(57%)、沱牌舍得(56%)、益盛药业(55%)、大安堂(53%)。

是否合理,也对企业的财务状况影响较大。

存货的管理与内部控制,对企业运营的成功意义重大。同时,它还会因为企业规模、所处行业、所处环境、信息技术的变革等不同而不同。

1. 存货控制的目标

总体而言,存货控制需要达成的目标大致也分为三个方面:其一,存货安全、完整,存货的账存数和实存数相符。这也应当是企业内部控制制度最初产生的直接需求。其二,存货的计价正确合理,以确保列入损益表的成本恰当。由于市场价格不断波动,以及因通货膨胀(紧缩)的影响,采用不同的计价方法会导致不同的财务结果。如在持续通胀的情况下,采用后进先出法会低估存货成本,高估销货成本,进而低估当期利润;采用先进先出法,则高估存货成本,高估当期利润。为了能较真实地反映企业的财务状况,应根据经济环境的变化选择恰当的存货计价方式。其三,存货管理与存货政策符合企业战略目标的要求。存货管理除了要考虑保管安全、计价合理外,还需要从企业战略、有效运营角度出发,来考虑最优存货及其控制等问题。换言之,存货的内部控制,不仅仅是控制存货的实物与数量,它还需要关注企业战略需求。

对企业来说,存货管理一直是个挑战,贬值、消耗企业资源和占用企业资金这三个存货的特性决定了与之相关的决策可能决定企业存亡。计算机、手机等 IT 产业因为科学技术持续进步,IT 行业的产品和存货贬值速度非常快,保有过量存货,会给企业运营带来风险。Dell 公司当年就是通过存货管理,而在计算机行业异军突起。存货的控制有效,还能够大幅提高企业的竞争力,典型的是丰田公司所推行的"零存货"与"适时存货管理"制度。①

自 2015 年开始,我国各媒体中经常出现一个词语"供给侧改革",其内容之一就是去库存。在我国的经济运行中,由于多种因素,企业经常不根据市场需求,忽视市场因素,过量生产,导致存货积压,从而导致企业效益下降。从这一意义上说,存货管理不仅仅是企业在微观层面上所需要考虑的,而且也是其宏观政策的一部分。

2. 存货控制的方法

存货的控制方法,相对比较明确。主要包括以下方面。

(1) 存货业务中相关职务分离。存货业务涉及采购、验收、保管领用、盘点、会计记录等业务,从事这些业务的工作人员应适当分离。如采购部门人员与验收、保管人员适当分离,产成品验收部门同产品制造部门分离,保管人员同会计记录人员分离等。

(2) 建立存货盘存控制制度。对存货的会计记录一般采用永续盘存制。为避免永续盘存制存在的弊病,需要定期——通常是在年末——通过实地盘点,来校验账存数与实存数的差异以及存货的质量差异,以确保企业存货的安全和财务报表的真实性。

(3) 建立合理的存货计价及管理制度。企业要根据经济环境选择恰当的存货计价方法,使财务报表尽可能反映存货的真实价值,确定销货成本合理准确。存货的计价方法一经选定,不得任意更改,否则易导致利用存货计价方法进行利润操纵的现象。如确因经济环境发生变化须改变计价方法,应在报表附注中说明改变计价方法的原因及对当期财务

---

① 关于存货与存货管理,在"管理会计"课程中会学习到。

状况的影响。

存货内部控制制度最容易出现效率与安全相冲突的情形。例如,生产车间领用某项原材料或销售部门按销售合同发货。内部控制制度要求必须事先拟订计划,出库时还需要经过若干审核手续。显然,完成相关的审核手续,需要耗费一定的时间,会降低办事效率。但如果没有相应的审批手续,容易造成存货管理混乱甚至财产流失。问题是:如何在效率与安全之间进行有效的协调,这是内部控制制度成功与否的决定性因素。相信随着信息技术的普及,包括射频识别(RFID)技术、电算化系统等,存货的控制能够实时完成,这样,内部控制可以更多地关注效率因素。

上述存货的控制方法,是基于对现有存货的安全与完整出发的。进一步的控制方法还包括经济、合理的存货保有量等,这就需要根据企业总体经营计划、预算等进行。

7.2.4　信息化环境下的内部控制

随着计算机的普及和大量运用,越来越多的企业采用电算化系统,代替传统的手工会计系统;互联网的普及,使基于计算机的会计系统,已经从早期、传统的以计算机代替手工记账阶段——这一阶段企业存在多个相对独立的计算机信息系统,容易造成信息"孤岛"现象,而发展成一体化的信息系统,会计系统内嵌其中。

尽管计算机会计信息系统与手工会计系统在数据的层次结构、业务处理的基本原理、系统的目标和功能方面是相同的,但是在数据载体、数据处理形式、数据传递与复核等方面相距甚远,因此,在信息化环境下所采用的内部控制方式,就不同于手工会计系统下的内部控制方式,其所需的控制要求更严密,范围更大。

资料与讨论 7-12

2016 年 2 月 27 日,深圳能源发布公告称,公司一名财务管理人员遭遇信息诈骗,该名财务管理人员违反公司财务管理制度和内控流程,受骗后指令下属对外支付投标保证金人民币 3 505 万元。

深圳能源方面表示,公司已采取积极措施,进一步完善和规范资金支付的制度管理,明确资金支付各环节的职责权限和岗位分离,加强资金支付的监控,提高财务人员风险意识,严格执行财务管理制度,确保公司资金安全和有效运行,坚决杜绝此类事件再次发生。

在计算机和互联网日益普及的环境下,"互联网＋"已经不再是传统企业经营活动的互联网化,或我们通常所接触的传统店商(如早年的沃尔玛百货)向网上电商的转变,而是企业为建构于互联网之上的,包括企业的信息系统。可以说,IT 时代的内部控制,对比传统的、基于手工簿记与人工信息传递的环境,已经发生了质的变化。COBIT 5 的发布与推广,对企业内部控制会产生革命性的变化。这里的介绍,主要还是最基本原理层面的,包括常规控制和应用控制。

1. 常规控制

常规控制也称为一般控制,是对电算化会计系统中组织、制度、开发、安全等系统环境方面进行的控制。这些控制方法对所有会计电算化的应用,乃至所有管理信息系统的应用都普遍适用,且为电算化系统提供了必要的规程和安全可靠的工作环境。

（1）组织与操作控制。由于电算化会计系统使数据和责任高度集中,打乱了传统手工职能分割,为此必须考虑新型的内部控制制度。其基本要求是达到合理的职权分离,将数据处理过程中的权力和责任分为几个部分,每个人只能完成其中的一部分工作。一般通过合理划分组织机构,来保证各类人员之间的相互稽核、互相监督、互相制约,明确各类人员的职能。相斥的职能要通过合理分离等措施来实现其控制目标。

（2）开发与维护控制。在电算化系统的开发阶段,需要有一套强有力的控制措施,以便及时发现、修正错误。在需求分析阶段,用户的需求分析报告要由专家（组）审核;在系统的每个设计阶段,都应有用户代表参加,以保证用户与设计人员沟通;在系统的运行阶段,任何程序的改变必须经过批准、调试、检测和做好文字记录后才能运行;对设计阶段的文档资料要妥善保管,只有经授权后才能接触这些资料。

（3）硬件和系统软件控制。在选购硬件和系统软件时,应尽可能选择设备质量可靠、软件控制功能强、信誉及售后服务好的公司,而且硬件配置上要留有余地。

（4）系统安全控制。系统的可靠性、信息的安全性及信息处理的正确性均取决于强有力的安全控制。系统安全控制的主要措施有系统的接触控制、系统环境安全控制、系统后备控制与灾难补救计划。

2. 应用控制

应用控制是为适应电算化这一系统的特殊控制要求,保证数据处理完整、准确而建立的具体内部控制。常见的措施如下。

（1）输入控制。输入控制的目标在于提供合理的保障,使电算化系统所接收的数据均经过严格审核与校验,完整、准确地输入并转化为机器能接收的形态,同时,所有的数据都没有被遗漏、添加、篡改或进行其他不当操作。一般通过业务审批制度、输入安全控制、输入校验控制制度等手段达到上述目标。

（2）处理控制。处理控制的目的是保证计算机数据处理活动的可信性,防止有些数据输入没有被处理或被重复处理,防止处理或更新错误文件。可通过计算检查、逻辑检查、合法性检查、文件标签控制、余额合理性检查、余额试算平衡、总账与明细账核对等方式达到以上目的。

（3）输出控制。系统除定期或不定期打印输出各种报表外,还要有一些特殊的输出控制措施。例如,通过输出相关报表进行总数控制核对、钩稽关系检验等。

7.2.5 财产清查

一套设计完整的内部控制制度的运行,取决于实际执行过程及执行效率。在实际执行过程中,会存在多种干扰内部控制制度运行效率的因素,例如,管理层的违规或流于形式等就容易导致内部控制制度失效。

为了解决内部控制制度失效问题,需要定期对内部控制制度执行情况进行检查,包括每年由注册会计师进行的外部检查和由公司内部审计部门等进行的内部检查。会计部门为编制财务报表而进行的定期财产清查,在一定程度上也能防止内部控制制度的失效问题。

　　从会计循环程序来看,当企业将所有经济业务处理完毕并登记到相关账户中去,到会计期末就可准备编制财务报表。为保证财务报表信息的完整、准确、可靠,除在日常的会计循环过程中严格执行各相关程序外,还需要定期进行财产清查,对各项财产、物资进行实地盘点和核对,查明财产物资、货币资金和结算款项的实有数额,确定其账面结存数额和实际结存数额是否一致,以保证账实相符。只有基于账实相符,最终所提供的财务报表,才是可靠、相关的。

　　回到存货控制部分关于獐子岛的案例。獐子岛公司在例行的秋季底播虾夷扇贝存量抽测中,发现存货异常,并及时确认损失。这种财产清查,能够弥补会计程序上的不足,从而保证会计信息质量的可靠性。[①]

　　具体的财产清查方法和相应的账务处理,在"中级财务会计"课程以及"审计"课程中,会结合具体的资产项目,作相对较详细的介绍和讨论。

7.3　会计人员的职业道德

　　正如本书第 1 章就讨论过的,会计是人类发明出来的一种信任工具。但是,所有会计活动都是由会计人员及其他相关人员执行的,而人是经济人,他们会权衡利弊得失,选择"机会行为",以求得自我利益最大化。在这一过程中,能够最大限度地提升会计作为信任工具的"信任度"的,是会计人员的职业道德。

资料与讨论 7-13

　　杨百翰大学的 Steve Albrecht 教授提出了舞弊三角理论,即财务舞弊是由压力(perceived pressure)、机会(perceived opportunity)和借口(rationalization)三个要素作用共同产生的。其中,借口就是关于道德的要求。一个人的道德门槛越高,就越不会因为外界压力而采取机会行为。

公司内部会计人员的职业道德

　　公司内部的会计人员包括会计部门的从业人员以及其他与会计相关部门的从业人员,如内部审计师、内部财务分析师、成本会计师等。在市场经济发达、外部金融环境波动较强的国家,公司内部一般会单独设立一个与会计部门平行的财务管理部门,这部分从业人员,也构成了这里所说的会计职业人员。

　　公司内部的会计从业人员的行为,会对整个公司的经营状况产生重大影响。例如,内部财务分析师的分析错误,有可能会导致决策错误;而成本会计师通常会担负产品生产成本控制的重要任务,其工作的有效性会对公司产品的成本水平有着非常重要的影响;

---

① 当然,獐子岛公司的存货盘存事件,媒体一直持怀疑的态度。特别是 2014 年的巨额存货"失踪",獐子岛公司将其解释为"北黄海异常冷水团",而同一区域其他养殖户没有类似的遭遇。通过财产清查,来刻意操作会计信息,这本身也是企业内部控制程序的漏洞。

公司中相当一部分会计从业人员直接保管了公司的财产,特别是流动性极强的货币资金。他们的任何不当行动,都可能会导致公司财产的重大损失;除此之外,公司中一部分会计从业人员会接触公司的高级商业机密,他们的任何泄密行为,都有可能给公司造成重大损失。就以直接担任财务报表编制工作的会计人员来说,他们的不当(即不合乎职业道德要求的)行为主要体现在:不能如实、及时、高质量地编报财务报表,不能及时、可靠地反映公司的财务状况和经营成果,从而耽误了管理部门的最佳决策时机,给公司造成重大损失;与管理部门相配合,以虚假的财务报表共同欺骗公司外部的财务报表使用者。

为了有效防止各种不当行为的发生,公司应该建立一套有效的内部控制制度,包括平时各职能机构之间的相互牵制与监督,以及一个独立于总经理、直接向董事会负责的内部审计机构;同时,还应建立一些相应的职业道德规范,强化道德约束,这在一定程度上也有助于抑制不当行为的发生。

1. 公司会计人员的职业道德要求

关于公司会计人员的职业道德要求,狭义地看,它只是若干道德品质的要求。但是,对一个具备良好个人道德品质的会计人员来说,如果他的业务素质不高、工作能力不强或不能胜任,他是很难做到对公司负责的。因此,从广义的角度看,公司会计人员的职业道德包括业务素质、能力素质和道德品质三个方面。[①]

(1)业务素质。美国会计学会会计教育改革委员会于1990年发布了一份题为"会计师教育目标"的报告。该报告要求会计毕业生应具备基础知识、组织与商业知识、会计知识等内容。这可视为对会计人员业务素质的总体要求。

很显然,一个不具备足够业务素质的人,很难成为一个称职、高效的会计人员。还是以大仕学校为例。蒋敬应当具备良好的业务能力,知道宋清所提出的"增加"盈利的处理方法,哪些是现行会计准则和相应制度所允许的,哪些是不允许的。例如,只要理由充分,改变折旧方法将不会违反会计准则的要求;降低应收账款坏账准备计提比例,必须与公司以前年度应收账款收款情况相对应。如果逾期呆账比例极低,这样处理是合适的。否则,就不符合会计准则的要求。至于通过虚构的业务收入来增加收益,不符合会计准则的要求,严重的还可能会违反法律。因此,蒋敬可采纳宋清的建议,改变固定资产折旧方法,但对其余的建议应不予采纳。

当然,业务素质的要求,随会计人员所担负的责任的不同而不同。一个大型公司的总会计师的业务素质,必定比公司记账员的业务素质要高。

(2)能力素质。业务素质只是表明会计人员掌握了多少知识,而要将这些知识有效地付诸应用,在相当程度上取决于会计人员的能力。作为一个会计人员,会应用掌握的知识(如会计准则)对公司所发生的经济活动进行恰当处理,是对其能力素质的基本要求。

能力素质不仅包括运用所掌握的知识解决现实问题的能力,还包括良好的人际关系

---

① 就如同郎平在带队取得2016年奥运会女子排球冠军后,接受媒体访谈时说的,"没有平时的高强度训练,没有每一天的积累,光靠精神是不可能取得胜利的"。同样,职业道德,也需要建立在个人能力和知识之上。

处理能力。如果一个会计人员不能有效地处理好与同事、与其他部门业务人员的关系,那他的工作很难说有效率。作为公司会计部门的负责人,还需要合理地安排与组织全部门的工作、激励与发挥他人长处、妥善解决工作中所发生的各种矛盾与冲突等。所以,不具备良好的人际交流能力,将难以胜任。

与人际关系处理能力相关联的是有效的沟通、交流能力,它表现为:准确地将自己的观点表达出来,善于倾听他人的意见,有效地与他人进行交流,说服他人接受自己的观点。例如,蒋敬如果具备较强的沟通能力,就有可能成功地说服宋清不要采取上述虚增收益的方式。

(3)道德品质。道德品质事关个人道德修养,因而,任何与个人修养有关的品质要求,会计人员都应当具备。

从公司会计人员所处的特定地位来看,以下两点道德品质应特别强调:诚实、正直。这两点品质可以约束会计人员,使其不隐瞒任何事实、不从事任何欺骗性行为。

2. 注册会计师的职业道德要求

注册会计师通常称为独立会计师,就是因为他们不受雇于具体某一个公司,而是以独立第三者的身份,接受委托,对公司所提供的财务报表进行审计,以保证公司对外所提供的财务报表可靠、相关。如果说,因为各种原因造成公司提供的财务报表存在不可靠或不相关的可能的话,那么,注册会计师的审计验证,将是确保会计信息质量的最后一道关卡。

正是这种特殊地位,才使注册会计师所承担的责任具有社会性,如图7-1所示。

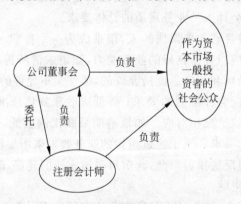

图7-1 注册会计师所承担责任的社会性

在图7-1中,公司董事会委托注册会计师对公司的财务报表进行审计。但注册会计师的行为,不仅关系到委托人(公司董事会)的利益,还关系到不直接参与这种委托行为,但其利益与这一行为密切相关的外部利益集团——外部股东、债权人等——的利益。在一个资本市场高度发达的经济环境中,一般社会公众也都参与股票买卖,因此,注册会计师的行为在一定程度上会影响社会公众的利益,注册会计师承担了"沉重"的社会责任。由于注册会计师的不当行为,使社会公众蒙受损失,这种情况在各国都有大量的例证。在美国发生的1929—1933年的经济危机,不能说注册会计师没有任何责任;在我国,资本市场建立历史甚短,但注册会计师的不当行为对社会公众造成损害的事例屡屡发生。例如,国际知名的普华永道会计师事务所,就被指控在抵押贷款包销商 Taylor Beans & Whitaker Mortage Corporation (TBW)的审计中,未能审计出 TBW 创始人李·法卡斯与为 TBW 提供抵押贷款的 Colonial Bank 之间金额高达数十亿美元的欺诈行为,导致TBW 的投资人蒙受损失;[①] 又如,创业板万福生科(300268.SZ)2012 年 9 月曝出利润造假,而为万福生科提供审计服务的中磊会计师事务所因为审计失败,给当时的投资者带来的损失,金额巨大。在这两起事例中,如果注册会计师不签发标准无保留意见,报表就不能顺利向社会公布,社会公众也就不会因此而蒙受损失。正因为如此,注册会计师的职业道德要求,比公司会计要更为严格。

关注注册会计师的道德规范,以使注册会计师的行为更加可信,是各国会计职业界长期所努力的方向。有的还将职业道德作为对注册会计师的基本要求。如美国注册会计师协会就专门颁发了《职业道德守则》(*Code of Professional Ethics*),来约束其成员的行为;美国由于安然事件引发的系列公司丑闻,导致美国国会通过了《萨班斯法案》,其中一个重要部分就是减少乃至消除注册会计师执业过程中的利益冲突和相应的道德风险;中国注册会计师协会也制定并发布了《中国注册会计师职业道德基本准则》。

同样,如果从促使保证注册会计师的行为更加可信的角度出发,那么注册会计师的职业道德要求应当包括业务素质、能力素质和道德品质三个方面。

(1)业务素质。具备较高的业务素质是注册会计师良好职业道德的前提条件。很显然,如果注册会计师不具备较高的业务素质,不能发现客户的财务报表中所存在的各种不符合会计准则要求之处,他也就无法履行注册会计师的职责。为提高注册会计师的业务素质,各国都做出了相当严格的规定。在我国,取得注册会计师资格必须通过一年一度的注册会计师资格考试;现已从业的注册会计师,每年还必须参加一定单位时间的后续教育;等等。

(2)能力素质。注册会计师所从事的业务较复杂,他(们)要随时面对陌生的经济环境(任何一家新客户,对注册会计师来说都是陌生的)、陌生的经济业务(每个客户都有其不同的经济业务)以及不断创新的"会计处理"(每个客户都存在虚增或虚减收益的动机)。为此,就需要注册会计师具备在一个完全陌生的经济环境下有效应用专业知识、迅速发现问题的能力,特别是解决各种杂乱、无序问题的能力。同时,注册会计师还应具备有效的人际能力和交流、沟通技巧,能将审计意见有效地让各方所接受或认同。

(3)道德品质。注册会计师具备了上述两方面的素质,仍不能保证其就可以公正地履行职责。因此,良好的道德品质非常重要。这里,良好的道德品质既包括了对个人最基本的道德要求,也包括了注册会计师行业的要求,即独立性、客观性和公正性,其中,最重要的是独立性。

独立性要求注册会计师无论在经济上还是其他方面都独立于委托人,这样,他在做出审计意见时,就能够不受委托人的影响。有学者将审计质量分为两个部分:发现是否存在一项舞弊行为和如实报告这一行为,前者关乎能力,后者则与独立性相关。如果注册会

---

① McLannahan. PwC sued for $5.5 bn over mortgage underwriter TBW's collapse[N]. Financial Times,2016-08-16.

计师真正具备独立性,那么,他将如实报告所发现的结果。

当会计师事务所无法劝说客户根据会计准则等的相关要求,重新编报财务报表时,他就应当在审计意见中以适当的方式予以披露(如出具有保留意见报告等)。但是,当客户以中止委托关系相威胁时,会计师事务所能否如实报告? 从理论上说,会计师事务所应当保持高度的独立性,无论在何种情况下,都应当如实报告客户所存在的各种舞弊行为。但事实上,注册会计师也是理性经济人,他们在决定是否报告客户的舞弊行为时,除了受内心的道德规范约束外,还受外在经济利益的驱使,他们往往会在二者之间权衡。这部分内容,在后续的审计课程学习中会接触到;另外,关于审计独立性、审计质量与相应制度安排等,也是学术研究和政策制订所关注的话题。

无论是企业内部会计从业人员,还是服务于审计行业的注册会计师,在正常的执业活动和职业判断中,都不妨从另外一个角度来看待职业道德问题,即可以将职业道德与日常"做人"联系起来。沿用我们第 1 章关于市场有效性的讨论,一个没有"做人"原则的人,它或许能够"一时、一事"地欺骗市场,但不可能长期地欺骗市场,同时也不可能成功地欺骗市场上的所有人。一旦其欺诈行为被市场发觉,必然受到相应的惩罚。从这一视角看,会计职业道德实际上就是"做人"原则在会计工作中的体现。例如,安然事件爆发后,美国国会举行听证会,邀请发出内部匿名警告信的 Sherron Waltkins 作证。Sherron 在咨询律师应当注意哪些事项时,她的律师说:你平时是否有偷逃个人税款、高速路上超车被罚等不良记录? 如果有,这将损害你作证的公信力。由此可见,一个人的"做人"原则与其职业道德之间存在映射关系。

习　题

一、名词解释

内部牵制　内部控制　内部控制制度　内部控制结构　内部控制整体框架内部控制要素　安然事件　《SOX 法案》　风险管理　全面性原则　重要性原则制衡性原则　适应性原则　成本效益原则　控制环境　风险评估　控制活动　信息与沟通公司治理　治理结构　COBIT　不相容职务分离　全面预算　财产清查　实地盘存制永续盘存制　银行存款余额调节表　未达账项　舞弊三角理论　会计职业道德

二、思考与讨论

1. 为什么企业需要内部控制? 请结合第 1 章关于 REMM 的讨论,说明内部控制制度的必要性和有限效用。

2. 请联系企业所处的社会环境(包括经济环境、信息与沟通方式等)的变迁,简要讨论内部控制制度的变迁。

3. 请查找相关史料,讨论"楔形文字"是如何实现控制的。

4. 为什么说 1999 年美国通过的金融服务现代化法案——从严格的分业经营到允许混业经营——会增加未来金融业可能的风险? 请结合内部控制思想来讨论如何控制和防范金融业混业经营所产生的可能风险。

5．1992 年，美国 COSO 委员会发布了"内部控制—整合框架"，是内部控制发展历程中的一个标志性事件。试讨论：COSO 1992 年的报告对内部控制理论和实务的可能影响。

6．请自行查找资料，关注并解释一个术语：飞猪理论。讨论：飞猪理论与风险控制在基本思想上有什么冲突。

7．内部控制审计报告有什么作用？请你结合一两家非标内部控制审计报告讨论：审计师在内部控制制度执行中发挥什么样的作用。

8．企业在设计、执行内部控制制度时，需要在安全与效率之间取得平衡。请你结合乐视公司的发展经历来讨论。

9．请查找关于 Theranos 公司的相关资料，试讨论为什么该公司内部控制制度会失效。

10．试比较公司治理结构与内部控制制度之间的联系与区别。

11．"互联网＋"时代的内部控制与传统环境下的内部控制有什么不同？如何加强互联网时代的内部控制？

12．比特币是一种网上虚拟货币。请查找相关资料，讨论：为什么比特币能够得到社会大众的认可？为什么说比特币很难被仿冒？它采取了什么样的控制制度安排？

13．存货的控制制度设计，应当关注哪些内容？不同行业的存货，对企业价值有什么不同的影响？相应地，存货控制的制度安排有什么不同？

14．请结合舞弊三角理论，讨论道德在公司内部控制中的地位与作用。

15．企业内部会计人员与外部注册会计师在职业道德要求方面，有什么相同之处和不同之处？

三、情景案例讨论

1．2017 年 4 月份，易到创始人周航公开发文，指控贾跃亭和乐视挪用公司 13 亿元，导致易到难以为继。

请你查找有关乐视公司资金链的相关报道，尝试分析乐视公司的内部控制。

2．明朝"空印案"是因为空印账册所致。请你查找相关资料，讨论这样几个话题：

（1）为当时的皇帝朱元璋和主印官员、每岁布政司等设计出一套当时可以执行的内部控制制度；

（2）目前类似事件的内部控制制度应该是怎样的；

（3）讨论部控制制度与社会环境之间的互动关系。

3．星光公司的财务经理与业务部门经理发生了争执。业务部门经理发生的费用经总经理审批以后，财务经理拒绝办理报销。业务部门经理："老总都批了，你还啰唆什么！"财务经理："老总批了也不行，因为超预算了！"

请根据内部控制的原理，对他们的争执说说你的看法。

4．家族企业 A 是一家专营家具零售的企业，其销售市场仅限于华南地区，年销售收入达 2 亿元。董事会由家族成员和一些经验丰富的职业人士构成。常务董事拥有经营大型企业的丰富经验。内审总监拥有超过 15 年的审计经验。管理层于 20×4 年对内部控制进行有效性评估，发现以下问题。

（1）在组织内未建立相关流程以评估员工是否遵守了企业的各项规章、制度。

（2）在组织内缺乏明确的风险评估流程。

（3）在组织内缺乏相应的控制措施以纠正内部控制过程中发生的偏差。

（4）在组织内未建立有效的内外沟通机制，以及时就内控过程中的问题传递给管理层。

（5）监督和控制架构没有根据业务的变化进行调整。

利用 2013 年 COSO 发布的内部控制框架相关内容，回答以下问题：

（1）请简述控制环境包括哪五项原则？

（2）请逐个评估上述内控缺陷与哪个控制要素相关？

（3）针对存在的问题，请提出应对措施和建议。

5. 2017 年 1 月 5 日，网上流传一份 ＊ST 慧球公司的股东大会提案，共 1001 项，包括《关于坚持钓鱼岛主权属于中华人民共和国的议案》《关于调整双休日至礼拜四礼拜五的议案》《关于申请变更交易所的议案》等；2017 年 2 月、5 月，中国证监会先后对慧球科技进行处罚。

请查找相关规定，试讨论：

（1）慧球科技在董事会信息发布环节的内部控制存在什么缺陷；

（2）请结合慧球的案例，讨论内部控制对公司除了财产物资之外其他经营目标、合规性等方面的影响；

（3）鉴于慧球科技在信息披露方面所表现出来的混乱和内部控制缺失，你认为慧球科技内部控制总体水准如何？公司的经营状况是否正常？为什么？

6. 本章曾经提到过的案例"深圳一上市公司高管 QQ 遭盗被骗走 3 505 万元"，类似的新闻报道在媒体上时有出现。请你尝试分析这些公司在现金与银行存款管理环境上的内部控制程序不足，并结合网上银行快捷转账的特征，尝试提出更有效的控制制度。

7. 2002 年 6 月，世界通讯公司（WorldCom）的会计丑闻被公司的内审部门发现，随后，外部审计师毕马威跟进。随着调查的深入，所涉及的金额也从最初的 38 亿美元变成 110 亿美元。

在之后美国政府对 WorldCom 管理层的起诉中，公司的首席财务官 Scott Sullivan 转做污点罪人，指控公司的首席执行官 Bernard Ebbers。在法庭控辩过程中，指控 Ebbers 的检方律师花费大量的精力，从 Ebbers 的巨额个人负债等问题入手；而代表 Ebbers 的辩方律师对 Sullivan 的指控，也是从 Sullivan 的个人生活入手，关注他个人生活中偷情、撒谎、轻度吸毒等。

请你查找与该事件相关的资料，讨论：为什么控辩双方在庭审上关注个人生活、道德品质等，而不是具体的会计技术问题？这对我们理解职业道德有什么借鉴意义。

四、练习题

1. 天泉公司在财产清查过程中盘盈库存现金 20 000 元，其中 12 000 元属于应支付给其他公司的违约金，剩余盘盈金额无法查明原因，请做出相关会计处理。

2. 富邑公司 9 月份 A 产品的期初库存、本期入库和盘点资料如下。

期初库存：500 件，单位成本 20 元；

本期完工入库：1 000 件,单位成本 25 元;

本期销售：1 200 件;

期末账面结存：300 件;

期末实地盘点：280 件。

要求：分别用永续盘存制和实地盘存制计算出期初库存、本期完工入库、期末账面结存、期末实地盘点、本期销售额。

3. 星海公司在 2017 年年末财产清查中,发现以下事项。

——盘亏原材料 A 100 千克,每公斤单价 40 元,经查明,属于自然损耗,共计 1 000 元;属于工作人员失职,由责任人赔偿的共计 1 500 元;其他属于自然灾害造成的损失。

——发现损坏设备一台,原价 40 000 元,已提折旧 20 000 元,现值 5 000 元。

——盘盈原材料 B 200 吨,经查明是由于计量错误所致,按计划成本每吨 5 元计算入账。

针对以上业务,报经相关部门批准后处理。

要求：针对以上业务,做出批准前后的账务处理。

4. 绿巨人公司在财产清查过程中,发现下列情况。

——短缺机器一台,原价 6 000 元,已提折旧 2 400 元。

——甲材料账面余额 300 千克,单价 20 元/千克,实地盘点数 292 千克。乙材料账面余额 450 千克,单价 15 元/千克,实地盘点数为以 460 千克。

——库存现金短缺 55 元。

经批准,上述盘亏的固定资产,列为营业外支出;甲材料盘亏系材料收发过程中计量误差所致,列作管理费用,乙材料盘盈作冲减管理费用处理;短缺现金责成有关过失人赔偿。

要求：根据以上资料编制会计分录。

5. 资料：东方公司 20×4 年 12 月 31 日的银行存款日记账账面余额为 684 400 元,银行对账上企业存款余额为 700 000 元,经过逐笔核对,发现存在以下未达账项。

(1) 12 月 20 日,企业收到客户用于支付货款的转账支票 40 000 元,登记入账后,委托银行收款,银行尚未登记入账。

(2) 12 月 23 日,银行代企业支付水电费 5 000 元,企业尚未接到银行的付款通知,企业未入账。

(3) 12 月 25 日,企业开具转账支票 40 600 元,持票人尚未到银行办理转账手续,银行未登记入账。

(4) 12 月 29 日,银行代企业收到企业支付的货款 20 000 元,银行已收款入账,但企业未收到收款通知,因而未入账。

要求：

根据以上相关内容,编制“银行存款余额调节表”。

并分析调节后是否需要编制有关会计分录。

6. 双赢管理咨询公司 2005 年 11 月 30 日银行存款日记账的余额为 18 901.62 元;当月 30 日银行对账单余额为 16 344.41 元,这一金额包括银行已入账但公司尚未入账的咨询费收入 1 230 元。公司已签发的支票包括 No. 62 116.25 元；No. 183 150 元；No. 284 253.25 元；No. 1 621 206.8 元；No. 1 632 145.28 元.

11 月 2 日,双赢管理咨询公司的出纳已提交了辞职申请,申请次日获得批准,并在当月生效。离职前,出纳编制了如下的银行存款余额调节表:

11 月 30 日银行存款日记账余额	18 901.62 元
加:已签发支票:	
No. 1621	190.71 元
No. 1623	206.80 元
No. 1632	145.28 元
减:未送存现金	3 000.00 元
11 月 30 日银行对账单余额	16 344.41 元
减:公司未记账的已收款项	1 230.00 元
11 月 30 日银行存款的余额	13 114.41 元

双赢管理咨询公司的财务主管检查了银行余额调节表后,发现出纳偷窃了所有未送存银行的现金,但他不知道出纳到底贪污了多少现金。

要求:

帮助公司财务主管确定出纳贪污了多少现金?(列出计算过程)

在出纳所偷窃的全部现金中,他想隐瞒多少?

对双赢管理咨询公司的内部控制的薄弱环节,并提出改进建议。

自 测 题

第 8 章

财务报告：会计系统的"产品"

学生上学辛辛苦苦一个学期,到了期末,要带一份成绩单向家长报告一个学期的学习情况。家长可以凭借成绩单大致了解其子女在学校学习成绩的好坏,还可以根据教师对学生的评语来了解其子女在学校其他各方面的表现。如果可以比照,资本市场投资者就像"家长",如同家长无法每天在学校监督其子女学习一样,资本市场的投资者也无法对企业日常的经营活动进行监督与关注,他们只能通过企业定期提供的、高度浓缩的财务报告,了解企业的经营业绩以及企业在其他方面的表现。当然,与成绩单无法全面、准确地反映学生的成绩、个人能力以及未来发展潜力一样,财务报告同样也只是对企业某一期间经营成果的一种近似反映,它也存在诸多局限性。本章将具体介绍财务报告的基本内容及其编制,然后简要讨论财务报表分析的基本原理。

8.1　财务报表与财务报告

我们在第 1 章中,将现代会计的发展大致按四个分支来描述:财务会计、审计、管理会计、财务管理。就财务会计系统而言,对外报告是其主要目的。但对外报告的使用者人数多且构成复杂,如第 1 章介绍的资本市场上已经持有公司股票和有兴趣持有公司股票的投资者、债权人(如银行和债券持有人)、供应商和采购商、公司员工、政府管理部门、资本市场监管部门等。这些人中的绝大部分不具有专门的会计知识,他们需要企业提供一种通俗易懂的、能够综合反映企业经营活动的"报告";此外,由于该"报告"使用人中的大部分人没有兴趣耗费大量时间来阅读一家企业的报告,他们需要一种高度简化、浓缩的报告;但也有部分人需要能够全面反映企业经营活动以及其他相关情况的详细报告,[①]这样,企业在对外提供报告时,不仅需要提供一个高度浓缩、简化的报告供普通投资者使用,还需要提供相对较具体、详细的报告供专业投资者使用。

8.1.1　简化的业绩报告

如上所述,资本市场上绝大部分信息使用者就如第 1 章所列举的大仕学校小股东柴进先生那样,没有太多的专业知识,同时,也没有太多时间花费在阅读企业财务报告上(因为他们都有自己的专门工作),因此,向他们提供一种最简化的业绩报告,显得十分必要。在我国资本市场上,所有上市公司年报都必须包括一个简短的"会计数据和业务数据摘要"。

---

① 例如,资本市场上有一些专业的投资机构如各种投资基金、机构投资者等,他们拥有大量的专业人士,能够消化、吸收非常专业的信息,对他们来说,企业提供的报告越详细越好。此外,一些具有专业知识的个人投资者,也希望企业能够提供较具体的信息,以便其对企业未来发展走向做出更好的判断。

资料与讨论 8-1

按照中国证监会《公开发行证券的公司信息披露内容与格式准则第 2 号〈年度报告的内容与格式〉》(2014 年修订)的规定,在公司年度报告中公司应当采用数据列表方式,提供截至报告期末公司近 3 年的主要会计数据和财务指标,包括但不限于总资产、营业收入、归属于上市公司股东的净利润、归属于上市公司股东的扣除非经常性损益的净利润、归属于上市公司股东的净资产、经营活动产生的现金流量净额、净资产收益率、每股收益。

同时发行人民币普通股及境内上市外资股或(和)境外上市外资股的公司,若按不同会计准则计算的净利润和归属于上市公司股东的净资产存在重大差异的,应当列表披露差异情况并说明主要原因。公司在披露"归属于上市公司股东的扣除非经常性损益后的净利润"时,应当同时说明报告期内非经常性损益的项目及金额。

以下列示的是青岛海尔股份公司(600690)2015 年度年报"会计数据和业务数据摘要"的第一部分(主要会计数据)(见表 8-1),限于篇幅,本书没有引用第二部分(主要财务指标)和第三部分(境内外会计准则下会计数据差异)。

表 8-1　主要会计数据

单位：人民币元

主要会计数据	2015 年	2014 年		本期比上年同期增减(%)	2013 年
		调整后	调整前		
营业收入	89 748 320 410.91	96 929 763 894.36	88 775 444 479.11	−7.41	86 605 646 350.15
归属于上市公司股东的净利润	4 300 760 542.82	5 337 541 039.32	4 991 557 360.87	−19.42	4 174 017 416.61
归属于上市公司股东的扣除非经常性损益的净利润	3 674 952 510.15	4 324 036 509.60	4 324 036 509.60	−15.01	3 759 087 361.58
经营活动产生的现金流量净额	5 579 600 612.93	6 769 361 298.35	7 006 580 362.98	−17.58	6 511 435 468.47
归属于上市公司股东的净资产	22 693 976 160.95	24 608 468 130.41	21 840 024 641.14	−7.78	14 494 163 523.45
总资产	75 960 672 801.38	82 348 719 644.44	75 006 457 051.45	−7.76	61 092 788 947.70
期末总股本	6 123 154 268.00	3 045 935 134.00	3 045 935 134.00	101.03	2 720 835 940.00

8.1.2　基本财务报表

简化的业绩报告数据主要取自企业的财务报表,从会计角度来看,财务报表才是企业年度报告的核心部分。当然,财务报表也是财务会计系统最终输出的主要"成果"。

如果将 1494 年卢卡·帕乔利公开出版的《簿记论》一书作为现代会计的起源,那么,经过 500 多年的发展,企业财务报表已经从最初单一的"账户余额表"——当今资产负债表的雏形,演变成目前以资产负债表、利润表和现金流量表三张财务报表为主,包括多张附表的财务报表体系。其中,资产负债表、利润表和现金流量表的数据都来自相应的账户,它们之间仍然保持了复式簿记的"自动平衡"机制,如表 8-2 所示。

表 8-2　财务报表的基本数量关系

资产负债表	资产＝负债＋所有者权益（账户式）
利润表	营业收入－营业成本－营业、管理、财务费用等＝营业利润 营业利润±营业外收支＝利润总额 利润总额－所得税＝净利润
现金流量表	期初的现金余额＋本期现金增减变动额＝期末现金余额

其中,资产负债表除了左右要平衡外,它与利润表之间还存在一定的钩稽关系。因为按照复式簿记原理,企业在记录收入的同时,必须同时记一项资产的增加(如收到销售货款)或负债(用销售收入抵减预收货款)的减少;同样,发生费用的同时,要记录一项资产的减少(如用现金支付各种费用)或负债的增加(如欠付供应商货款)。由于收入、费用账户不进入利润表,这样,资产负债表账户左右两边只记录资产和负债的增减,将会存在一个差额,无法自动平衡。[①] 这个差额就是企业每一个会计期间的经营所得或利润,它应当与利润表上所报告的利润数相等。如果不等,则表明企业在记账过程中出现差错。资产负债表和利润表之间的这种勾稽关系,构成复式簿记自动平衡机制的一个重要组成部分,它也是前面所学习的复式簿记记账规则中"有借必有贷、借贷必相等"在报表部分的具体体现。

相比而言,现金流量表在更大程度上是一份衍生报表。它于 20 世纪 80 年代在美国形成,其目的在于一方面说明企业当期现金增减变化情况;另一方面提供企业"赚取"现金能力的相关信息。现金流量表与资产负债表、利润表上的对应项目存在内在的勾稽关系。表 8-3、表 8-4 和表 8-5 列示的就是青岛股份公司 2015 年度的基本财务报表。为节省篇幅,我们对报表予以简化,只保留了 2015 年的合并数,删除了母公司数及全部 2014 年的数据,合并或删除一些不常用的项目。

表 8-3　青岛海尔股份有限公司

合并资产负债表

2015 年 12 月 31 日　　　　　　　　　　　　　单位：人民币元

项　　　目	期　末　余　额	项　　　目	期　末　余　额
流动资产：		**流动负债：**	
货币资金	24 714 814 951.97	短期借款	1 873 108 241.50
以公允价值计量且其变动计入当期损益的金融资产	22 069 897.04	以公允价值计量且其变动计入当期损益的金融负债	7 707 414.12
应收票据	12 673 651 612.86	应付票据	11 596 885 346.06
应收账款	6 141 390 930.87	应付账款	14 713 516 620.92
预付款项	556 872 003.39	预收款项	3 170 457 870.50
应收利息	183 731 216.46	应付职工薪酬	1 233 544 265.57

[①]　例如,企业销售商品,取得收入 10 000 元,体现为资产(具体为银行存款)和收入分别增加 10 000 元;该项商品的成本为 6 000 元,会计分录表现为资产(具体为存货)减少 6 000 元,成本增加 6 000 元。如果仅仅考虑资产负债表账户,那么,资产方将会比负债方多 4 000 元。这个多出来的差额,就是利润。

续表

项　目	期末余额	项　目	期末余额
应收股利	85 826 158.26	应交税费	909 937 816.09
其他应收款	478 574 109.77	应付利息	15 081 416.34
存货	8 559 244 039.09	应付股利	133 382 009.73
其他流动资产	1 451 065 197.30	其他应付款	6 056 795 354.04
流动资产合计	54 867 240 117.01	一年内到期的非流动负债	72 898 028.33
非流动资产：		其他流动负债	
可供出售金融资产	2 837 318 201.20	流动负债合计	39 783 314 383.20
长期股权投资	4 958 908 333.93	非流动负债：	
投资性房地产	3 449 331.95	长期借款	297 241 293.20
固定资产	8 420 548 468.52	应付债券	1 107 734 516.43
在建工程	1 391 471 823.07	长期应付款	59 916 852.02
固定资产清理	74 096 355.04	长期应付职工薪酬	33 209 406.02
无形资产	1 453 470 715.09	预计负债	1 899 543 637.19
开发支出	78 064 195.82	递延收益	264 120 554.33
商誉	392 484 932.55	递延所得税负债	113 330 102.11
长期待摊费用	113 053 145.87	非流动负债合计	3 775 096 361.30
递延所得税资产	971 483 089.80	负债合计	43 558 410 744.50
其他非流动资产	399 084 091.53	所有者权益	
非流动资产合计	21 093 432 684.37	股本	6 123 154 268.00
		资本公积	83 383 194.51
		减：库存股	77 604 544.70
		其他综合收益	633 183 460.03
		盈余公积	2 026 085 301.23
		未分配利润	13 905 774 481.88
		归属于母公司所有者权益合计	22 693 976 160.95
		少数股东权益	9 708 285 895.93
		所有者权益合计	32 402 262 056.88
资产总计	75 960 672 801.38	负债和所有者权益总计	75 960 672 801.38

表 8-4　青岛海尔股份有限公司
合并利润表

2015 年 1—12 月　　　　　　　　　单位：人民币元

项　目	本期发生额
一、营业总收入	89 748 320 410.91
其中：营业收入	89 748 320 410.91
二、营业总成本	84 526 081 762.99
其中：营业成本	64 658 463 207.53

项　　目	本期发生额
营业税金及附加	397 251 039.85
销售费用	13 101 282 436.95
管理费用	6 549 193 839.44
财务费用	−498 120 405.83
资产减值损失	318 011 645.05
加：公允价值变动收益（损失以"−"号填列）	−90 223 059.50
投资收益（损失以"−"号填列）	1 320 302 216.61
三、营业利润（亏损以"−"号填列）	6 452 317 805.03
加：营业外收入	618 457 263.82
减：营业外支出	95 916 162.05
四、利润总额（亏损总额以"−"号填列）	6 974 858 906.80
减：所得税费用	1 052 769 417.97
五、净利润（净亏损以"−"号填列）	5 922 089 488.83
六、每股收益：	
（一）基本每股收益（元/股）	0.705
（二）稀释每股收益（元/股）	0.705

表 8-5　青岛海尔股份有限公司

合并现金流量表

2015 年 1—12 月　　　　　　　　　　　　　　单位：人民币元

项　　目	本期发生额
一、经营活动产生的现金流量：	
销售商品、提供劳务收到的现金	110 869 088 852.15
收到的税费返还	612 217 878.12
收到其他与经营活动有关的现金	985 008 101.39
经营活动现金流入小计	112 466 314 831.66
购买商品、接受劳务支付的现金	81 161 991 549.29
支付给职工以及为职工支付的现金	7 864 497 365.88
支付的各项税费	7 272 435 363.68
支付其他与经营活动有关的现金	10 587 789 939.88
经营活动现金流出小计	106 886 714 218.73
经营活动产生的现金流量净额	5 579 600 612.93
二、投资活动产生的现金流量：	
收回投资收到的现金	1 053 008 693.06
处置固定资产、无形资产和其他长期资产收回的现金净额	11 208 475.16
收到其他与投资活动有关的现金	617 207 226.34
投资活动现金流入小计	1 681 424 394.56
购建固定资产、无形资产和其他长期资产支付的现金	2 491 741 022.92

续表

项　　目	本期发生额
支付其他与投资活动有关的现金	9 463 087 062.11
投资活动现金流出小计	11 954 828 085.03
投资活动产生的现金流量净额	−10 273 403 690.47
三、筹资活动产生的现金流量：	
吸收投资收到的现金	342 479 145.89
取得借款收到的现金	6 603 489 224.90
收到其他与筹资活动有关的现金	17 063 242.50
筹资活动现金流入小计	6 963 031 613.29
偿还债务支付的现金	6 939 990 302.96
分配股利、利润或偿付利息支付的现金	1 764 209 204.58
支付其他与筹资活动有关的现金	154 442 801.98
筹资活动现金流出小计	8 858 642 309.52
筹资活动产生的现金流量净额	−1 895 610 696.23
四、汇率变动对现金及现金等价物的影响	151 920 567.09
五、现金及现金等价物净增加额	−6 437 493 206.68
加：期初现金及现金等价物余额	31 120 319 710.77
六、期末现金及现金等价物余额	24 682 826 504.09

从会计角度而言,资产负债表、利润表和现金流量表构成了基本财务报表,它们也是会计信息系统运行一个循环后所直接完工的产品。理论上,通过基本财务报表,应当能够概括地反映企业的财务状况和经营成果。例如,从表 8-3、表 8-4 和表 8-5 中可以看出,青岛海尔 2015 年 12 月 31 日的资产总额为 75 960 672 801.38 元,该公司 2015 年度实现了 89 748 320 410.91 元的营业收入及 5 922 089 488.83 元的净利润,现金减少了 6 437 493 206.68 元等。然而,由于企业经营活动相对较复杂,基本财务报表在概括过程中"牺牲"或"舍弃"的内容较多,特别是企业规模越大、经营活动越复杂,舍弃的内容就越多。这样,在基本财务报表之外,还需要提供更多的补充信息,以满足信息使用者的需求,这就是财务报告。

8.1.3　完整的财务报告

以上市公司为例,一份完整的财务报告应包括基本财务报表和其他补充内容。例如,通过前述青岛海尔的基本财务报表,我们可以了解青岛海尔股份有限公司在 2015 年实现利润 5 922 089 488.83 亿元,比上年度 70.48 亿元降低了 11.26 亿元或 15.97％；我们知道海尔的现金流较为理想,虽然 2015 年度的净现金流为负,但年末账面上仍然有 240 多亿元的货币资金等信息。但是,只是借助上面的基本财务报表,我们无法知道海尔公司本年度为何会比 2014 年减少 11.26 亿元的净利润,我们也无法知道海尔公司下一个会计年度能否恢复较强的增长能力,甚至,我们无法知道青岛海尔经营的是什么样的业务。为此,我们需要有比基本财务报表更为详尽的信息。

除基本财务报表外,还需要了解。财务报告和年度报告两个术语。其中,财务报告是在基本财务报表之外,增加报表项目附注等信息;而年度报告则是上市公司每年向外界提供的综合性信息披露汇编,它在财务报告之外又需要增加公司其他各方面的信息,如股东大会和董事会的召开情况、公司治理结构等。

公司年度报告究竟应当提供什么信息,提供多少信息,资本市场监管部门通常会给出强制性规定。例如,中国证监会发布的《公开发行证券公司信息披露的内容与格式准则第2号——年度报告的内容与格式》,就对财务报告的内容与格式给出了强制性规定;美国资本市场的监管机构——证券交易委员会(Securities and Exchange Commission,SEC)也对年报(也叫10-K表)的内容与格式进行了限定。如果上市公司违反了强制性信息披露规定,监管部门将会进行干预。

中国证监会自1994年起,开始发布"年报内容与格式"准则,并根据环境变化及时进行修订。2014年修订版准则要求,上市公司年报必须提供以下信息:重要提示、目录和释义;公司简介;会计数据和财务指标摘要;董事会报告;重要事项;股份变动及股东情况;优先股相关情况;董事、监事、高级管理人员和员工情况;公司治理;内部控制;财务报告;备查文件目录。

青岛海尔股份有限公司2015年度年报信息包括的内容有:释义,公司简介和主要财务指标,公司业务概要,管理层讨论与分析,重要事项,普通股股份变动及股东情况,优先股相关情况,董事、监事、高级管理人员和员工情况,公司治理、公司债券相关情况,财务报告,备查文件目录等。

财务报告又包括审计报告、财务报表、公司基本情况、财务报表的编制基础、重要会计政策及会计估计、税项、合并财务报表项目注释、合并范围的变更、在其他主体中的收益、分部报告、公允价值的披露、关联方及关联交易、股份支付、承诺及或有事项、与金融工具相关的风险、其他重要事项、母公司财务报表主要项目注释、补充资料。

财务报表附注主要是对报表项目的解释与说明,是财务报告的重要组成部分。财务报表上的各项项目只有金额,仅仅凭借这些金额,信息使用者无法真正了解其背后的经济含义。报表附注的目的就在于提供相对较具体的信息,让使用者了解这些金额及其变化所代表的具体经济业务。例如,青岛海尔的报表附注就具体说明了预计负债的项目有哪些、为什么预计等。但是,如果一些上市公司的管理层不希望投资者真正读懂其财务报表(这通常预示着公司财务报表的真实性值得怀疑),那么,他们常用的一个手法就是在报表附注中采用"春秋笔法",让报表使用者"摸不着头脑"。

资本市场实际上是一个以资本为买卖对象的市场。在这个市场上,买卖的对象为资本(包括股票和债券)这一较特殊的"商品"。严格地说,资本市场买卖的只是资本的使用权,而不是所有权。上市公司需要的是资本的使用权,资本的所有者——具体为股东、债权人等各种形式的投资者——出让资本使用权的目的是获取较高的投资回报。与普通商品买卖类似的是,消费者在购买时会按照质量差别进行定价,优质优价、低质低价,如果质量不能符合基本的使用要求,则无人问津。资本所有者在具体选择将资本投向某家上市公司时,主要关注该公司未来经营的安全性、有效性以及为投资者提供回报的能力等因素。此时,上市公司吸引投资者将资本投向本公司的常用手法之一就是在强制性信息披露之外,额外多提供一些对投资者有用的信息,这部分信息披露构成了自愿性信息披露。自愿性信息披露有可能采用专门事项公告的形式(在我国市场上称为"临时公告"),这部分不构成年度报告的内容;也有的上市公司希望在年度报告中补充提供监管部门要求之外的信息。基于美国资本市场数据的一些研究成果表明,自愿性信息披露能够降低企业的融资成本。

年报究竟应当提供多少信息才最合适,这个问题没有明确答案。例如,董事长个人身体状况,属于个人隐私信息,理论上应该不预披露。但是,那些公司价值与董事长个人能力联系紧密的企业,其股东就会对此十分关注。例如,苹果公司创始人,也是苹果创新能力象征的乔布斯(Steve Jobs),2008 年夏天起传出健康问题,苹果公司的股票价格也受影响,其股票价格从最高每股超过 180 美元,到 2008 年 11 月时跌到最低每股接近 80 美元,尽管其中有金融危机所带来的负面影响,但其幅度也高于同期市场指数跌幅。市场普遍担心,乔布斯如果健康有问题,就会影响苹果的创新能力。同样,中国香港资本市场,特别是长江实业公司的股东,对李嘉诚的身体状况,尤其关注。2016 年 5 月,媒体报道,"李嘉诚因病缺席股东会长和跌逾 1% 创半年新低",这表明,关键公司高管的健康信息,对公司的价值很重要。但是,目前在各国资本市场上,不强制要求上市公司披露这部分信息,是否披露,属于公司自愿。①

目前,资本市场上受到比较多关注的自愿性信息披露是企业社会责任报告。社会责任,也是过去几十年国际社会所关注的重点话题之一。例如,同学们比较熟悉的星巴克公司,就强调他们的咖啡豆计划。② 通过这种报告,让社会,特别是资本市场投资者了解到,公司并不是单纯以赚钱为导向,还是对社会有责任、有担当的。研究也发现,社会责任履行好,也会影响企业的资本成本。这就如同一个道德修养高的人,他的个人信誉相应会高,他的个人发展空间更大,也更容易得到他人的帮助。

例如,青岛海尔在自己的官网目录中有"海尔绿帆"一栏,旨在详细介绍海尔的社会责任履行情况,并将其履行社会责任分为希望工程、绿色环保、扶贫救灾助残、其他公益事业等。

8.2　工　作　底　稿

前面会计循环部分曾经介绍过,在一个会计循环结束时,需要编制工作底稿,再根据工作底稿编制财务报表。以下将结合财务报表编制的需要,再次介绍工作底稿的编制。

表 8-6 是第 6 章关于芝麻公司的工作底稿,相关数据见第 6 章。

---

① 资本市场通常会对如实、及时披露自愿性信息的公司,给出比较正面的评价。例如,Berkshire Hathaway 公司的创始人巴菲特于 2012 年 4 月发布公开信,明确报告被确诊为患一期前列腺癌。消息发布后,公司股价没有下跌。

② 星巴克公司与国际环境保护组织等合作,推行公平交易计划,在帮助咖啡豆原产地的农户提高咖啡豆品质的同时,也让他们能够取得相应的收入。星巴克公司每年都会披露这部分信息。

表 8-6 芝麻公司股利分配前工作底稿

单位：元

账户名称	调整前试算表 借方	调整前试算表 贷方	调整分录 借方	调整分录 贷方	调整后试算表 借方	调整后试算表 贷方	利润表 借方	利润表 贷方	资产负债表 借方	资产负债表 贷方
银行存款	1 054 751 541				1 054 751 541				1 054 751 541	
应收账款	187 200 000				187 200 000				187 200 000	
预付账款	600 000			50 000	550 000				550 000	
制造费用		50 000	50 000							
库存商品	150 099 800				150 099 800				150 099 800	
长期待摊费用	900 000			25 000	875 000				875 000	
固定资产	3 000 000				3 000 000				3 000 000	
累计折旧				50 000		50 000				50 000
短期借款		80 000 000				80 000 000				80 000 000
应付利息		333 333				333 333				333 333
应付账款		788 420 000				788 420 000				788 420 000
应付票据		12 000 000				12 000 000				12 000 000
应付职工薪酬		923 000				923 000				923 000
其他应付款		1 980 000				1 980 000				1 980 000
应交税费		71 739 471				71 739 471				71 739 471
股本		10 000 000				10 000 000				10 000 000
资本公积		18 000 000				18 000 000				18 000 000
本年利润										413 030 537①
主营业务收入		1 144 616 000				1 144 616 000		1 144 616 000		
主营业务成本	580 873 200				580 873 200		580 873 200			
营业外收入		1 000				1 000		1 000		

① 即净利润。

续表

账户名称	调整前试算表 借方	调整前试算表 贷方	调整分录 借方	调整分录 贷方	调整后试算表 借方	调整后试算表 贷方	利润表 借方	利润表 贷方	资产负债表 借方	资产负债表 贷方
营业外支出	300 000				300 000		300 000			
管理费用	492 000		75 000		567 000		567 000			
销售费用	4 575 471				4 575 471		4 575 471			
财务费用	413 333				413 333		413 333			
营业税金及附加	7 173 947				7 173 947		7 173 947			
							593 902 951	1 144 617 000		
所得税费用	137 683 512		125 000		137 683 512		137 683 512			
							731 586 463	1 144 617 000		
净利润				125 000			413 030 537*			
合计	2 128 062 804	2 128 062 804			2 128 062 804	2 128 062 804	1 144 617 000	1 144 617 000	1 396 476 341	1 396 476 341

* 平衡利润表栏的数字是将进入利润表的净利润。

8.3 利润表：特定期间的业绩

利润表（profit statement），也称作收益表（income statement）、损益表（profit and loss statement），是提供企业盈利信息的财务报表。[①] 利润表所报告的财务信息对信息使用者具有举足轻重的作用，已日渐成为人们关注的重点。针对美国 500 家最大公司的总会计师进行调查，结果表明：在企业财务报告所提供的众多指标中，重要等级居前三位的指标分别是每股收益（EPS）、净资产收益率（ROE）及税后净利润率。这些均为获利能力指标。在我国，与利润相关的财务指标同样备受信息使用者关注，中国证监会历次关于上市公司配股条件的控制参数，以及每年进行的"中国上市公司经营业绩排行榜"的评选、投资者和证券分析师们用于评价上市公司获利能力和企业成长所运用的指标均源于利润表。对投资者来说，公司只有盈利了，才能够发放股利；同样，一个能够持续盈利的企业，才能够在竞争激烈的市场环境下生存、发展。公司利润表对信息使用者的重要性可见一斑。

8.3.1 什么是利润

利润表的核心就是以综合、简洁的数据，报告企业在一个特定期间的经营成果，这就涉及一个核心概念：利润究竟是什么。

会计上，经常使用到的几个与利润和利润表相关的概念有收益、损益、利润、所得等。从概念的渊源来看，英国长时期一直用损益概念，它们报告当期利润的报表，就叫损益表（statement of profit and loss）；英国的会计方法传到美国后，都有程度不同的变化，损益表变成收益表（income statement）；我国长期使用利润表的概念，但英文翻译上，也采用 income，而不是 profit。尽管名称不同、报表的结构也不尽相同，但它们都反映了一个共同的内容。因此，本节讨论利润表时，将它们视作同一个概念，只是在不同语境下的使用习惯不同。

从会计理论演变的角度来看，对利润的认识，也都在不断变化、发展之中。大致说来，利润的概念经历了一个循环：从资产负债观到损益观，再回到资产负债观。

例如，在 1494 年帕乔利关于复式簿记的介绍，最后就用一张账户余额表，借贷方之间的差额，记作损益。这时，利润就是标准的资产负债观，即两期资产负债表之间的差额。来自经济学的定义，也支持这种思想。例如，经济学家 Hicks 在《价值与资本》一书中，将收益定义为：期末和期初保持同等富裕（well-off）的前提下，一个人所可能消费的最大金额。按照这一定义，企业收益可以理解为：在期末和期初拥有同等资本的前提下，企业可以分配的最大金额。这个思想，构成了会计上资产负债观的主要基础。

随着工业革命兴起和现代制造业的普及，企业盈利模式从早期的商业买卖为主，逐步转向产品制造，即购入材料，加工制造成产品，销售出去，取得利润。这样，利润就是企业

---

① 在我国，该表先后用过多个名称如"收益表""损益表""利润表""利润及利润分配表"等。本书采用《企业会计准则》的用法，称"利润表"。行文中也会用到"收益表"术语。

实现的收入与为取得收入所支付的费用支出之间的差额,即所谓的损益观。利润表/损益表逐渐更受关注,成为核心报表。收入实现、费用配比以及权责发生制等会计思想,都是在这一阶段形成的。

20世纪七八十年代,国际形势趋于缓和,金融管制在逐步放松,计算机和互联网的应用,让信息传递,更为便捷。这些环境的改变,也带来了财富/价值创造的理念和模式的变化。传统的企业运营模式是:围绕一个核心产品(如手机),购买材料、机器设备等,制造出产品,销售出去,收回货款,并确定公司是否盈利。而在资本市场充分发展的今天,企业不需要完成全部的制造过程,而是可以只专注某一个环节;企业的盈利,很多时候不是直接来自产品的制造与销售,而是一个正确的商业模式和理念,以及这种模式、理念被市场认可的程度。例如,Youtube从正式注册成立,到最后被Google以16.5亿美元收购,前后不到两年,而Youtube还没有形成相对成熟的商业模式,更不要说实现盈利了。另外一个例子是各位可能知道的美图网科技有限公司,于2008年10月创立,前后经过5轮融资,共获5亿美元资本,公司估值20亿美元;2016年8月,提交给中国香港联交所上市的资料显示,公司2015年的营业收入7.42亿元,当年亏损22亿元。即便如此,2016年12月15日在中国香港交易所正式发行上市,发行时美图的市值超过300亿港元。

也正因为收益在企业估值中的地位下降,相应地,关于利润的界定,以及利润表的结构也在变化中。关于利润确定的资产负债观和损益观等,留待在中级财务会计或会计理论课程学习与讨论。

8.3.2 利润表的结构

利润表,顾名思义,是用来反映报告主体经营活动成功的财务报表,或者说,是借助会计语言,用货币量度来量化企业的全部经营活动过程,并提供一个以货币来量化表述的综合结果。

既然是财务报表,就会比普通的、反映当其已实现利润的"本年利润"账户要复杂,它需要采用一定的结构来报告一个主体利润数以及形成这一数字的过程。

利润表的结构受多个因素的影响:现实经济活动的特征、会计技术的发展程度、信息使用者的需求。理论上,经济活动的发展会驱动并决定会计的发展以及人们对企业经营活动的信息需求,但是,在经济发展与会计发展之间,会存在一定的"时滞",因而,上述三个因素共同作用的现象一直存在。

在帕乔利时代,并没有独立的利润表,全部报表就是一张账户余额表,利润只是账户余额表左右方的差额。这个差额甚至也可能包括了差错。

在会计发展历程中,第一次出现利润表的雏形是在公元1600年前后,当时荷兰的西蒙·斯蒂文在其著作《数学惯例法》中补上了帕乔利所缺失的环节,在账户余额表编制完毕、利用左右方的差额确定了利润数后,另外提供了一个"对利润的验证"表,该表列明产生当期利润的数字是如何形成的,其一个基本公式为其会计表达式,资产=负债+股本+损益=负债+股本+(收入-费用)。这时的"利润表",谈不上有什么结构,但是,利润表作为一个独立报表,在技术上已经准备完毕。

英国工业革命后期,出现了完整的损益表,企业需要借助损益表,将当期的经营活动综合地报告出来；美国在 20 世纪二三十年代，为了满足资本市场投资者的需求，逐步地改变、改进英国式的损益表，形成了美国式的收益表，这就是报表使用者需求影响报表格式的例子。

美国早期所形成的收益表格式，在相当长时期里，成为通用、主流的利润表。它的基本逻辑是：按照企业经济活动的性质，分类报告企业经营活动及其对最终利润的影响。这样的利润表，比单纯只报告一个最终利润额，要更加有用。

以下列举的利润表取自青岛海尔 2015 年年报，并做了适度简化，包括报表项目、金额等（见表 8-7）。

表 8-7　青岛海尔股份有限公司

合并利润表（简表）

2015 年度　　　　　　　　　　　　　　　　　　　　　　单位：百万元

项　　　目	金　　　额		
营业总收入	89 748		
减：营业成本		64 659	
销售毛利			24 889
营业税金及附加		397	
销售费用		13 101	
管理费用		6 549	
财务费用	498		
主营业务利润			5 340
营业外收入	619		
营业外支出		96	
投资收益（损失以"—"号填列）	1 320		
营业利润总额			7 183
资产减值损失		318	
公允价值变动损益		90	
利润总额			6 775
所得税费用		1 053	
净利润			5 922

细心的同学或许已经看出，这张表，改动的不仅仅是报表项目、金额，还有报表项目的排列顺序。这种排列顺序，就是多步式利润表，它反映的是企业不同类型的经济活动对最终净利润的影响。对外部投资者来说，他们没有条件接触公司内部信息，对公司运营等的了解，就是基于最终的财务报表。多步式利润表能够相对详细地说明，企业的最终净利润是如何一步一步产生的；不同步骤的利润合计数，对信息使用者的意义也不同。第一步是销售毛利，它可以直观地反映企业产品的市场竞争能力。例如，苹果公司的毛利率就比同行业其他公司要高，而茅台股份公司 2015 年的毛利率超过 92%。第二步的合计数是主营业务利润，包括企业运营过程中所发生的各项主要费用支出，如管理费用、销售费用、财务费用等，反映的是企业主要经营活动所产生的利润额。主营业务利润来自企业正常的经营活动，只要经济环境没有发生重大改变，投资者可以合理地预计，至少同样水平的

利润,明年还会重复发生。相关的研究也表明,基于正常经营活动的利润,信息含量更高。[①]

第三步反映的是企业日常运行过程中所可能发生的其他与经营活动有关,但不是企业主要经营活动的利润或所得,包括投资活动(以投资为主要活动的企业除外)、营业外收支等。这部分活动对企业的利润总额会有一定影响,但它的可持续性、可重复性要弱于主营业务活动。

企业在日常的经营活动中,会发生一些对企业产生影响的事项如台风、地震等自然灾害或汇率的不可预期变动等,这些活动,在美国的会计体系中被称为"非常项目"(extraordinary items),它们的发生与否,总体上与管理层的努力无关,对公司利润的影响,也不是管理层所能够掌控的。当然,它的可重复性程度也是最低的。

多步式利润表能够向投资者展示企业不同经营活动的影响以及相应的结果。它也符合权责发生制与配比的基本精神:不同的活动,需要分开考量。

自 20 世纪 80 年代起,物价变动及金融环境的开放等导致企业受物价变动的影响更大。因此,在上述收益表格式之上,又增加一组能够反映企业受物价变动等对企业状况影响的指标:利得(gain)和损失(loss)。这样,在传统的收益之上,加上利得和损失的影响,就出现了"综合收益表"。

进入 21 世纪,资本市场高度发达,互联网和计算机的全面普及,逐渐地改变了整个社会财富创造的模式。利润观念又回归到资产负债观,即利润是前后两期净资产的对比。公允价值在其中发挥了非常重要的作用。也因此,利润表的格式再一次发生变化。目前,包括国际会计准则理事会在内的各准则制定机构,都更倾向于使用简化格式的报表,所有收入或利得项目在上,所有费用支出或损失项目在下,最后的差额就是利润。基于这种新的报表思路,利润表的格式如表 8-8 所示。[②]

表 8-8　青岛海尔股份有限公司
合并利润表(简表)

2015 年度　　　　　　　　　　　　　　　　　单位:百万元

项　　目	金　　额	
营业总收入	89 748	
财务费用(利息收入)	498	
营业外收入	619	
投资收益(损失以"－"号填列)	1 320	
收入合计	92 185	
减:营业成本		64 659
营业税金及附加		397

---

① 相信我们大家都知道,在日常生活中,有些话就是废话,说了,等于没说;而有些话"字字千金",帮助很大。财务、会计领域的学者们,尝试研究并甄别上市公司财务报表的价值,即信息含量(information content)。常用的方法之一,是基于资本市场投资者的反应来测度具体某项信息的价值。

② 如果严格遵循国际会计准则理事会所提倡的"The Nature of Expense Method"来编制利润表,一些收入和费用项目的归类会产生变化。这里,为了举例说明,仍然采用现有报表体系下的项目归类。

项　　目	金　　额
销售费用	13 101
管理费用	6 549
营业外支出	96
资产减值损失	318
公允价值变动损益	90
所得税费用	1 053
费用项目合计	**86 263**
净利润	5 922

从以上介绍的利润表结构的变迁过程中不难发现，利润表的格式不是与生俱来，也不是一成不变的。它会因经济发展、社会环境、人们的需求、会计技术等变化而变化。当然，本节所讨论的利润表，是财务会计的一部分，它需要对外提供。因而，满足外部信息使用者的需求，将是决定利润表格式的一个重要因素。以上所列举的利润表格式，都是某一时期得到普遍认可的、通用报表。在通用报表之外，是否存在其他可行且有效的报表格式，社会各界在探讨和尝试。未来，利润表可能会有新的提供方法，而不仅仅是格式上的变化。

 资料与讨论 8-2

George Sorter 在 20 世纪 60 年代曾经提出过"事项法"，认为利润表可以只提供关于企业经营活动的重要经济活动或经济业务数据，使用者可以根据自己的需要进行加工，得到自己所想要的信息（例如，短期投资者；长期投资者、员工等）。当年，受技术条件限制这一设想难以实现。但是，随着计算机的应用和互联网的普及，包括基于互联网的 BRL（可扩展商业报告语言）[①]，"事项法"有可能再度付诸应用。甚至，未来的利润表可以是一组选项菜单，使用者在提取利润表信息时，可以根据自己的需要或偏好，确定一个选项，系统会自动产生一组信息，例如，基于历史成本的或基于公允价值的，等等。

8.3.3　利润表的编制

具体编制利润表之前，需要明确利润表所应当采用的格式以及相关数据来源。

企业在实际编报时，具体应该选用哪种形式的利润表，主要考虑因素是：相关会计准则或会计制度的规定；企业的具体情况。我国会计准则对利润表有相对比较明确的规定，企业如果符合"小企业会计准则"要求的，可以选用适合小企业的利润表；否则，就应当采用《企业会计准则第 30 号——财务报表》列表所给定的利润表格式。在具体编报时，

---

① 可扩展商业报告语言是基于互联网、跨平台操作，专门用于财务报告编制、披露和使用的计算机语言，基本实现数据的集成与最大化利用，会计信息输出，资料共享，是国际上将会计准则与计算机语言相结合，用于非结构化数据，尤其是财务信息交换的最新公认标准和技术。通过对数据统一进行特定的识别和分类，可直接为使用者或其他软件所读取及进一步处理，实现一次录入、多次使用。

可以根据企业的实际情况,对不适用的项目,可省略或合并填列。

利润表是一张动态报表,它要反映会计主体在某一期间的盈利情况,数据主要源于损益类账户(或称"虚账户")的本期发生额。利润表内各项目的填列方法一般有以下三种。

(1) 根据总分类账各有关账户的本年发生额(净额)填列。这是利润表项目的主要来源。在日常会计处理中,企业如果根据相关会计制度的要求,设置了完整的账户体系,那么,利润表的绝大部分项目,都可以根据账户的发生额或净额直接填列。例如,主营业务收入、投资收益、营业外收入等,可以根据各该账户贷方当期发生额汇总数填列;主营业务成本、销售费用、主营业务税金及附加、管理费用、营业外支出、所得税费用等,根据相应账户的借方发生额填列。

(2) 根据账户分析填列。如果企业日常的账户设置比较简略,例如,对"营业外收入"和"营业外支出"合并设置"营业外收支"账户,在平时的账务处理中,借方登记营业外支出,贷方登记营业外收入,在填列利润表的项目时,需要将"营业外收支"账户借方和贷方分别填列到利润表的营业外支出和营业外收入项目中。

(3) 根据利润表中的数字计算填列。利润表的各项目,不仅来自企业日常会计核算所设置的各个账户,还有一些项目就可以根据利润表中已经填列好的项目,计算填列。以利润表中的营业总收入为例,其金额来源于营业收入、利息收入、已赚取保费、手续费与佣金收入四个账户的汇总;又如,企业营业利润数,就是根据营业收入、各成本、费用项目计算、抵减后填列。

8.3.4 利润表的编制:实例

以下将以第 6 章所列举的芝麻公司的相关业务,编制芝麻公司利润表(见表 8-9)。芝麻公司业务相对比较简单,利润表的各个项目的计算、填列就显得简便、直接,没有需要特别分拆或抵销的项目。所有数据取自工作底稿。

表 8-9　芝麻公司利润表

编制单位:芝麻公司　　　　　　　　　　　　　　　　　　　　单位:人民币元

项　　目	行　次	本年累计数
一、营业总收入	1	1 144 616 000
其中:营业收入	2	1 144 616 000
二、营业总成本	3	593 602 951
其中:营业成本	4	580 873 200
营业税金及附加	5	7 173 947
管理费用	6	567 000
销售费用	7	4 575 471
财务费用	8	413 333
三、营业利润	9	551 013 049
加:营业外收入	10	1 000
减:营业外支出	11	300 000
四、利润总额	12	550 714 049
减:所得税费用	13	137 683 512
五、净利润	14	413 030 537

8.4 资产负债表：特定时点的财务状况

资产负债表(balance sheet)也称为财务状况表(statement of financial position)，是用于反映企业某一特定时点上的财务状况的财务报表。从财务报表的发展历史来看，最早有报表雏形的，就是账户余额表或账户汇总表，后逐渐演变成资产负债表。长期以来，资产负债表被称为第一报表，它不仅可以向信息使用者提供报告主体在报告期末的资产、负债等的状况，也可以借助期初、期末报表的对比，看出报告主体在一个会计期间里资产、负债等的变化情况。前文在讨论利润时曾经介绍过，在"资产负债观"下，利润就是前后两期资产负债的变化。当然，资产负债表的作用，在20世纪前半叶，一度淡化，人们更关注利润表，从"收入费用观"角度来看待利润。随着"资产负债观"再次兴起，资产负债表的作用，再度被重视，资产负债表的作用也益发增强。

8.4.1 资产负债表的作用

作为反映企业财务状况的基本报表，资产负债表向会计信息使用者传递十分有用的信息，在财务报表体系中处于重要的地位。它的主要作用如下。

(1) 有助于了解并判断企业整体的财务状况。对投资者或其他外部使用者来说，能够总括地了解企业财务状况，并对财务状况是否健康，给出一个大致的判断，非常重要。从目前的财务报表体系来看，资产负债表就能够满足这一要求。它将报告期末企业所有资产按照一定规律性特征描述出来，投资者或信息使用者可以大致了解企业资产的分布状况、是否与企业运营目标"匹配"、是否具有相应的经营能力等；资产负债表还同时综合、总括地报告了企业的负债与所有者权益情况，投资者也可以据以了解企业的负债是否正常、能否满足企业正常运营对资金的需求等。

能够综合、总括地反映报告主体的财务状况，是资产负债表最重要的作用。也正因为如此，它一直被视为"第一报表"。

(2) 有助于评价企业的资产质量。资产质量的好坏，对企业的正常运营非常重要。资产质量不仅包括企业现有的资产价值高低(如固定资产的成新率)，还包括资产配置是否合理，能否适应企业发展战略的需求。如果资产负债表显示企业的应收账款、存货畸高，这种资产配置就不合理；同样，对一个制造业企业来说，体现其制造能力的，应该是厂房、设备等固定资产。如果企业资产负债表显示的资产，主要是现金、短期投资，就不是一种符合企业发展目标的资产配置。又如，房地产开发企业需要有相对数量的土地储备以及一定的流动性，这些信息可以通过资产负债表来获取，并据以评价这家企业的资产质量和未来期间发展空间。

(3) 有助于分析企业的偿债能力和财务风险。资产负债表还可以用来分析、评价企业的偿债能力与财务风险，包括：其一，企业短期偿债能力，短期(通常为一个经营周期)内企业需要偿付的债务总额，以及可用于偿付债务的流动资产及其质量。其二，企业长期偿债能力，即在一个相对比较长的期间里，企业的债务总额、到期日分布是否均衡、企业的安全边际等。企业是否具有长期偿债能力，主要取决于企业的盈利水平和通过经营活动持续创造现金流的能力。这两部分数据需要结合利润表和现金流量表来综合分析、评价。其三,企业的资本结构与财务政策,包括总负债占总资产的比例、企业债务融资的结构安排等。对这部分的分析和评价,需要运用财务管理课程等的进一步知识。

(4)有助于评价企业的经营效率、预测未来经营业绩。利润表可以反映企业的经营业绩,资产负债表则报告企业的资产、负债等状况,将资产负债表和利润表相结合,可以用来评价企业的经营效率,包括各项资产的利用效率、负债对企业盈利的边际贡献等。企业经营效率的指标,可以用来据以评价管理层的管理能力。同时,经营效率还可以用来预测企业未来的经营业绩。

8.4.2 资产负债表的结构(Ⅰ)

与利润表相比,资产负债表需要同时报告资产、负债和所有者权益三个会计要素,结构上要更加复杂些;具体在排列资产、负债和所有者权益项目时,又需要考虑资产、负债和所有者权益要素自身的特性,根据要素特性和使用者的需求来排列。

资产,可以直观地理解为企业的财产,但是,并不是所有的财产都能够进入企业会计系统而作为资产的一部分。按照目前通行的资产定义,能够计入资产的,都应当具备这样几个特征:其一,能够在未来为企业带来资源流入,增加企业的价值。通俗地说,资产要有用;没用的,就不是资产。其二,能够为企业所拥有或控制。有用的财产很多,对企业有用的财产也很多,但企业不能控制,如隔壁银行的现金、供应商的原材料等,就不是企业的资产。这里的拥有和控制,还涉及一些更复杂的情况,留待之后课程学习。其三,企业为了取得这项资产,付出过努力如购买、建造等。

企业存在的一个直接目标就是能够盈利,并存活下来。因此,资产一定要有用,没有用的财产,即便企业能够控制并为了取得这项财产付出过努力,也不应该计入资产。

评价一项资产是否有用,主要的评价标准应该是:能够用来赚取未来现金流入能力;能够帮助企业降低财务风险、增加企业存活的概率。通俗地说,资产的作用表现在两个方面:赚钱、抵债。为此,需要对资产按照流动性来排列,其中,流动性强的资产,更多地具有抵债功能,而固定资产等长期资产,盈利能力更强。

负债也具有三项特征,方向与资产正好相反:负债是指需要企业在未来期间以现金或其他资源偿付,会导致资源流出企业;负债也是企业所必须偿还的;企业承担负债,是与相应的经济活动相联系的,而不是凭空承担债务的。对企业和财务报表使用者来说,最关注的债务特征就是其求偿能力。有些债务到期就必须偿还,不偿还的话,企业就会面临被起诉的法律风险,甚至面临清算等危机,如银行借款、公司债券等刚性债务;有些债务的求偿力相对较弱,如应付供应商款项;还有一些项目,只是因为复式簿记的记账规则所形成的贷方余额,如计提职工福利等,它的求偿能力很低。因此,对债务项目,资产负债表常见的处理方式是按照其求偿能力,由高到低排列。

理论上,所有者权益是指归属于所有者的财富,包括所有者创办企业时投入的资本金,以及在经营活动过程中所累积的盈利等。但在实际操作中,所有者权益是企业资产扣减负债后的剩余部分,相当于一种剩余权益。因此,对所有者权益的界定也不再是清晰、稳定的,而是依赖于资产和负债。对所有者权益的报告,主要还是按照其类别进行。

8.4.3 资产负债表的结构(Ⅱ)

在明确资产、负债和所有者权益三个要素的特征后,可以根据信息使用者的要求,设计出最理想的资产负债表结构。

财务会计的一个重要特征,就是受会计准则的约束。这种约束也包括报表格式。毕竟,任何公司的资产负债表,一旦对外提供,使用的人数就多,使用人群就广。如果不同公司的资产负债表格式不同,使用者难以横向比较,所以,作为对外提供的、通用财务报告,资产负债表的格式,也是会计准则的内容之一。

与利润表格式的不同能够传递不同信息一样,资产负债表的格式不同也会传递不同的信息。尽管复式簿记产生于意大利,但会计方法是在工业革命的英国变得复杂、系统化的。从账户余额表到资产负债表的蜕变,就是在英国发生的。英国的资产负债表,格式上采用"资产－负债＝权益"的形式,且固定资产排在第一位。表 8-10 就是一份英国式资产负债表简表。

表 8-10　BP 公司集团资产负债表(简表)

2015 年度	单位:百万美元
非流动资产	
厂房、机器与设备	129 758
商誉与无形资产	30 287
投资	18 836
其他非流动资产	12 349
非流动资产合计	191 230
流动资产	
存货	14 142
应收账款	22 323
现金与现金等价物	26 389
其他流动资产	7 170
流动资产合计	70 024
持有销售资产	578
资产总计	261 832
流动负债	
应付账款	31 949
衍生金融工具	3 239
其他流动负债	19 536
流动负债合计	54 724
非流动负债	
公司债(Finance debt)	46 224
准备(Provisions)	35 960
其他非流动负债	26 537

续表

非流动负债合计	108 721
负债合计	163 445
权益	
权益合计	98 387
负债和所有者权益合计	261.832

表 8-9 是根据 BP 公司原表格进行合并、简化。有兴趣的读者,可以检索该公司的年度报告,以了解更全面的信息。

目前国际上通行的资产负债表格式,源于美国。格式上与英国式资产负债表存在一定差异,它按照资产的流动性和负债的求偿力由高到低排列,这主要是受当时短期融资的需求影响而来的。同样以海尔公司 2015 年的资产负债表为例,目前国际上通行的资产负债表格式如表 8-11 所示。

表 8-11　青岛海尔股份有限公司

合并资产负债表

2015 年 12 月 31 日　　　　　　　　　　　　　　单位:百万元

项　　目	期末余额	项　　目	期末余额
流动资产:		流动负债:	
货币与货币等价物	37 411	短期借款	13 478
应收账款	6 141	应付账款	14 714
预付款项	557	预收款项	3 170
其他应收款	748	其他应付款	8 421
存货	8 559	流动负债合计	39 783
其他流动资产	1 451	非流动负债:	
流动资产合计	54 867	长期借款	297
		应付债券	1 108
		长期应付款项	2 370
		非流动负债合计	3 775
		负债合计	43 558
		所有者权益	
非流动资产:		股本	6 123
长期投资	7 800	资本公积	6
固定资产	9 885	盈余公积	2 659
商誉及其他无形资产	1 924	未分配利润	13 906
其他非流动资产	1 484	少数股东权益	9 708
非流动资产合计	21 093	所有者权益合计	32 402
资产总计	75 960	负债和所有者权益合计	75 960

这种格式的资产负债表,采用左右对称式,遵循"资产＝负债＋所有者权益"等式,其中,左边的资产按照流动性或变现能力的高低,由高到低排列;负债则按照求偿力的高低来排序。

8.4.4　资产负债表的编制

资产负债表是一种静态报表。它反映企业在特定时点的财务状况,作为编表的主要资料,应源于反映特定时点财务状况的账户余额。所以,资产负债表的编制是以资产、负债和所有者权益等实账户的期末余额填列的,且要求在资产、负债和所有者之间保持恒等关系。一般说来,资产类项目应根据资产类账户的期末借方余额填列,负债和所有者权益类项目应据负债类、所有者权益类账户的期末贷方余额填列。但这并不意味着账户信息全部可以直接进入报表,由于报表项目与账户记录并不一定完全一一对应,所以,将各账户中的数据转化为报表项目时,仍存在再确认的问题。有相当一部分数据必须进行合并、分拆等重新整理,具体有以下几种情况。

(1)根据总账有关账户的期末余额直接填列。这类项目比较多,特别是那些账户名称是按照报表项目来设置的更是如此。例如,企业分别根据报表项目等要求,开设应收账款和预收账款、应付账款和预付账款等账户。在目前的会计准则体系下,属于这种形式的资产负债表项目比较多,如应收票据、应收利息、应收股利、短期借款、应付票据、其他应付款、应付职工薪酬、应付利息、应付股利、预计负债等。

(2)根据有关一级账户期末余额合并或抵减填列。如果账户所反映的内容与报表项目不一致,就需要分析账户的具体内容,并根据其与报表项目的关系,或加总或抵减填列。例如,在账户设置中,通常对现金和银行存款会分开核算,而现金还分为库存现金和其他货币现金,但资产负债表上只设置货币资金项目,就需要将"库存现金""银行存款"和"其他货币资金"等账户的余额合并填列;同样,资产负债表"存货"项目,包括原材料、在产品、产成品等多个账户,需要将相关账户余额合并填列。又如,资产负债表上的应收账款项目,是应收账款账户的余额中,扣除属于预收账款部分(这部分在贷方,需要加回来),同时,再减去"坏账准备"账户的余额后的净额。

(3)根据有关账户(一级或明细账户)期末余额分析计算填列。资产负债表是以向外部信息使用者传递符合他们使用要求的信息,因此,报表项目的设置,不应该也不可能与账户完全一致。在准备资产负债表时,还有少数项目需要根据有关账户的余额计算填列。例如,长期借款或其他长期负债,在离到期日不足一年时,它在性质上已不再是长期债务,而是短期负债了,应当在"一年内到期的非流动负债"项下反映;资产负债表中"长期借款""应付债券"等项目,也需要扣减各该账户余额中一年内到期的部分。

8.4.5　实例说明

为了帮助大家理解资产负债表,现仍以芝麻公司工作底稿为例,说明芝麻公司资产负债表的编制(见表8-12)。由于芝麻公司业务简单,报表项目数额都直接取自工作底稿。这里就不具体介绍。

表 8-12　芝麻公司资产负债表

编制单位：芝麻公司　　　　　　　　　　　　　　　　　　　　　　　单位：人民币元

资　　产		负债和所有者权益	
项　　目	期末余额	项　　目	期末余额
流动资产：		流动负债：	
货币资金	868 878 799	短期借款	80 000 000
应收账款	187 200 000	应付票据	12 000 000
预付账款	550 000	应付账款	788 420 000
库存商品	150 099 800	应付职工薪酬	923 000
流动资产合计	1 206 728 599	应交税费	71 739 471
非流动资产：		应付利息	333 333
长期股权投资	0.00	其他应付款	1 980 000
投资性房地产	0.00	流动负债合计	955 395 804
固定资产：		非流动负债：	
固定资产原价	3 000 000	长期借款	0.00
减：累计折旧	50 000	非流动负债合计	0.00
固定资产净值	2 950 000	负债合计	955 395 804
固定资产清理	0.00	所有者权益：	
在建工程	0.00	股本	10 000 000
无形资产	0.00	资本公积	18 000 000
商誉	0.00	盈余公积	41 305 054
长期待摊费用	875 000	未分配利润	185 852 741
非流动资产合计	3 825 000	所有者权益合计	255 157 795
资产总计	1 210 553 599	负债和所有者权益合计	1 210 553 599

8.5　现金流量表：现金从哪里来，又到哪里去

从财务报表的变迁过程来看，最初的报表只有一张，那就是账户余额表，后来演变成资产负债表；之后出现的是利润表，它一度成为最受关注的报表。资产负债表和利润表一起，构成复式簿记最精妙的机制"自动平衡"。也就是说，在资产负债表和利润表之间，账户数据具有内在的逻辑关系，你没有办法只改动收入、费用，而不涉及资产、负债；反之反是。

现金流量表是一张基于资产负债表和利润表数据所得到的派生报表。为什么人们需要设计这张报表？先请看以下案例。

资料与讨论 8-3

现金流对企业的重要性

2016—2017 年，乐视是我国资本市场一个热点公司。乐视被媒体关注，不仅仅是因

为它的 CEO 贾跃亭各种创新甚至出格的业务模式,包括生态链建设、在拉斯维加斯高调发布性能超过特斯拉的电动汽车。它的现金流问题,才是话题的焦点。

请同学们查找关于乐视现金流危机的资料与评论,对照乐视公司的财务报表,关注乐视现金流危机的大致原因以及对乐视公司发展的影响。

8.5.1 为何需要现金流量表

现金,是商业社会正常运行的"润滑剂",也称为企业运行的"血液"。尽管商品经济也是信用经济,企业在日常运行中,绝大部分经济活动都是以商业信用方式完成,但是,信用是建立在企业可以如期、足额付款这一信任的前提基础之上的。一旦企业被认为出现现金短缺、支付危机,那么,它就无法获得任何商业信用,企业运营必将难以为继。

早在美国 1929—1933 年经济危机期间,流动性问题就已经引起人们的关注。但是,当时的会计系统还没有办法完成这一使命。到了 20 世纪五六十年代,不断出现一些公司运营良好但由于现金短缺而被迫清算或被并购的例子,如道格拉斯航空公司(Douglas Aircraft Company)当初因为现金短缺,被迫接受它的对手麦克唐纳公司(McDonnell Aircraft)的收购要约,两家公司于 1967 年合并成立麦道公司(McDonnell Douglas);之后,由于市场竞争力削弱,同时,现金流再度出现问题,1997 年,麦道公司被迫接受波音公司的收购要约,被吸收合并进入波音公司。麦道公司,成为商业教科书的案例;麦道品牌,渐趋式微。

20 世纪 80 年代,越来越多的公司,因为现金头寸不足,风险增大,甚至陷入困境,"现金为王"的理念被越来越多的人接受。为了向外部信息使用者以及内部管理层提供有助于改进管理、降低现金风险的信息,会计实务界和准则制定部门一直在尝试,包括在资产负债表和利润表之外,提供一些补充报表,如早期的财务状况变动表。由于运营资本的口径不一致,且包括的项目比较多,用来判断企业未来流动性风险,相关性不是很大,因此,在经过反复讨论和征求意见之后,美国财务会计准则委员会于 1987 年年底发布第 95 号会计准则公告"现金流量表",要求企业从 1988 年 7 月起执行。这一做法很快被其他国家/准则制定机构仿效。目前,现金流量表已经成为与资产负债表、利润表并列的第三报表。

8.5.2 现金流量表的结构

由于现金流量表是美国于 1987 年"发明",之后推广到世界各地的,因此,现金流量表的结构都是"美国版",没有不同模式之争。

现金流量表的核心概念就是"现金"。资产负债表、利润表所涉及的核心概念,都是会计要素;相比之下,现金流量表产生于"财务会计概念结构"之后(概念结构产生于 1978—1985 年),因此,在基本会计要素中,并没有现金要素[①];另外,企业日常的会计核算是基于权责发生制的,日常会计处理中,除了"现金""银行存款"账户外,并没有设置基于现金基础的账户,这样,编制现金流量表时,所有数据都需要根据账簿记录重新调整计算获取。

---

① 2000 年,FASB 发布了第 7 号概念公告"Using Cash Flow Information and Present Value in Accounting Measurements",将现金流量信息纳入会计的框架中。但是,在要素层面,仍然没有现金要素。

现金流量表的目的,是要提供有助于评价企业赚取现金的能力,并据以预测企业未来期间现金趋势,是否会出现流动性风险等。因此,现金流量表需要展示的是企业获取现金的能力、耗费现金的渠道等,向信息使用者提供关于报告主体现金流入、流出、结余情况的信息,供信息使用者评价报告主体的流动性,并对未来期间公司创造持续不断现金流的能力,给出合理评估。基于这一考虑,对企业的现金流,根据其与企业日常经营活动的关系,可分为三个部分:来自经营活动的现金、来自投资活动的现金和来自筹资活动的现金。

我们之前介绍过,会计上目前普遍采用的记账基础是权责发生制,就是按照权利是否形成及义务是否发生,来确认收入和费用。是否收取现金,并不是确认收入的一项必要条件。在现金流量表中,就需要将这部分基于权责发生制的收入和费用调整为实际收到或支付现金数额。如果按照收到现金才确认收入,那么,"主营业务收入"账户所记录的当期收入额,就是当期所收到的现金;在权责发生制下,就需要剔除那些没有收到货款的销售收入(应收账款的增加额,或借方发生额),也需要加上上期欠款、本期收款的销售收入(应收账款的贷方金额);如果企业存在预售或预收货款的活动,这部分也构成本期经营活动所产生的现金流入。

按照这样的原理,我们可以将与经营活动相关现金流量拆解为:销售商品、提供劳务所产生的现金流入(主要取自主营业务收入、应收账款、预收账款等账户);销售商品、提供劳务所产生的现金流出(主要取自材料采购、应付账款、预付账款等账户);支付给职工以及为职工支付的现金(主要取自应付职工薪酬、其他应付款等账户)。除此以外,企业实际缴付的税收,也构成企业实际的现金流出,需要根据应交税金等账户计算、分析填列。当然,如果还存在一些上述项目未能涵盖的,通过"其他"来反映。

投资活动对现金的影响,从逻辑顺序上讲,应该是实际发生投资活动导致现金流出在先,收到投资收益或收回投资产生现金流出在后,但编制现金流量表时,人们还是习惯先关注现金流入,再讨论现金流出,因此,投资活动所产生的现金流入主要包括投资收益所带来的现金流入、收回投资产生的现金流入等。投资活动实际所发生的现金流出,在收支相抵后,就是投资活动所产生的现金流量。

企业在经营活动中,为了解决现金短缺的问题,需要多方筹措资金,如向银行借款、发行债券、发行股票等;之后企业需要支付利息、股利,或到期偿还本金,构成现金流出。与投资活动对现金的影响相反,筹资活动前期会增加现金流入,后期主要就是现金流出。

如果企业经营活动相对比较简单,综合上述三部分,就是企业的现金流量表。

现金流量表中通常还有一个附表,用来说明基于权责发生制的经营利润与经营活动所产生的现金之间的差额,究竟是哪些项目所导致的。通过这些调整项目,能够清晰地反映导致企业现金变化的事项。如果能够与同行业以及其他相关环境做对比,应该能够更细致地反映出企业未来期间现金的趋势。

8.5.3 现金流量表编制:举例

以下同样以芝麻公司的相关数据资料,编制芝麻公司现金流量表(见表8-13、表8-14)。

表 8-13　芝麻公司现金流量表

编制单位：芝麻公司　　　　　　　　　　　　　　　　　　单位：人民币元

经营活动产生的现金流量	
销售商品收到的现金	1 152 000 000
收到的与经营活动有关的其他现金	1 000
现金收入小计	1 152 001 000
购买商品支付的现金	(50 851 000)
支付给职工以及为职工支付的现金	(6 601 000)
支付的各项税费	(144 857 459)
经营租赁支付的现金	(600 000)
支付的其他与经营活动有关的现金	(1 260 000)
现金支出小计	(204 169 459)
经营活动产生的现金净流量	947 831 541
投资活动产生的现金流量	
购买固定资产所支付的现金	(1 000 000)
投资活动产生的现金流量净额	(1 000 000)
筹资活动产生的现金流量	
吸收投资所收到的现金	28 000 000
借款	80 000 000
分配股利或偿付利息支付的现金	(185 952 742)
筹资活动产生的现金流量净额	(77 952 742)
现金流量净增加额	868 878 799

表 8-14　芝麻公司现金流量表附表

编制单位：芝麻公司　　　　　　　　　　　　　　　　　　单位：人民币元

补　充　资　料	本　期　金　额
1. 将净利润调节为经营活动现金流量：	
净利润	413 030 537
加：固定资产折旧	50 000
长期待摊费用摊销	25 000
待摊费用减少（增加以"－"号填列）	(900 000)
财务费用（收益以"－"号填列）	413 333
存货的减少（增加以"－"号填列）	(150 099 800)
经营性应收项目的减少（增加以"－"号填列）	(187 750 000)
经营性应付项目增加（减少以"－"号填列）	873 062 471
经营活动产生的现金流量净额	947 831 541
2. 不涉及现金收支的重大投资和筹资活动：	
3. 现金及现金等价物净变动情况：	
现金的期末余额	868 878 799
减：现金的期初余额	0.00
加：现金等价物的期末余额	0.00
减：现金等价物的期初余额	0.00
现金及现金等价物净增加值	868 878 799

8.6　互联网环境下财务报表的编制与呈报

互联网的发明与普及,改变了人类社会的很多习惯,包括信息的传递、获取、储存、使用等。从信息传递角度来看,以报纸等纸质媒介为主体的信息传递,时效性相对较差,且需要印刷成文。这样,任何公司的年度报告,都长达数万字,甚至更长。财务报表使用者拿到的,都是完整的、固定格式的信息披露。例如,2015 年青岛海尔的年报长达 180 多页,而 BP 公司按照美国证监会所提交的 20-F 格式年报,长达 260 页。在互联网普及和应用之前,上市公司需要通过邮寄方式,向投资者寄送年报和相关信息;互联网时代,上市公司通过指定的网站(如中国证监会、上海证券交易所、深圳证券交易所信息披露网站等)以及公司自己的网站对外披露,投资者可以在第一时间获取上市公司的年报信息,不像传统的纸质报表披露,受邮寄派送的限制,时间上存在差别,且信息披露的成本大大降低。

如果从这个角度来理解互联网环境下的信息披露,它只是提高了信息披露的效率、降低了信息披露的成本,或者说,改变的只是披露方式。实际上,互联网对公司年报披露更大的改变是思想上的。目前已经得到广泛采用的,是 XBRL,它是 eXternsible Business Reporting Language 的缩写,中文翻译为"可扩展商业语言"。它主要是用来重新定义财务报表项目,使财务报表项目按照数据单元格式提供,便于信息使用者进一步加工和使用。

与传统媒介时代年报打包、整体传送不同,在互联网环境下,上市公司对外公开披露的年报信息中,投资者希望报表是按照数据库的格式定义的,可以直接用以进行数据分析。就如同一份 Word 版本的财务报表和一份 Excel 格式的财务报表,后者可以直接导入相关数据库,借助专业程序进行深度分析;而 Word 版本格式的财务报表则不具备这种功能。由于不同区域、不同规模、不同行业的企业,财务报表项目会存在这样那样的差别,为了便于横向比较,需要对财务报表项目进行统一界定,统一定义,为此,一个称为"XBRL 联合会"(XBRL International)的国际组织牵头发布了关于 XBRL 的相关标准。

XBRL 的核心思想就是对财务报表项目进行标准界定,给每一个项目贴上"标签",让使用者很容易读取并识别。或者说,XBRL 能够让数据实现**标准化**,可以比较容易超越语言、规模、行业等限制,实现财务报告全球范围内可读、可达;结构化的字段与数据,让计算机可以自动识别、自动验证和自动处理,从而大大提高了数据的利用效率;跨平台,使基于 XBRL 的财务报表数据,可以不依赖于任何数据库、任何操作系统等,能够跨越计算机软硬件平台。

目前,我国上海、深圳两个交易所都要求上市公司提供基于 XBRL 格式的报表,并提供一个互动数据抓取平台,登录后可以同时抓取、比较 5 家公司的相关数据。例如,上海证券交易所的 XBRL 信息网站是 listxbrl. sse. com. cn. ,提供了基本信息、股本结构、前 10 大股东、资产负债表、利润表、现金流量表等项目,可以同时比较 5 家公司的相关信息。

如果需要大规模地进行数据抓取、分析,就需要有相应的 XBRL 读取软件。

计算机、互联网的大规模应用,不仅带来了数据交流、沟通上的便利,还带来了各种新的问题与机会。例如,AirBnb 这类公司,就是基于互联网才能够产生并成为现实的。同样，XBRL 的大规模应用，也会提高企业的管理效率。

上海证券交易所的 XBRL 专栏网址为 http://listxbrl.sse.com.cn/（见图 8-1）。

图 8-1　上海证券交易所的 XBRL 平台示例

深圳证券交易所的 XBRL 信息服务平台网址为 http://xbrl.cninfo.com.cn/XBRL/index.jsp（见图 8-2）。

图 8-2　深圳证券交易所的 XBRL 信息服务平台示例

附　录　F

第四章　利润表(企业会计准则第 30 号——财务报表列报)

第二十六条　费用应当按照功能分类,分为从事经营业务发生的成本、管理费用、销售费用和财务费用等。

第二十七条　利润表至少应当单独列示反映下列信息的项目:

(一)营业收入;

(二)营业成本;

(三)营业税金;

(四)管理费用;

(五)销售费用;

(六)财务费用;

(七)投资收益;

(八)公允价值变动损益;

(九)资产减值损失;

(十)非流动资产处置损益;

(十一)所得税费用;

(十二)净利润。

金融企业可以根据其特殊性列示利润表项目。

第二十八条　在合并利润表中,企业应当在净利润项目之下单独列示归属于母公司的损益和归属于少数股东的损益。

合并利润表

20××年 1—12 月　　　　　　　　　　　　单位:人民币元

项　目	附注	本期发生额	上期发生额
一、营业总收入			
其中:营业收入			
利息收入			
已赚保费			
手续费及佣金收入			
二、营业总成本			
其中:营业成本			
利息支出			
手续费及佣金支出			
退保金			
赔付支出净额			
提取保险合同准备金净额			
保单红利支出			
分保费用			

项　　目	附注	本期发生额	上期发生额
营业税金及附加			
销售费用			
管理费用			
财务费用			
资产减值损失			
加：公允价值变动收益（损失以"－"号填列）			
投资收益（损失以"－"号填列）			
其中：对联营企业和合营企业的投资收益			
汇兑收益（损失以"－"号填列）			
三、营业利润（亏损以"－"号填列）			
加：营业外收入			
其中：非流动资产处置利得			
减：营业外支出			
其中：非流动资产处置损失			
四、利润总额（亏损总额以"－"号填列）			
减：所得税费用			
五、净利润（净亏损以"－"号填列）			
归属于母公司所有者的净利润			
少数股东损益			
六、其他综合收益的税后净额			
归属母公司所有者的其他综合收益的税后净额			
（一）以后不能重分类进损益的其他综合收益			
1. 重新计量设定受益计划净负债或净资产的变动			
2. 权益法下在被投资单位不能重分类进损益的其他综合收益中享有的份额			
（二）以后将重分类进损益的其他综合收益			
1. 权益法下在被投资单位以后将重分类进损益的其他综合收益中享有的份额			
2. 可供出售金融资产公允价值变动损益			
3. 持有至到期投资重分类为可供出售金融资产损益			
4. 现金流量套期损益的有效部分			
5. 外币财务报表折算差额			
6. 其他			
归属于少数股东的其他综合收益的税后净额			
七、综合收益总额			
归属于母公司所有者的综合收益总额			
归属于少数股东的综合收益总额			
八、每股收益：			
（一）基本每股收益（元/股）			
（二）稀释每股收益（元/股）			

习　题

一、名词解释

财务报表　财务报告　简化业绩报告　10-K 表　SEC　中国证监会　工作底稿　利润表　利润　综合收益表　营业利润　利润总额　每股收益　事项法　资产负债表　报告式资产负债表　账户式资产负债表　现金流量表　直接法　间接法　XBRL

二、思考与讨论

1. 上市公司年报呈现出越来越厚、越来越长的趋势,因此,中国证监会要求上司公司同时提供一份"简化业绩报告"。请你比较一下年报和简化业绩报告之间的格式、内容、表述方式等方面的差异,并讨论为什么需要两套繁简程度不同的报告。

2. 正如教材中所讨论的,上市公司究竟应该披露哪些信息,或者说,上市公司的信息披露如何在最大限度地满足外部使用者的信息需求与保护企业的商业秘密之间,取得平衡,缺少一个明确的界限。请你对以下几个事项是否属于允当披露,给出你的讨论:

(1) 公司最高的 5 位供应商、采购金额、采购种类等信息;

(2) 公司最高的 5 位客户(或分销商)、销售金额、产品种类等信息;

(3) 公司主要产品及毛利率信息;

(4) 公司董事长的个人身体状况;

(5) 公司董事长婚姻变动情况;

(6) 苹果公司新产品研发情况、进度、预计上市时间、预计销售价格等信息;

(7) 医药企业新药研发阶段、FDA 申请批准和临床试验进度等信息。

3. 1920 年的爱斯纳对马可白的判例(AAA,1965)。在这一判例中,主审法官查理·胡斯(Charls E. Hughes)总结法庭意见时说道,"收益的实质应该是已实现(realized)……收益必需表明可分离与已实现……因为社区的繁荣和发展导致土地价值的增长在实现之前并不是收益"(AAA,1965)。[①]

请你结合上述文字,讨论:利润的核心含义是什么? 目前会计上的公允价值、期末重估价的方式,与当初 Hughes 法官所反对的收益确认有什么相同与不同之处? 请结合互联网、金融化、流动性等来讨论。

4. 目前主流的资产负债表项目,是按照什么原则对项目进行排序的? 为什么英国式的资产负债表仍然具有存在价值? 你认为未来资产负债表的格式可能会出现什么样的变化? 为什么?

5. 什么是通用格式的财务报表? 随着互联网应用的普及,未来是否会出现"按需订制"的、个性化的财务报表? 如果出现这种报表,对公认会计原则有什么样的挑战和冲击?

6. 什么是企业的社会责任? 企业社会责任报告能够提供什么信息? 为什么目前没有通用格式的社会责任报告准则或类似的要求?

---

① 转引自葛家澍,刘峰. 会计理论[M]. 北京:中国财经出版社,2003. 第 5 章

7. 什么是"事项法"的财务报告？请你结合目前审计报告中所披露的"关键事项"，讨论未来企业采用"事项法"财务报告的可能性，以及"事项法"财务报告的可能格式。

8. 资产负债表的格式、内容都在不断地发生改变。目前，资产负债表所包含的内容越来越多，且所谓"资产负债观"的地位越来越高。请你结合美国FASB自1990—2009年所发布的全部准则，按照对资产负债表和利润表的影响分类，讨论：为什么资产负债表在企业财务报告中的地位越来越高。

9. 试讨论资产负债表、利润表和现金流量表三者之间的内在关系，并结合一两个上市公司的具体年报展开，并进一步讨论：现金流量表能够提供什么样的额外信息。

10. 什么是XBRL？XBRL仅仅是一种报表披露方式的变化，还是会影响未来报表信息的有用性甚至报表本身？为什么？

三、情景案例讨论

1. 亚马逊公司于1994年创立，1995年产品正式上线，1997年IPO。在IPO之时，亚马逊仍然处于亏损当中。

请你查找亚马逊上市及之前的年度报告，讨论：财务报表信息对了解企业未来发展的局限性。

2. 在一次课堂讨论上，Vern是三星手机的忠实拥趸，而Schepps则是苹果手机的爱好者，两人都为他们所支持的手机争吵不休，进而他们又开始攻击对方的企业。这时，Ricardo站出来，建议大家分别从三星和苹果公司的利润表入手，并结合必要的市场数据，来做出评价。

Schepps找出2016年苹果公司的年报，苹果公司收入2 156亿美元，利润457亿美元；Vern找出三星的财务资料，兴奋地说，三星集团2016年度的销售收入4 699亿美元，光三星电子2016年度的收入就是1 736亿美元，利润252亿元。还是三星好！

请你帮助Ricardo，对上述二人的争执给出评论以及建议的方向。

3. 乐视公司2016年和2017年危机的核心导火索之一是现金流短缺。请你尝试对乐视公司2015—2016年的现金流量表进行解读，找出公司现金流短缺的可能原因。

4. 老张是20世纪80年代初的会计从业者，即将退休；小许是几年前入职的，因为聪明且勤奋，刚刚被升为报表主管。她和老张就财务报表的地位产生争执。老张认为，利润表最重要，它清楚地告诉你，企业的利润是如何赚得的。没有利润，企业将难以为继。小许则认为，资产负债表更重要，因为它可以告诉你企业的财务状况，并且，你可以通过对比前后两期净资产来看出企业的经营情况。她们为此争论不休。

正在这时，你走进办公室，她们都希望你——公司财务总监——对上述争论给出评价。

四、练习题

1. 金门公司2017年12月31日各账户余额如下表：

单位：元

账 户 名 称	借 方 余 额	贷 方 余 额
现金	3 000	
银行存款	70 000	

续表

账户名称	借方余额	贷方余额
应收账款	5 000	
预付账款	2 000	
存货	43 000	
长期股权投资	3 000	
固定资产原值	450 000	
无形资产	8 000	
坏账准备		250
累计折旧		255 000
短期借款		8 000
应付账款		20 000
预收账款		25 200
应交税费		5 550
长期借款		50 000
实收资本		100 000
资本公积		40 000
盈余公积		50 000
利润分配		注1

金门公司 2017 年 1—12 月利润表类科目发生情况如下:

单位:元

账户名称	借方发生额	贷方发生额
营业收入		210 000
投资收益		13 000
营业外收入		4 000
营业成本	140 000	
销售费用	20 000	
营业税金及附加	5 000	
管理费用	30 000	
财务费用	8 000	
营业外支出	400	
所得税	7 080	

注1:利润分配科目期初余额 13 480 元。

要求:

(1) 根据上述资料编制永芳公司 2017 年 12 月 31 日的资产负债表。

(2) 根据上述资产编制永芳公司 2017 年度利润表。

2. 里海公司 2017 年的简易资产负债表情况如下：

单位：元

资　产	年　初　数	年　末　数	权　益	年　初　数	年　末　数
货币资金	30 000		应付账款	20 000	
预付账款	20 000	40 000			
存货			长期借款	40 000	70 000
固定资产	50 000	80 000	实收资本	30 000	50 000
			未分配利润		
资产总额	120 000		权益总额		240 000

已知：里海公司 2017 年当年实现销售收入 300 000 元，销售成本为 120 000 元，净利润为 60 000 元，分配利润 20 000 元；年末速动比率为 1.6，资产负债率为 50%。

要求：(1)完善里海公司 2017 年 12 月 31 日的资产负债表。

(2) 里海公司 2017 年度购买商品支出的现金金额为多少。

3. 厦海公司 2017 年 12 月 31 日的全部总账和有关明细账余额如下表。

单位：元

总账	明细	借方余额	贷方余额	总账	明细	借方余额	贷方余额
库存现金		6 000		短期借款			20 000
银行存款		9 000		应付账款			11 000
应收账款		6 000			E 公司		15 000
	A 公司	11 000			F 公司	4 000	
	B 公司		5 000	预收账款			6 000
预付账款		1 000			G 公司	1 000	
	C 公司	4 000			H 公司		7 000
	D 公司		3 000	应交税费			9 000
原材料		20 000		长期借款			37 000
生产成本		14 000		实收资本			12 000
库存商品		16 000		盈余公积			8 000
固定资产		40 000		未分配利润			9 000

要求：根据相关资料编制厦海公司 2017 年的资产负债表。

4. 山神公司 2017 年 1 月 1 日的现金余额是 104 000 元。当年的业务包括：实现收入 800 000 元，收取现金 720 000 元；发生各项费用计 670 000 元，付现 610 000 元；购入设备一台，价款 140 000 元，付现 100 000 元，余款暂欠；向股东支付 35 000 元股利。

要求：(1)请计算山神公司本年利润。

(2) 计算出年末现金余额。

(3) 编制简易现金流量表。

5. 以下是 Holly 公司 2017 年的财务报表。请依照报表数据完成与现金流量表相关的练习。

单元：万元

Holly 公司利润表

2017 年度

项目		
销售收入		660
销售成本	340	
折旧费用	40	
销售费用	50	
其他费用	150	
费用合计	580	
利润		80

Holly 公司比较资产负债表

2017 年 12 月 31 日　　　　　　　　　　　单位：万元

项　　目	2017 年	2016 年	项　　目	2017 年	2016 年
资产			**负债**		
现金	39	16	应付账款	53	42
应收账款	54	48	应付工资	25	21
存货	80	84	预计负债	6	11
预付费用	3	2	长期应付票据	63	68
长期投资	85	90	**所有者权益**		
固定资产净值	215	185	股本	40	37
			留存收益	289	246
资产总计	476	425	**负债及所有者权益总计**	476	425

根据上述资料，编制 Holly 公司现金流量表。

自　测　题

第 9 章

财务报表信息的再加工：
报表分析

从会计循环角度看,财务报表编制完成后,一个循环就结束。下一个会计期间,重新开始新的会计循环。但是,财务报表本身不是目的,报表编制的目的是为信息使用者提供与决策有关的信息。由于财务报表高度浓缩,内在关系复杂,且本身存在一定的局限性,大多数使用者难以有效地加以利用,所以在财务报表和它的使用者之间尚需一座桥梁,那就是财务报表分析。例如,每年年初,各上市公司会陆续公布其财务报表。对会计信息使用者来说,如此多的信息几乎在前后两个多月时间内同时发布,他(们)很难判断一家上市公司财务状况的好坏,即便他(们)掌握了相应的会计知识,也难以做出判断。通过适当的财务报表分析,在一定程度上能有效解决这一问题。

这里有两个术语:财务报表分析和财务分析。财务报表分析的分析重点主要集中在三张基本财务报表上,而财务分析不仅仅局限于财务报表,它还有其他内容;从分析技术和方法角度看,财务分析的方法和技术更为复杂。本章在行文中不刻意区分这两个术语,但内容主要集中在财务报表分析部分。

9.1 财务报表分析信息：谁需要

从理论上讲,几乎所有关心企业财务状况的人,都需要财务报表分析的信息。但是,由于每个人的利益不同,对财务报表分析信息的需求也存在差异。例如,同样作为某企业的投资者,其外部控股股东与一般股东(即通常所说的散户)的需求显然存在差别。不同的需求者对会计信息的认识能力、所愿意承担的费用(即是否有经济实力购买他们所需要的财务报表分析信息)等方面也差异甚远。按照目前我国会计信息市场的现状,财务报表分析信息的需求者主要有以下类型。

9.1.1 企业管理部门

企业管理部门对会计信息的需求几乎是无限的。任何能有助于管理部门更有效地管理企业的信息,都是企业内部各管理部门所必需的。第 1 章已经介绍,除财务会计外,管理会计和财务管理主要都是面向管理部门、以提供各种管理信息为主的,尽管如此,管理者仍然需要财务报表分析的信息。例如,在财务报表加工完成并向外界报送后,如果能及时提供本企业的一些报表分析数据如净资产报酬率、每股盈利等数据以及与同行业水平的比较情况等信息,对管理当局的一些重大投资决策将有相当的影响;又如,在财务报表的基础上,向管理当局报告企业资产利用效率(如存货周转率、应收账款周转率等)的数据,有助于管理当局修订或调整相应的采购政策、赊销政策等。以前面所列举的芝麻公司为例。一个会计期间结束,管理层不仅要知道自己公司的芝麻Ⅰ号手机和芝麻拍平板电脑的相关信息,他们还需要知道更多的信息,包括每部手机和每台平板电脑的成本及构成、销售环节与销售费用、市场占有率、市场同等级可比手机的对应信息情况等。

很显然,财务报表只能提供部分管理层所需要的信息。他们还需要大量基于财务报表信息的各种分析性信息,以及在传统财务会计系统之外的管理会计信息。本章将介绍财务分析的基本原理。详细学习,留待之后的专门课程。

9.1.2　企业权益投资者

企业从创立的那天起,就需要面对各种类型的投资者,包括企业创立初期所需要面对的风险投资、PE股权投资,企业步入正常运营后的各种债权人如银行、信贷机构,企业公开发行股票上市后的资本市场普通投资者等。这些投资者对公司的发展,特别是对未来运营情况、利益高度地关注。例如,企业创立初期,经营活动尚未完全正常化,管理团队还在尝试和探索商业模式与盈利能力。很显然,公司财务报表所能够展示的信息,也一定是不完整且不好看的。一个典型的例子是亚马逊。

资料与讨论 9-1

亚马逊于1994年创立;1995年7月,Amazon.com正式上线;1997年5月,亚马逊在纳斯达克市场公开募股。而此时,公司尚处于亏损状态。如果你是亚马逊的财务投资者,你会关注什么?IPO过程中,你如果要认购亚马逊的股票,你的考虑是什么?

2016年12月15日,美图秀秀登陆香港联合交易所,而美图网公司于2008年成立,截至2016年,累计亏损63亿元人民币。在此之前,美图网公司共融资5轮,取得5.01亿美元。同样,包括风险投资和后续资本市场普通投资者在考虑是否购入美图网的股份时,需要考虑什么因素?他们是如何考虑的?现有财务报表只能满足绝大部分人的绝大部分需求,即通常所说的通用目的财务报表无法满足不同投资者的个性化需求,只好借助财务报表分析。

从资本市场角度看,外部投资者群体错综复杂,有长期投资者和短期投资者(按投资时间长短)、机构投资者和个人投资者(按照投资者的身份)、战略投资者和套利投资者(按照持有投资时的目的)、投资银行和普通投资人(上市公司股票发行过程中的不同作用)等。这些投资者在公司中的利益不同,对财务分析的需求也就不同。尽管财务报表从总体上能够满足投资者的一般要求,但不同的投资者,考虑的重点并不相同,因而,他们还需要一些具体的信息。套用管理会计上"不同目的、不同成本"的说法,财务分析也存在"不同目的、不同分析"的理论。其中,作为投资者主体部分的广大中小投资者,他们或者缺乏专门的知识,或者受时间和精力不足的限制,无法也无力对资本市场上大部分上市公司的年度报告进行详细研究,做出投资决策。然而,资本市场上存在一个财务分析师群体,他们会提供分析报告,供投资者决策参考。

资料与讨论 9-2

预计公司 2016—2018 年净利润为 53.2 亿元、68.4 亿元和 76.9 亿元,同比增长 23.6％、28.7％和 12.4％,EPS 为 0.87 元、1.12 元和 1.26 元。现价对应 2016 年 9.2 倍、2017 年 7.1 倍。考虑到洗衣机业务的增长、完善的高端品牌布局、渠道效率持续提升、国际化布局得到强化,未来两年业绩将快速增长,而现价估值较低,建议积极关注,上调评级至"买入"。

风险提示:费用投入超预期,原材料涨价超预期,效率提升低于预期。

蔡益润. 广发证券[OL]. 2016-04-29. 全文见:

http://data.eastmoney.com/report/20160429/APPH3SbEawaAASearchReport.html.

与普通投资者获取信息的渠道窄、处理信息的能力有限不同,控股股东和战略投资者能够获取信息的渠道相对更多,处理信息的能力强,对信息的差异化需求能够通过自己的专业团队和专业知识来满足。也因此,本章对财务分析的介绍,主要还是定位在资本市场普通投资者角度,借助的是上市公司公开披露的信息。

在美国的资本市场上,套利投资者占据了主流地位,他们对财务分析的需求,促生了一个兴旺的财务分析师市场;而财务分析市场的兴盛,反过来又促使美国的上市公司更加注重市场的分析和预测。一个典型现象就是财务分析师的盈利预测对公司财务报告所产生的压力。一旦公司的报告利润没有达到财务分析师的预期,资本市场就会通过股票价格来惩罚管理层。

 资料与讨论 9-3

2015 年 8 月 12 日,阿里巴巴发布的截至 2015 年 6 月 30 日的 2016 年第一季度财报显示,阿里巴巴营业收入为 202.45 亿元(约合 32.65 亿美元),同比增长 28％,净利润为 308.16 亿元(约合 49.70 亿美元),同比增长 148％。

虽然阿里巴巴的业绩增速不低,财报较为好看,但营收仍不及分析师预期。据雅虎财经汇总的信息显示,28 位分析师平均预计,阿里第一财季总净营业收入将达 33.9 亿美元;财报显示,阿里第一财季总净营业收入 32.65 亿美元,低于分析师预期。受营收不及预期影响,当日开盘,阿里巴巴股价大跌 7.3％,报 71.44 美元,股价创历史新低。当日收盘时,阿里巴巴股价跌 5.12％,报收于 73.38 美元。

(资料来源:http://news.pedaily.cn/201509/20150906387876.shtml.)

同样是股权投资者,资本市场上还有一组做空的投资群体,他们借助包括财务分析方法在内的各种可能的分析手段,寻找上市公司的漏洞和空间,通过做空方式获利。如"浑水公司"(Muddy Waters)和"香橼公司"(Citron Research)等①,通过卖空中国在美国的上

---

① 有兴趣的读者,可以登录各公司的网站 http://www.muddywatersresearch.com/和 http://www.citronresearch.com/,以及其他相关的媒体报道。

市公司,获得不菲的收益。它们所依据的方法,同样包括财务分析。

9.1.3　企业债权人

债务资本是企业资本来源中非常重要的一个部分。作为债务资本提供人,他们在向企业提供债务资本的同时,也就相应地承担了可能的风险,包括如果公司破产,债权人无法得到清偿的风险。为了尽可能地降低并控制可能的风险,债权人不仅需要了解借款人的财务报告,还需要对借款人的财务报告进行详细的分析,以确定借款人的财务安全性。

有趣的是,从世界范围内来看,现代会计最初起源于意大利,到英国工业革命之后,英国的现代会计最为发达,不仅孕育了最初的收益表雏形,而且,英国的会计职业在 19 世纪中期已经相对成熟。当时的美国尽管已经在政治上独立于英国,但其会计仍然采用英国模式。可以肯定,当时美国的财务报表一定是英国模式。不过,到 20 世纪 20 年代,美国的资产负债表已经逐步成熟,并形成了按照资产流动性和负债求偿能力排序的模式。人们普遍认为,这种模式产生的一个重要原因,就是美国 20 世纪初对短期债务资本的需求和依赖,促使市场普遍关注公司短期偿债能力,逐渐地,导致美国的资产负债表脱离英国模式。这个例子本身就表明,债权人的信息需求在公司财务报告中的地位。在传统的财务分析指标体系中,偿债能力分析构成了相对独立的指标体系。一些大型的债权人机构(如银行)还有专人从事财务分析。

9.1.4　政府管制部门

无论是在以市场为主体的经济体如美国,还是在政府对经济干预程度高的中国,政府都发挥了程度不等的作用,包括作为投资人(如中国的国有企业)、市场秩序制定和裁决者(如中国证监会)、经济政策的执行与推动者(各级政府部门)等。不同政府管制部门,都在经济发展过程中承担了不同的角色,它们都对会计信息有不同的需求。

仅就上市公司而言,其直接监管部门主要是中国证券监督管理委员会(以下简称证监会)。证监会对资本市场进行有效监管,一个重要依据就是各上市公司所提供的财务报表信息。当然,它们需要的信息也包括经过分析、提炼的数据。例如,1997 年之前证监会曾要求上市公司必须连续 3 年净资产报酬率不低于 10%,才能申请配股。1996 年、1997 年的各种财务分析表明,上市公司为了达到 10%配股及格线,采取各种方式虚增利润,出现了所谓"10%现象"。为此,证监会及时调整配股要求,将 10%降低至 6%。又如,财务报表分析表明,上市公司为虚增利润,通过关联方交易、资产置换等手法在账上"创造"利润,以满足监管部门关于再融资的要求。为此,证监会更新相关再融资政策,要求上市公司明确说明剔除非经常性损益后的净资产收益率,并以二者孰低为原则进行配股。相关的研究表明,应明确设立利润门槛的管制政策,诱发公司"盈余管理",因此,后续的新股发行标准,应逐渐弱化对利润的限定性要求。

在我国资本市场上,公司申请上市,需要得到发审委的批准。发审委在审批时,财务分析也是发审委所倚重的手段之一。尽管证监会弱化了对利润的限定性要求,但仍会根据公司的盈利状况、资产负债水平及现金流情况判断申请公司的可持续经营能力。例如,

2015 年 5 月 8 日,证监会发审委否决了北京龙软科技股份有限公司(简称北京龙软)的上市申请,原因是发行人净利润逐年下滑,应收账款逐年增加,经营活动产生的现金流量净额逐年减少,并且源于软件产品增值税退税、所得税税收优惠政策的金额占利润总额的比例逐年提高。[①] 证监会对北京龙软的运营状况和可持续经营能力产生了质疑。同样,北京博雅英杰科技股份有限公司申请定向增发时,证监会对该公司 2015 年上半年营业收入、净利润和经营活动现金流净额相较 2014 年同期大幅下滑提出质疑,同时要求该公司对 2015 年毛利率大幅增长、应收账款周转率和存货周转率大幅下降(相较 2014 年同期)给出具体解释。[②]

中国证监会不是唯一对财务分析信息存在需求的政府管制机构。例如,每年 3 月的"两会"上,政府对当年经济发展做出的预算和规划,就是以前一年企业实际运行数据为依据的。企业层面的实际运行等数据,主要取自公司所提供的财务报表。

9.1.5 其他需求方

从社会角度看,财务分析的需求非常广泛。可以说,只要是财务报告的使用者,就需要财务分析的信息。实际上,一般而言,财务报告的使用者都是经济人,他们都希望用最少的投入,获得最大的产出。体现在对公司财务报告信息的需求上,他们都希望有"量身定做"的财务信息,但是,目前公司所对外公开提供的,只是一套通用的财务报表,因此,借助财务分析,取得"更具体、更专门、更相关"的信息,势在必行。

除了上述主要的需求者外,与上市公司利益相关的各团体,也希望上市公司更多地提供对自己有用的信息,包括财务分析的信息。例如,在一个充分竞争的就业市场上,那些具有一定的专业知识、具有较强自我选择工作单位能力的高级员工,总是希望选择一个能够持续、稳定发展的公司,可以谋得较好的未来发展前景。又如,任何企业都处在相应的社区,它的健康、稳定运行,对社区的发展同样意义重大;从商业角度看,每个企业都可以视为社会交易循环中的一个环节,需要相应的交易合作方如上游材料的提供商和下游产品的销售商,每一个商业合作伙伴同样都需要对方能够稳定、健康的发展。所有这些利益方都希望能够最大限度地取得企业的相关信息,其中当然也包括财务分析信息。

 资料与讨论 9-4

企业社会责任,是欧洲最先提出的概念。如何从会计角度来报告企业的社会责任,在欧洲颇受重视,并形成了诸如社会责任会计、"绿色会计"等不同术语。如果我们从社区角度关注公司财务信息使用者及其信息需求,那么,企业运行对环境的影响,就会成为信息使用者信息需求的一部分,并且,随着社会文明程度不断提高,人们对社区、环保等社会角色的关注度也相应提高。如果企业公开提供的信息不能满足社会的需求,人们自然希

---

① 证监会.创业板发审委 2015 年第 42 次会议审核结果公告[M].2015-05-08.
② 证监会.关于北京博雅英杰科技股份有限公司申请向特定对象发行股票的反馈意见[M].2016-01-08.

望财务分析能够填补这一空缺。

例如，2007 年 3 月，福建厦门的居民非常关注海沧区一家化工厂及其可能的污染问题。按照部分媒体的报道，该化工厂拟投产的年产 80 万吨二甲苯（PX）可能会对环境造成毁灭性的影响。在后来国家环保局对该化工厂及其拟投产项目进行环境测评的报告中指出，该化工厂已经对环境产生了一定的污染。厦门市政府为此举行了公开讨论会，最后，顺应民意，停止了该项目的建设。

该事件表明，分析企业对社区可能的影响，特别是环境保护与污染等方面的影响，将是未来财务分析的一个重要内容。

根据中国上市公司协会和证券时报社联合发布的《中国 A 股上市公司社会责任信息披露研究（2015）》，截至 2015 年 4 月 30 日，A 股上市公司中 702 家公司发布社会责任报告共 711 份，较去年同期的 686 份增长了 3.64%。其中，发布比例最高的行业为金融业，大约 93.48%；其次为卫生和社会工作行业，交通运输、仓储和邮政业，以及采矿业，比例分别达到 50.00%、45.12% 和 44.59%。从社会责任信息披露质量来看，达到 A 级（80 分以上）水平的有 27 家；超过 B 级（60 分以上）的公司有 305 家，占总发布报告数的 43%。总体来看，A 股上市公司社会责任信息披露比例和质量水平稳步提升。

以青岛海尔（600690）《2014 年度企业社会责任报告》为例，公司从利益相关者角度出发提出了自身的社会责任模型和理念，并从经济责任、环境责任和社会责任三个方面分别阐述了其在 2014 年社会责任方面取得的进展，最后对 2015 年社会责任做出了展望。但该社会责任报告并未披露青岛海尔存在的不足。事实上，截至 2015 年 4 月 30 日发布的 711 份社会责任报告中仅 96 份报告披露了公司目前存在的不足，仅占总发布报告数的 13.5%。

目前关于财务分析的各种研究、教科书等，都是基于资本市场普通投资者需求而展开的[①]。本章后续关于财务分析的内容，也主要以资本市场普通投资者为对象的。

9.2　财务报表分析信息：谁供给

在市场经济环境下，只要存在足够的需求，就一定有相应的供给。财务报表分析也是如此。例如，企业管理当局需要财务报表分析信息，就会要求会计部门提供这一信息；那些持股比例较高的股东通常是机构投资者，可以雇用专业人员为其收集相关信息；而政府监管部门也可以通过增加相应的专业人员，为其提供所需的信息。总体来看，目前能专门提供财务报表分析信息的人员，主要由两部分组成。

9.2.1　各机构内部专业人员

无论是企业，还是投资者，抑或政府管制机构，只要聘请专业财务分析人员的支出低于专业财务分析人士能为其产生的效益，他们就会聘请（雇用）专门的财务分析人士。例

---

① 具体原因是什么，同学们也可以尝试去解释。

如，目前我国资本市场上的一些大型券商和基金都设有专门的研究部门，雇用非常优秀的专业分析人士，他们的主要任务就是提供各种分析报告，包括财务报表分析报告；又如，银行在发放贷款的过程中，需用企业提供各种信息，但是，企业常常会为了取得银行信任获得贷款，而提供不完全真实的报表，这时，银行就需要拥有自己相对独立的财务分析力量，对企业所提供的报表进行分析，尽可能地降低潜在的信贷风险；再如，中国证监会创建之初，没有专门人员进行财务分析，但目前，证监会首席会计师办公室已拥有相当数量的证券分析专业人才，从事各种分析，包括财务报表分析。至于企业内部，进行财务分析更是会计部门应有的职责(见图 9-1)。

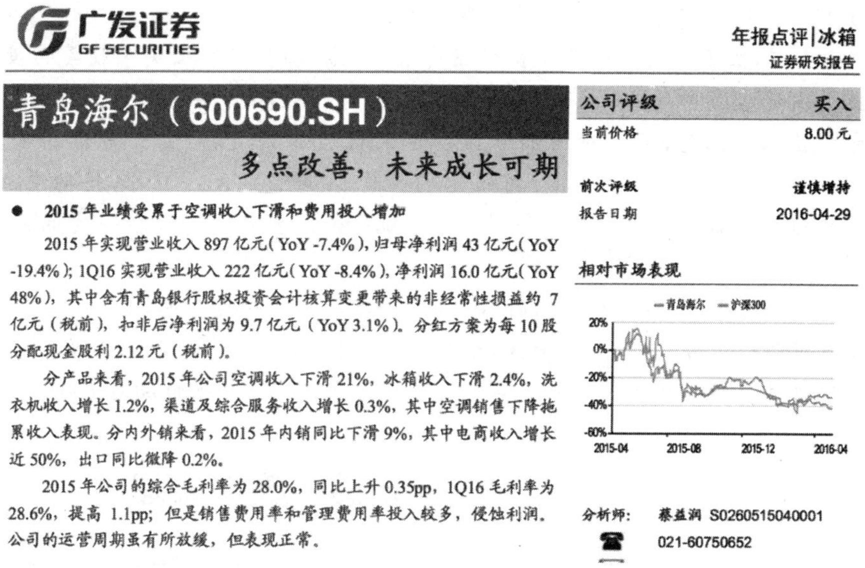
广发证券
GF SECURITIES

年报点评|冰箱
证券研究报告

青岛海尔（600690.SH）

多点改善，未来成长可期

- **2015 年业绩受累于空调收入下滑和费用投入增加**

2015 年实现营业收入 897 亿元(YoY -7.4%)，归母净利润 43 亿元(YoY -19.4%); 1Q16 实现营业收入 222 亿元(YoY -8.4%)，净利润 16.0 亿元(YoY 48%)，其中含有青岛银行股权投资会计核算变更带来的非经常性损益约 7 亿元（税前），扣非后净利润为 9.7 亿元（YoY 3.1%）。分红方案为每 10 股分配现金股利 2.12 元（税前）。

分产品来看，2015 年公司空调收入下滑 21%，冰箱收入下滑 2.4%，洗衣机收入增长 1.2%，渠道及综合服务收入增长 0.3%，其中空调销售下降拖累收入表现。分内外销来看，2015 年内销同比下滑 9%，其中电商收入增长近 50%，出口同比微降 0.2%。

2015 年公司的综合毛利率为 28.0%，同比上升 0.35pp，1Q16 毛利率为 28.6%，提高 1.1pp; 但是销售费用率和管理费用率投入较多，侵蚀利润。公司的运营周期虽有所放缓，但表现正常。

公司评级	买入
当前价格	8.00 元
前次评级	谨慎增持
报告日期	2016-04-29

相对市场表现

分析师：蔡益润 S0260515040001
021-60750652

图 9-1　财务分析

9.2.2　独立的财务分析人士

在西方，财务分析人士已形成一个独立的阶层，他们在服务市场上销售的“产品”就是各种财务报表分析信息。只要存在充足的市场需求，财务分析人士通过专业提供这类产品，可获取相当丰厚的利润。例如，国际知名的“标准普尔”(Standards & Pool)，实际上就是以提供专业财务分析为主而发展起来的。在我国资本市场上，这一阶层已经开始形成。很多同学毕业后，财务分析师也是一种有吸引力的职业选择。

无论是机构内部的专业财务分析人员，还是独立的财务分析人士，当这一职业的从业人口数量达到一定的规模时，社会上就出现了“财务分析师”阶层。目前，财务分析师的从业队伍已经相当庞大，并且，具有一定的组织活动，如职业资格考试、注册与登记制度等。与机构内部的财务分析总是受到公司利益相关方的掣肘不同，独立财务分析人士需要通过提供高质量的财务分析报告，赢得客户，获取收入，因此，他们有动机更加独立。

在西方,财务分析人士已形成一个独立的阶层,他们在会计服务市场上销售的"产品"就是各种财务报表分析信息。

 资料与讨论 9-5

对财务分析师的角色,美国市场上流行的划分模式是买方分析师、卖方分析师和独立的第三方分析师。其中,卖方分析师主要受雇于投资银行和证券经纪商——那些以承销或售卖股票为主业的机构。如果某投资银行正在承销一家上市公司 IPO 业务,该投资银行的内部分析师的分析报告表明,IPO 公司不具备投资价值,这构成了财务分析师非常直接的利益冲突,影响甚至左右了分析师的结论。

相比而言,买方分析师附属于机构投资者——那些在市场上买入股票的投资人——或为机构投资者服务的人,理论上,他们所面临的利益冲突要远远低于卖方分析师,可能会更加独立。但是,由于对他们专业意见的检验非常直接(基于他们的专业意见进行股票买卖能否赚取超额回报),因而他们的职业风险更大。另外,坚持中立,也会使他们有可能失去服务于卖方机构的机会,因而,他们也有可能存在一定的或潜在的利益冲突。

与卖方分析师、买方分析师同时存在的,还有第三种力量——独立的第三方分析师。他们没有服务于卖方机构(如投资银行)或买方机构(如基金等机构投资者)的利益倾向,只是凭借自己分析报告的价值而赢得客户和使用者,因而,独立性相对更强。

9.3 财务报表分析:基本原理

财务分析经过一段时期的发展,已经成为一个技术方法相当复杂的学科。在美国,独立从事财务分析的专业队伍为数可观。目前,财务分析逐渐演化成多个不同的流派,本书将侧重从财务报表信息的分析角度介绍财务分析的基本原理。

严格说来,财务分析没有固定套路,因而,所谓的基本步骤,也是见仁见智的说法了。但总体上,进行财务分析,首先要明确所可能拥有的财务资料和索取资料的途径;其次要对所获取的资料进行必要的加工、整理,对资料的可信度有一个基本的了解;再次要进行相应的比率分析和行业指标对比分析等工作,这也是最传统意义上的财务分析;最后要在财务分析的基础上形成一些基本的结论。当然,在实际进行财务分析时,还需要考虑相关的一些资料,如公司所处行业背景、公司所处地域的相应发展情况等。以下以我国资本市场和上市公司的情况为依据,对财务分析的各步骤作简单介绍。

9.3.1 如何取得公司的资料

对一个普通投资者来说,他(她)获取资料的途径比较单一:只能通过公开渠道取得。按照中国证监会的要求,上市公司必须公开发布年度报告、季度报告及其他相关信息,因此,普通投资者可以通过有关途径获取上述资料,例如,可以通过登录所要分析上市公司的网站(如青岛海尔的官网 http://www.haier.net/cn/)①,或直接登录一些公开提供上市公司信息的网站如金融界(www.jrj.com)、中国证监会指定的其他网站如巨潮信息网站(www.cninfo.com.cn)等获取相关信息。投资者也可以直接写信、发邮件向上市公司索取年度报告资料。

当然,为了更好地了解和利用上市公司的公开资料,我们还需要熟悉中国证监会对上市公司信息披露的一些要求,如《公开发行股票公司信息披露的内容与格式准则》系列文告对上市公司信息披露的要求。以第 2 号《年度报告的内容与格式》为例,该文告从 1994年发布第一稿,几乎每年都会根据实务中遇到的问题进行修订,最近的一个修订本是2016 年 12 月份发布的。现在,上市公司年报的内容相当丰富。对一个愿意花时间了解上市公司经营情况的普通投资者来说,上述资料应当是全面的。

除了年度报告等公开信息外,投资者还可以通过网络检索与上市公司相关的其他信息,如公司的相关新闻报道、行业信息、相关法律法规等。

在互联网时代,信息爆炸是一个普遍趋势。我们担心的不是信息不足,而是信息过量。面对过量信息,我们有时更无所适从。往往一个公司因为某事件被关注,就会有大量的关于该公司的报道,在短时间内通过各种渠道迅速披露出来。例如,2015 年 12 月 6 日,万科公告称,钜盛华及其一致行动人前海人寿成为公司第一大股东,而钜盛华和前海人寿都受宝能公司控制,这也就揭开了媒体所称的"宝万之争"。那一时间段,"宝万之争"的报道,成为报纸、媒体和各大网络的热点话题,各种说法之间有互补、矛盾,也有相互抄袭、重复的。如果你关注这一话题,就需要学会快速获取并甄别相关信息,从而尽可能取得有用的信息。

9.3.2 对上市公司及资料可信度的了解与判断

财务分析的一个重要前提是:所依据的信息相对可靠。因此,在做具体的分析之前,需要对所获取信息的可信度做出基本的判断。

理论上,为了确保上市公司提供可靠的财务信息,人们设计了一个相对复杂的制度,包括一套独立于财务信息提供方和编报方的"公认会计原则"或会计准则、独立的审计制度、充分的信息披露等。但是,无论是在中国的资本市场,还是在外国的资本市场,公司财务报表徇私舞弊事件,都时有所闻。比如,英国零售企业 Tesco 在 14 年上半年业绩预报中虚增利润超 2.6 亿元、日本东芝连续 7 年虚增利润、*ST 国创(600145)虚增 12 年利润超七成等上市公司财务造假丑闻。显然,如果所取得的财务信息不具备基本的可信度,那么,任何分析、加工都是没有意义的。

除了通过一些财务数据的交叉检验判断财务信息的可信度外,借助一些常识也能帮助我们判断上市公司财务信息的可信度。例如,*ST 春晖(000976,现已更名为"春晖股份")于 2016 年 2 月 2 日发布 2015 年年报,公司成功扭亏为盈。但深交所发出的问询函

---

① 通常,上市公司会利用官网宣传公司的产品、服务等。在官网上获取公司财务信息,可以在"投资者关系"一栏查找。例如,苹果就在其美国官网上设置了 investor relation 链接,点击后,会转向 investor.apple.com。你就可以检索到与投资者相关的信息。

共提出 11 个问题,其中,最受媒体关注的是:年报显示"所有员工人均薪酬金额"为
0.33 万元/人。尽管事后的澄清表明,这是表述错误,但这种常识性错误会损害报表信息
的可信度。

　　对财务信息可信度的测定,还可以借助大数据来完成。计算机应用所带来的无限
容量数据存储与即时读取能力,加上互联网普及让所有人可以即时获取几乎所有数
据,从而形成目前所流行的"大数据"概念。大数据目前已经应用在社会生活的各个方
面,包括资本市场、公司运营,也包括这里所说的公司财务信息的甄别。资本市场充分
发展后,上市公司每年都要发布各种信息,包括公司的财务报表及各种非财务信息;同
时,社会经济系统的运行,每天,甚至每个时间段,都会产生大量的数据,包括宏观经济
运行、市场层面、公司层面及个体层面的数据信息。借助大数据与相应的分析技术,可
以有效地帮助筛选、甄别上市公司所提供信息是否合理,可信。例如,对手机行业的企
业进行分析,我们比较容易从公开数据获取手机的销量、市场占有率、平均价格等数
据。用这些数据与企业财务报表数据进行比对,能够帮助我们更好地判断企业报表信
息的可靠性。

9.3.3　初步结论与建议

　　在上述资料分析、整理,以及初步分析和比较的基础上,可以形成一些初步的结论与
建议。当然,人们在进行财务分析时,总是有具体的要求或目标,他们将会根据相应的要
求和目标选择适当的分析方法。在做出结论和建议时,还需要考虑一些具体因素,如相应
的宏观环境、资本市场形势、所关注的上市公司自身的发展前景及其所处行业的发展前景
等。具体说来,如果进行财务分析的目的是确定二级市场投资对象(如企业自己拥有多余
资金,希望从事短期投资),那么,分析者在进行财务分析时更要关注上市公司短期的盈利
能力和股票价格上升空间,这就要求财务分析不仅要关注所选定上市公司自身的财务比
率,还要关注资本市场的整体走势和所属行业的市场走势。如果进行财务分析的目的是
长期控制上市公司,则分析者会更多地关注公司长期经营能力、未来发展前景以及未来行
业发展方向等。如果进行财务分析的目的是寻找战略合作伙伴(如原材料供应商、产品经
销商、合作研发等),关注的侧重点又有所不同。

9.4　财务分析:基本技术[①]

　　财务分析方法多样,"不同目的,不同分析",付诸财务分析的方法角度,也是如此。并
且,财务分析方法也是处在不断发展之中。在过去的二三十年中,财务分析的方法变化较
大,现在,财务分析已经复杂化、精细化、专业化了。当然,无论财务分析方法多么复杂,它

---

　　① 本部分在具体介绍指标分析时,引用的例子是上市公司海尔股份(600690)2015 年年报。文中只是给出一些
最简单的财务报表数据,不涉及任何价值判断。读者可通过一些综合财经类网站检索(如 www.jrj.com),也可以登录
专业财经数据库如万德(Wind)等获取。

最初的基础就是比率分析法。

套用中央电视台《焦点访谈》节目的宗旨"用事实说话",财务报表分析就是用"数字"说话,通过一些数字来说明被分析企业的状况。实际上,会计的特点就是用数字来表现企业的财务状况与经营成果,但由于财务报表最后所提供的数字太多,也太专业,使这些数字很难直接"说话",或者,普通投资者"听"不懂财务报表在说些什么。因此,借助一些比率分析手段,将这些经过复杂加工的数字转化成一些简单、易懂的指标,让指标本身"说话"。正因为比率分析法能够将复杂的数字转化为简单的指标,所以它成为财务分析中应用最广泛的方法。比率分析的优点,就是可以将处于不同规模、不同行业的企业直接比较。例如,同为房地产行业,万科 A(000002)2015 年、2014 年的销售毛利率分别为24.79%和25.10%,泰禾集团(000732)2015 年、2014 年分别为 22.63%和 24.50%,房地产行业 2015 年、2014 年的平均毛利率则分别为 26.55%和 35.26%①,可以直观地看到,受经济环境的影响,2005 年房地产行业毛利率水平整体有所下滑,而万科 A 和泰禾集团都略低于行业平均水平。

表 9-1 为青岛海尔(600690)、美的集团(000333)和格力电器(000652)2015 年盈利能力对照。三家上市公司同属于家电行业。我们选取销售净利率、销售毛利率、资产净利率和净资产收益率这四项具有代表性的盈利能力指标进行比较。②

表 9-1　青岛海尔、美的集团和格力电器 2015 年盈利能力　　　　单位：%

	青岛海尔	美的集团	格力电器
销售净利率	6.60	9.84	12.91
销售毛利率	27.96	25.84	32.46
资产净利率	7.48	10.94	7.94
净资产收益率	18.18	28.66	27.34

与大数据结合后,比率分析可以发挥比较大的威力。例如,将公司个体的比率分析数据与公开数据库所提供的行业、市场等的比率数据相对照,同时,结合其他行业调查数据,可以更好地判断公司所处的位置等信息。

以下以海尔股份(600690)为例,简要说明财务报表分析的方法及其应用。第 8 章给出了青岛海尔 2015 年度简化的资产负债表和利润表。其余资料可自行查找。

2015 年度青岛海尔的销售收入约为 897.48 亿元,利润总额约为 69.75 亿元,净利润约为 59.22 亿元。这些数字可以反映一个企业规模,但不能直接反映企业的效率。我们可以将青岛海尔的利润表转化为一个比率性报表(见表 9-2)。该表又称为共同比报表,因为,它通常选择一个有代表性的数值作为共同比的基数。例如,资本负债表通常以资产总额作为共同比的基数,而利润表一般以销售收入或主营业务收入为基数。

---

① 数据来源:万德(Wind)数据库,同业财务比率比较。

② 盈利能力分析的指标除以上四项外还包括其他指标,同一指标也有不同的算法。后文会介绍这些公式的构成与使用。以上数据来源:Wind 数据库。

表 9-2　青岛海尔 2015 年度共同比利润表　　　　　　单位：%

项　　目	2015 年度	2014 年度
一、营业总收入	100.00	100.00
二、营业总成本	94.18	93.59
其中：营业成本	72.04	74.66
营业税金及附加	0.44	0.50
销售费用	14.06	11.90
管理费用	7.30	6.33
财务费用	−0.56	−0.05
资产减值损失	0.35	0.25
加：公允价值变动收益（损失以"−"填列）	−0.10	0.12
投资收益（损失以"−"填列）	1.47	1.23
三、营业利润（损失以"−"填列）	7.19	8.56
加：营业外收入	0.69	0.39
减：营业外支出	0.11	0.11
四、利润总额（损失以"−"填列）	7.77	8.85
减：所得税费用	1.17	1.58
五、净利润（损失以"−"填列）	6.60	7.27

　　上述共同比利润表可以直观地反映企业经营活动的效率，如 2015 年度，青岛海尔的销售毛利率为 27.96%（100%～72.04%），营业利润率为 7.19%。从 27.96% 的毛利率到 7.19% 的利润率，主要影响的是销售费用和管理费用，合计占主营业务收入的 21.36%。

　　如果将上述分析与上期或更多的历史数据对比，可以看出企业各环节或各经营活动的变化趋势，也可以看出管理部门的努力与绩效；与同行业、同规模企业对比，可以直观地看出不同企业的运营方式、管理效率等。

　　同样，通过对资产负债表编制共同比报表，能够直观地看出企业资产负债率、流动资产占全部资产比率、固定资产占全部资产的比率等。前后期对比或横向对比，能够帮助信息使用者获得更多的信息。

　　如果将资产负债表、利润表和现金流量表的各项指标结合起来，可以生成更多的比率，这些比率统称为财务比率。通过财务比率，可以评价企业的财务状况、经营成果和财务状况变动情况。在实务中，按比率反映内容的不同，财务比率可进一步分成偿债能力比率、盈利能力比率和资产利用效率指标、现金指标等类别。以下分别作简要说明。

9.4.1　偿债能力比率分析

　　用来分析企业偿债能力的关键比率主要有流动比率、速动比率、负债比率（资产负债率）、收益对利息保障倍数、负债对所有者权益比率等。其中，流动比率、速动比率用来分析企业短期偿债能力的主要指标，负债比率、收益对利息保障倍数、负债对所有者权益比率用来分析企业长期偿债能力的主要指标。

　　（1）流动比率（current ratio）。流动比率指的是企业流动资产总额与流动负债总额

的比率,用以衡量企业在某一时点用现有的流动资产去偿还到期流动负债的能力。计算公式如下:

$$流动比率 = \frac{流动资产}{流动负债}$$

一般地说,该比率越高,表明企业资产的流动性越大,变现能力越强,短期偿债能力相应越高。但这并不意味着流动比率越高越好,任何比率都会有一个"度"。从理财的角度看,流动性越高的资产,其资产报酬率相应也就较低,例如,货币资金的流动性最高,但其报酬率只是同期银行存款利率。因此,过高的流动比率意味着企业资金过多地滞留在持有的流动资产上,从而影响这部分占用资金运用的效率,丧失良好的获利机会。长期经验证明,在美国资本市场上,流动比率一般维持在 2∶1 或 200% 左右,就被视为企业具有充裕的短期偿债能力,为此,流动比率习惯上也称为 2 与 1 比率。但对流动比率的要求又不能一概而论,还要视企业经营性质、经营周期和行业特点而言,甚至与企业本身的经营方针和管理水平有关。譬如,制造业企业所需的流动资产一般要少于零售企业;那些以长期赊账形式为主的企业所需的流动比率一般高于那些以现金销售为主的企业。所以,计算出的流动比率最好还要与同行业平均数或先进水平、与计划数或历史水平进行对比,同时,还要根据行业的不同、市场银根松紧情况及企业本身信用评估等级而定。青岛海尔 2015 年年末资产负债表提供的数据表明,其流动比率为 1.38。

 资料与讨论 9-6

现有关于流动比率以及后文的速动比率、资产负债率等经验数据,都形成于 20 世纪七八十年代的工业化社会,甚至更早。与制造业存货占比高,且具有经济含义不同,互联网或软件企业通常没有存货,其流动比率的含义将不同于历史经验。也正因为如此,财务比率分析需要结合具体的经济环境,特别是充分变化了的经济环境,来重新解读。

(2) 速动比率(quick ratio)。尽管流动比率能较好地反映企业资产的流动性和短期偿债能力,但流动资产还包括一部分流动性较差的资产如存货和部分几乎没有变现能力的资产如那些不可收回的预付款项。如果这部分资产在流动资产中所占份额较高,则流动比率用于衡量企业短期偿债能力的作用将大打折扣。为此,在实践中产生了一种新的比率,即将流动资产中变现能力较差的资产如存货和预付款项等剔除,形成所谓"速动资产"①。以速动资产总额与流动负债总额比较,就是"速动比率",也称"酸性测验比率"(acid test ratio)。它用于衡量企业在某一时点运用随时可变现流动资产偿付到期流动负债的能力。计算公式如下:

$$速动比率 = \frac{速动资产}{流动负债}$$

---

① 速动资产所包括的内容或口径,存在一定争议。一种方式是排除法,即全部流动资产减去存货等变现能力较差的流动资产项目;另一种方式是列举法,根据企业中具备偿债能力的流动资产项目计算填列,如货币资金、应收账款等。因为,中国目前钢铁厂的钢材存货,变现能力差,但茅台酒厂的存货或优质地产公司的存货,变现、偿债能力就特别强。在对海尔的分析中,速动资产包括货币资金、金融资产、应收票据、应收账款、应收利息、应收股利六项。

一般来说,速动比率应维持在 1∶1 或 100%以上[1],即速动资产应至少与流动负债相等,企业才具有较强的短期偿债能力,短期债权人如期收回债权的安全系数高。与流动比率指标类似,该比率也不是绝对的越大越好,不同的企业和行业一般都有所差别。所以在评价速动比率时,也要结合考虑同行业的平均或先进水平、本企业的计划、历史资料和经营策略等情况,以做出正确的判断。青岛海尔 2015 年年末资产负债表中的速动比率为 1∶10。

 资料与讨论 9-7

2016 年,美国苹果公司的相关财务比率如下。2016 年:

现金比率=20 484/79 006≈0.26;速动比率=(20 484+46 671+15 754)/79 006≈1.05;
流动比率=106 869/79 006≈1.35;资产负债率=193 437/321 686≈0.60。

2015 年的相关比率分别是:

现金比率=21 120/80 610≈0.26;速动比率=(21 120+20 481+16 849)/80 610≈0.73;
流动比率=89 378/80 610≈1.11;资产负债率=170 990/290 345≈0.59。

2016 年,苹果公司的现金比率、速动比率、流动比率、资产负债率分别为 0.26、1.05、1.35、0.60。一般来说,认为现金比率在 0.2 或 20%以上为好,其最能反映企业直接偿付流动负债的能力。但是现金比率过高,则意味着企业的流动资产未能得到合理的利用,从而导致企业的机会成本增加。苹果公司的现金比率在 0.2 以上,速动比率也在 100%以上,表明其短期偿债能力较强。

（3）资产负债率。负债比率也称举债经营比率,是指负债总额与资产总额之比,它通过企业由债权人提供的资本占资产总额的比重,表明企业负债水平高低和长期偿债能力,反映债权人提供贷款的安全程度。计算公式为

$$负债比率=\frac{负债总额}{资产总额}$$

通常,负债比率越小,资产对债权人的保障程度就越高;反之,负债比率越高,企业长期偿债能力越差,债权人收回债权的保障就越低,债权人面临的风险就越大。如果负债比率大于 100%,则表明企业已经资不抵债,如果此时清算,债权人将会蒙受损失。[2] 负债比率以多少为宜,在不同的国家、同一国家的不同地区或不同行业不尽相同。在美国,资本市场以股票投资为主,负债比率相对要低;日本的企业以家族经营为主,企业生产资本和金融资本相互渗透,其负债比率较高;在我国资本市场上,上市公司平均负债率在 50%左右。青岛海尔 2015 年年末资产负债率为 57.34%。

西方学者的研究表明,在西方,特别是美国的资本市场上,资产负债率高低,取决于很

---

[1] 这里的"一般来说",是基于目前教科书普遍采用的经验值,它形成于 20 世纪 80 年代,甚至更早。当今的经济环境,已经显著不同,经验值的适用性,有待进一步的科学研究。

[2] 实际上,即便是负债总额低于资产总额,企业一旦清算,其资产不可能按照账面价值变现,而必须以一定的比例折现,如果最终变现总额仍然低于负债总额,债权人就会蒙受损失。

多外部因素。例如,受管制行业因为竞争受限,其风险相对较低,资产负债率较高;而不受管制的行业,其竞争激烈,风险高,资产负债率相对较低。又如,成长中的企业,特别是高科技成长型的企业,其有形资产比重低,可抵押物不多,加之未来经营风险高,资产负债率低;反之,那些处于成熟期的企业,其有形资产比重高、经营风险低,很容易取得银行的借款,其资产负债率高。企业负债率水平本身还有其他丰富的信号。这留待未来的课程学习和讨论。

(4)收益对利息保障倍数。收益对利息保障倍数是指税前利润加上利息费用除以利息费用求得的数值,它反映企业当期的经营活动产生的收益是否足以支付当期利息费用。因为利息费用是一种税前项目,因此,在计算该指标时,需要将所得税加回来。很显然,如果该指标等于1,表明企业当期的经营所得在支付完利息费用后,"两手空空",利润为零,当然也不需要缴纳所得税。其计算公式为

$$收益对利息保障倍数 = \frac{(净利润+所得税费用+利息费用)}{利息费用}$$

该比率越高,表明企业偿付利息的能力越强,债权人的利息收入越有保障;比率越低,表明企业可用于支付利息的利润越少,企业的偿付利息的能力越弱。当该比率小于1时,则表明企业的获利能力根本无法承担举债经营的利息支出,企业已陷入财务困境,举债的安全保障已成问题。青岛海尔2015年度利润表中的"财务费用"一栏是利息费用抵减利息收入的净额,通过查阅2015年度报告第155页的报表附注49,其利息支出为119 256千元,其收益对利息保障倍数59.59[(6 974 859+119 256)/119 256]。

9.4.2　盈利能力比率分析

用以反映企业盈利能力的比率,一般有资产报酬率、净资产报酬率、每股收益、市盈率等。

(1)资产报酬率。资产报酬率也称全部资产报酬率,是指税后利润即净利润与平均资产总额的比率,以反映企业运用全部经济资源的获利能力。其计算公式为

$$资产报酬率 = \frac{净利润}{平均资产总额}$$

由于资产负债表通常提供的是时点数据,如年末数、季末数,而利润表提供的是期间数,如一年或一个季度的净利润。为了在期间上相匹配,在计算资产报酬率时,如果是季度资产报酬率,就用季度初资产总额和季度末资产总额的加权平均值与该季度的净利润相比较;如果是年度资产报酬率,就用年初和年末资产总额的加权平均值与当年净利润相比较[①]。青岛海尔2015年度的平均总资产是79 154 696[(75 960 673+82 348 720)/2]千元,2015年度资产报酬率为7.48%。

资产报酬是反映企业投入与产出、所用与所得对比关系的一项综合性经营效率指标,它可进一步分解为资产周转率和销售利润率,即

---

① 如果为了更准确,应当先对每个月的资产总额进行加权平均,然后再用12个月的平均总资产计算出全年平均资产总额。

$$资产报酬率 = \frac{销售净额}{平均资产总额} \times \frac{净利润}{销售净额}$$

$$= 资产周转率 \times 销售利润率$$

上式表明,企业如果希望提高资产报酬率,不仅要设法提高销售利润率,还要提高资产利用效率即资产周转率。青岛海尔 2015 年资产报酬率 7.48% 可以进一步分解为

$$\frac{89\,748\,320}{79\,154\,696} \times \frac{5\,922\,089}{89\,748\,320} = 1.133\,8 \times 0.066\,0 = 0.074\,8$$

 资料与讨论 9-8

设想两个企业:一个是房地产企业,需要 10 亿元总资产才能够运营;另一个是大学校园里的杂货店,10 万元就可以开张。房地产企业开发一个项目,周期 3 年,项目全部销售完成,利润率 30%;杂货店每个星期进货一次,假定能够全部卖出,利润率 10%。假定校园杂货店每年有效市场需求 35 周。请你计算出这两家企业 3 年汇总的利润总额和利润率,并讨论资产周转率对企业的意义。

将资产报酬率分解为资产周转率和销售利率后,可以更好地分析出企业利润的来源;与同行业对比,可以更好地看出企业的管理水平。

(2)净资产报酬率。净资产报酬率,又称所有者权益报酬率,是净收益与净资产(平均所有者权益)的比率。与资产报酬率相比,净资产报酬率不仅能反映企业的获利能力,还可以反映企业杠杆经营的水平。其计算公式可以具体分解为资产报酬率与杠杆经营水平的乘积:

$$净资产报酬率 = \frac{净利润}{平均净资产}$$

$$= \frac{净利润}{平均资产总额} \times \frac{平均资产总额}{平均净资产}$$

$$= 资产报酬率 \times \left(1 + \frac{平均负债额}{平均净资产}\right)$$

显然,如果企业资产报酬率一定,负债比率越高,净资产报酬率相应也就越高。[①] 青岛海尔的净资产报酬率是 18.18%,可具体分解如下:

$$\frac{4\,300\,761}{23\,651\,222} = \frac{4\,300\,761}{79\,154\,696} \times \frac{79\,154\,696}{32\,162\,629} = 0.054\,3 \times 2.461\,2 = 0.133\,6$$

其中,2.461 2 的倒数为 0.406 3,它实际就是净资产对比总资产的比率;再用 1 减去该比率,就是企业的资产负债率。用这种方式可以算得青岛海尔平均资产负债率为 59.37%。[②] 假定资产报酬率不变,如果青岛海尔将资产负债率提高 10%,则净资产报酬率上升为 18.1%。前面说资产负债率代表企业杠杆经营的水平,其含义就在此。

---

① 所有者权益中包含了"归属于母公司的所有者权益"和"少数股东权益"。如果用股东权益报酬率,那么,少数股东权益应当包括在其中;也有的报表编制中,把少数股东权益视为负债,或介于负债与权益之间,不包括在所有者权益中,此时的净资产报酬率,可以不包含少数股东权益。本书选择包括少数股东权益的方式来处理。

② 注意,这里的资产负债率是按平均总资产、平均净资产倒算的,它与上面年末资产负债率不一致。

（3）每股收益（earnings per share，EPS）。每股收益通常指的是每股可享有的净利润额，它直观地反映了企业经营活动成果中投资者所可能取得的份额，也称每股盈余、每股利润等。如果企业发行了普通股、优先股、可转换为普通股的债券等多种证券，那么，每股收益还可做进一步细分。由于我国市场目前绝大部分企业只发行普通股，因此，每股收益计算较简单，就是以当期实现的净利润除以加权平均的股票股数。该比率既反映了企业的获利能力，也直接反映了股东的获利能力。计算公式为

$$每股收益 = \frac{净利润}{加权平均普通股股数}$$

在西方，特别是美国发达的资本市场上，每股收益已成为资本市场上非常重要的一项指标。它是影响股票价格的一个重要因素。在其他条件不变的前提下，该比率越大，表明企业的获利能力就越强，股票市价相应越高。我国也越来越重视这一指标，新准则已经将每股收益列入利润表，青岛海尔 2015 年度每股收益为 0.705 元[①]。

（4）市盈率（price earnings ratio）。简称 P/E ration，是上市公司普通股每股市场价格与每股收益的比值。其计算公式为

$$市盈率 = \frac{普通股每股市价}{每股收益}$$

如果某公司每股收益为 0.8 元，该公司股票市价为 12 元，其市盈率就是 15 倍，它大致可以解释为：假设企业在未来期间盈利能力不变，同时，企业将所有利润都用来分发股利，不考虑资金成本因素，股东购入股票所投入的资金，需要 15 年才能返本。在正常情况下，投资者看好企业未来盈利前景（未来获得的股利会增加），并对公司经营的稳定性和持续性持乐观态度，他（她）越愿意以更高的倍数来购买上市公司的股票。从这一层面上说，市盈率在一定程度上代表了投资者对公司股票的信心与乐观程度。

青岛海尔 2015 年 10 月 19 日股票收盘价格为每股 8.93 元[②]，以该股价为基础，其市盈率为 12.67。

9.4.3 资产利用效率比率分析

经常用于分析资产利用效率的财务比率有资产周转率、存货周转率和应收账款周转率等。

（1）资产周转率。资产周转率是指销售收入净额与平均资产总额的比率，反映企业对其所拥有的全部资产的有效利用程度。其计算公式为

$$资产周转率 = \frac{销售收入净额}{平均资产总额}$$

一般而言，在其他条件不变的情况下，销售收入上升时，资产周转率也上升，表明

---

① 在我国资本市场上，每股收益总体水平不高。例如，2015 年度，茅台的每股收益 12.34 元，已经是两市每股收益最高的。苹果公司 2015 年度每股收益 8.56 美元，谷歌公司 26.30 美元，而巴菲特的 Berkshire Hathaway 公司的每股收益更是高达 15 513 美元。这其中，既有盈利能力的原因，也有公司股本规模问题。

② 青岛海尔从 2015 年 10 月 19 日起开始停牌，停牌时每股价格为 9.92 元；2016 年 2 月 1 日起复牌，当日收盘价为 8.93 元。

企业各项资产的运用效率提高,企业管理水平上升;反之,反是。当然,这项比率还须与销售利润率等因素相结合加以考察。给定销售利润率不变,资产周转率越高,则同样规模的资产,能够产生的利润越高。在计算资产报酬率指标时,我们已计算出青岛海尔2015年度的资产周转率为1.1338。按照这一指标,企业全部资产周转一次需要10.58个月。

(2)存货周转率。存货周转率也称存货利用率,是指企业在某一特定期间的销售成本同存货平均余额的比率,反映企业在特定期间存货周转速度,以衡量企业销售商品的能力。其中,存货平均余额的计算与以上所提到的资产平均余额计算方法相同。其计算公式为

$$存货周转率 = \frac{销售成本}{存货平均余额}$$

一般地说,该比率越高越好。该比率越高,表明企业存货管理越有效率,存货变现能力越强。存货周转率越高,存货积压的风险相对降低,资产使用效率也越高。但过高的存货周转率也可能表明企业的存货管理水平过低,导致经常缺货从而影响正常生产经营活动进行;或由于采购次数过于频繁,每次订量过小而增加存货采购成本。存货周转率过低,往往表明存货管理不善,造成资金沉淀,销售不畅,存货积压。另外,对存货周转率分析评价还应考虑不同行业、不同经营方式等因素的影响。青岛海尔2015年度的存货周转率为7.36次,也就是说,青岛海尔平均每1.63个月存货就可以周转一次。

在日本,企业管理的一个发展是"适时生产"与"零存货"。这种方式要求企业生产各个环节协调一致,最大限度地降低乃至消除存货。如果真正实现了零存货,再计算存货周转率就没有意义了。

(3)应收账款周转率。应收账款周转率也称收款比率,是指企业销售净额与应收账款平均余额的比率,用以反映企业应收账款收回的速度和管理效率。其计算公式为

$$应收账款周转率 = \frac{销售净额}{应收账款平均余额}$$

上式中,销售净额是销售收入(包括赊销收入和现销收入)扣除销售退回、折扣与折让后的净额,当然,更精确的处理方式是将现销收入剔除,但这需要企业平时提供相关的明细资料;应收账款平均余额是应收票据和应收账款扣除坏账准备后净额的期初余额和期末余额的加权平均值。青岛海尔2015年度应收账款周转率为4.27次。如果以一年360天为基准,该指标还可以转换为按天数表示的应收账款回收期。青岛海尔的应收账款回收期为84.3(360/4.27)天。

应收账款周转率越高,表明企业收款迅速,应收账款的管理效率越高,可减少坏账损失而且资产的流动性强,偿债能力也强,在一定程度上可以弥补流动比率和速动比率在分析短期偿债能力方面的不足。但过高的应收账款周转率也可能说明企业在赊销政策方面存在问题:或为及早收回款项而给予顾客过高的现金折扣,从而降低企业的盈利水平;或奉行严格的信用政策,付款条件过于苛刻,虽然降低了应收账款数额,但同时限制了企业销售量,影响企业的销售收入,最终影响企业的盈利水平。当然,对该比率的分析也要

结合行业特点来进行。例如,青岛海尔所在家电行业,近年来由于消费品市场整体增长放缓,产品销售不佳,家电业的应收账款周转率整体下降。

9.4.4　现金指标分析

传统的财务比率分析指标,主要是在 20 世纪四五十年代所形成的,它侧重于资产负债表和利润表,缺少关于现金和现金流量的指标分析。从财务报表体系来看,现金流量表是 20 世纪 80 年代后期才出现的,目前尚未形成系统的关于现金流量的指标分析体系。但是,正如本章财务报表部分介绍的,不关注现金和现金流量,可能会增加企业的潜在风险。

从目前的财务分析技术来看,对现金指标的分析主要是依据现金流量表所展开的。现金流量表通常将现金流量分为三大部分:经营活动的现金流量、投资活动的现金流量、筹资活动的现金流量。在企业正常经营活动过程中,后两类活动发生的概率不高,因此,现金流量分析更多地关注经营活动,其所采用指标主要包括每股经营活动现金流量、每股现金等。

(1)每股经营活动现金流量。用当期经营活动现金流量除以平均外发普通股股数,就可以得到每股经营活动现金流量,该指标反映了每股可以支配使用的经营活动现金流量。将该指标与每股收益指标结合,还可以用来反映企业的盈利质量。因为,利润是经过复杂的配比、摊销等程序计算确定的,它存在人为操纵的空间;相比较而言,现金流量必须通过市场交易才能形成,对其进行操纵的难度要大一些。如果一家公司的利润数与现金流量能够基本一致,则表明利润数据的可信度相对较高。例如,当年蓝田股份的业绩增长神话被揭穿,一个很重要的因素就是其现金极度短缺,其高额利润增长与不断萎缩的现金流量之间不匹配。

值得注意的是,以上说现金操纵的难度要大于盈余管理,也只是相对而言。公司管理层也可以通过一些较容易的方式来控制,甚至操纵现金流量,如年末时推迟采购货物或推迟支付采购款项,给予额外折扣提前销售货物以取得现金,削减一些有损公司长期竞争力的费用,如广告费、研发费等。另外,上市公司还可能通过分类方式,将现金从其他来源归入经营活动产生的现金流量。例如,*Asia Wall Street Journal* 于 2005 年 6 月 22 日刊登的文章 *Looking Good Through Insurance Accounting* 报道,两家美国公司将保险公司的赔款归入经营活动的现金流量。

青岛海尔 2015 年度经营活动提供的现金流量为 5 579 601 千元,普通股加权平均股数约为 4 582 017 千股,每股经营活动现金净流量约为 1.22 元,高于 0.705 元的每股收益,这表明青岛海尔正常经营活动产生现金流量的能力较强。

(2)每股现金。与每股经营活动现金流量相关的另外一个指标是每股现金。青岛海尔 2015 年年末货币资金为 24 714 815 千元,平均每股净现金约为 5.39 元,这表明青岛海尔可以有充足的现金来支付股利。美国财务会计准则委员会在“现金流量表”会计准则中,一再建议不要只关注每股现金流量指标,而应当将其与每股收益等指标结合起来使用。

现金流量指标分析还可以从偿债能力角度考虑。例如,用当期到期债务(短期借款、应付票据、应付账款、一年内到期的长期负债等具有刚性要求的负债)与经营活动提供的现金流量相比较,可以反映企业以当期经营活动产生的现金来支付到期债务的能力。

在介绍了上述四类指标分析方法,并提供了青岛海尔相应的财务比率后,我们仍然不能对青岛海尔的财务状况给出一个具体的评价,其原因主要在于两个方面:第一,我们究竟是站在什么角度、以什么样的目的在进行财务分析?[①] 第二,评价需要有参照,我们只是给出一个指标,没有参照。

为了对青岛海尔 2015 年的经营情况和财务状况给出一个评价,以做出投资或其他决策,还需要进行其他分析,特别是对比分析,包括:以青岛海尔历史数据为参照,看海尔的历史发展趋势、本年度的表现,用于预测下一年度可能的发展走向;与同行业,特别是行业竞争对手对比,看青岛海尔在行业中的地位;结合同行业、竞争对手及历史数据,来描绘出青岛海尔在行业发展中的总体位置;等等。限于篇幅,这些将留待之后的课程,特别是财务分析课程来学习。

在实际应用中,这些基本的比率分析,已经与通用财务报告一样,变成了通用的分析方法。上市公司采用 XBRL 格式提供年度报告后,对财务报表数据进行比率加工,变得非常简便。在上交所的官网上,就有 XBRL 专栏(listxbrl.sse.com.cn),提供了数据抓取功能,信息使用这个可以同时抓取 5 家公司的年报,自动生成财务指标;深交所的数据网站,也有 XBRL 专栏(xbrl.cninfo.com.cn)。

此外,很多商业数据库都将这些比率,与财务报告一道提供(见图 9-2)。[②]

每股指标	15-12-31	14-12-31	13-12-31	12-12-31	11-12-31	10-12-31	09-12-31	08-12-31	07-12-31
基本每股收益(元)	0.7050	1.7400	1.5320	1.2180	1.0020	1.5200	0.8590	0.5740	0.4810
扣非每股收益(元)	0.6030	1.5080	1.3820	1.1830	0.9080	1.3670	0.7970	0.5900	0.4840
稀释每股收益(元)	0.7050	1.7380	1.5300	1.2150	0.9970	1.5120	0.8560	0.5740	0.4810
每股净资产(元)	3.7063	7.1702	5.3172	4.1445	3.1050	5.2400	5.7700	5.0600	4.7100
每股公积金(元)	0.0136	1.1628	0.2126	0.1589	0.1010	1.3291	2.2641	2.2456	2.2535
每股未分配利润(元)	2.2710	4.2205	3.3713	2.3352	1.3763	1.8128	1.5838	0.9480	0.6133
每股经营现金流(元)	0.9112	2.3003	2.3928	2.0553	2.3115	4.1670	3.4563	0.9844	0.9554
成长能力指标	15-12-31	14-12-31	13-12-31	12-12-31	11-12-31	10-12-31	09-12-31	08-12-31	07-12-31
营业收入(元)	897亿	969亿	866亿	799亿	739亿	647亿	447亿	304亿	295亿
毛利润(元)	247亿	264亿	215亿	197亿	171亿	144亿	122亿	69.4亿	55.3亿
归属净利润(元)	43.0亿	53.4亿	41.7亿	32.7亿	26.9亿	22.4亿	13.8亿	7.68亿	6.44亿
扣非净利润(元)	36.7亿	43.2亿	37.6亿	31.8亿	24.4亿	18.3亿	10.7亿	7.90亿	6.48亿
营业收入同比增长(%)	-7.41	2.51	8.30	8.13	13.86	35.57	8.46	3.19	26.94
归属净利润同比增长(%)	-19.42	19.59	27.49	21.54	20.09	47.07	49.64	19.35	15.74
扣非净利润同比增长(%)	-21.31	15.03	18.32	30.32	19.84	40.57	35.03	22.02	14.36
营业收入滚动环比增长(%)	0.83	-1.84	0.82	3.07	1.12	10.29	6.32	-4.19	0.61
归属净利润滚动环比增长(%)	-5.99	1.26	5.10	2.84	1.19	6.79	16.84	-11.88	-6.76
扣非净利润滚动环比增长(%)	-4.56	0.51	5.48	3.23	-12.19	45.74	13.48	-11.95	-6.42
盈利能力指标	15-12-31	14-12-31	13-12-31	12-12-31	11-12-31	10-12-31	09-12-31	08-12-31	07-12-31

图 9-2　商业数据库

9.5 财务分析：商业模式视角

除了上述传统的财务报表分析方法外，最近数十年学术界在研究的基础上，形成了一些新的财务分析方法，这些方法主要是以资本市场所大量发生的经验数据为基础，通过一定的研究设计和相应的方法来发现数据背后的规律性，我们可以称之为"经验分析"。例如，什么样的企业容易陷入财务困境乃至破产，是那些财务报表信息使用者所关注的。美国的一些学者通过研究，确立单因素和多因素财务失败预测的模型，可以用来分析并预测公司财务失败，这会向投资者提供了额外的信息；又如，大量的实证研究发现，企业会为了特定的目的（如我国 20 世纪 90 年代的配股门槛要求或管理层薪酬计划等），对盈余进行人为的干预，形成所谓的盈余管理。因此，在财务分析中，可以借鉴盈余管理的研究发现，分析企业是否有存在盈余管理的可能。研究发现，被交易所实施"退市风险警示特别处理"的上市公司（简称"ST"或"＊ST"）更有可能进行盈余管理。例如，＊ST 春晖（000976，现已更名为"春晖股份"）于 2013 年、2014 年已连续两年亏损，于 2015 年扭亏为盈，避免了被深交所摘牌退市。[①] 仔细阅读其 2015 年年报可以发现，"营业外收入"中的"政府补助"成为春晖股份的"救命稻草"。[②] 2017 年 2 月 17 日，中国证监会创业板发审委第 11 次发审会否决了西龙同辉技术股份有限公司的 IPO 申请，主要理由就是：2016 年度的营业收入对比 2014 年下降，与 2015 年持平，但利润却比 2015 年增加了 26％，相应的分析表明，这主要是销售费用、管理费用等下降的结果。发审委认为，这种下降理由不充分。

不同的信息使用者，他们的需求不同，就要求采用不同的财务分析方法。限于篇幅，这里只介绍基于商业模式视角的分析方法。

9.5.1 理解商业模式

自 2010 起，多家在美国的上市公司被包括"浑水公司"和"香橼公司"在内的机构做空，其中，很多公司的审计师事务所都是国际四大。为什么审计师的审计，没有发现问题，而做空机构却很容易发现公司的问题？一个非常重要的因素就是对会计数据之外各项要素的关注。例如，东南融通是一家纳斯达克上市的公司，审计师事务所一直就是国际四大之一德勤。2011 年 4 月，香橼公司发布研究报告称，东南融通的利润率远远超过同行。这份研究报告还提出其他问题，导致了东南融通很快退市并解体。[③]

为什么利润率超过同行会被怀疑？而苹果公司一家独占了手机市场超过 90％ 的利润，没有人怀疑？这里涉及关于商业模式问题。了解商业模式，可以为财务分析带来更强的效力。

---

① 上市公司若连续亏损 3 年，交易所将强制要求其摘牌退市。

② 春晖股份 2015 年营业利润约为 −1 831.16 万元，营业外收入约为 3 374.15 万元，其中政府补助为 3 261.33 万元。

③ 相关背景可以参考"东南融通的猝死"，来源（http://m. dooland. com/index. php? s ＝/article/id/256591/from/faxian. html）

理论上，一个企业要能够存续、存活下来，必须自己拥有"造血"能力，即能够持续且稳定地赚取现金——现金被定义为企业的血液——的能力。因此，商业模式可以定义为企业赚取现金的方式。当然，透过前面的学习，我们应该能够理解，会计上，因为权责发生制等的应用，导致利润并不必然等于现金，但是在较长的时期里，利润与现金是重合的。因此，商业模式也可以说是企业赚取利润的方式，或盈利模式。

无论是赚取现金，还是赚取利润，企业首先要能够实现销售收入，并以尽可能低的代价来实现销售收入。借助财务数据，能够发现一个企业是否实现了超过同行业的利润。但是，如果不从现实的经济活动出发，关注企业究竟是如何实现销售收入的，它们是否具有现实商业模式的支持，就有可能会陷入东南融通审计师所犯的错误：只是负责审计企业所提及的相关单据是否完备。

例如，同样是手机的制造和销售，苹果公司与早年的诺基亚公司，甚至与现在的三星公司、华为公司，商业模式就存在较大的差别。特别是 2007 年上市的第一代苹果手机，完全改变了手机行业的商业模式。在苹果进入手机行业之前，包括诺基亚、摩托罗拉等，都是通过销售手机以及之后的相关配件，赚取利润，移动通信运营商掌握定价权。与之不同，苹果公司除了创新手机的设计与使用外，还创新了手机销售的商业模式。苹果公司在苹果手机上的收入包括手机直接销售收入、运营商流量费的分成收入、在 iTunes 系统上售卖相关应用所带来的分成收入。可以形象地说，每一部苹果手机就是一个收费站，它能够源源不断地为苹果公司带来收入。

理解了苹果公司独特的商业模式，苹果公司高出手机行业的利润率就不再是一种泡沫或虚幻，苹果公司的财务数据，特别是盈利能力的相关数据，就有比较可靠的基础。

企业的生存之道，千差万别。每个能够在竞争激烈的市场环境下存活下来的企业，都有其独到之处，体现在商业模式上，同样是"百花齐放"。可以说，商业模式的差异，无法穷尽。甚至，由于商业创新层出不穷，对商业模式的归类也非常困难。这里，只能从几个不同的角度，简要讨论商业模式的主要构成要素，以帮助理解和把握商业模式的实质。

商业模式最基本、最核心的要素就是"低买高卖"。放之制造业，所制造的产品，能够以高于成本价销售出去，实现盈利。例如，前文所列举的芝麻公司，它所生产的手机，能够以高于成本价销售，芝麻公司借此赚取利润。这是目前绝大部分企业所采用的商业模式。

社会创新，不仅仅是指大家所熟悉的自然科学领域如电池新能源、火箭升天等，它也包括商业模式的创新。大家所熟悉的苹果手机，在 2007 年刚刚推向市场时，当时苹果的董事长兼 CEO 乔布斯很自信地认为，苹果手机会重新定义手机。他改变了手机行业电信运营商主导销售的模式——在该模式下手机制造业不得不低价或优惠价将手机批发给运营商，要求运营商每个月还要支付已经激活的苹果手机的通讯费给苹果公司；此外，苹果借助封闭系统外加 App 应用收费，改变了以往电子消费品行业产品销售后就无法获取延伸收入，还需要承担产品维护负债的商业模式。

以我们都熟悉的 Google 为例。Google 在推出之初，就确立了"免费"策略：利用 Google 的搜索引擎服务、gmail 服务及其他周边服务，都是免费的。甚至，在 Googel 收购 Youtube 之后，Youtube 一直到 2013 年都没有任何收费的服务，但是，Google 却盈利颇丰。它的营业收入 2012 年度为 460 亿美元，2015 年度达到 750 亿美元；税前利润从

2012年的接近145亿美元,上升到2015年的197亿美元。Google的营业收入中,约90%来自广告收入。它用免费,获取用户及用户搜索的数据信息(平均一年要保存30万亿～40万亿条查询记录),以此作为向广告商收费的基础。

于2007年开始创业的Airbnb,可以说是互联网和共享经济时代最具代表性的商业模式创新之一。借助互联网,居民可以将空闲房间出租;访客也可以获得与宾馆不同的居住体验。他们愿意为此付费。这样,Airbnb公司不需要实际拥有任何一间商业运营的房屋,借助互联网所带来的便利,可以超越世界上任意一家连锁酒店集团所拥有的接待能力,且可以遍布全球,Airbnb能够收取相应的收入。

每个企业都是不同的。尽管成功的企业,都在被模仿,但是,在激烈竞争的市场环境下,没有创新的模仿,注定不会成功。每个企业都在模仿中创新,因此,每个企业不可能有完全一致的商业模式;一个成功的企业,也不能固守已有的商业模式,否则,它会因为环境的变化而被淘汰。例如,诺基亚就是因为不能及时调整、适应苹果创新手机行业经营模式而被淘汰的。

9.5.2 商业模式与财务分析

基于商业模式的财务分析,可以从两个方面看:一方面,企业商业模式不同,财务数据的表现,也必然不同。我们可以借助财务数据的分析,来揭示出企业财务数据是否符合商业模式,并进而推测财务数据是否真实、可信。另一方面,基于对企业成熟、有效的商业模式的理解,能够增加财务分析的信息含量。理论上,会计信息是对企业经营活动的可靠反映。财务分析,肩负多重目的。对外部资本市场投资者来说,通过财务分析,保证企业所提供的会计信息真实、可靠,并进而寻找出商业模式独到、具有投资价值的企业。对管理者来说,通过财务分析,发现同行业中有效率的商业模式,改进企业自身商业模式的不足或短板,最大限度地提高效率;或者,引入创新的商业模式,来提升企业效率。

既然会计数据是对企业经营活动的如实反映,那么,不同经济活动的组织方式,必然会影响企业的相应会计数据。例如,淘宝是一个平台,让众多淘宝店主在平台上销售;京东早期都是自己直接销售,所有商品都需要自己采购、付款,再销售出去。这两种不同的模式,收入与费用结构不同,同时,存货、应收账款等也存在天壤之别。

目前大多数电商都采用自营为主、第三方平台服务为辅的商业模式,如京东、1号店、唯品会等;而淘宝、天猫则仅仅是一个平台,其本身不直接销售商品。以专门做特卖的网站唯品会(美股代码:VIPS)为例[①]。唯品会是一个典型的以自营为主的电商,98%的销售收入来源于自营商品,非自营收入仅占总收入的2%;销售成本则主要由销售商品的成本和存货减值构成。而阿里巴巴(美股代码:BABA)的报表中的销售收入构成则没有自营业务收入,收入主要分为中国境内贸易和境外贸易,其中又细分为零售和批发业务,不论是境内境外、零售或是批发,阿里巴巴都是一个为注册商户提供交易平台和服务的公司,其本身不参与交易,其收入主要为商户的会员费、交易佣金和各种增值服务费,此外,

---

① 唯品会和京东的战略发展不同。京东非自营业务收入近年逐年攀升至7.5%,而唯品会非自营业务仅占总收入的2%;唯品会的CEO有公开表示谨慎的发展第三方业务,而京东的经营重心则向发展第三方业务倾斜。

阿里巴巴的收入还包括云计算服务和旗下的 UC 浏览器、蚂蚁金服等子品牌的业务收入。阿里巴巴的销售成本主要有支付宝服务费、第三方运营商流量费、网站维护和信息设备折旧、技术人员和客服人员的工资等。可以看出,唯品会和阿里巴巴的收入构成与费用构成都不相同。此外,唯品会作为线上零售商,在全国各个片区拥有大型的仓库和大量的存货,而阿里巴巴则是一个零存货的平台提供商。

表 9-3 比较了唯品会和阿里巴巴 2015 年①的销售毛利率、应收账款周转率及营业利润/销售收入比值。对比销售毛利率和营业利润/销售收入可以发现,唯品会的业务实质为线上零售商,而阿里巴巴则是一个服务提供商;对比应收账款周转率可以发现,唯品会和阿里巴巴的应收账款周转率显著高于青岛海尔,而唯品会的应收账款周转率相当于阿里巴巴的两倍,这也是由二者的商业模式决定的。唯品会主要是自营业务,直接面对个人消费者,一般不存在赊销,因此应收账款回收期短;而阿里巴巴提供的是一个平台,面对的是包括淘宝店主在内个体商户和天猫商城在内的一些实体公司,主要收取佣金、平台服务费及增值服务费,对于信誉良好、规模较大的客户,阿里巴巴会适当延长收款期限。

表 9-3　唯品会和阿里巴巴 2015 年销售毛利率、
应收账款周转率及营业利润/销售收入的比值

项　　目	唯品会	阿里巴巴
销售毛利率/%	24.62	66.03
应收账款周转率/次	156.51	88.88
营业利润/销售收入/%	4.38	28.96

期间费用的构成也反映了两家上市公司业务的区别(见表 9-4)。唯品会的期间费用中最重要的一项就是仓储物流费用,占总收入的 11.7%。唯品会以自营业务为重心的经营模式,决定了它必须有自己的仓库和人员负责存货的采购、运输和保管。而阿里巴巴仅提供交易平台,其本身没有存货也没有自建物流系统②,也就没有仓储物流费用。相反,

表 9-4　唯品会和阿里巴巴 2015 年的期间费用　　　　单位:%

费用/销售收入③	唯品会	阿里巴巴
技术支持费用	2.40	14
仓储物流费用	11.70	—
销售费用	4.40	11
管理费用	2.90	9

---

①　唯品会和阿里巴巴都在美国纳斯达克上市,唯品会的年报报表日为每年 12 月 31 日,阿里巴巴的年报报表日为 3 月 31 日;此处选取的是唯品会截至 2015 年 12 月 31 日的年报;阿里巴巴选取的是截至 2016 年 3 月 31 日的年报(即 2016 年年报)。

②　阿里巴巴有自建的菜鸟物流,但其业务与顺丰、三通一达(申通、圆通、中通、韵达)不同,主要做数据平台,而非传统的接单、派送业务。

③　分别摘自《唯品会 2015 年年报》和《阿里巴巴 2016 年年报》。其中技术支持费用在唯品会和阿里巴巴的年报中分别为 Technology and content expenses 和 Product development expenses。仓储费用在唯品会年报中为 Fulfillment expenses;销售费用在唯品会唯品会和阿里巴巴的年报中分别为 Marketingexpenses 和 Sales andmarketingexpenses;管理费用在唯品会和阿里巴巴的年报中均为 General and administrative expenses.

技术支持费用是期间费用中占比最高的,其中包括了网络平台和设施的维护费、技术人员的薪酬等。

通过比较唯品会和阿里巴巴的商业模式可以发现,不同的商业模式会影响公司的财务数据,而公司的财务数据也是商业模式的体现。

服装、鞋帽行业的产业链大致可以分为设计、生产、销售三个环节,具体组织上有自己进行和委托他人,从而出现不同的商业模式。在不同的商业模式下,企业的会计数据表现,也存在相应的差别。

九牧王(601566)是一家传统服装制造企业,采用自主研发设计、自主采购、自制生产为主,委托加工为辅的生产模式;销售方面采用直营和加盟商、线上和线下相结合的销售模式,在一、二级城市及市场潜力大的三级城市设立百货商场专柜或是专卖店,由公司统一管理运营;在特定地域、特定时间内,公司授予加盟商九牧王品牌服装的经营权;线上销售的主要渠道为天猫、京东、唯品会、苏宁易购等第三方平台,以及自主开发了线上销售平台九牧王 E 商场。海澜之家(600398)是服装业中最具代表性的"轻资产"公司。与传统的服装企业不同,海澜之家将生产环节和销售环节外包,公司本身专注于品牌运营、产品和市场管理及供应链管理。海澜之家将生产外包给供货商,在货物入库时先付给供货商部分货款,余下货款结合货物实际销售情况,逐月与供应商结算,滞销商品将退回供货商,这一模式大大减少了采购环节的资金占用。在销售环节上,海澜之家则直接与加盟商签订合同,加盟商负责店租和店内人员成本,海澜之家则负责门店的管理和运营。表 9-5 比较了两家公司的营运能力和毛利率指标:

表 9-5　九牧王与海澜之家的营运能力和毛利润指标

	九牧王	海澜之家
应付账款周转率	3.55	1.49
销售毛利率/%	57.96	40.27

2010 年前后,多家在美国上市的中国公司,遭到做空机构的"狙击",有些公司也因此而倒闭或歇业,但上海一家名为展讯通信的公司,于 2011 年 6 月被浑水公司狙击后,股价很快就恢复到狙击前的水平,并持续上涨。其中一个重要原因就是展讯通信的商业模式有效,而其他那些被做空倒闭的公司,缺乏有效且可持续的商业模式。

以上仅仅介绍了财务报表分析中的比率分析和对比分析方法,并主要侧重于技术方面。实际上,财务比率只是孤立的数字,它需要放在具体且特定的背景下解释,才有意义。因此,实际分析中需要联系企业的发展趋势、同行业数据、社会平均水平等多种因素,如能结合一些非财务分析如技术分析、宏观政策分析等,财务比率分析就更有意义。在行业、宏观面的基础上,还应当考虑企业的自身情况,特别是公司治理结构完善程度,因为比率分析的一个前提是假定企业自身组织结构稳定,数据可信。如果公司治理结构不当,企业组织结构的稳定性就会受到冲击,同时,会计数据的真实性也就值得关注。例如,第 1 章提到过的一些美国超大型公司如安然、世界通信等,由于其公司治理结构不当,从而使公司财务信息大面积失真,此时,任何基于财务数据的比率分析都是没有意义的。

习　　题

一、名词解释

财务分析　财务报表分析　买方分析师　卖方分析师　共同比财务报表　偿债能力指标　流动比率　速动比率　资产负债率　收益对利息的保障倍数　资产报酬率　净资产报酬率　存货周转率　应收账款周转率　资产周转率　销售利润率　每股收益　市盈率　每股现金　商业模式

二、思考与讨论

1. 为什么财务分析会成为一个职业? 请结合资本市场发展来讨论。

2. 企业为什么愿意对外发布信息? 请用经济学的收益与成本原理来分析。

3. 包括中国证监会和美国证监会在内的管制机构都对上市公司信息披露给出详细、具体的要求,包括披露内容、格式、数量、质量等要求。尽管如此,上市公司年报信息披露还是不断出现问题。为什么? 请结合具体的上市公司来讨论。

4. 在中国,如何获取上市公司分析所需的资料? 请结合一家上市公司来说明。

5. 什么是买方分析师? 什么是卖方分析师? 二者在财务分析上有什么立场性差别? 请找出几份具体的中国买方分析师与卖方分析师的分析报告,并尝试发现它们之间的相同与不同之处。

6. 请简要介绍财务分析的基本原理,尝试找出目前除基本财务分析如比率分析外的其他各种财务分析方法,并加以评论。

7. 试比较现金比率、速动比率、流动比率、资产负债率等指标的内在联系与区别,并结合一两家上市的数据加以说明。

8. 资产周转率指标可以根据资产项目分解成若干不同的子项目,而不同的行业,因为资产项目不同,资产周转率指标也存在差异。请你选择两个反差比较大的行业(如煤矿或钢铁业等重资产行业和手游行业),比较它们的资产周转率有什么不同,进而讨论:资产周转率指标与企业实际经营效率之间的关系。

9. 资产报酬率与净资产报酬率之间的差异,主要就是企业的负债水平。为了提高净资产报酬率,企业应该尽可能多地举债经营。这一说法是否恰当? 为什么?

10. 什么是市盈率指标? 它的经济含义是什么? 2017 年 9 月 8 日,茅台的市盈率 31 倍,五粮液的市盈率 25 倍,洋河股份的市盈率 20 倍。请你查找这些公司的资料,尝试解释市盈率的这种差距。

11. 什么是商业模式? 为什么财务分析需要关注商业模式? 请结合 2007 年苹果手机发表当年诺基亚的财务报表数据加以说明。

12. 商业模式有哪些最基本的特征？为什么浑水公司的做空分析，也能够成为一种相对明确的商业模式？

13. 请查找并阅读浑水公司做空辉山乳业的分析报告，结合商业模式角度，分析辉山乳业业绩的虚假成分。

三、情景案例讨论

1. 从资产负债率来看，2016年年底万科资产负债率达到80.54％，为公司上市以来首次突破80％的关口。事实上，在"招保万金"四大房企中，万科的资产负债率遥遥领先于其他3家公司。以2016年三季度末的数据来看，万科的资产负债率达到81.01％，金地集团、招商蛇口、保利地产的资产负债率则分别为68.51％、71.92％、74.58％，134家A股房地产开发公司的资产负债率中位数为68.53％。

偿债能力方面，万科2016年年末的流动比率已降至1.24，为1993年以来的最低水平；速动比率为0.44，2011年以来已连续6年低于0.5。"（摘自《投资时报》2017年4月4日）

这是一份评论对万科的批评性分析。上述分析特别是对万科公司资产负债率的分析，是否恰当？为什么？

2. 2017年8月，茅台公司的股票价格一度冲过500元，成为沪深两市第一高价股，公司的总市值也突破6 000亿元，而同期五粮液的市值在2 000亿元左右。

请你结合商业模式，分析为什么茅台成为酒业第一贵的股票。

3. 公孙胜是梁山投资公司的分析师。梁山投资公司最近在讨论应不应该购入特斯拉的股票。请你帮助公孙胜提交一份分析报告。

4. 浑水公司的做空分析报告通常都是针对所分析公司商业模式的真实性入手的。请你查找几份浑水公司和Citron公司做空中国公司的分析报告，对它们的分析方法进行总结，给出你所认为的恰当的分析模式。

5. 格力和美的是一对竞争对手。格力的董明珠经常在不同场合批评美的。请你查找相关资料，用财务指标和其他必要的资料，来说明这两家企业的发展轨迹及投资价值等。

6. 快递业是我国"互联网＋"时代发展最快的行业之一。截至2017年9月，顺丰、圆通、中通、申通、韵达等都已经上市。请你查找相关资料，透过财务数据来分析这几家公司的商业模式的差异，并对它们未来的投资价值给出建议。

四、练习题

1. Big5公司主要从事T恤生产及销售业务，Duke公司为其主要供应商之一。可是最近Duk公司因为管理不善，陷入破产，不仅Big5公司预付的一大笔货款很难收回，而且还需要另寻合作伙伴。很快，有另外两个公司对它的业务感兴趣。吸取了前次教训，Big5公司董事长决定看一下这两家公司的财务报表，然后选择合作伙伴。两家公司的财务报表如下：

年末资产负债表数据

单位：元

	R 公司	P 公司
资产		
现金	91 000	52 000
应收账款净值	60 200	40 000
存货	50 400	80 500
固定资产净值	201 170	205 000
资产合计	402 770	377 500
负债和所有者权益		
流动负债	50 400	115 000
长期负债	64 000	176 000
实收资本(或股本)	100 000	50 000
未分配利润	188 370	36 500
负债和所有者权益合计	402 770	377 500

利润表数据

单位：元

	R 公司	P 公司
营业收入	540 030	468 000
营业成本	393 190	303 300
利息费用	6 400	20 400
所得税	54 031	114 100
净利润	86 409	30 200
基本每股收益	1.73	1.21
应收账款净值	54 700	38 000
存货	45 500	88 000
总资产	181 166	355 870
实收资本(或股本)	100 000	40 000
未分配利润	166 500	30 100

要求：

a. 请计算两家公司的流动比率、速动比率、应收账款周转率、存货周转率、存货周转天数以及应收账款平均收账期。哪家公司的流动性较好？为什么？

b. 计算两家公司的销售毛利率、总资产周转率、资产报酬率以及净资产报酬率。假设两家公司支付的股利为每股 0.75 元，公司的股票价格为均每股 32 元，计算它们的市盈率和股利支付率。

c. 假设两家公司提供的报价相同，Big5 公司应该选择哪家公司作为合作伙伴，为什么？

2. 请结合以下案例材料，讨论兖州煤业会计处理的合理性及其对公司未来发展的影响。

兖州煤业于 2015 年 10 月 26 日发布的三季报显示，公司前三季度营业收入约为 384.54 亿元，同比下跌 21.63%；净利润 13.8 亿元，同比跌近 29%。按照中国会计准则，公司三季度净利润达 7.44 亿元,尽管同比减少 32.9％,但环比有 80％的增长。

华尔街投资银行杰富瑞认为,兖州煤业财报中"专项储备"科目大幅减少显得可疑。从兖州煤业三季报看,截至三季度末,其"专项储备"为 9.6 亿元,较年初减少 47％。"按中国的监管规定,专项储备只能用于维护和安全支出,但对于兖州煤业来说,专项储备似乎变成了一种缓冲池,富裕的年份就堆钱进去,到了紧张的年份就从里面抽水。这个储备似乎对维护和安全支出并没有什么帮助。"

兖州煤业董事长秘书在接受媒体采访时表示,专项储备是用于维护和安全的强制储备,在年景好的时候多存一点,年景不好的时候多用一点是正常的事情,大幅使用专项储备是以丰补欠,是行业普遍存在的正常行为。"现在煤炭行业环境非常差,动用这部分资金非常必要,不应该受到指责。"

3. 2016—2017 年,是我国资本市场上地产行业变化非常大的一年,万科因为被宝能狙击,经营活动受影响;恒大因势发展。请你查找万科、恒大、碧桂园、招商地产、保利地产等地产公司 2015—2017 年的年度报告和财务报表,并结合地产业的平均趋势指标,分析上述公司偿债能力、经营效率,并预测其可能的成长空间。

4. 2005 年 11 月,腾讯在香港上市。同期已经上市的钢铁企业包括宝山钢铁、鞍山钢铁、马钢股份、太钢不锈等。请你构造一个投资组合,以 100 万元人民币购买等值的腾讯股份股票,另外 100 万元平均购入上述四家钢铁企业的股票,然后,每年计算投资回报率。并结合这几家公司的年报数据,通过财务指标分析来说明:为什么投资回报差异这么大。

自 测 题

致谢

现代社会,分工、合作,无处不在。任何一本书的完成,都不是一个人的"战争",它是很多人在诸多环节共同协作的结果。这里,我要介绍一下这本教材艰难诞生的过程,向所有相关的人表示感谢。

应该是在 2012 年下半年,当时清华大学出版社的杜星先生找到葛家澍老师,希望请他出山,主持一本这样的教材,并对教材给出了非常具体的要求。葛老师提出和我一起来做这件事情,并与出版社签订了合同。在与葛老师讨论、确定了大致框架与写作风格后,我还拟出第一章的初稿,葛老师做了少量修改后,就因身体原因入院,并于 2013 年 11 月安详辞世。之后,我就把这本教材搁置了。

谢谢清华大学出版社杜星先生的耐心与执着。他从不催我,但又时时让我知道他在惦记这份书稿。我是个拖拉之人,拖拖沓沓,到今天才交了一个未完稿(本来和葛老师商量的框架包括了三章关于会计信息在企业中的应用部分)。我每次去葛老师的墓地,都会感觉到葛老师慈祥但关切的眼神,似乎在问我:为什么还没有做完? 交稿后,我再次去老师墓前,告诉他我已经完成了这份作业。

在书稿写作过程中,青岛海尔的谭丽霞女士提供了青岛海尔云会计的相关资料、厦门账益达公司的赵勇提供了关于第三方云会计的资料,他们应该作为本教材的合作者出现,但是,考虑到教材刚刚启动,错漏难免,为了不过分摊销他们的商誉,还是放在感谢名单之中;谢谢福州大学的潘琰教授、中山大学的林斌教授,与他们合作编写教材的过程,深化了我对会计学的理解,在本书编写过程中能够看到我们之前合作编写教材的影子;致同会计师事务所的陈箭深博士、刘维博士为本书的形成提供了多种形式的帮助;谢谢厦门大学余洋、中山大学刘骏、厦门国家会计学院薛伟等在资料提供、文稿校订等方面的帮助。

最后,我要感谢我的家人,感谢他们的陪伴、鼓励,对我工作的理解与支持。如果要模仿美国教材的惯例,就应该在扉页上标注"将此书献给他们"。

当然,作为本书的编写者,我要承担所有可能的文字错漏和观点舛误的责任。

教学支持说明

▶▶ 课件申请

尊敬的老师：

　　您好！感谢您选用清华大学出版社的教材！为更好地服务教学，我们为采用本书作为教材的老师提供教学辅助资源。鉴于部分资源仅提供给授课教师使用，请您直接手机扫描下方二维码实时申请教学资源。

任课教师扫描二维码
可获取教学辅助资源

▶▶ 样书申请

　　为方便教师选用教材，我们为您提供免费赠送样书服务。授课教师扫描下方二维码即可获取清华大学出版社教材电子书目。在线填写个人信息，经审核认证后即可获取所选教材。我们会第一时间为您寄送样书。

任课教师扫描二维码
可获取教材电子书目

 清华大学出版社

E-mail: tupfuwu@163.com	网址：http://www.tup.com.cn/
电话：8610-62770175-4506/4340	传真：8610-62775511
地址：北京市海淀区双清路学研大厦B座509室	邮编：100084